CSSCI 集刊
CNKI 来源集刊

学术支持单位｜南京大学外国语学院

外国语文研究：
媒体与互动

陈新仁 主编

南京大学出版社

通信地址：南京市栖霞区仙林大道163号（邮编210023）

南京大学仙林校区外国语学院

电　　话：025-89686147

电　　邮：cflc@nju.edu.cn

目　录

语用学前沿(医患互动话语研究)

语言学与应用语言学

翻译与跨文化研究

外国文学

书评

语用学前沿(医患互动话语研究)

主持人语

主持人 毛延生

专栏简介:随着民众健康信息获取和利用意识前所未有地提高,以医患互动、医医互动、患患互动为主要发生场域的医疗话语使用问题逐渐成为学界与业界关注的焦点。例如,2021 年 6 月,整合了传统离线医疗话语与新兴在线医疗话语的医疗语用学研究,首次以专题的形式出现在第十七届国际语用学大会上,其中医患会话中不确定性的共同理解问题、全球多元化医疗关怀话语案例库共建问题以及医疗咨询、门诊、辅助诊疗语境下的语言使用等问题,均体现出语用视角在医疗话语实践中的显要价值。特别是 2021 年,"健康中国"建设中的语言问题更是被国家语委列为重点科研项目选题。同时,"健康中国"与"健康传播"(特别是"后疫情时代多元语境下的健康传播")也成为第四届"医疗、人文与媒介:健康中国与健康传播研究"国际学术研讨会的大会主题。鉴于此,本期专栏共收录 6 篇论文,分别关注在线医疗咨询中的话语结构、在线医患闲聊话语情感支持的语用研究、线上诊疗医患情感互动话语分析、自媒体语境下癌症病患网络日志话语的创伤研究、网络问诊中医患会话修正策略研究、网络问诊话语中医方重述现象的元语用研究。

在线医疗咨询中的话语结构
——以“丁香医生”网站医生回复话语为例*

兰州理工大学　任育新　李绪清**

摘　要：本研究以“丁香医生”网站医生回复患者咨询的话语为语料，借鉴 Swales (1990, 2004)语步—语阶分析框架思路，考察了在线医疗咨询中医生回复患者咨询的话语结构。结果表明，医生在线回复患者咨询的话语结构主要包括四个语步，即“启动交流”—“诊断病情”—“治疗建议”—“结束交流”，其中“诊断病情”和“治疗建议”为必选语步，“启动交流”和“结束交流”为可选语步。另外，每个语步中的语阶在其所在语步中的出现频次有较为明显的差异，但总体上每个语步均有两个或两个以上的语阶组合构成。从交际目标和语用功能来看，“诊断病情”和“治疗建议”以实现有效治疗患者的交易型目标为主，突显的是医生的专业性、权威性等；而“启动交流”和“结束交流”以实现人际目标为主，主要是建构和谐医患关系，建构了医生亲和、友爱、责任心强、个人素养高等良好形象。

关键词：在线医疗咨询；话语结构；语步和语阶；交际目标

Title: A Genre Analysis of Discourse Structure of Online Medical Consultations: Based on the Doctor' Responses to Patients' Consultations from *Dingxiang Yisheng* Website

Abstract: This study examines the discourse structure of the doctors' responses to patients' consultations based on the data from a well-known online medical

---

* 本研究为甘肃省研究生“创新之星”项目“在线医疗问诊交际的礼貌策略及和谐医患关系建构”(2023CXZX－502)阶段性成果；同时得到北京外国语大学北京高校高精尖学科“外语教育学”建设项目支持。

** **作者简介：**任育新，兰州理工大学外国语学院教授、硕士生导师。主要研究方向为语用学、话语分析、外语教育。联系方式：carlryx@126. com。李绪清，兰州理工大学外国语学院硕士研究生，研究方向为语用学、数学交际。联系方式：lixuqing6688@163. com。

consultation website(i. e., *Dingxiang Yisheng*), by adopting the framework of move-step analysis proposed by Swales(1990, 2004). The findings show that the doctors' responses to patients' consultations consist of four moves, i. e., opening—making a diagnosis—giving advice—closing, and of these, "diagnosis-making" and "advice-giving" are essential moves, while "opening" and "closing" are optional ones. Each move is largely composed of two or more steps, and obvious differences exist in the frequency of these steps in their move. Both "diagnosis-making" and "advice-giving" moves, making salient the doctors' expertise and authority, aim to achieve the transactional goal of online medical consultations, while the moves of "opening" and "closing" aim to achieve the interpersonal goal of this genre and they, shaping doctors with an image of being considerate, friendly and responsible, mainly construct a harmonious relationship between doctors and patients.

Key Words: Online Medical Consultations; Discourse Structure; Moves and Steps; Communicative Goals

1 引言

近年来兴起的在线医疗咨询，是借助网络信息平台优势、积极推进健康中国行动的一种新型医患交际模式。这种新的言语交际类型也引起了语言学领域学者的关注，已成为新的热点议题之一，学者们就相关主题展开了探讨，主要包括在线医疗咨询中医生的身份建构(Mao & Zhao, 2019;蒋筱涵、景晓平，2020)、医患之间的权势关系(Zhang, 2021a)、医生的信任建构机制(Zhao & Mao, 2021)、医生对患者的情感关怀(Zhang, 2020;刘杰、赵越，2022;任育新、李绪清，2022;赵鑫、毛延生，2022)、医生的主导地位建构(Wang, et al., 2021)、医生的建议行为实施(刘慧珍、张巨文，2019)、医生缓和策略的使用(Mao & Zhao, 2020)、医生应对患者不认可推测性诊断的话语策略(Zhang, 2021b)、在线问诊中语言使用的顺应性和灵活性(Tseng & Zhang, 2018)、在线医疗咨询中的转喻以及转喻和情感意义之关系(Tseng, 2021; Tseng & Zhang, 2021)等。与线下面对面的医患交际相比，在线医疗咨询呈现出明显的、新的话语互动特征，以上这些研究从不同主题切入，在一定程度上揭示了这种新型医患交际模式的特征，但总体来看，现有关于在线医疗咨询这种新型言语交际体裁的研究才刚起步，研究深度和广度亟需拓展。从研究主题来看，在线医疗咨询的话语结构是目前尚未受到关注的一个方面。

另一方面，自 Swales(1990，2004)构建研究性文章引言结构分析的 CARS(即 Create a Research Space)模型以来，话语/语篇结构就成为体裁分析关注的重要内容。借鉴 Swales(1990，2004)的 CARS 语步分析框架思路，学者们就不同话语体裁中的语步结构进行了深入广泛的探讨。总体来看，很多研究都集中在学术话语体裁的语步结构分析上，如对学术期刊论文摘要、引言、研究方法等部分的语步结构考察(如 Santos，1996；Nwogu，1997；Cortes，2013；Cotos，et al.，2017；Moreno & Swales，2018；Lu，et al.，2021；喻志刚、钟兰凤，2016；赵永青等，2019；胡新、黄燕，2021)。除此之外，其他话语体裁也受到了研究者的关注。例如，赵福利(2001)考察了英语电视新闻导语的语步结构；Xu & Lockwood(2021)考察了电子商务客服话语中的语步特征；Park et al.(2021)对英文商务请求信体裁中的语步进行了分析；Van Herck et al.(2022)对回应顾客抱怨的邮件体裁中的语步进行考察，分析了客服对顾客负面反馈邮件回应中涉及的人际和交易策略及其功能。这些都是体裁分析运用于新型言语交际互动的研究成果。然而，综观体裁分析相关研究，目前对在线医疗咨询这一新型言语交际体裁的探讨还很少，对其话语结构还鲜有考察。

鉴于此，本研究将借鉴 Swales(1990，2004)体裁分析中语步—语阶(Moves-Steps)分析思路，对在线医疗咨询中医生回复患者的话语进行细致考察，归纳其语步结构、语阶特征及其语用功能，揭示这类言语交际的宏观—微观结构，从而为广大医生在线回复患者咨询提供参考。同时，本研究也可以拓展体裁分析理论在新兴网络话语体裁分析中的应用。

2 研究方法

2.1 研究问题

本研究以“丁香医生”网站中医生回复患者咨询的话语为语料，借鉴 Swales(1990，2004)语步—语阶分析思路，详细考察在线医疗咨询中医生回复患者咨询的话语结构，揭示其结构特征，探讨其语用功能，主要回答以下两个问题：

(1) 医生在线回复患者咨询话语的语步—语阶序列有何特征？

(2) 医生在线回复患者咨询话语的语步—语阶序列有何语用功能？

2.2 语料来源与语料收集

本研究语料来自“丁香医生”在线医疗问诊网站(https://dxy.com)，该网站是国内在线医疗咨询的权威网站之一。网站提供了医生的姓名、职称、科室、所属医院和擅长方向，同时还有询问者想要咨询的各类问题以及医生对其进行的回复等。本研究聚焦医生基于患者/患者家属提问进行回复的话语。“丁香医生”网站常见的 9 个科室中医生回复患者咨询都是完整的真实案例，这 9 个科室分别是儿科、妇科、产科、骨科、皮肤科、口腔科、泌尿外科、消化内科和耳鼻喉科。

我们关闭“丁香医生”网站中自带的筛选功能，对所选取的医生的性别、职称、年龄、工作单位及平台报价等进行屏蔽处理。开启该网站中的自动综合排序功能，从每个科室列表显示的所有医生中随机抽取 5 名医生，共 45 名；然后再从每位医生回复患者咨询的若干话语案例中随机选取 5 篇语料，共 225 个完整的医生回复患者咨询的话语案例，总计 135429 字。需要说明的是，在线回复时有的医生倾向于使用语音。对语音语料，我们用网站自带的语音转文本功能将语音转化为文字。最终，所有语料都以文本形式呈现。为了便于分析，对每个语料做了去除空格、去除乱码等文本净化工作。

2.3 语料分析

语步(Move)是一个有着特定交际功能的语篇修辞单位，而语阶(Step)是语步这一功能单位具体交际目的实现方式(Swales，2004)，实际上是子语步(Sub-move)。Swales(1990：141)基于研究性文章引言结构提出的 CARS 模型包括三个语步(Moves)，即“创建研究领域(Establishing a territory)”“指出研究不足(Establishing a niche)”“填补研究空白(Occupying the niche)”，引言中的这三个语步均为必选语步。另外，每个语步又包含 1—3 个语阶，具有一定的可选性和呈现方式的多样性。例如，语步 1(Move 1，“创建研究领域”)可以包括三个语阶，即“声明研究领域的重要性(Claiming centrality)”“概括研究主题[Making topic generalization(s)]”“综述前人研究(Reviewing items of previous research)”，这三个语阶可以同时或者单独出现以构成语步 1。经过十多年实践，Swales(2004)对 CARS 模型进行了修订，将语步 3 修订为“呈现现有研究(Presenting the Present Work)”，同时对三个语步中的语阶也进行了修订，但其构建语步—语阶模型的基本思路未变。

为了描述医生在线回复患者咨询话语的宏观语步结构和微观语阶构成，我们借鉴 Swales(1990，2004)的语步—语阶划分思路，随机抽取 20 篇语料进行初步分析，两位作者对划分标准进行了详细讨论，达成一致，即根据医生在线回复患者咨询中的主要交际目的划分语步，根据每个语步交际目的的实现方式划分语阶。基于对 20 篇语料中语步—语阶的划分标准，作者又抽取了不同科室不同医生的回复话语共 90 篇语料(含之前 20 篇)进行语步划分和标注，对变化情况进行讨论，最终确定了语步—语阶划分标准。说明如下。

医生在线回复患者咨询话语的宏观结构一般包含 4 个语步，即“启动交流”“诊断病情”“治疗建议”和“结束交流”。每个语步又包含若干语阶(根据语境、标识语和交际功能进行判定)。“启动交流”一般包含 6 个语阶，分别是打招呼、深入了解病情相关信息、积极回应患者诉求、致歉或解释延时回应缘由、指导患者咨询、致谢。“诊断病情”一般包含 4 个语阶，即描述疾病名称、病因、病理特征、病情严重程度。“治疗建议”一般包含医学建议和生活注意事项 2 个语阶。“结束交流”一般包括 8 个语阶，即表达美好祝愿、请求患者好评、叮嘱患者遵循医嘱、致谢、指导患者线上咨询或线下治疗、礼貌性回复、致歉、礼貌性收尾。

需要指出的是，不存在一个小句实现多个语步、语阶的情况；但存在多个小句指向同一语阶的情况，在进行标注时我们将这些小句划分为同一语阶。为了便于统计，我们用英文字母和阿拉伯数字对语步和语阶进行标注，M 代表语步（Move），S 代表语阶（Step），阿拉伯数字表示序号，如 M4S3 表示第 4 个语步中的第 3 个语阶。需要说明的是，语步有严格的步骤和顺序；但每个语步中的各个语阶不一定有很强的步骤性，即 S1、S2、S3……Sn 之间不会严格遵循先后次序。

之后，在原有 90 篇语料基础上，我们又从 9 个科室选择了 135 个回复案例进行标注分析，最终确保每个科室选择 5 位医生，每位医生 5 篇语料，共计 225 篇语料。表 1 呈现了 225 篇语料中的语步结构、语阶序列及实例。最后，我们对 225 篇语料中出现的语步、语阶和语步序列进行频次统计，并计算出百分比。

表 1　语步—语阶划分及标注

语步	语阶	语阶标志语举例
启动交流（M1）	打招呼 M1S1	“您好！”“宝宝家长好！”
	深入了解病情相关信息 M1S2	“是否做过风湿免疫方面的检查？”
	积极回应患者诉求 M1S3	“我已知晓您的情况。”“我先翻阅孩子的情况。”
	致歉或解释延时回应缘由 M1S4	“抱歉！我来晚了。”“昨天休息得早，让您久等了。”
	指导患者在线咨询 M1S5	“为了不浪费您的咨询机会，此条信息不用回复。”
	致谢 M1S6	“谢谢您的信任。”“感谢您的咨询。”
诊断病情（M2）	描述疾病名称 M2S1	“这是典型的流感。”“目前初步考虑是皮炎。”
	描述病因 M2S2	“这类病多半是由……引起的。”“与……有关。”
	描述病理特征 M2S3	“会伴随头晕、恶心等症状。”
	描述病情严重程度 M2S4	“这只是轻度烧伤。”“并不严重”
治疗建议（M3）	医学建议 M3S1	“请服用头孢类抗生素。”“目前局部可以使用尤卓尔或者地奈德乳膏，每日两次局部涂擦。”
	生活注意事项 M3S2	“注意不要熬夜，要多喝水。”“平时生活中，温水洗澡，不要用热水烫洗……”
结束交流（M4）	表达美好祝愿 M4S1	“祝您早日康复。”“祝宝宝健康快乐，茁壮成长。”
	请求患者好评 M4S2	“麻烦您在平台给个好评。”
	叮嘱患者遵循医嘱 M4S3	“别忘了两周后复查啊！”

（续表）

语步	语阶	语阶标志语举例
	致谢 M4S4	“谢谢您的信任！”
	指导患者在线咨询或线下治疗 M4S5	“有问题您可以随时咨询。”“可以再次向我提问。”
	礼貌性回复 M4S6	“不客气哦！”
	致歉 M4S7	“再次抱歉我来晚了！”
	礼貌性收尾 M4S8	“以上是对你问题的回复。”“仅供参考。”

3 研究结果与讨论

3.1 在线医疗咨询中医生回复话语的语步结构

表 2 语步结构及其频次

语步	启动交流 M1	诊断病情 M2	治疗建议 M3	结束交流 M4
频次	215	225	225	146
百分比	95.56%	100%	100%	64.89%

表 2 呈现了 225 个在线医疗咨询中医生回复话语的语步结构及其分布特征。可以看出，“诊断病情”和“治疗建议”两个语步均出现在了 225 篇医生回复患者的语料中；而“启动交流”语步出现了 215 次，占比 95.56%；“结束交流”语步出现了 146 次，占比 64.89%。这说明医生在线回复患者咨询时非常注重“诊断”和“建议”这两个环节。这两个语步可视为在线医疗咨询交际体裁的必选语步，只有包含这两个语步，医生在线回复患者咨询话语结构才是完整的。而“启动交流”和“结束交流”是可选语步，在此类交际中可以缺失。医生可以在收到患者问题后省去“启动交流”环节，开门见山开始“诊断病情”；也可以在给出“治疗建议”后就完成整个咨询回复，从而省去“结束交流”环节。另外，从“启动交流”和“结束交流”出现频次和百分比来看，前者的可选程度很低，而后者的可选程度较高，这说明绝大多数医生在收到患者咨询问题后，进行在线回复时都倾向于以“启动交流”为始，以此为基础展开后面的“诊断病情”等环节，虽然此类语步可以缺失，但其重要性不言而喻。

“必选语步”“可选语步”与其他言语交际体裁中的情形一致，如在学术研究论文各部分中，也同样有可选语步与必选语步的情况（Cortes，2013；Cotos，et al.，2017；Moreno & Swales，2018；Lu，et al.，2021；喻志刚、钟兰凤，2016；赵永青等,2019)。语步的必选与可选受制于话语体裁交际目标的制约,具体交际目标因体裁差异而有所不同。交际目标可以分为交易型目标(transactional goal)(Spencer-Oatey, 2008)和包括面子需求在内的人际目标(interpersonal goal)(任育新, 2015)。在线医疗咨询主要的目的是,患者/咨询者希望医生基于病情分析给出治疗方案,那么医生在给患者的回复中自然就需要对其病情进行诊断,进而提出治疗建议。这是此类交际的交易型目标,是主要交际目标;“启动交流”和“结束交流”语步更多是实现人际目标,是此类交际的次要目标,往往辅助实现交易型目标。Van Herck et al. (2022)在回应顾客抱怨的邮件中也发现,这类体裁既有人际目的,也有交易目的,二者之间有机结合。

3.2 在线医疗咨询中医生回复话语的语步组合及其分布特征

语步序列是体裁特征的重要方面,由不同语步组合而成。在线医疗咨询中医生回复话语的4个语步组合后,语步序列可分为以下几类:

2语步组合:“诊断病情”—“治疗建议”。

3语步组合:“启动交流”—“诊断病情”—“治疗建议”;“诊断病情”—“治疗建议”—“结束交流”。

4语步组合:“启动交流”—“诊断病情”—“治疗建议”—“结束交流”。

表3 语步组合及语步序列频次分布

语步组合	2语步组合	3语步组合		4语步组合
语步序列	诊断病情—治疗建议(M2 - M3)	启动交流—诊断病情—治疗建议(M1 - M2 - M3)	诊断病情—治疗建议—结束交流(M2 - M3 - M4)	启动交流—诊断病情—治疗建议—结束交流(M1 - M2 - M3 - M4)
数量	8	71	2	144
百分比	3.56%	31.56%	0.89%	64.00%

表3呈现了不同语步的组合情况及其分布特征。可以看出,在线医疗咨询中医生回复话语的语步组合中,以完整的4语步组合为主要语步序列,占比64.00%,其次是3语步组合的M1 - M2 - M3语步序列,占比31.56%;而2个必选语步的组合和3语步组合中的M2 - M3 - M4语步序列出现频次很低。这与Park et al. (2021)的研究结果有一定相似之处,其研究发现,英文商务请求信件中的9个语步也并非全部出现,而且也存在语步组合的序列特征。另外,3语步组合的两类语步序列中,含有“启动交流”语步序列的比例远远高于含有“结束交流”语步序列的比例,这再次说明:尽管二者都是可选语步,但“启动交流”的重要性要远高于“结束交流”。前文指出,“启动交流”和“结束交流”语步更多的是实现人际目标,通过各类具体人际目标的实现构建和谐的医患关

系。与诊断病情、提出治疗建议之后相比，在诊断病情、提出治疗建议之前就建构和谐的医患关系，更加有助于提升患者对医生的信任（Zhao & Mao，2021），有助于建构医生和患者之间的情感联结（Tseng & Zhang，2021；任育新、李绪清，2022），最终有助于医生有效实施治疗建议，有助于此类交际交易型目标的实现。

限于篇幅，此处仅以出现频次最高的4语步组合为例，说明在线医疗咨询中医生回复话语的语步序列。例如：

(1)（皮肤科＊＊＊医生对患者咨询的回复）

【启动交流】您好，感谢您的信任。

【诊断病情】结合您的描述和图片看，您的皮疹考虑慢性皮炎的可能（由于您的搔抓皮疹比较肥厚）。

【治疗建议】治疗方面建议：您可以外用复方氟米松软膏早晚各一次，您先外用1周，如果皮疹无明显瘙痒，较前明显变薄，您可以停用复方氟米松软膏，继续外用地奈德软膏早晚各一次，直到皮疹消退。日常生活中建议您：

1. 避免热水烫洗局部皮肤；避免搔抓；
2. 避免辛辣刺激性食物，忌酒；
3. 洗澡时最好不要搓这个部位；
4. 尽量不要熬夜。

【结束交流】希望我的回答对您有所帮助，祝您早日康复！

此例是非常典型的在线医疗咨询中医生回复话语的语步序列，启动交流—诊断病情—治疗建议—结束交流（M1 - M2 - M3 - M4）各个语步都非常明显。

3.3 在线医疗咨询中医生回复话语的语阶分布特征及其语用功能

语步功能的实现依赖各语阶，表4呈现了每个语阶在其所在语步中的频次分布以及在整个语料中的频次分布情况。

总体来看，4个语步中均有出现频次较高的语阶。以50%为基准来看，“启动交流”语步中的“打招呼”“致谢”“积极回应患者诉求”三个语阶出现频次较高，在总语料中占比分别是88.44%、69.78%和55.11%；“诊断病情”语步中的“描述疾病名称”“描述病理特征”“描述病因”三个语阶出现频次较高，在总语料中占比分别是90.22%、70.67%和60.00%；“治疗建议”语步中的两个语阶“医学建议”“生活注意事项”出现频次均很高，在总语料中占比分别是94.22%和78.67%；而“结束交流”语步中只有一个语阶在总语料中占比超过50%，即“表达美好祝愿”（53.33%）。我们可以将这些出现频次较高的语阶称为“偏好语阶”，类似会话中的“偏好”结构（Schegloff，2007），即在各自的语步中，医生倾向于选择这些语阶作为实现该语步的内容。另外，本研究这一发现与 Van Herck et al. (2022)的发现有相似之处。在其考察的回应顾客抱怨邮件的 6 个语步中均包含数量不等的语阶，根据语阶出现频次，Van Herck et al. (2022)将之分为典型语阶、规约语阶、低频语阶(infrequent)。例如，在“承认投诉”语步中，“提及原因”和“确认收到邮件”为低频语阶，“表达感谢”为典型语阶，“致歉”为规约语阶，“共情”和“重提投诉内容”为可选语阶。以下我们将结合表 4 数据，对每个语步中出现的语阶情况进行讨论。

表 4　语阶频次及其比例

语步	语阶	语阶数/所在语步总数（百分比）	占总语料(225)百分比
启动交流(M1)	打招呼 M1S1	199/215(92.56%)	88.44%
	深入了解病情相关信息 M1S2	28/215(13.02%)	12.44%
	积极回应患者诉求 M1S3	124/215(57.67%)	55.11%
	致歉或解释延时回应缘由 M1S4	62/215(28.84%)	27.56%
	指导患者在线咨询 M1S5	89/215(41.40%)	39.56%
	致谢 M1S6	157/215(73.02%)	69.78%
诊断病情(M2)	描述疾病名称 M2S1	203/225(90.22%)	90.22%
	描述病因 M2S2	135/225(60.00%)	60.00%
	描述病理特征 M2S3	159/225(70.67%)	70.67%
	描述病情严重程度 M2S4	86/225(38.22%)	38.22%
治疗建议(M3)	医学建议 M3S1	212/225(94.22%)	94.22%
	生活注意事项 M3S2	177/225(78.67%)	78.67%
结束交流(M4)	表达美好祝愿 M4S1	120/146(82.19%)	53.33%
	请求患者好评 M4S2	25/146(17.12%)	11.11%
	叮嘱患者遵循医嘱 M4S3	20/146(13.70%)	8.89%
	致谢 M4S4	59/146(40.41%)	26.22%
	指导患者在线咨询或线下治疗 M4S5	47/146(32.19%)	20.89%
	礼貌性回复 M4S6	8/146(5.48%)	3.56%
	致歉 M4S7	4/146(2.74%)	1.78%
	礼貌性收尾 M4S8	14/146(9.59%)	6.22%

3.3.1 “启动交流”语步中的语阶分布及其语用功能

医生在线回复患者咨询的话语体裁中，“启动交流”语步主要包含 6 个语阶(请见表 1 和表 4)。通过这 6 个语阶中的其中一个、部分或全部，“启动交流”语步的功能得以实现。以下对该语步中出现频次较高的语阶做进一步分析。

首先，“启动交流”语步中“打招呼”出现的频次非常高，占比 92.56%，其语言实现策略主要是“您好”“你好”，也有“早上好”“宝宝家长好”等。“打招呼”是一种礼仪性的行为(Searle, 1969)，是“以积极的态度、健康的交际心理去协调人际关系的礼貌行为”(孟建安，1995:3)，在当前语境下有两个目标：一是作为“开启交际的重要方面”用以构建言语互动(Mondada, 2018: 13)，是医生开启回复在线患者咨询的策略；二是表达“态度和情感”(Farese, 2015: 1)，是医生用以建构与患者之间和谐交际关系的策略。

其次，出现频次较高的是“致谢”，占比 73.02%。在线医疗咨询语境下，“启动交流”语步中的“致谢”主要是医生就患者对自己的信任表示感谢，常见程式化表达如“谢谢您的信任”“感谢信任和咨询”。在医患交际中，医生获得患者信任的重要性不言而喻(陈娟、高静文，2018; Zhao & Mao, 2021)，感谢患者对自己的信任是进一步强化医患之间信任关系的重要策略，有助于构建和谐医患交际氛围，是最终实现患者疾病得以医治的重要前提。

接下来占比较高的是“积极回应患者诉求”(57.67%)，其目的是告知患者，自己很关注患者的咨询，常见表达如“我已经了解您的病史”“你的信息资料已详细查阅”等，这个语阶对“病情诊断”语步有重要作用，体现了“以患者为中心”(陈娟、高静文，2018: 139)。

除了以上三个高频次出现的语阶，“启动交流”语步中还会出现“指导患者在线咨询”(41.40%)、“致歉或解释延时回应缘由”(28.84%)、“深入了解病情相关信息”(13.02%)，这些语阶也在发挥相应的功能，如体现了医生对患者利益的关切，体现了对患者的尊重和医生良好的个人修养，体现了医生严谨求是的做事风格等，这些都有助于医生良好形象的建构。一般像“丁香医生”这类在线医疗问诊平台，均有一定的咨询次数限制。医生顾及患者利益，指导患者如何进行高效的线上咨询，不仅体现出医生的人文关怀，还能赢得患者好感，有利于进一步咨询交流的顺畅进行。线上问诊医生无法直接检查病人身体了解病症。为弥补这一不足，医生会在患者/患者家属陈述病情和看病需求后进行咨询回复，尤其在“启动交流”环节会深入了解患者病情相关信息，以期得到更为详细全面的信息从而做出更加准确的诊断，给出更为专业的治疗建议。这也表明医生严谨的作风和对患者负责的态度。一系列专业提问也建构了医生的专家身份(Mao & Zhao, 2019;蒋筱涵、景晓平，2020)。

另外，“启动交流”语步的部分语阶往往会并列出现，该语步由两个或两个以上语阶构成时，这些语阶组合的顺序也不是固定的，但一般情况下“打招呼”语阶都会最先出现，其次是“致谢”或者“积极回应患者诉求”等。

3.3.2 “诊断病情”和“治疗建议”语步中的语阶分布及其语用功能

“诊断病情”中的4个语阶，按照其出现频次由高到低依次是“描述疾病名称”(90.22%)、“描述病理特征”(70.67%)、“描述病因”(60.00%)和“描述病情严重程度”(38.22%)。这些语阶的内容主要是医生根据患者的描述及病历等信息，对患者疾病进行的有理有据的诊断。例如：

(2) 结合您的主诉，初步考虑为急性咽炎(空咽口水时咽痛明显)。多是劳累、感冒、烟酒史等诱发的咽部黏膜炎症。除了咽部症状，还会伴有鼻部以及全身不适。

此例中，语阶依次是对疾病名称的描述、病发原因、病理特征。从语料来看，该语步中的4个语阶几乎不会单独出现，多是组合出现，且出现顺序也不固定。

“治疗建议”语步中的2个语阶，按照其出现频次由高到低依次是“医学建议”(94.22%)、“生活注意事项”(78.67%)。事实上这两个语阶在不少医生的回复中有明确的标记。例如：

(3) 治疗方面建议：
1. 抗过敏药物：孟鲁司特10毫克每天睡前一次。
……
生活建议有以下几点：
1. 室内环境尽量保持相对湿润……

从语料来看，这两个语阶多以组合形式出现构成“治疗建议”语步，组合出现的情况下，一般是“医学建议”在前，“生活注意事项”在后。另外，与我们的预期稍有偏差的是，有少量回复话语中没有明确给出“医学建议”，只是突出“生活注意事项”。

总体来看，通过描述疾病名称、病因、病理特征、病情严重程度，以及提供医学建议等语阶，医生在回复患者咨询时突显了自己的专业性和权威性，显性建构了医生的专家身份(Mao & Zhao, 2019；蒋筱涵、景晓平，2020)，体现了医患之间在医学专业知识上的不对等(任育新，2015，2018，2020)，建构了医生的高权势(Ainsworth-Vaughn, 1998; Zhang, 2021a)。另外，医生在给出诊断结果时，对疾病原因、病理特征及病情的严重程度描述越详细，就越能增加其诊断的信服力，增强患者对医生的信任(陈娟、高静文，2018; Zhao & Mao, 2021)，给患者留下一种经验丰富、认真负责的良好印象。医生给患者提供生活类建议，不仅能更全面地帮助患者治疗疾病，而且贴近生活的建议能抵消医学建议的冷漠度，给患者更舒适的医疗咨询体验，更利于患者接受建议。

3.3.3 “结束交流”语步中的语阶分布及其语用功能

“结束交流”语步中的8个语阶，按照其出现频次由高到低依次是“表达美好祝愿”(82.19%)、“致谢”(40.41%)、“指导患者线上咨询或线下治疗”(32.19%)、“请求患者好评”(17.12%)、“叮嘱患者遵循遗嘱”(13.70%)、“礼貌性收尾”(9.59%)、“礼貌性回复”(5.48%)、“致歉”(2.74%)。

可以看出，“表达美好祝愿”是“结束交流”最常用的语阶，如“祝你好运”“祝老人早日康复”等。“祝愿”属于表情类言语行为(Searle, 1976)，以将来为指向，表达的是对听话人的幸福健康的美好愿望(Ogiermann & Bella, 2021)，在调节人际关系中发挥着重要作用，“可以充分准确地表达说话人对受话人的良好态度”(孙淑芳，2012:54)，在此交际语境下也体现了医生对患者的情感关怀(Zhang, 2020)。“致谢”一般是再次向患者进行咨询表示感谢，此言语行为和占比最低的“致歉”再次强化了医生对患者的尊重和良好的个人修养。当然，还有一种“致谢”情况，就是对“请求患者予以好评”进行即时感谢，如“如果方便，请您留下评价，谢谢”。“指导患者线上咨询或线下治疗”和“叮嘱患者遵循遗嘱”跟“启动交流”中的“积极回应患者诉求”“指导患者在线咨询”一样，体现的是“以患者为中心”(陈娟、高静文，2018)的细致入微的服务。“礼貌性收尾”和“礼貌性回复”均体现的是此类交际中医生良好的个人修养。

特别值得关注的是，此语步中有时会包含“请求患者好评”的语阶，往往是直接请求行为，如“如果我的回答对您有所帮助，希望能给一个五星好评，感谢您的肯定与支持”。尽管这个语阶的占比不高，但这个语阶体现了此类交际的独特性，是对交际对象——患者/咨询者具有强加力度的一种指令性言语行为(Searle, 1969)，但医生选择此语阶的语用动因不是满足当前语境下的交际需要，而更多体现的是对长期交际需要的寻求(陈新仁，2004)，体现的是对长期利益的关切。

另外，“结束交流”语步中的8个语阶也多以组合形式出现，但其组合序列性不强。试比较以下两例：

(4)【M4S1】祝小宝宝早日康复。【M4S4】谢谢。

(5)【M4S4】谢谢。【M4S2】如果我的回答对您有所帮助，希望能给一个五星好评，【M4S4】感谢您的肯定与支持。【M4S5】如果还有疑问或病情有变化，欢迎随时咨询我。【M4S1】祝早日康复!

例(4)中各语阶顺序是M4S1—M4S4，例(5)中是M4S4—M4S2—M4S4—M4S5—M4S1。

总体来看，“结束交流”语步中大部分语阶与“启动交流”语步中的部分语阶有相同或相似的语用功能，主要在于建构医生的良好形象、构建和谐友爱的医患交际关系。同时，在线问诊平台具有商业性，患者对医生的好评与医生的切身利益相关，此语步中的“请求患者给予好评”是医生寻求自身利益的一种外在表现。因此，在线咨询问诊在一定程度上是有益于医患双方的一种交际，即患者通过医生给出的专业建议治愈疾病，与此同时，医生通过患者的认可实现了扩大影响力、提高知名度、获得更好的经济利益等长期交际需要。

4 结束语

本研究借鉴 Swales(1990, 2004)的语步—语阶分析思路，以“丁香医生”网站医生回复患者咨询的话语为语料，考察了此类交际的话语结构。研究发现，这类新型体裁的宏观结构可分为 4 个语步，其中“诊断病情”和“治疗建议”为必选语步，“启动交流”和“结束交流”是可选语步，虽然这两个语步在交际中可以缺失，但仍然占有很高比例。另外，4 语步组合序列是常见的话语组织结构，即“启动交流”—“诊断病情”—“治疗建议”—“结束交流”，同时 3 语步组合序列中的“启动交流”—“诊断病情”—“治疗建议”也占了较高比例。

就每个语步中的语阶来看，“启动交流”和“结束交流”语步中的各语阶多是两个或两个以上组合，在当前交际语境下各语阶有其较为突显的语用功能，主要是构建和谐的医患交际关系，建构医生亲和、友爱、责任心强、个人素养高等良好形象，受到此交际语境下实现人际目标的驱动。与此同时，“诊断病情”和“治疗建议”中的各语阶也主要是组合出现，当前交际语境下各语阶的语用功能主要是突显医生的专业性和权威性，进而促使其治疗建议得以实施，受到此交际语境下实现交易型目标的驱动。

本研究揭示了在线医疗咨询中医生回复话语的语步—语阶特征，可以为广大医生，尤其是新手医生进行有效、有礼的在线回复患者咨询提供一定的参考。同时，通过对这种基于网络的新兴交际体裁的考察，本研究有助于推进体裁分析理论与方法的发展与应用。

参考文献

[1] Ainsworth-Vaughn, N. 1998. *Claiming Power in Doctor-Patient Talk*. Oxford: Oxford University Press.

[2] Cortes, V. 2013. The purpose of this study is to: Connecting lexical bundles and moves in research article introductions. *Journal of English for Academic Purposes*, 12: 33 - 43.

[3] Cotos, E., S. Huffman & S. Link. 2017. A move/step model for methods sections: Demonstrating Rigour and Credibility. *English for Specific Purposes*, 46: 90 - 106.

[4] Farese, G. M. 2015. *Hi* vs. *Ciao*: NSM as a tool for cross-linguistic pragmatics. *Journal of Pragmatics*, 85: 1 - 17.

[5] Lu, X. et al. 2021. The relationship between syntactic complexity and rhetorical move-steps in research article introductions: Variation among four social science and engineering disciplines. *Journal of English for Academic Purposes*, 52: 101006.

[6] Mao, Y-S. & X. Zhao. 2019. I am a doctor, and here is my proof: Chinese doctors' identity constructed on the online medical consultation websites. *Health Communication*, 34(13): 1645 - 1652.

[7] Mao, Y-S. & X. Zhao. 2020. By the mitigation one knows the doctor: Mitigation strategies by Chinese doctors in online medical consultation. *Health Communication*, 35(6): 667 - 674.

[8] Mondada, L. 2018. Greetings as a device to find out and establish the language of service encounters in multilingual settings. *Journal of Pragmatics*, 126: 10 - 28.

[9] Moreno, A. I. & J. M. Swales. 2018. Strengthening move analysis methodology towards bridging the function-form gap. *English for Specific Purposes*, 50: 40 - 63.

[10] Nwogu, K. N. 1997. The medical research paper: Structure and functions. *English for Specific Purposes*, 16(2): 119 - 138.

[11] Ogiermann, E. & S. Bella. 2021. On the dual role of expressive speech acts: Relational work on signs announcing closures during the Covid - 19 pandemic. *Journal of Pragmatics*, 184: 1 - 17.

[12] Park, S., J. Jeon & E. Shim. 2021. Exploring request emails in English for business purposes: A move analysis. *English for Specific Purposes*, 63: 137 - 150.

[13] Santos, M. 1996. The textual organization of research paper abstracts in applied linguistics. *Text*, 16(4): 481 - 499.

[14] Schegloff, E. A. 2007. *Sequence Organization in Interaction: A Primer in Conversation Analysis Volume 1*. Cambridge: Cambridge University Press.

[15] Searle, J. R. 1969. *Speech Acts: An Essay in the Philosophy of Language*. Cambridge: Cambridge University Press.

[16] Searle, J. R. 1976. A classification of illocutionary acts. *Language in Society*, 5: 1 - 23.

[17] Spencer-Oatey, H. 2008. Face, (im) politeness and rapport. In H. Spencer-Oatey (ed.). *Culturally Speaking: Culture, Communication and Politeness Theory*. London: Continuum, 11 - 47.

[18] Swales, J. 1990. *Genre Analysis: English in Academic and Research Settings*. Cambridge: Cambridge University Press.

[19] Swales, J. 2004. *Research Genre: Explorations and Applications*. Cambridge: Cambridge University Press.

[20] Tseng, M.-Y. & G. Zhang. 2018. Pragmeme, adaptability, and elasticity in online medical consultations. *Journal of Pragmatics*, 137: 40 - 56.

[21] Tseng, M.-Y. & G. Zhang. 2021. Conceptual metonymy and emotive-affective meaning at the interface: Examples from online medical consultations. *Lingua*, 268: 1 - 17.

[22] Tseng, M.-Y. 2021. Toward a cognitive-pragmatic account of metonymic schemes of thought: Examples from online medical consultation. *Journal of Pragmatics*, 173: 177 - 188.

[23] Van Herck, R., S. Decock & B. Fastrich. 2022. A unique blend of interpersonal and transactional strategies in English email responses to customer complaints in a B2C setting: A move analysis. *English for Specific Purposes*, 65: 30 - 48.

[24] Wang, X.-J., Y.-S. Mao & Q. Yu. 2021. From conditions to strategies: Dominance implemented by Chinese doctors during online medical consultations. *Journal of Pragmatics*, 182: 76 - 85.

[25] Xu, X. & J. Lockwood. 2021. What's going on in the chat flow? A move analysis of ecommerce customer service webchat exchange. *English for Specific Purposes*, 61: 84 - 96.

[26] Zhang, Y. 2020. How doctors do things with empathy in online medical consultations in China: A discourse-analytic approach. *Health Communication*, 36(7): 1 - 10.

[27] Zhang, Y. 2021a. Dynamic power relations in online medical consultation in China: Disrupting traditional roles through discursive positioning. *Chinese Journal of Communication*, 14(4): 369 - 385.

[28] Zhang, Y. 2021b. Discursive strategies for addressing patients' disalignment with diagnosis in online medical consultations in China. *Discourse & Communication*, 15(4): 476 - 492.

[29] Zhao, X. & Y.-S. Mao. 2021. Trust me, I am a doctor: Discourse of trustworthiness by Chinese doctors in online medical consultation. *Health Communication*, 36(3): 372 - 380.

[30] 陈娟,高静文,2018. 在线医患会话信任机制研究. 现代传播,40(12):136 - 142.

[31] 陈新仁,2004. 会话信息过量现象的语用研究. 西安:陕西师范大学出版社.

[32] 胡新,黄燕,2021. 中外科技论文英文摘要中外壳名词人际功能的语步差异研究. 外语教学理论与实践,(3):56 - 63.

[33] 蒋筱涵,景晓平,2020. 在线医疗问诊中医生的身份构建. 厦门理工学院学报,28(6):72 - 78.

[34] 刘慧珍,张巨文,2019. 网络在线问诊中医生建议的人际语用研究. 常州工学院学报(社科版),37(5):92 - 96.

[35] 刘杰,赵越,2022. 推进健康话语中的情感结构研究. 中国社会科学报,2022 - 06 - 21.

[36] 孟建安,1995. 招呼语的修辞内涵. 修辞学习,(5):3 - 4.

[37] 任育新,2015. 学术互动中权势关系建构的语用分析. 现代外语,38(2):147 - 158,291.

[38] 任育新,2018. 机构权势在学术互动中的多重建构:基于汉、英语境下论文答辩委员会主席的话语分析. 浙江外国语学院学报,(6):14 - 25.

[39] 任育新,2020. 话语中权势研究的特征、趋势和建议. 现代外语,43(2):272 - 281.

[40] 任育新,李绪清. 2022. 积极话语分析:医患交际研究的新视角. 中国社会科学报,2022 - 06 - 21.

[41] 孙淑芳,2012. 祝愿言语行为及其俄汉对比. 外语研究,(2):51 - 54.

[42] 喻志刚,钟兰凤,2016. 理工科英语科研论文"引言部分"研究空间构建对比研究. 外语界,(6):77 - 85.

[43] 赵福利,2001. 英语电视新闻导语的语步结构分析. 外语教学与研究,33(2):99 - 104.

[44] 赵鑫,毛延生. 2022. 语言学研究的"情感转向":以在线健康咨询的情感管理为例. 中国社会科学报,2022 - 06 - 21.

[45] 赵永青,徐建伟,邓耀臣,等,2019. 中外期刊实证类论文英文摘要语阶推销功能导向研究. 外国语,42(2):45 - 53.

在线医患闲聊话语情感支持的语用研究*

中央财经大学外国语学院　魏　爽**

摘　要: 作为一种常规化与边缘化的谈话方式,闲聊在医患交流中的积极作用受到学界广泛关注。尽管医患闲聊的积极作用主要体现在人际功能的实现,却鲜有研究将情感支持这一推进人际关系的言语行为纳入医患闲聊研究视阈中。基于此,本研究以春雨医生线上经典问答为语料(约 25 万字),重点考察中国医患闲聊中的情感支持策略。研究结果表明,医生在线上闲聊过程中,主动利用移情、安慰、接纳、保证、伙伴关系等情感支持策略,拉近医患距离、建立医患信任、构建特定身份。作为虚拟"社会资本"的医患闲聊亦具有潜在的"货币资本"价值,并为中国特色社会主义医患交流"文化资本"的形成奠定基础。

关键词: 医患闲聊;情感支持;以患者为中心;医患信任;社会资本

Title: A Pragmatic Study on the Emotional Support in Online Doctor-Patient Small Talk

Abstract: Though being perceived as a conventionalized and peripheral mode of talk, small talk is positively evaluated in academia because of the interpersonal function it achieves. However, scant research has examined small talk from the perspective of emotional support, a major rapport strategy to facilitate interpersonal functions. Given that, this study examines the strategies of emotional support in doctor-patient small talk with selected data from Chunyu Doctor (about 250,000 Chinese characters). Results show that Chinese doctors discursively constructed

---

* 本文系 2023 年度中央财经大学"新苗学者"支持计划,"在线医疗咨询中负面情感的话语管理研究"(XMXZ2311)的阶段性成果。

** **作者简介:** 魏爽,博士,中央财经大学外国语学院助理教授,主要研究方向为语用学、社会语言学、批评话语分析、医疗话语与媒介话语。联系方式:lornaws@126.com。

emotional support in OMC through empathy, comforting, acceptance, reassurance, partnership-building to shorten doctor-patient distance, establish mutual trust and perform certain identities. Importantly, the strategies of emotional support by Chinese doctors in OMC are useful and have 'capital currency' in digitalized scenario as much as they are 'social' and 'cultural', which lays a solid foundation for doctor-patient communication with Chinese characteristics.

Key Words: Doctor-patient Small Talk; Emotional Support; Patient-centeredness; Trust; Social Capital

1 引言

"闲聊"(small talk),起源于马利诺夫斯基的"寒暄性交谈"(phatic communion),泛指"自由且漫无目的的社会交际所使用的语言"(Malinowski, 1972: 146)。"寒暄性交谈"虽普遍存在于人际交往之中,如日常交流(Laver, 1975)、工作交谈(Holmes, 2005)、商业洽谈(Yang, 2012)和课堂互动(Dooly & Tudini, 2016),其术语界定却因学者而异,例如,"闲谈"(chat; Cheepen, 1988)、"聊天"(chit-chat; Hudson, 1980)、"八卦"(gossip; Mills, 1989)、"超时谈话"(time out talk; Coupland, 2000)、"主题闲聊"(topicalized small talk 或 co-topical small talk; Hudak & Maynard, 2011)与"离题互动"(off-topic interaction; Yip & Zhang, 2020)均可指代"闲聊"。尽管"闲聊"术语不一而足,但学界对其内涵基本达成共识:闲聊通常出现在会话开始或结束部分(Coupland et al., 1994; Jin, 2018),是一种常规化、边缘化、公式化和表面化的谈话方式(Coupland, 2000)。

自20世纪末,医患闲聊已引起西方学者广泛关注,大量翔实的质性量性研究应运而生,旨在解释医患闲聊的话语特征。例如,Coupland 及其团队率先考察医生与老年患者会话开始阶段的闲聊(Coupland et al., 1992; 1994),Ragan(2000)则重点考察了医生与女性患者的闲聊互动。除了特定年龄、性别的患者与医生的一般闲聊互动,西方学者还进一步探究了特定语言障碍患者的闲聊话语特征,如失语症患者(Pound et al., 2000)与交流障碍患者(Walsh, 2007),从语言学角度为专业医疗诊治提供参考。

大量研究表明,闲聊在医患沟通中具有积极作用(Coupland et al., 1992; Walsh, 2007; Benwell & McCreaddie, 2016),有利于缓解医患关系不对称性(Coupland et al., 1994; Yin et al., 2012; Pun et al., 2018)。Laver(1975)认为,闲聊具备三大积

极功能，即劝解功能、解释功能与启蒙功能。Coupland (2003)补充道，闲聊有利于增加社会凝聚力，减少社会威胁，构建社会良性互动。此外，Ragan(2000：282)特别强调，闲聊有助于实现人际目标，从而辅助实现医疗目标，具体表现为："简化医疗程序、披露相关医疗信息、提高诊断准确性以及促使患者配合"。闲聊看似与核心治疗无关，却体现了医患权力的互动关系。一方面，患者可以策略性地使用闲聊，以获得医生的更多关注(Benwell & McCreaddie，2016)；另一方面，医生也采用闲聊的方式来维护和协调其与患者的权力关系(Jin，2018；Yip & Zhang，2020)。简言之，闲聊在医患互动中举足轻重，影响医疗进程与医患关系(Wei & Mao，2023)。

尽管闲聊在医患互动中的积极作用引起学界高度重视，但中国医患互动闲聊研究尚处于起步阶段。Mak 与 Chui 曾指出(2013)，闲聊是一把双刃剑，并非所有文化语境中都有相似的普适行为，评估闲聊的作用需参考文化因素。因此，考察中国医患闲聊互动需摆脱西方中心主义的桎梏(Ameka & Terkourafi，2019)，利用中国特定社会文化语境阐释医患闲聊。此外，西方学者曾尝试将闲聊功能划分为人际功能和工具功能两大类，非此即彼的分类方式忽视了闲聊功能之间的相互作用与相互依赖，其动态考察往往沦为静态描述，无法充分展示医疗互动关系的多样性与复杂性。尤为遗憾的是，西方学者侧重考察闲聊的人际功能，却鲜将情感支持这一推进人际关系的言语行为纳入其研究视阈中。医患互动的"正式性"与"程序化"(Zhao，1999)似乎可以解释医患闲聊情感研究的不足，但需要注意的是，以患者为中心的医患互动正逐渐替代医患关系不对称性(Bonvicini et al.，2009；Dedding et al.，2011；Pounds，2018)，成为国际医患互动研究的新风向。近年来，随着线上医疗的蓬勃发展，中国医患互动也开始展露以患者为中心的倾向(Mao & Zhao，2020；Zhang，2021；Wei & Mao，2023)。基于此，考察中国医患闲聊中的情感支持，可以弥补现有闲聊研究对情感因素的观照不足，亦可为阐释中国语境中以患者为中心的医患互动提供新的参考。

2 医患互动情感支持研究

随着以患者为中心观念的深入，许多中国学者开始聚焦促进医患关系的话语策略，如专家身份构建(Mao & Zhao，2019)、缓和语(Mao & Zhao，2020)、信任(Zhao & Mao，2021)与移情(Zhang，2021)。其中，移情交流(empathic communication)被视为促进医患和谐关系的主要因素(Park et al.，2019；Zhang，2021)，有利于减少医患冲突(Ruusuvuori，2007；Pounds，2010)，提高患者满意度、治疗效果与康复率(Pounds，2018)。尽管移情交流研究成果斐然，其重要性在线上线下医疗话语中均受到广泛认可(Bonvicini et al.，2009；Pounds，2010；2018；Del Piccolo et al.，2011；Zimmermann et al.，2011；Hsu et al.，2012），但中国医患互动中的移情交流研究却寥寥无几。其中，张宇（Zhang，2021）根据西方学者的移情交流分类系统，重点考察了中国医生的移情回应，为中国语境中医患情感互动研究奠定了基础。张宇（Zhang，2021）指出，医生的移情回应主要包括：(1) 主动识别患者的暗示与担忧，并给予承认与理解；(2) 与患者分享感受和观点，并合理化其情绪感受；(3) 通过赞美或赞赏等手段，表达对患者的接纳。

然而，移情交流的分类系统却有待商榷。一些学者将移情等同于情感支持（Bonvicini et al.，2009；Zhang，2021），而一些学者则将移情看作情感支持的子范畴（Suchman et al.，1997；Pounds，2010；Hsu et al.，2012），将其与同情、安慰、接纳等情感支持行为并列。因此，有必要明确情感支持的内涵与分类。Burleson（2003）认为，情感支持是一方为了帮助另一方有效地应对情感困扰所进行的特定交际行为，包括同情、移情、安慰等具体交际行为。心理学家与传媒学者则对上述情感支持行为做了更为细致的区分，具体言之，同情只是在表达或描述听者的感受，而非表达对负面情绪的理解或共情（Pounds，2010）。移情较同情则更进一步，一方通过分享情感体验来理解和参与另一方的感受状态（Pounds，2010；2018）。安慰则较移情更进一步，不仅体现移情的功能，如一方承认理解另一方的负面情绪，并且通过各种手段，有意识地合理化对方的负面情绪与所作所为，从而达到慰藉的效果（Burleson，1984；2003；van Leeuwen，2008）。从目前情感支持的内涵与分类来看，情感支持的子范畴并非泾渭分明，各子范畴依次排列在情感支持的连续体上，且部分重叠。因此，无论是将移情等同于情感支持，还是将同情、移情、安慰等情感支持子范畴单独并列，都为研究者应用情感支持分类系统带来了一定的困难。这也在一定程度上解释了为何现有研究既无法有效区分情感支持的子范畴，亦无法制定更为全面统一的情感支持分类系统。基于上述原因，本研究在整合大量前人研究的基础上（Roter & Larson，2001；Burleson，2003；Bonvicini et al.，2009；Del Piccolo et al.，2011；Zimmermann et al.，2011；Hsu et al.，2012；Pounds，2010；2018；Zhang，2021），将情感支持划分为同情、移情、安慰、接纳、保证与伙伴关系六个子范畴（详见 3.3 语料分析），旨在体现情感支持的“连续性”与“复杂性”，为建立更为全面连贯的情感支持分类系统奠定基础。

此外，现有医患互动情感支持研究更突出患者的暗示或者担忧，将医生回复视为自动反应或者既定程序（Suchman et al.，1997；Moulton，2016），忽视了医生在医患互动过程中提供情感支持的主动性与能动性，缺乏对医生如何选择特定情感支持策略以适应“交流语境”的关注（Burleson，1987：305）。换言之，现有研究大多将医生的情感支持策略一一列出，却鲜有研究关注医生多种情感支持策略之间的“动态作用”（Hsu et al.，2012），即多种情感支持策略如何相互作用、相互影响以达到情感支持的目的，从而体现情感支持的“交互价值”与“交流价值”（Pounds，2018）。因此，有必要采取互动视角重新考察医患互动情感支持。情感支持策略并非孤立发生，而是嵌入在不同交际语境中(Lehman & Hemphill, 1990)，受制于人际信任与社会资本。

从功能上看，现有医患互动情感支持研究大多关注情感支持对医疗效果的积极影响(Pounds, 2010; 2018; Del Piccolo et al., 2011)，医生的情感支持通常被视为提供医疗方案的“前奏”，即医生通过情感支持的铺垫，帮助患者解决问题(Zhang, 2021)，塑造专业形象(Ariss, 2009; Mao & Zhao, 2020)。尽管有一些研究强调医患互动的情感导向，如建立医患伙伴关系(Pounds, 2018)与医患信任(Rudolf von Rohr et al., 2019; Zhao & Mao, 2021)，但是鲜有研究系统关注医生如何利用具体的情感支持策略实现医患伙伴关系或医患信任的建立，以及如何利用情感支持策略获得社会资本。基于以上综述，本研究旨在系统考察医患互动情感支持策略，建立更为全面连贯的情感支持分类系统，重点关注医生实现情感支持所采用的多种话语策略，并将情感支持纳入中国文化语境中，从医患信任与社会资本的角度阐释医患情感互动，从而促进东方语境中医患互动情感支持的深入理解。

3 研究方法

3.1 研究问题

(1) 线上医患闲聊过程中，医生的情感支持话语策略有哪些？

(2) 医生如何运用特定的情感支持话语策略实现“以患者为中心”？

3.2 语料收集

本研究语料选自春雨医生(https://www.chunyuyisheng.com)。春雨医生成立于2011年，在线注册用户约五千万，用户可以通过手机应用客户端与网页客户端进行在线医疗咨询。本研究以春雨医生网页客户端经典问答为语料来源，涵盖皮肤性病科、妇科、儿科、男科、内科、外科、骨伤科、中医科、口腔颌面科、眼科、耳鼻喉科、营养科、肿瘤及防治科和产科十四个一级科室，时间跨度为2019年1月15日至2021年1月19日，共302条医患经典问答条目，合计247506字(约25万字)。春雨医生经典问答均选自真实线上医患互动案例，以文字或语音的方式呈现，医患双方知情同意。为进一步保护医患双方隐私，病例图片在本研究中不予显示，医患个人信息均匿名处理(Charmaz, 2008; Kozinets, 2010)。

本研究采取现象抽样法，该方法广泛应用于媒介话语分析研究之中，有助于在大量语料的基础上进行深入细致的语篇分析(Herring, 2004; Zhang, 2021)。本文的研究对象为医患互动闲聊中的情感支持，“闲聊”是指医患交流过程中，由医患任意一方突然发起的话题转移，且偏离核心医疗方案讨论，或暂时摆脱医生和患者两种特定的机构性身份，通常包括寒暄交流以及有关私人信息的交谈等话语(Holmes, 2000; Hudak & Maynard, 2011; Jin, 2018)。“情感支持”则是医生为了帮助患者有效地应对情感困扰所进行的话语实践(Burleson, 2003)。需要指出的是，本研究从医生视角定义情感支持，具有缓解或缓和病人痛苦情绪的“预期功能”的话语实践均属于情感支持(Burleson, 1984: 140)。虽然情感支持的效果应从患者角度衡量，但本研究暂不以情感支持有效性作为情感支持的定义标准。

3.3 语料分析

本研究将情感支持划分为同情、移情、安慰、接纳、保证与伙伴关系六个子范畴(Roter & Larson, 2001; Burleson, 2003; Bonvicini et al., 2009; Del Piccolo et al., 2011; Zimmermann et al., 2011; Hsu et al., 2012; Pounds, 2010; 2018; Zhang, 2021)。具体言之，同情表达了医生的个人情感，但未进一步对患者的情绪表示认同或共情(Pounds, 2010)。移情在同情的基础上，以分享经历的方式，表达了医生对患者负面情绪或现实困境的理解与认同(Bonvicini et al., 2009)。安慰特指对患者情绪或行为的合理化(Burleson, 2003)。接纳是指医生对患者表示关心关爱、鼓励支持或积极评价(Pounds, 2010; Zhang, 2021)。保证是指医生为消除患者疑虑，表达对其健康状况的肯定或对康复希望的信心(Roter & Larson, 2001; Burleson, 2003)。伙伴关系则彰显医生与患者共同抵御疾病的同盟关系(Roter & Larson, 2001)。诚如前文所言，情感支持的各个子范畴有部分重叠，因此，本研究以小句为标注单位，以语义为基础，尽可能重点标注各小句较突出的情感支持子范畴，但不排除个别小句被标注为多种情感支持子范畴的可能。

4 研究结果

4.1 顾客至上：以服务患者为导向的寒暄闲聊

寒暄闲聊是闲聊最主要的方式，通常出现在对话的开始或结束部分，以问候或告别的形式出现(Coupland et al., 1992; Burnard, 2003; Sun, 2004, Holmes, 2005)。研究结果显示，线上医患互动中的寒暄闲聊占据主要部分，除了问候，医生主动利用寒暄闲聊拉近与患者的距离，如例1：

例 1：

01 患者：盆腔炎吃了两个月的中药了还没好利索。上个月月经期挂了盐水，现在自己按压稍微有点疼，有什么好的办法赶紧好不？挂盐水身体能不能吃得消？

02 医生：很高兴回答您的问诊！(a)首先感谢您对平台的认可以及对我的信任(b)。因为我平时手术、门诊较多，有时候不敢保证一定能及时回复(c)。但请您放心，我一定会尽量及时、准确、负责地给您回复(d)。用我专业的知识和多年的临床经验来解答您的疑问(e)。

如例 1 所示，医患闲聊出现在对话开始部分，为寒暄闲聊。医生主动采取一系列情感支持策略，拉近医患距离，建立医患信任。在寒暄闲聊开始，医生采用了接纳策略(Pounds, 2010; Zhang, 2021)，具体表现在对患者问诊的欢迎(02a)与感谢(02b)。值得注意的是，与以往研究中的客套寒暄闲聊不同(Coupland et al., 1992; Holmes, 2005)，例 1 中的医生闲聊更能体现医生的主动性与专业性：一方面，医生感谢患者的信任(02b)，通过预设医患信任的方式建立医患信任(Zhao & Mao, 2021)，并主动展示其专业知识与丰富经验(02c, 02e)，通过突出个人能力和专业权威的方式强化医患信任(Mayer et al., 1995; Ariss, 2009)；另一方面，医生主动解释可能存在的时间冲突，请求患者谅解(02c)，并采用保证策略(02d)，消除患者疑虑(Roter & Larson, 2001; Burleson, 2003)，用“一定”和“尽量”等副词强化其可信度。此外，与患者直入主题的咨询相比，医生的寒暄闲聊更加客气真诚，敬语“您”的使用在一定程度上削弱了中国医患关系的不对称性，实现了“以患者为中心”(Dedding, et al., 2011; Pounds, 2018; Mao & Zhao, 2020; Zhang, 2021)。

医患寒暄闲聊不仅揭示了医生主动运用情感支持策略建立医患信任，而且体现出中国线上医疗独特的社会资本运作方式与市场化模式。众所周知，关系就医是中国患者线下就医的主要模式(屈英和、钟绍峰，2012；王华、刘金兰，2018；王华、王丛，2019)。关系就医的基础为人情信任(Hillen et al., 2014)或特殊信任(费孝通，2006)，而线上医疗咨询则在一定程度上打破了线下关系就医的人情信任，取而代之的是基于医生专业性的普通信任。尽管如此，从医患寒暄闲聊中不难发现，医生在建立普通医患信任的同时，亦采用情感支持策略，逐步实现从普通信任到人情信任的过渡，积极与患者建立情感联系，从而更好获得“信任”这一虚拟社会资本(Bourdieu, 1986; Putman, 2000)，如例 2：

例 2：

03 患者：嗯嗯，谢谢。

04 医生:不客气呢(a),如果您对本次咨询满意,麻烦您稍后做出评价(b),您的肯定将是我继续努力的最大动力(c),谢谢您(d)。

如例2所示,医患寒暄闲聊出现在对话的结尾部分,除了告别,医生采用伙伴关系的情感支持策略,即与患者建立同盟关系(Roter& Larson, 2001)。具体表现在,医生不仅主动回应患者的感谢(04a),并且主动请求患者给予评价(04b),主动解释请求患者评价的原因(04c),再次对患者表示感谢(04d)。与前人研究中医生所体现的优势支配地位不同(Zhao, 1999; Wang et al., 2021),例2医生的话语实践体现出更为平等的医患关系,以及更为明显的服务意识与"以患者为中心"的倾向。"以患者为中心"的新型医患关系也在一定程度上表明,线上医疗语境中,积极的情感联系(Williams, 2006)与潜在的经济收益密不可分(Julien, 2015)。具体言之,医生通过寒暄闲聊的方式,与患者建立信任,增加情感联系,不仅是为了实现更好的医疗效果(Bonvicini et al., 2009; Pounds, 2010),更是为了实现普通信任向人情信任的过渡,继而获得患者信任这一"虚拟社会资本"(Bourdieu, 1986;Putman, 2000)。之后,在建立医患信任的基础上,医生更容易获取患者好评,提高其知名度,扩大潜在患者客户群体,从而增加线上医疗咨询收入。简言之,医生通过医患寒暄闲聊,既能获得虚拟社会资本,又能赢取潜在的货币资本价值(Julien, 2015),两种资本形式在线上医疗咨询中相辅相成。

4.2 医者仁心:以理解患者为中心的认同闲聊

移情和安慰是情感支持的主要方式(Burleson, 2003; Hsu et al., 2012; Pounds, 2018; Zhang, 2021),核心在于医生对患者负面情绪或现实困境的理解与认同(Bonvicini et al., 2009)。医生表示对患者的理解主要有两种方式:一、从病情本身入手,表示对患者负面情绪和所处困境的理解;二、与其他患者做比较,分享类似经历实现移情(Burleson, 2003; Bonvicini et al., 2009; Zhang, 2021)。如例3所示,在线上咨询对话的中间部分,患者表达了其对身体状况的担忧,虽然其担忧已经偏离头疼治疗的核心医疗话语,但是医生仍然主动提供情感支持,从病情本身入手,表示对患者的理解。

例3:

05 患者:我吃中药半年了,但没有用。我的月经只来一天,第二天就没有了。我真的很想有个好方法,能不能看好?

06 医生:嗯,非常能够理解您的心情(a)。俗话说,病来如山倒,病去如抽丝(b)。所以每一种病想要完全治好,都需要一个过程(c),您不能太着急(d)。

在例3中，医生主要采取移情和安慰两种情感支持策略(Burleson, 2003; Bonvicini et al., 2009)。首先，医生直抒胸臆，表达对患者心情的理解(06a)。在移情情感支持策略的基础上，医生引用俗语(06b)，从疾病特点入手，表明治疗的复杂性与艰巨性，并继续解释疾病治疗需要过程(06c)，因此，医生的"额外解释"合理化了患者所处的困境(van Leeuwen, 2008)，进一步认同了患者目前焦虑情绪的合理性。最后，医生继续安慰患者，提供"具体应对方案"(06d)(Bippus, 2001)，以期解决患者目前面临的困境。

从例3中不难看出，移情策略与安慰策略紧密相连，医生为了拉近与患者的心理距离和全方位了解患者，即使面对与核心病症无关的闲聊，医生也在最大程度上对患者给予理解与支持。移情与安慰情感支持策略的同时使用，体现了医生利用情感支持闲聊的主动性与能动性，最大限度合理化患者的负面情绪与所处困境。从病情本身入手，既是医生移情患者的出发点，又是其安慰患者的合理化手段。此外，分享类似经历亦能达到移情和安慰的效果，如例4：

例4：

07 患者：几乎没有早上排便的习惯，基本都是下午。

08 医生：这要慢慢养成习惯。

09 患者：嗯嗯。

10 医生：这是个过程。

11 患者：感觉把孩子都养废了，责任都在我。

12 医生：哈哈，别有压力。

13 医生：好多孩子都这样。

如例4所示，在线上咨询的过程中，患者开始分享其育儿经历，该闲聊逐渐偏离核心医疗话语。面对患者话轮话题的转变(07)，医生顺应患者话轮(08)，对患者面临的困境表示理解，强调其困境需要"慢慢"解决(08)，"是个过程"(10)。医生的移情情感支持策略增强了患者进一步分享困境的意愿，患者通过自责的方式表达沮丧与无助等负面情绪(11)。面对患者的自责与无助，医生迅速调整情感支持策略，采取安慰策略合理化患者的负面情绪。一方面，医生主动缓和气氛，通过"哈哈"这一语气助词缓解患者的紧张情绪，将患者从自责的负面情绪中解脱出来，削弱患者目前困境的严峻性，并进一步安慰患者"别有压力"(12)。另一方面，医生分享其他患者的类似经历(13)，合理化患者目前所处的困境并非孤立个案(Burleson, 2003; van Leeuwen, 2008; Bonvicini et al., 2009; Zhang, 2021)，其子同"好多孩子"一样(13)，并无差异，再次削弱患者自责的负面情绪。从医生的闲聊中可以看出，医生不仅主动表示对患者的理解、实现移情，而且通过多种合理化手段安慰患者，强化对患者困境的理解与认同，而非只是采取既定程序式的情感支持策略，这也反映出医生为实现“以患者为中心”的新型医患关系而提供情感支持的主动性与能动性。

4.3 将心比心：医患闲聊情感支持中的医患身份背景化

以服务患者为导向的寒暄闲聊与以理解患者为中心的认同闲聊均体现出医生提供情感支持的主动性与能动性，医生根据“交际语境”（Burleson，1987；Lehman & Hemphill，1990），采取接纳、保证、伙伴关系、移情、安慰等情感支持策略，建立医患信任，缓解患者负面情绪。上述两种医患闲聊并未摆脱医患身份，医生在提供情感支持的同时，不断凸显其专业身份，而与上述两种闲聊不同，例 5 和例 6 的医患情感支持闲聊则逐渐弱化医患机构性身份。

例 5：

14 患者：没事就好，谢谢医生。

15 医生：孩子，不客气的(a)。你点击阿姨的头像，关注阿姨(b)，如果还有什么疑惑，有需要咨询的，随时联系吧！(c)

16 患者：好的，谢谢医生。

17 医生：孩子，不客气。

如例 5 所示，医生主要采取接纳情感支持策略，表达对患者的关心关爱（Pounds，2010；Zhang，2021），积极回应患者的感谢（15a、17），并表示出随时服务患者的积极意愿（15c）（Burleson，2003）。此外，医生通过“阿姨—孩子”类亲属称谓语进一步拉近与患者的心理距离与社会距离，替代普通的社会机构性称谓语“医生—患者”，从而实现普通信任到人情信任的过渡（15、17）。更为有趣的是，例 5 中的患者始终使用社会机构性称谓语称呼医生（14、16），维持医患机构性身份，而医生却始终采用类亲属称谓语（15a，15b，17），弱化医生权威，凸显个人关系，医患称呼语的不对称性折射出“以患者为中心”的新型医患关系（Dedding et al.，2011；Pounds，2018；Mao & Zhao，2020；Zhang，2021）。

与例 5 类似，例 6 中的医生弱化医患机构性身份，突出“母亲”这一特殊的共同身份，实现对患者的情感支持：

例 6：

18 患者：（我儿子）一直都是优秀的孩子。

19 医生：是的(a)。否则孩子不会哭泣(b)。

20 患者:所以他自己也接受不了。

21 医生:是的(a)。孩子很难受(b)。不要再埋怨了。吃一堑长一智(c)。

22 患者:但我为了孩子还得镇静地劝没关系能治好儿子。当妈的心如刀绞啊。

23 医生:是的(a),我很理解(b)。我儿子也在外地。几千里地感冒了,我都很担心(c)。

24 患者:我儿子一直很懂事的。

25 医生:是的(a),要安慰孩子,不要给孩子压力(b)。

如例 6 所示,医生主要通过移情与安慰情感支持策略缓解患者焦虑情绪,构建“我们共同体”(van Dijk, 1995; 1998;Lazar, 2018)。一方面,医生面对患者对儿子的维护(18、20、24),不断给予肯定回复(19a、21a、23a、25a),表示理解认同实现移情(23b),而且采用类亲属称呼语“孩子”指代患者儿子(19b、21b、25b)(Mao & Zhao, 2020),弱化“医生—患者”机构性身份,不断合理化患者儿子的行为(19b、21b),实现安慰目的。另一方面,医生通过凸显“母亲”这一共同身份以及分享类似的亲子经历(23c),将医患关系转变为母亲联盟,从情感上进一步支持理解患者。总之,在医患闲聊中,医生通过移情与安慰实现对患者的情感支持,凸显“母亲”共同身份,构建“我们共同体”。

5 结论

本研究以春雨医生线上经典问答为语料(约 25 万字),重点考察了中国医患闲聊中的情感支持策略。无论是以服务患者为导向的寒暄闲聊、以理解患者为中心的认同闲聊,还是医患身份背景化闲聊,均体现出“以患者为中心”的趋势,具体表现为医生主动利用移情、安慰、接纳、保证、伙伴关系等多种情感支持策略,拉近医患距离,建立医患信任,弱化医患机构性身份,削弱医患关系不对称性(Mao & Zhao, 2020; Wei & Mao, 2023),建构“我们共同体”(van Dijk, 1995; 1998)。中国线上闲聊的情感支持策略有利于帮助医生实现普通信任向人情信任的过渡,获得患者好评,提高知名度,从而增加其经济收益。换言之,在线上医疗语境中,医患寒暄闲聊不仅是获得虚拟社会资本“信任”的重要手段(Bourdieu, 1986; Putman, 2000),更能实现潜在的货币资本价值(Julien, 2015)。基于此,在中国线上医患互动中,医生的话语实践体现出更为平等的医患关系与更为明显的服务意识,其动态情感支持策略为阐释中国语境中以“患者为中心”的医患互动提供了新的参考。此外,党的十九届五中全会审议通过的《中共中央关于制定国民经济和社会发展第十四个五年规划和二〇三五年远景目标的建议》,明确提出全面建设健康中国的宏伟目标。线上医疗作为"互联网+医疗"背景下的新型医疗形式,"以患者为中心"的服务导向有利于优化服务质量,提高服务效率,更好满足人民群众日益增长的医疗卫生健康需求,为形成中国特色社会主义医患交流"文化资本"奠定基础。

由于篇幅有限,本研究只考察了医患文字互动,尚未考察春雨医生中的医患语音交流,由于语音信息更能体现医患双方的情感状态与情绪变化,因此,有必要持续考察医患线上多模态闲聊的情感支持。总之,本研究以医患互动视角,揭示了医生利用多种情感支持策略拉近医患距离与建立医患信任的话语实践,为医生情感支持的主动性与能动性研究提供了新的佐证。本研究所呈现的移情、安慰、接纳、保证、伙伴关系等多种情感支持策略相互作用、相互影响,体现出情感支持的交互价值与交流价值,促进了东方语境中医患互动情感支持的深入理解,阐释了建设健康中国战略背景下"以患者为中心"的医疗服务话语实践。

参考文献

[1] Ameka, F. Terkourafi, M. 2019. What if ... ? Imagining non-western perspectives on pragmatic theory and practice . *Journal of Pragmatics* 145: 72 - 82.

[2] Ariss, M. 2009. Asymmetrical knowledge claims in general practice consultations with frequently attending patients: Limitations and opportunities for patient participation. *Social Science & Medicine*, 69(6): 908 - 919.

[3] Benwel, B. &McCreaddie, M. 2016. Keeping "small talk" small in health-care encounters: Negotiating the boundaries between on-and off-task talk. *Research on Language and Social Interaction*, 49(3): 258 - 271.

[4] Bippus, M. 2001. Recipients' criteria for evaluating the skillfulness of comforting communication and the outcomes of comforting interactions. *Communication Monographs*, 68(3): 301 - 313.

[5] Bonvicini, A. , Perlin, J. , Bylund, L. , Carroll, G. , Rouse, A. , & Goldstein, G. 2009. Impact of communication training on physician expression of empathy in patient encounters. *Patient Education and Counseling*, 75(1): 3 - 10.

[6] Bourdieu, P. 1986. The forms of capital. In J. Richardson(ed.). *Handbook of Theory and Research for the Sociology of Education*. New York: Greenwood, 241 - 258.

[7] Burleson, B. 1984. Age, Social-cognitive development, and the use of comforting strategies. *Communications Monographs*, 51(2): 140 - 153.

[8] Burleson, B. 1987. Cognitive complexity. In J. McCroskey & J. Daly(eds.). *Personality and Interpersonal Communication*. Newbury Park: Sage, 305 - 349.

[9] Burleson, B. 2003. Emotional support skill. In J. Greene & B. Burleson (eds.). *Handbook of*

Communication and Social Interaction Skills. New Jersey: Lawrence Erlbaum Associates, 551 - 594.

[10] Burnard, P. 2003. Ordinary chat and therapeutic conversation: Phatic communication and mental health nursing. *Journal of Psychiatric & Mental Health Nursing*, 10(6): 678 - 682.

[11] Charmaz, K. 2008. Constructionism and the grounded theory. In J. A. Holstein & J. F. Gubrium (eds.). *Handbook of Constructionist Research*. New York: The Guilford Press, 397 - 412.

[12] Cheepen, C. 1988. *The Predictability of Informal Conversation*. London: Pinter.

[13] Coupland, J. 2000. Introduction: Sociolinguistic perspectives on small talk. In J. Coupland (ed.). *Small Talk*. London: Routledge, 1 - 26.

[14] Coupland, J. 2003. Small talk: Social functions. *Research on Language and Social Interaction*, 36(1): 1 - 6.

[15] Coupland, J., Coupland, N., & Robinson, J. 1992. How are you? —Negotiating phatic communion. *Language and Society*, 21(2): 207 - 230.

[16] Coupland, J., Robinson, J., & Coupland, N. 1994. Frame negotiation in doctor-elderly patient consultations. *Discourse and Society*, 5(1): 89 - 124.

[17] Dedding, C., van Doorn, R., Winkler, L., & Reis, R. 2011. How will e-health affect patient participation in the clinic? A review of e-health studies and the current evidence for changes in the relationship between medical professionals and patients. *Social Science & Medicine*, 72(1): 49 - 53.

[18] Del Piccolo, L., De Haes, H., Heaven, C., Jansen, J., Verheul, W., Bensing, J., ... & Goss, C. 2011. Development of the Verona coding definitions of emotional sequences to code health providers' responses (VR-CoDES-P) to patient cues and concerns. *Patient Education and Counseling*, 82(2): 149 - 155.

[19] Dooly, M., &Tudini, V. 2016. "Now we are teachers": The role of small talk in student language teachers' telecollaborative task development. *Journal of Pragmatics*, 102: 38 - 53.

[20] Herring, S. C. 2004. Computer-mediated discourse analysis: An approach to researching online behaviour. In S. A. Barab, R. Kling, & J. H. Gray (eds.). *Designing for Virtual Communities in the Service of Learning*. New York: Cambridge University Press, 338 - 376.

[21] Hillen, M. A., de Haes, H. C. J. M., Stalpers, L. J. A., Klinkenbijl, J. H. G., Eddes, E. H., Butow, P. N ... & Smets, E. M. A. 2014. How can communication by oncologists enhance patients' trust? An experimental study. *Annals of Oncology*, 25(4): 896 - 901.

[22] Holmes, J. 2005. When small talk is a big deal: Sociolinguistic challenges in the workplace. In M. H. Long (ed.). *Second Language Needs Analysis*. Cambridge: Cambridge University Press, 344 - 371.

[23] Hsu, I., Saha, S., Korthuis, P. T., Sharp, V., Cohn, J., Moore, R. D., & Beach, M. C. 2012. Providing support to patients in emotional encounters: A new perspective on missed

empathic opportunities. *Patient Education and Counseling*, 88(3): 436 - 442.

[24] Hudak, P. Maynard, D. 2011. An interactional approach to conceptualising small talk in medical interactions. *Sociology of Health & Illness*, 33(4): 634 - 653.

[25] Hudson, R. A. 1980. *Sociolinguistics*. Cambridge: Cambridge University Press.

[26] Jin, Y. 2018. Small talk in medical conversations: Data from China. *Journal of Pragmatics*, 134: 33 - 34.

[27] Julien, C. 2015. Bourdieu, social capital and online interaction. *Sociology*, 49(2): 356 - 373.

[28] Kozinets, R. 2010. *Netnography: Doing Ethnographic Research Online*. London: Sage Publications.

[29] Laver, J. 1975. Communicative functions of phatic communion. In A. Kendon, R. M. Harris, & M. R. Key. Paris (eds.). *Organization of Behavior in Face-to-Face Interaction*. France: Mouton, 215 - 238.

[30] Lazar, M. M. 2018. Feminist critical discourse analysis. In J. Flowerdew & J. E. Richardson (eds.). *The Routledge Handbook of Critical Discourse Studies*. New York: Routledge, 372 - 387.

[31] Lehman, D., & Hemphill, K. 1990. Recipients' perceptions of support attempts and attributions for support attempts that fail. *Journal of Social and Personal Relationships*, 7(4): 563 - 574.

[32] Mak, B. & Chui, H. 2013. A cultural approach to small talk: A double-edged sword of sociocultural reality during socialization into the workplace. *Journal of Multicultural Discourses*, 8(2): 118 - 133.

[33] Malinowski, B. 1972. Phatic communion. In J. Laver & S. Hutcheson(eds). *Communication in Face-to-Face Interaction*. England: Penguin, 146 - 152.

[34] Mao, Y., & Zhao, X. 2019. I am a doctor, and here is my proof: Chinese doctors' identity constructed on the online medical consultation websites. *Health Communication*, 34(13): 1645 - 1652.

[35] Mao, Y., & Zhao, X. 2020. By the mitigation one knows the doctor: Mitigation strategies by Chinese doctors in online medical consultation. *Health Communication*, 35(6): 667 - 674.

[36] Mayer, R. C., Davis, J. H., &Schoorman, F. D. 1995. An integrative model of organizational trust. *The Academy of Management Review*, 20(3): 709 - 734.

[37] Mills, J. 1989. *Woman Words*. London: Longman.

[38] Moulton, L. 2016. *The Naked Consultation: A Practical Guide to Primary Care Consultation Skills*. London: CRC Press of Taylor & Francis Group.

[39] Park, J., Somnath, S., Dingfen, Han, D... & Woodson, T. 2019. Emotional Communication in HIV Care: An Observational Study of Patients' Expressed Emotions and Clinician Response. *AIDS & Behavior*, 23(10): 2816 - 2828.

[40] Pound, C., Parr, S., Lindsay, J., & Woolf, C. 2000. *Beyond Aphasia: Therapies for*

Living with Communication Disability. Oxon: Speechmark.

[41] Pounds, G. 2010. Empathy as "appraisal": A new language-based approach to the exploration of clinical empathy. *Journal of Applied Linguistics & Professional Practice*, 7(2): 139－162.

[42] Pounds, G. 2018. Patient-centred communication in ask-the-expert health-care websites. *Applied Linguistics*, 39(2): 117－134.

[43] Pun, J., Chan, E. A., Wang, S., & Slade, D. 2018. Health professional-patient communication practices in East Asia: An integrative review of an emerging field of research and practice in Hong Kong, South Korea, Japan, Taiwan, and Mainland China. *Patient Education and Counseling*, 101(7): 1193－1206.

[44] Putnam, R. 2000. *Bowling Alone: The Collapse and Revival of American Community*. New York: Simon and Schuster.

[45] Ragan, S. 2000. Sociable talk in women's healthcare contexts. In J. Coupland(ed.). *Small Talk*. London: Routledge, 269－287.

[46] Roter, D., & Larson, S. 2001. The relationship between residents' and attending physicians' communication during primary care visits: An illustrative use of the roter interaction analysis system. *Health Communication*, 13(1): 33－48.

[47] Rudolf von Rohr, M. T., Thurnherr, F., &Locher, M. A. 2019. Linguistic expert creation in online health practices. In P. Bou-Franch, & P. Garces-Conejos Blitvich(eds.). *Analyzing Digital Discourse: New Insights and Future Directions*. Heidelberg: Springer, 219－250.

[48] Ruusuvuori, J. 2007. Managing affect: Integration of empathy and problem-solving in health care encounters. *Discourse Studies*, 9(5): 597－622.

[49] Suchman, A. L., Markakis, K., Beckman, H. B., & Frankel, R. 1997. A model of empathic communication in the medical interview. *Journal of the American Medical Association*, 277(8): 678－682.

[50] Sun, H. 2004. Opening moves in informal Chinese telephone conversations. *Journal of Pragmatics*, 36(8): 1429－1465.

[51] van Dijk, T. 1995. Ideological discourse analysis. In E. Ventola & A. Solin (eds.). *Interdisciplinary Approaches to Discourse Analysis*. Helsinki: University of Helsinki, 135－161.

[52] van Dijk, T. 1998. Opinions and ideologies in the press. In A. Bell & P. Garrett (eds.). *Approaches to Media Discourse*. Oxford: Blackwell, 21－63.

[53] van Leeuwen, T. 2008. *Discourse and Practice: New Tools for Critical Discourse Analysis*. Oxford: Oxford University Press.

[54] Walsh, I. 2007. Small talk is "big talk" in clinical discourse: Appreciating the value of conversation in SLP clinical interactions. *Topics in Language Disorders*, 27(1): 24－36.

[55] Wang, X., Mao. Y., & Yu, Q. 2021. From conditions to strategies: Dominance implemented by Chinese doctors during online medical consultations. *Journal of Pragmatics*, 182: 76－85.

[56] Wei, S., & Mao. Y. 2023. Small talk is a big deal: A discursive analysis of online off-topic

doctor-patient interaction in traditional Chinese medicine. *Social Science & Medicine*, 317: 1 - 8.

[57] Williams, D. 2006. On and off the net: Scales for social capital in an online era. *Journal of Computer-Mediated Communication*, 593 - 628.

[58] Yang, W. 2012. Small talk: A strategic interaction in Chinese interpersonal business negotiations. *Discourse & Communication*, 6(1): 101 - 124.

[59] Yin, C., Hsu, C., Kuo, F., & Huang, Y. 2012. A study of politeness strategies adopted in pediatric clinics in Taiwan. *Health Communication*, 27(6): 533 - 545.

[60] Yip, J., & Zhang, C. 2020. Understanding the co-construction of medical consultations in traditional Chinese medicine: A discourse structural analysis. In B. Watson & J. Krieger (eds.). *Expanding Horizons in Health Communication. The Humanities in Asia*. Singapore: Springer, 133 - 160.

[61] Zhao, B. 1999. Asymmetry and mitigation in Chinese medical interviews. *Health Communication*, 11: 209 - 214.

[62] Zhao, X., & Mao, Y. 2021. Trust Me, I am a doctor: Discourse of trustworthiness by Chinese doctors in online medical consultation. *Health Communication*, 36(3): 372 - 380.

[63] Zhang, Y. 2021. How doctors do things with empathy in online medical consultations in China: A discourse-analytic approach. *Health Communication*, 36: 816 - 825.

[64] Zimmermann, C., Del Piccolo, L., Bensing, J., Bergvik, S., De Haes, H., Eide, H., ... Kim, Y. M. 2011. Coding patient emotional cues and concerns in medical consultations: The verona coding definitions of emotional sequences (VR-CoDES). *Patient Education and Counseling*, 82(2): 141 - 148.

[65] 费孝通,2006. 乡土中国. 上海:上海人民出版社.

[66] 屈英和,钟绍峰,2012. "关系就医"取向下医患互动错位分析. 医学与哲学(人文社会医学版),33(11):34 - 36.

[67] 王华,刘金兰,2018. 关系就医与关系信任:中国医患形成初始信任判断的认知捷径. 中国社会心理学评论,(1):161 - 171.

[68] 王华,王丛,2019. 关系就医对医患初始信任及信任演变的影响. 网络经济研究,39(2):70 - 83.

线上诊疗医患情感互动话语分析*

北京信息科技大学外国语学院 张 宇**

摘 要: 国内外线上诊疗话语研究仍处于初期阶段,相关情感互动研究更是匮乏。鉴于此,本文基于话语分析视角下的情感概念和情感实践内涵,扩展 Stevanovic 和 Peräkylä (2014)的言行识别秩序理论中的情绪秩序,提出相应的分析框架,分析我国线上诊疗中患者和医生的情感互动文本。研究发现,医生和患者情感互动话语的认识层面、权义层面、情感层面相互关联,情感互动可以依靠话语的认识维度和权义维度实现。希望本文为研究医患情感互动提供新视角,促进相关学者关注诊疗中的情感问题,为线上诊疗语言抚慰能力建设提供相关启示。

关键词: 线上诊疗话语;情感互动;言行识别秩序框架;话语分析

Title: Discourse Analysis of Doctor-patient Affective Interaction in Online Medical Consultations

Abstract: Discourse-related research on online medical consultation (OMC) is still in its infancy abroad and at home and studies on the affective dimension of the OMC discourse is extremely under-researched. This paper views affect from a discourse-analysis perspective. Drawing upon the concept of affect and affective practice, it develops a framework—three orders in action recognition—proposed by Stevanovic and Peräkylä (2014). With the developed framework, this paper analyses affective interaction between doctors and patients in text-based online medical consultations. Findings show that epistemic facet, deontic facet, and affective facet in

---

* 本研究是2023年度教育部人文社科青年基金项目和2023年度北京市教委社科一般项目的部分成果。

** **作者简介:** 张宇(1990年生),博士,副教授。主要研究方向为健康医疗话语分析,联系方式:812639697@qq.com。

the affective interaction are related with each other. Affective interaction can be carried out through epistemic stance and deontic stance. This paper may contribute to a new perspective for studying affective interaction in the clinical context and draw scholars' attention to the affective dimension of doctor-patient interaction. It may also provide some implications for improving health professionals' communicative competence in terms of demonstrating empathy in the online context.

Key Words: Online Medical Consultation; Affective Interaction; Action Recognition Framework; Discourse Analysis

1 引言

"互联网+医疗健康"是我国积极鼓励发展的医疗模式，是实现"健康中国"目标过程中的重要战略(曹博林，2021)。自突发新冠肺炎疫情以来，我国线上诊疗增长了20多倍，线上处方流转增长了近10倍(冯川叶，2020)。后疫情或疫情常态化时代，公众可能会更加依赖互联网医疗服务，互联网医疗也将迎来常态化发展趋势(曹博林，2021)。线上诊疗及线上医患沟通是互联网医疗的核心环节，虽然已有学者探索我国线上医患沟通行为模式、医患沟通话语特点(参见 Mao & Zhao，2019，2020；曹博林，2021)，但是很少有学者关注线上诊疗中的情感层面。情感互动在医患沟通中至关重要，与能否提供令患者和家属满意的医疗服务密切相关，并且对诊疗质量、治疗结果、医生职业满意度、医患信任感起着重要作用(Howick et al.，2018；Hsu et al.，2012)。然而，国内医患沟通中的情感互动话语研究依然处于边缘(Zhang，2022)。我国医疗资源短缺，医务人员工作强度高，患者就诊流量大，医患面对面问诊平均时间极短(Jin et al.，2015)，这种情况下医患很难在情感层面上进行互动。与之相比，患者或家属参与网络问诊时，不会受限于问诊时间、空间，或者排队等待问题。有研究认为网络问诊中患者和家属参与行为更加积极(Lu & Zhang，2019)，医患关系倾向于更加平等，医生更加关注患者需求(Yellowlees et al.，2015)。这可能促进医患在网络问诊中的情感互动，使得情感互动在网络问诊中凸显出来。

线上问诊是一种网络沟通(Computer-Mediated Commutation)形式，具备网络沟通的特点，线上问诊主要基于文字方式沟通(参见 Herring，2011)。面对面沟通中，情感呈现与神态举止、语音语调等非言语行为显著相关；与之不同，以文字形式沟通的线上互动中，文字言语与情感呈现显著相关(Walther，Loh，& Granka 2005)。文字使用或文本话语在以网络为媒介的情感沟通中的角色比面对面情感沟通中的更重要(参见 Hancock, Landrigan, & Silver, 2007; Walther et al., 2005)。所以,研究线上医患沟通的情感维度,关注问诊文本十分重要。

与日常人际沟通一样,医疗问诊中认知、权力和情感层面相互交织、作用。但是,由于人们往往倾向于关注与交际互动目的最相关的层面(Sperber & Wilson, 1986),医疗问诊互动中的情感层面常被忽视。医疗问诊话语凸显三个特点:呈现医学专业知识;权力分布不平衡;被赋予机构任务——解决疾病问题,所以学者们通常关注问诊话语中的认知、权力层面,极少关注情感层面(Zhang,2022)。其实涉及疾病或健康问题的沟通,不可避免会呈现情感(Lupton, 2012; Jones, 2013)。前人研究医患沟通情感问题时,将情感层面孤立出来,没有涉及话语中的认识和权义维度(参见 Del Piccolo et al., 2011; Hsu et al., 2012; Pounds & Pablos-Ortega, 2015; Pounds, 2018; Zimmermann et al., 2011; Zhang, 2021)。鉴于此,本文通过话语分析视角,基于言行识别秩序理论,以我国线上问诊文本为例,重点分析线上问诊患者的消极情感表达和医生对此表达的共情回应。

2 情感与情感互动

本文中的“情感”一词对应英文中的“affect”或“affective”(详解参见张宇,2022)。目前,情感概念还未有公认的定义,不同研究视角对情感概念的理解和使用也不同(详情参见张宇,2022)。本研究从话语视角理解情感(affect),即情感是人们在沟通互动或社会行为中通过话语构建出的意义,此话语可以直接或间接地体现出某种情感(Wetherell, 2012; Prior, 2016)。人与人之间的情感互动可视作话语实践的一个维度,参与者可以通过走进话语中的情感维度了解、反思彼此的内心世界,促进互相理解(Wilce, 2009)。这种了解、反思、理解会产出共情交际或共情效应。共情表达是情感互动的一种形式(Sinclair et al., 2017)。互动中共情是理解交际对方的情感模式(affective mode),这种模式来自对交际对方的情感或所处情境的感知或认识(Halpern, 2003; Neumann et al., 2009)。共情存在于社会活动中,是社交的一部分(Kupetz, 2014),可通过言行表达出来;“不共情”也是一种情感回应(参见 Wilce, 2009)。鉴于此,本研究中的情感互动主要包含两种成分:情感呈现和(不)共情回应。

本文的情感呈现涉及直接和间接表达情感。直接表达情感指表述中含有描述情感或心理状态的词汇,或与情感行为相关的词汇(Pavlenko, 2008; Zhang et al., 2017),如“开心”“害怕”“后悔”“哭”。间接表达情绪指表述中不含有以上类型词汇,间接表达的情感可通过语境以及听话人的回应推测出及通过互动序列(sequence)识别出

(Zhang,2021)。不同人际沟通语境下,间接表达的情感可呈现不同言语特点,常见的言语特点可总结如下:(1) 使用"极致表达"(extreme case formulations)(于国栋、侯笑盈,2009);(2) 重复言语(Zimmermann et al., 2011);(3) 表达不同意见(Langlotz & Locher, 2012);(4) 表达不确定性(uncertainty)(Zimmermann et al., 2011);(5) 谈及"感受"(meta-talk about feelings)(Putnam, 2007)。

共情回应指交际一方呈现出理解对方情感状态或情感表达的回应(Neumann et al., 2009; Sinclair et al., 2017)。共情回应的言语特点也会因交际语境不同而不同,共情回应的言语行为通常理解为交际一方的言行体现出对另一方情感状态和情感表达或所处情境的识别、理解、认可、接受或支持,也可体现在听话人回述说话人的情感表达或听话人自我揭露相似经历(Kupetz,2014;Pounds,2010)。与间接情感表达相同,共情回应也可通过互动序列识别出(Kupetz,2014)。基于文献回顾,笔者发现医患沟通语境里医生的共情回应文本特点主要包括:(1) 询问与消极情感相关的精神状态(Del Piccolo et al., 2011; Pounds, 2010);(2) 询问患者是否遭遇到不好或不顺心的事情(Del Piccolo et al., 2011; Pounds, 2010);(3) 给患者机会以确认、指正、澄清医生对患者的烦忧或消极情绪的诠释(Del Piccolo et al., 2011; Pounds, 2010);(4) 通过告知患者其他患者有何烦忧或消极情绪,促使其披露自己的烦忧(Hsu et al., 2012; Pounds, 2010);(5) 表达对患者烦忧或消极情绪的理解(Del Piccolo et al., 2011; Hsu et al., 2012; Pounds, 2010);(6) 合理化或肯定患者的烦忧或消极情绪(Hsu et al., 2012; Pounds, 2010);(7) 表达接受或认可患者的烦忧或相关言行(Del Piccolo et al., 2011; Pounds, 2010);(8) 安慰患者(Duggan & Parrott, 2001; Dutta-Bergman, 2005; Giroldi et al., 2014)。本文基于这些共情话语言行识别医生的共情回应。

情感互动不只涉及情感维度,它与话语实践或社会实践中的其他层面相互作用。前人研究表明社会实践或社会关系有三个基本层面——认识、权义、情感(Stevanovic & Peräkylä,2014),这三个层面相互作用、影响。Stevanovic 和 Peräkylä(2014)将"言行识别"(action recognition)与社会关系中的这三个基本层面相结合并做出理论化阐释,下文将详细介绍此理论。

3 理论框架

本研究用于分析语料的理论支撑为 Stevanovic 和 Peräkylä(2014)提出的交际参与者识别言行的三个秩序:"认识秩序"(epistemic order)、"权义秩序"(deontic order)和"情绪秩序"(emotional order)。

3.1 认识、权义、情绪秩序

Stevanovic 和 Peräkylä(2014)将“言行识别”(action recognition)与认识、权义和情绪这三个话语维度相结合,他们认为这三个层面扎根于相应的秩序中,并且这些秩序与言行组织结构相关。他们使用“order”这个词,目的是表明人们在交际中的认识、权义、情绪取向或定位具备有序性或秩序性,这三种取向根植于复杂的社会关系网络,并且这种秩序性以社会活动参与者共享某种道德、认知为前提。

Stevanovic 和 Peräkylä 的言行识别秩序理论框架可用于阐明知识、权力和情感相互作用语境下的人际关系互动,并且分析在此互动中交际双方是否认可对方的认识、权义、情感状态(Stevanovic & Peräkylä,2014)。他们没有在这三个话语维度中划分出明确的界限,而是将这三个秩序视为并列关系,且详细阐释了三者在互动中的关联。然而,话语本身或多或少具有情感属性;客观表述或冷漠也是一种情感立场(Wilce,2009)。情感层面与认识、权义这两个层面在不同情境中可能有融合关系而不是并列关系,所以本文重点关注情绪秩序与另外两个秩序的关联,并以此为基础提出分析框架。

3.2 情绪秩序与认识秩序、权义秩序的关联

交际互动中情绪表达和认识、权义呈现常常很难识别(Stevanovic & Peräkylä,2014)。情绪表达中通常涉及某个对象,人们表达对此对象的情感(Goodwin et al.,2012),此情绪表达必然预设有关此对象的某种知识(Stevanovic & Peräkylä,2014)。听话人对该对象的了解程度会影响其对说话人言行的理解,反之亦然。如果听话人只从情感层面理解说话人的言行,这就可能限制听话人从知识层面了解被谈及的事物,缺乏对该事物的了解又会影响听话人构建自己的情感立场(Couper-Kuhlen,2012)。反过来看,听话人可能只从认识层面理解、回应说话人的情感表达,从而忽视该言行的情感层面。有时情感与知识的关联使得听话人不知什么样的回复是合适的或适当的,此时可以通过交际上下文,了解交际一方的情感状态,来识别其言行意思:分享知识(以认识秩序为导向),还是分担情感(以情绪秩序为导向)(Stevanovic & Peräkylä,2014)。

情绪秩序与权义秩序之间也存在模糊的界限。Stevanovic (2012)认为与情绪表达相关的话轮序列组织可与权义层面关联起来,Stevanovic 和 Peräkylä (2014)举例进一步说明:说话人告诉听话人她/他自己做的决定时,听话人可能对此决定作出积极评价,这种回复体现出对说话人从情绪层面给予支持。但是,该回应是否被说话人从情绪层面上理解,取决于说话人的情绪状态,以及说话人对听话人情绪状态的理解。

虽然 Stevanovic 和 Peräkylä 阐明了情绪秩序与认识秩序、权义秩序在社会互动中的关联,但是其情绪秩序缺少对情感回应这个互动层面的强调,没有明确呈现(不)共情回应(见小节 2)。鉴于此,在下一小节,基于上述情感互动成分与 Stevanovic 和

Peräkylä(2014)的三个秩序，笔者将情绪秩序拓展为情感秩序(affective order)，以情感秩序为核心，关注其与认识秩序和权义秩序的关联，重点分析医生和患者话语行为中的情感层面怎样与另外两个层面(认知、权义)交织、作用。

4 分析框架与语料

基于话语分析视角，笔者结合本文的情感互动成分(见第2小节)，将言行识别秩序框架中的情绪秩序拓展为情感秩序。与情绪秩序相同，情感秩序也涉及两个维度——状态和立场；情感状态包含情绪状态和共情状态；情感立场包含情感呈现和共情回应(见图1)。本框架中的情绪状态使用Stevanovic和Peräkylä(2014)的情绪状态定义，指对经历、表达、分享情绪的共同期望，这种期望具有社会性，源自交际一方在某个经历领域中的定位，此定位相对于交际对方而言。基于Stevanovic和Peräkylä(2014)对情绪状态的定义，共情状态在本文中被理解为，交际参与者对各自经历情感、表达情感、分享情感后得到情感回应的期望，这种期望具有社会性，来自对交际参与者情感或身处情境的理解。情感呈现和共情回应内涵已在小节2中阐述。如小节3.1所述本文重点关注情感秩序与认识秩序和权义秩序在医患互动中的关联，及医患情感互动依据哪种资源(情感状态、认识状态、权义状态)实现。小节2已经阐释了情感呈现和共情回应在文本层面的言语特点，为使用此分析框架打下了基于话语分析视角分析语料的基础。

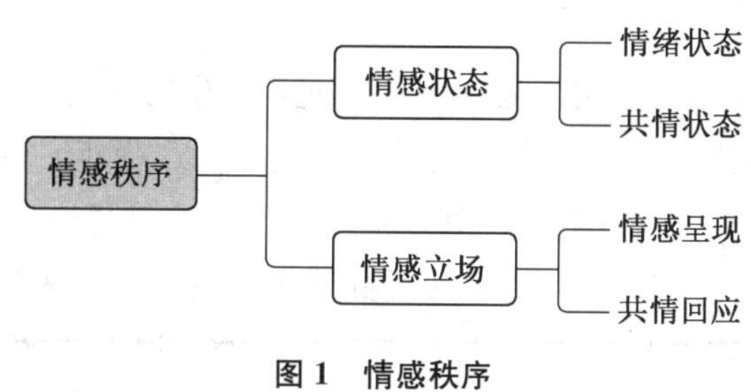

图1 情感秩序

笔者在国内排名前五的三个互联网医疗APP上收集问诊文本。① 语料选取标准有四个：(1) 咨询某种疾病的图文问诊，“图”指可以上传检查报告等图片(其他咨询模式，如语音咨询，无法获得全部语料，所以选择图文问诊)；(2) 互动话轮不少于六个(为了确保获得具有互动性的文本)；(3) 同一医生的问诊案例最多收集一个(为了确保数据的多样性)；(4) 排除重复出现的问诊案例(为了避免收集到重复文本)。由于问诊文

① 此排名为《互联网周刊》(主管单位为中国科学院)和eNet研究院发布的最新排名结果。考虑到研究伦理问题，本文未公开平台名称，以维护该平台使用者的隐私。

本不计其数，所以笔者只收集了每个平台上满足选取标准的前 20 个问诊文本。最后一共收集 60 个问诊案例，涉及 60 位医生、约 60 位患者。

本文围绕如下研究问题分析语料：(1) 患者如何呈现情感？(2) 医生如何给予共情回应？

5　研究发现与讨论

5.1　患者消极情绪间接呈现

现存相关文献发现患者在面对面问诊中倾向于间接地表达情绪(Park et al.，2019)。本文同样发现患者的消极情绪状态主要以隐性方式呈现出来，呈现形式是表达认识立场(如例 1)。此现象约占总问诊数的 60%。

例 1：

患者：昨天才开始用药，今天早上解手大便有鲜血，不知道是否有可能与此有关联？

医生：如果您担心药物用量过大，建议您于医院就诊排除继发性高血压的可能以减少药量。

例 1 中的患者在线上问诊前已去医院咨询过例 1 中的医生。该医生开了三种不同的药，例 1 中患者提到的“开始用药”指的就是开始服用这些药。患者在线上问诊的第一个话轮中问医生是否可以只服用其中一种药，且说出自己想法：同时服用这三种药可能加重肝脏负担。可见，该患者对是否接受此医生的治疗建议表现出不确定性。例 1 中患者话轮更加突显这种不确定性。关于治疗建议的共识是，医生的治疗建议要缓解患者病情或能够治愈其疾病(Tomasello，2008)，而患者在接受治疗建议后出现了新的症状即“大便有鲜血”，且明确表达出对此诊疗方案的不确定性即认识立场——“不知道是否有可能与此有关联”，可见患者对医生的治疗建议呈现出了消极情感，如担心、焦虑或害怕(Zhang，2022)。

如例 1 所示，医生能够识别出患者间接表达的消极情感(即担心药物用量过大)，并从情感层面给予回复，下文笔者将做详细阐释。

5.2　医生共情回应

在收集的 60 个问诊案例中，有 22 个案例涉及医生的共情回应。其中 14 个案例里医生以表达权义立场呈现共情状态，6 个案例中医生以表达认识立场呈现共情状态，2 个案例中医生以表达情感立场形式呈现共情状态。

5.2.1 以权义立场形式呈现共情状态

本文发现医生从情感层面回应患者信息时，大多以权义立场的形式呈现共情状态(如例 2)。

例 2：

患者：胃镜检查写的是中度黏膜慢性炎症、轻度活动性腺体轻度非典型增生、固有层局灶淋巴组织增生。我的症状就是泛酸、烧心。没有别的症状了。

请问严重吗？是癌症吗？

医生：您好，就目前的检查来看问题不大，炎症改变，淋巴组织增生也是慢性炎症的一个表现。

治疗炎症就可以的，放心。

例 2 中的医生从情感层面回应患者信息时，使用了祈使句——“放心”。此祈使句体现出医生的共情回应，因为此句话显示出医生识别出了患者的消极情绪——“担心”。此消极情绪没有在患者的话轮中直接呈现出来，能够识别出患者的情感是进一步安慰的关键步骤(Giroldi et al.，2014)，同时也体现出共情回应(见小节 2)。医生通过使用祈使句表达了建议或劝告，以安慰患者及促使其减少心理负担，所以该祈使句可被理解为医生通过呈现权义立场表达共情状态。

5.2.2 以认识立场形式呈现共情状态

本文发现有些医生会通过呈现认识立场给予患者共情回复(如例 3)。

例 3：

患者：症状也挺像月经的，但是平时月经到第三四天就没了。现在这么活跃的感觉，而且腰酸小腹不适感也有，也不知道是不是心理作用。

医生：可能是造影的原因，有些腰酸腹痛。不放心可以去医院复查 B 超看看子宫的情况。

同例 1 一样，例 3 中患者没有直接表达消极情绪，但是医生识别出了患者的情绪状态即担心其病情。医生给出建议时从情感层面回应了患者，即“不放心可以去医院复查 B 超看看子宫的情况”。医生的该言行预设了其了解患者不放心自己健康状况的情感状态。医生认识到检查结果与患者情绪状态的相关性，表达了对患者情绪状态的理解，通过表达认识立场呈现其共情状态。

5.2.3 以情感立场形式呈现共情状态

语料中也有个别医生通过共情回应直接呈现共情状态（见例 4）。虽然此类共情表达在本研究语料中是个别例子，但是个别例子（extremecase）能够体现某种现象，这种现象是值得讨论的（Patton，1990）。

例 4：

患者：做了，说是淋巴结发炎，可是都半个月了还没消，还有一个包，所以想去医院看看。

医生：嗯，理解您的心情，再去看看是正确的选择。

例 4 中，患者虽然没有直接表达其消极情绪状态（如担心或害怕），医生回复时通过直接表达其对患者情感状态的理解呈现了共情回应（即“理解您的心情”）。

6 结语

医患对医学知识的认识存在差异，并且双方权力关系不对等，这些因素会影响医生和问诊者的情感互动，但是本文研究结果表明医患沟通中的认识层面、权义层面、情感层面不是相互排斥的，认识和权义立场可以传达情感状态，参与者可基于这两个层面进行情感互动。然而，较少有医生基于情绪状态与患者共情，这可能受到传统医疗服务理念的影响，即倡导医生应以解决疾病为中心，避免与病人从情感层面互动（Heritage & Clayman，2010）。此外，医患沟通中的权力失衡现象已众所周知（陈海庆、李慧祯，2011；Niu et al.，2014），医生这个身份赋予了他们提供建议、行使要求的权力。这种权义状态可影响医患互动，以及医生的共情表达。本文发现医生将权义立场与情感状态结合，以呈现权义立场的形式呈现出共情状态，这在以往研究中极少被关注到。

本文从话语语用视角定义情感，将情感互动分为情感呈现和共情回应。基于 Stevanovic 和 Peräkylä（2014）的言行识别秩序理论，笔者提出了从情感互动层面研究医患沟通可使用的分析框架，并用此框架分析了我国线上问诊文本中患者如何呈现情感，医生如何给予共情回应，以发现医患沟通中情感层面如何与认识层面和权义层面相关联。研究发现患者常常通过表达认识立场将消极情感间接呈现出来。医生既可通过呈现情感立场也可通过呈现权义立场和认识立场表达共情状态。本文研究结果表明，医患沟通中的情感因素是可以与话语中的认识和权义维度关联在一起的。情感互动也不是只有情感立场表达这一种呈现形式，可以依靠话语的认识维度和权义维度实现。本文可为研究医患情感互动提供新视角，希望能促使语言学界学者关注医疗问诊互动中的情感研究，为线上问诊语言抚慰能力建设提供相关启示。

参考文献

[1] Couper-Kuhlen, E. 2012. Exploring affiliation in the reception of conversational complaintstories. In A. Peräkylä & M. Sorjonen(eds.) *Emotion in Interaction*. Oxford: Oxford University Press, 113 - 46.

[2] Del Piccolo, L., De Haes, H., Heaven, C., Jansen, J., Verheul, W., Bensing, J., ... & Goss, C. 2011. Development of the verona coding definitions of emotional sequences to code health providers' responses (VR-CoDES-P) to patient cues and concerns. *Patient Education and Counseling*, 82(2): 149 - 155.

[3] Duggan, A. P. & Parrott, R. L. 2001. Physicians' nonverbal rapport building and patients' talk about the subjective component of illness. *Health Communication Research*, 27(2): 299 - 311.

[4] Dutta-Bergman, M. J. 2005. The relation between health-orientation, provider-patient communication, and satisfaction: An individual-difference approach. *Health Communication*, 18 (3): 291 - 303.

[5] Giroldi, E., Veldhuijzen, W., Leijten, C., Welter, D., van der Weijden, T., Muris, J., & van der Vleuten, C. 2014. "No need to worry": An exploration of general practitioners' reassuring strategies. *BMC Family Practice*, 15(1): 133.

[6] Goodwin, M. H., Cekaite, A. & Goodwin, C. 2012. Emotion as stance. In A. Peräkylä & M. Sorjonen (eds.). *Emotion in Interaction*. Oxford: Oxford University Press, 16 - 41.

[7] Halpern, J. 2003. What is clinical empathy?. *Journal of General Internal Medicine*, 18(8): 670 - 674.

[8] Hancock, J. T., Landrigan, C., & Silver, C. 2007. Expressing emotion in text-based communication. In *Proceedings of the SIGCHI Conference on Human Factors in Computing Systems* (pp. 929 - 932). San Jose, California: ACM.

[9] Heritage, J., & Clayman, S. 2010. Talk in action: Interactions. *Identities and Institutions*, 44: 5 - 87.

[10] Herring, S. C. 2011. Computer-mediated conversation part Ⅱ: Introduction and overview. *Language@ internet*, 8(2). Retrieved from https://www.languageatinternet.org/articles/2011/Herring

[11] Howick, J., Moscrop, A., Mebius, A., Fanshawe, T. R., Lewith, G., Bishop, F. L., ... & Aveyard, P. 2018. Effects of empathic and positive communication in healthcare consultations: A systematic review and meta-analysis. *Journal of the Royal Society of Medicine*, 111 (7):

240 - 252.

[12] Hsu, I., Saha, S., Korthuis, P. T., Sharp, V., Cohn, J., Moore, R. D., & Beach, M. C. 2012. Providing support to patients in emotional encounters: A new perspective on missed empathic opportunities. *Patient Education and Counseling*, 88(3): 436 - 442.

[13] Jin, G., Zhao, Y., Chen, C., Wang, W., Du, J., & Lu, X. 2015. The length and content of general practice consultation in two urban districts of Beijing: A preliminary observation study. *PloS ONE*, 10(8): e0135121.

[14] Jones, R. H. 2013. *Health and Risk Communication: An Applied Linguistic Perspective*. Abingdon: Routledge.

[15] Kupetz, M. 2014. Empathy displays as interactional achievements—multimodal and sequential aspects. *Journal of Pragmatics*, 61: 4 - 34.

[16] Langlotz, A., & Locher, M. A. 2012. Ways of communicating emotional stance in online disagreements. *Journal of Pragmatics*, 44(12): 1591 - 1606.

[17] Lu, X., & Zhang, R. 2019. Impact of physician-patient communication in online health communities on patient compliance: Cross-sectional questionnaire study. *Journal of Medical Internet Research*, 21(5): e12891.

[18] Lupton, D. 2012. *Medicine as Culture: Illness, Disease and the Body*. London: Sage.

[19] Lutz, C. A., & White, G. M. The anthropology of emotions. *Annual Review of Anthropology*, 1986, 15: 405 - 436.

[20] Mao, Y., & Zhao, X. 2019. I am a doctor, and here is my proof: Chinese doctors' identity constructed on the online medical consultation websites. *Health Communication*, 34(13): 1645 - 1652.

[21] Mao, Y., & Zhao, X. 2020. By the mitigation one knows the doctor: Mitigation strategies by Chinese doctors in online medical consultation. *Health Communication*, 35(6): 667 - 674.

[22] Neumann, M., Bensing, J., Mercer, S., Ernstmann, N., Ommen, O., Pfaff, H. 2009. Analyzing the "nature" and "specific effectiveness" of clinical empathy: A theoretical overview and contribution towards a theory-based research agenda. *Patient Education and Counseling*, 74(3): 339 - 346.

[23] Niu, L., Luo, Y., H., & Gao, X., C. 2014. The study of question design of doctors of history-taking stage in medicine. *Language Teaching and Linguistic Studies*, 3: 105 - 112.

[24] Park, J., Saha, S., Han, D., De Maesschalck, S., Moore, R., Korthuis, T., ... & Beach, M. C. 2019. Emotional communication in HIV care: An observational study of patients' expressed emotions and clinician response. *AIDS and Behavior*, 23(10): 2816 - 2828.

[25] Patton, M. 1990. *Qualitative Evaluation and Research Methods*. Beverly Hills, CA: Sage.

[26] Pavlenko, A. 2008. Emotion and emotion-laden words in the bilingual lexicon. *Bilingualism: Language and Cognition*, 11(2): 147 - 164.

[27] Pounds, G. 2010. Empathy as "appraisal": A new language-based approach to the exploration

of clinical empathy. *Journal of Applied Linguistics & Professional Practice*, 7(2): 139 - 162.

[28] Prior, M. T. 2016. *Emotion and Discourse in L2 Narrative Research*. Bristol: Multilingual Matters.

[29] Putnam, L. L. 2007. Contradictions in the metatalk about feelings in corporation: After Mr. Sam. In F. Cooren (ed.), Interacting and organizing: Analyses of a management meeting. Mahwah: Lawrence Erlbaum, 95 - 111.

[30] Sinclair, S., Beamer, K., Hack, T. F., McClement, S., Raffin Bouchal, S., Chochinov, H. M., & Hagen, N. A. 2017. Sympathy, empathy, and compassion: A grounded theory study of palliative care patients' understandings, experiences, and preferences. *Palliative Medicine*, 31 (5): 437 - 447.

[31] Sperber, Dan, & Wilson, D. 1986. *Relevance, Communication and Cognition*. Oxford: Blackwell.

[32] Stevanovic, M. 2012. Prosodic salience and the emergence of new decisions: On the prosody of approval inFinnish workplace interaction. *Journal of Pragmatics*, 44: 843 - 862.

[33] Stevanovic, M., & Peräkylä, A. 2014. Three orders in the organization of human action: On the interface between knowledge, power, and emotion in interaction and social relations. *Language in Society*, 43(2): 185 - 207.

[34] Tomasello, M. (2008). *Origins of human communication*. Cambridge, MA: MIT Press.

[35] Walther, J. B., Loh, T., & Granka, L. 2005. Let me count the ways: The interchange of verbal and nonverbal cues in computer-mediated and face-to-face affinity. *Journal of Language and Social Psychology*, 24(1): 36 - 65.

[36] Wetherell, M. 2012. *Affect and Emotion: A New Social Science Understanding*. London: Sage.

[37] Wilce, J. M. 2009. *Language and Emotion*. Cambridge: Cambridge University Press.

[38] Yellowlees, P., Richard Chan, S., & Burke Parish, M. 2015. The hybrid doctor-patient relationship in the age of technology-telepsychiatry consultations and the use of virtual space. *International Review of Psychiatry*, 27(6): 476 - 489.

[39] Zhang, J., Wu, C., Meng, Y., & Yuan, Z. 2017. Different neural correlates of emotion-label words and emotion-laden words: An ERP study. *Frontiers in Human Neuroscience*, 11. Doi: org/10.3389/fnhum.2017.00455.

[40] Zhang, Y. 2022. *Affective Practice in Online Medical Consultations in China: Emotional and Empathic Acts, Identity Positions, and Power Relations*. Singapore: Springer.

[41] Zhang, Y. 2021. How doctors do things with empathy in online medical consultations in China: A discourse-analytic approach. *Health Communication*, 36(7): 816 - 825.

[42] Zimmermann, C., Del Piccolo, L., Bensing, J., Bergvik, S., De Haes, H., Eide, H., ... & Kim, Y. M. 2011. Coding patient emotional cues and concerns in medical consultations: The verona coding definitions of emotional sequences (VR-CoDES). *Patient Education and*

Counseling, 82(2): 141 - 148.

[43] 曹博林,2021.互联网医疗:线上医患交流模式,效果及影响机制.深圳大学学报:人文社会科学版,38(1):119 - 130.

[44] 陈海庆,李慧祯.2011.言语行为视阈下医患会话权势不对等关系探析.中国海洋大学学报(社会科学版),(4):89 - 94.

[45] 冯川叶.疫情期间互联网诊疗人数增长 17 倍全国建成 900 多家互联网医院.东南网报道,2020年 10 月 13 日.https://new.qq.com/rain/a/20201013A0F4D000.

[46] 于国栋,侯笑盈.医患交际中极致表达的会话分析.山西大学学报(哲学社会科学版),2009,32(6):24 - 28.

[47] 张宇,2022.语言学视角下的国内外情感研究现状与趋势分析(2011—2020),外国语,(45):69 - 81.

自媒体语境下癌症病患网络日志话语的创伤研究

哈尔滨工程大学　王丽丽*

摘　要：自媒体网络为癌症病患提供了一个舒适自由表达真实情感的平台，他们以网络日志形式讲述治疗和抗病的心路历程。本文以癌症病患在微博、小红书等自媒体平台的网络日志为语料，基于创伤理论采用质性研究方法从叙事语言、叙事结构、叙事情感三个维度分析了话语中的创伤特征。研究结果发现：(1) 叙事语言上，消极词汇和否定句式是创伤的重要表征，哭泣则是创伤表达的副语言特征；(2) 叙事结构上，叙事过程的特点是语流中断、叙事留白、结构碎片化；(3) 叙事情感上，在诊断初期以恐惧、悲伤、愤怒的消极情绪为主，在治疗取得效果后，也会表现出乐观和自豪的积极情绪。本文研究成果对于患者心理辅助治疗，缓解病患症状有医疗意义，同时为健康话语研究提供借鉴。

关键词：自媒体；癌症病患；在线健康话语；创伤叙事

Title: Traumatic Study on Cancer Patients' Narrative on We Media

Abstract: We Media provides a comfortable platform for cancer patients to narrate their experience of diagnosis and treatment as well as the trauma caused by cancer with blogs. Taking cancer patients' online blogs as corpus database, this paper analyzes the traumatic feature of online self-disclosure by cancer patients with qualitative research methods and trauma theory from three dimensions: narrative language, narrative structure and narrative emotion. The results show that: Firstly in terms of language, negative words and sentence patterns as well as paralinguistic feature such as crying are often used to express trauma; secondly, the narrative structure is characterized by broken narrative, void, and interrupted flow of telling;

* **作者简介：**王丽丽，哈尔滨工程大学外国语学院教授、硕士生导师，研究方向：创伤研究，叙事学，美国文学。联系方式：wangliliwaiyu@hrbeu.edu.cn。

finally, negative emotions like fear, sadness and anger often appear in the early stage of diagnosis. After a certain period of treatment, positive emotions like optimism and pride also exist in the narrative. This study is of great value for adjuvant psychological therapy and alleviating symptoms of cancer patients. It is also significant for the studies of health discourse.

Key Words: We Media; Cancer Patients; Online Health Discourse; Trauma Narrative

1 引言

根据世界卫生组织报道，目前癌症是造成全世界人类死亡的主要原因之一，2020年约有一千万人死于癌症(World Health Organization, 2022)。癌症导致患者承受沉重的身体痛苦和心理压力(Moyer, et al., 2014)，同时也要承受恐惧、焦虑、绝望、愤怒等负面情绪(Slevin, et al., 1996)。在与癌症抗争治疗过程中，自媒体网络平台为患者提供了一个舒适的宣泄环境，也成为他们分享个人情感和寻求社会支持的重要媒介(Wang & Wei, 2020)。就癌症病患的在线话语研究而言，以往的研究更多关注癌症病患的自我披露(Pluta, 2021; Malloch, 2019; Stage, 2019)，情感分享(Wang & Wei, 2020; Stage, et al., 2020)，以及情感表达的积极作用(Pennebaker, et al., 1999; Sugawara, 2012; Myrick, 2016)，研究话语的创伤并不多见。有鉴于此，本文收集了我国癌症病患在自媒体平台发布的抗癌日志作为研究语料，采用质性研究方法，分析癌症病患自媒体平台话语特有的创伤语言特征、创伤叙事结构、创伤情感表达三个维度的特点。研究结果一方面将自媒体网络话语纳入研究范畴，有助于拓展健康话语研究范围，另一方面为服务于健康中国建设的语言战略提供科学依据。

2 研究背景

创伤(trauma)一词源于希腊语，原义为“伤”，既可以是身体的伤口，也可以是心理创伤。早期的创伤研究聚焦在医学领域或心理学领域，重点关注创伤后应激障碍(PTSD)和其他与健康相关的问题(O'Kearney, et al., 2006)，后来逐渐拓展到社会学(Hydén, 2008)、社会语言学(Guido, 2013)，乃至文化领域(Jeffrey, 2004)。创伤是

“对于突如其来的灾难性事件无法回避的经历，这一件事件的影响通常是延后的、无法控制的”(Caruth, 1996:11)。对于癌症患者而言，确诊癌症宣告生命即将终结，无异于突如其来的灾难，“诊断、治疗、身体功能衰弱的过程不仅仅构成单一的创伤事件，对病患的心理影响尤其是对疾病的恐惧将一直伴随患者”(Scrignaro, et al.,2016:1)。创伤具有“不可讲述的性质”(Laub, 1992:71)，对于受害者来说，讲述创伤事件迫使他们回到创伤的原始场景，导致心理不安和情感的再次伤害。

图兰(Toolan, 2001)认为研究者既要关注创伤讲述者话语的语言细节，更要分析话语的结构和功能，通过仔细研究话语的叙事特征和情感表达，我们可以获取更多讲述者及其话语的信息。本研究结合创伤相关理论采用话语分析方法，从语言要素包括话语的词汇和句式(Pennebaker, Francis & Boothe, 2001)、叙述结构(Hydén & Brockmeier, 2008)、情感分析(Parrott, 2001)三个维度研究癌症病患在线话语的创伤特征，从而揭示病患如何通过特殊的语言和结构表达内心情感与创伤体验。患者在网络平台讲述治疗过程，分享消极情绪，对于心理健康、社交关系、创伤有治疗意义(Joinson&Paine, 2007)，研究癌症病患话语的创伤特征有助于更早发现患者的心理问题以辅助医学治疗，减缓病患的精神压力和心理负担。

3 研究设计

3.1 研究问题

本文借鉴了拉德高(Ladegaard, 2015)对外籍家庭用工创伤讲述研究的三个维度，即从语言、结构、情感三个方面分析癌症病患在自媒体平台自我披露话语中的创伤特征，从而发现癌症病患讲述创伤的话语特征。研究问题如下：

(1) 语言层面上，依据陶斯齐克和佩内巴克(Tausczik & Pennebaker, 2010)提出的创伤语言特征分析癌症病患使用了哪些特殊的词汇和句式，这些语言特点如何表征创伤。

(2) 叙事结构上，按照图兰(Toolan, 2001)和杰拉德·普林斯(2011)提出的叙事结构理论，分析癌症病患在线话语包括哪些内容，讲述事件的顺序是什么，这些特点如何体现创伤。

(3) 情感表达上，主要研究话语表达的消极情感有哪些，消极情感等级与病患症状之间的关联是什么。

3.2 语料采集

新浪微博和小红书是国内癌症病患发布“抗癌日志”的两个主要自媒体平台，我们通过搜索关键词“抗癌日志”，收集日志内容作为研究语料。本研究聚焦话语的文本分析，患者在网络平台的语言表述是统计分析的重点。为了保证语料的全面性和完整性，同时考虑网络日志的影响力，经过仔细阅读按照以下三个标准确定研究的语料样本：

(1) “抗癌日志”阅读权限向所有读者开放。

(2) 日志定期更新，动态频繁反映患者的变化过程。

(3) 日志内容详尽，包括病情描述、治疗过程、情绪表达等。

经过筛选，选取四位病患的网络日志文本作为样本，分别按顺序标注为样本1—样本4并运用语料库工具Lancxbox爬取四位病患的网络日志文本，时间限定为患者发布第一篇癌症日志至本研究语料采集截止日期2022年3月1日。经过人工筛选，建立癌症病患抗癌日志语料库，共得到552条语料。

3.3 研究方法

本研究采用谢和香农(Hsieh & Shannon, 2005)提出的质性内容分析研究方法(Qualitative Conventional Content Analysis)，将收集的文本数据编码、分类、标注，并对日志主题进行归类。拉德高(Ladegaard, 2015)认为创伤话语应符合以下四个标准：一是讲述过程中哭泣一次或连续哭泣导致话语中断；二是创伤受害者质疑生存的意义，甚至有自杀倾向；三是讲述话语中至少两次甚至更多次提及创伤经历；四是讲述一直充满恐惧。癌症病患的日志包含很多内容，依据以上标准细读文本，筛选创伤话语并逐一标注。

本研究运用创伤、叙事、情感分析为理论依据，采用话语分析的方法，对筛选出的语料从语言、结构、情感三个方面揭示话语的创伤特征。

4 结果与讨论

4.1 在线创伤话语的语言表征

话语使用的词汇、时态、句式可以表征叙述者的创伤，研究者对比“9·11”事件发生前后的博客内容，发现创伤受害者使用较多认知词汇和因果关系词汇，表明他们尝试理解创伤产生的大量信息，让他们在短时间内难以吸收，因果关系词汇的使用证明受害者难以从创伤中恢复(D'Andrea, et al., 2012)。陶斯齐克和佩内巴克(Tausczik & Pennebaker, 2010)研究表明使用现在时描述发生过的创伤事件说明受害者仍然沉浸在过去的创伤事件中难以自拔。癌症病患的在线话语在词汇和句式使用方面也具有相似特征，因汉语语句中没有明显的时态变化，我们主要从词汇使用、句子结构、句式类型三个方面探讨创伤话语的语言特征。

佩内巴克(Pennebaker)的研究表明,“心理词汇(如情感词,认知词等)可以有效探究人们的心理状态以及是否存在抑郁情绪”(李欣、张翼、乐明,2021:77)。在癌症病患的日志文本中,患者频繁使用认知词,出现频率较高的认知词汇分别为“想”“知道”“相信”“发现”“觉得”。研究样本表明,这些词汇多集中在患者治疗效果不好,失去治疗信心的阶段。例1是样本3经过2个疗程的治疗后发现肿瘤继续增长,身体出现耐药性的日志。

例1:

我不知道这是不是人生的走马灯……现在我反而觉得,就这样不也挺好,反正留下什么都没有意义……看过太多的生离死别,以前不懂得为什么有些人可以看起来像什么事都没有……后来才明白,那才是对死者最好的回赠。

日志中“知道”“想”“觉得”“懂得”“明白”等认知词汇的使用体现了患者由于治疗效果不佳失去生存的信心,思考如何面对自己的生离死别。认知词汇标志个人思考问题或是理智判断事件的过程(D'Andrea, et al., 2011)。癌症病患在网络日志中使用心理词汇表达出患者恐惧死亡,思考生命意义的过程,表明患者无法理智消解确诊癌症对心理造成的伤害。

创伤后应激障碍的症状包括失眠、焦虑症和顽固性抑郁症,以及由创伤引发的悲伤和疲劳等心理症状和身体症状(Herman,1998)。在话语表达中,他们倾向于更多使用表示消极情感的词汇。

例2:

那为什么还要苦苦挣扎呢,顺其自然随他而去不是更好吗?让一切停在最美好的时候,永远也不用担心衰老,落魄。

收集到的语料显示癌症病患在线话语中使用“痛”和“痛苦”相关词汇较多,一方面他们用“痛”表达治疗过程中身体承受的疼痛,另一方面用“痛苦”一词描述病症对心理和感情的伤害。如在例2中,患者使用了“苦苦挣扎”表述由创伤引发的悲伤,“担心”“衰老”“落魄”表明患者的压抑情绪和抑郁状态。

此外,癌症病患的话语聚焦自我,语料中很多句子以第一人称“我”开头。研究表明第一人称单数出现的频率与抑郁程度呈正相关(Rude, 2004),斯特曼和佩内巴克(Stirman & Pennebaker, 2001)在对自杀诗人的诗歌进行研究后发现,他们的作品具有过度自我关注的特征,证明第一人称单数代词使用和抑郁症相关。

例3：

我好像把自己关了起来，那个快乐乐观的我在一点点消失。我开始不敢说起我的病，我怕我哭，我怕她们也会哭。

从这个例子中可以看出，癌症病患讲述的话语强化自我的内心感受，“我”的大量运用表明叙述者过度的自我关注，与他人、社会过度分离（李欣、张翼、乐明，2021：78）。跟踪癌症病患的日志话语可以看出，患者不想让亲人和朋友知道，日常生活中缺少与他人的互动，疾病导致他们自我封闭，精神受伤，丧失社会交流功能。

癌症病患在线话语的创伤特征不仅体现在词汇使用上，也体现在句子结构和句式类型上。根据语料的统计结果，“不”字否定句式出现频次最高。科恩（Cohn，2004）等人对9·11事件前后1000人在线日志进行对比研究，发现在恐怖袭击发生后，话语中否定结构使用频率增加，从而说明否定句是创伤话语的特征之一。否定结构说明病患不认同、不接受身患癌症的事实，对抗癌决心自我否定，对未来能否生存不确定。

例4：

我会发脾气，莫名的不开心，我会无缘无故地就哭了起来，这些都是我不能控制的，我也不想这样，不想哭，不想生病，不想让他们看到我哭，这样他们只会更难受。

不要忘记～

例4的病患用连续的几个“不”字否定结构表达了治疗痛苦导致的心情低落，但又无法控制、无法逃避的矛盾心理。此外，出现频率较高的是疑问句和反问句。疑问句患者在长期经历病痛折磨之后，对生命意义充满疑问和困惑，体现了创伤后的绝望，是创伤的重要症状之一。在对自己提出问题的回答中，可以看出患者试图消解创伤事件造成的伤害。从句式使用来看，患者多使用短句，并且同一句式多次重复，如“不是更好吗?”“不是挺好吗?”“生命的意义到底是什么?”拉德高（Ladegaard，2015）在分析香港外籍女佣创伤话语时也发现了同样的句式重复特征，受害者在日常话语中很少使用此类句型。在经受创伤后，语句重复或是由于讲述时无法找到合适的话语表达，或是纠缠于创伤事件中无法自拔，重复使用同一句式表达出更强烈的痛苦。癌症病患的在线话语中通常在产生怀疑时语句重复较多，样本4中病患讲述自己难以接受患乳腺癌时连续重复了三遍问句“为什么是我？为什么是我得了癌？为什么偏偏是我?”

癌症病患在线话语从词汇使用和句式结构上都表现出创伤话语的特征。研究表明，癌症病患多使用认知词汇、消极情感词汇、第一人称代词“我”，体现了话语的创伤特征。否定句、疑问句、反问句、感叹句通常被用来表达强烈的怀疑、悲痛、绝望甚至自杀倾向。

4.2 在线创伤话语的叙事结构表征

杰拉德·普林斯(2011)认为叙事结构是讲述的事件整体中各种不同成分之间和每一成分与整体之间构成的关系网络。就癌症病患在线健康话语叙事结构而言,所有的讲述围绕癌症整体事件展开,由确诊癌症、治疗癌症、身体和心理变化三个部分组成,事件按照线性时间顺序讲述,从接受患有癌症事实发布第一篇日志开始,定期持续更新。内容主要包括三个方面:一是反复检查被确诊癌症的事实,二是对病灶详细描述,三是难以接受事实的悲伤情绪。

例 5:

今天又被问关于能活多久的问题。生命本来就无法掌控。我害怕的不是死亡,而且我舍不得爱我的人为我伤心难过。

例 6:

接下来我来说说关于我被确诊乳腺癌的故事。

我好像把自己关了起来,那个快乐乐观的我在一点点消失。我开始不敢说起我的病,我怕我哭,我怕她们也会哭。

病患的第一篇日志一般采取倒叙的方式,讲述自己得知病情时的心情,然后经历诊断过程中质疑、悲伤、恐惧、绝望的情绪。例 5 是样本 3 的第一篇抗癌日志,她首先间接地谈及病情,即存活多久的问题,接下来表达了对生命和家人的不舍。例 6 是样本 4 的第一篇日志,第一句话表明患者主动讲述的意愿,后面的语句开始详细记录自己的变化和内心思考。四个样本的第一篇日志篇幅较长,涵盖的内容较多,感情比较复杂,细读四个样本发现他们在第一篇日志中都表现出对诊断结果的质疑,如样本 1 第一篇日志中反复出现“误诊? 确诊? ……幸运还是不幸?”,样本 4 出现“那一定是误诊,我怎么就是乳腺癌,不可能,开玩笑,怎么会,我好好的呢。一定是搞错了!”“我还是不愿意相信”类似表示质疑的话语。此外,在第一篇日志中,病患普遍表现悲伤和对生命期限的不确定,如样本 1 记录了被确诊后的“忐忑心情”,样本 2 估计自己“大约还有三四个月”,样本 3 直接表达“不知能活多久”,样本 4 变得自我封闭。

癌症病患的第一篇在线日志作为记录病程的开篇先宣布自己的病情,以及因为疾病导致的生活和心理变化。在后续的日志中,他们有时只是记录当天治疗情况和治疗的痛苦。为了更全面分析癌症病患在线创伤话语的叙事结构特征,我们选取两位患者的样本深入解读，两个例子分别来自样本 2 和样本 3 的日志。

例 7：

刚刚哭了一场，有点搞笑了。上午一直在闭着眼躺着，躺着就容易多想，就开始想故事，在脑子里写起故事来了。结果，写到动情处，眼眶开始湿，眼泪开始吧嗒儿吧嗒儿地往下流。自己虚构了一个故事，结果把自己伤心到了。——早上喝了一碗粥，吃了两个鸡蛋。中午喝了一碗粥。晚上说是要加两片激素甲泼尼龙，看能不能把发烧压住。——下午再去趟口腔科会诊，牙还是疼。——人生总是看起来有很多选择，但其实很多时候你别无选择。

这位患者每日的叙事结构相似，先是以悲伤的情绪开始，然后讲述一天的治疗和饮食，最后是总结性感叹生命的意义。从这篇日志来看，叙事共包括五个部分，每个部分之间用破折号隔开，包括饮食、治疗、情感等内容。整体按照事件发生的时间顺序从早到晚叙述事件，但叙事进程不连续，叙事结构不连贯，体现了创伤叙事的第一个特征——结构不连续。创伤受害者的讲述形成"破碎叙事"是一个开放流动的概念，因为创伤难以讲述，结构通常是不连贯、不稳定、断裂的（Hydén & Brockmeier，2008）。事件叙述不完整、断断续续，缺少事件前后因果关系，如讲述完早晨和中午的饮食直接跳跃到治疗方法，读者难以感知事件的全貌。叙事过程中的语言停顿或者语言省略也是创伤叙事的重要特征（Hydén & Brockmeier，2008）。语言前后衔接不流畅，用破折号表明叙事过程中的"空白"，体现了创伤叙事的第二个结构特征——话语不完整。

例 8：

妈妈回老家一个星期了，路过和她一起去过的商场就不由得想她。她在的时候我总是很希望她回去，我总是不希望她把所有的注意力放在我身上，不希望自己被照顾。一直以来独立惯了，被人照顾的感觉让我觉得自己很没用。她在的时候我总是不经意的否定她的一切，说她不应该拖地不应该买这个菜不应该煮这个汤……我发现自己是一个极坏的人，用最坏的脾气对最亲近的人……可能潜意识里知道她总能原谅我甚至都不会怪我……也许真的是被偏爱的都有恃无恐……我知道她挺难的，我们都挺难的……我想我永远学不会温柔是因为我害怕，只有保持对一切的疏离和不在意，离开的时候才不会有羁绊吧。我知道我很愚蠢。

例 8 是样本 3 患者抗癌 6 个月的日志，在被确诊后日志的主题变成"抗癌超话"，定期更新治疗过程中的身体和心理变化，偶尔也会表达对抗癌的绝望、消极情感甚至对生命的质疑。这篇日志的叙事主题在思念妈妈和自我评价之间转换，先是因看过与母亲共同去过的商场引起回忆，后悔自己不该在母亲照顾自己时埋怨和责备，然后自我反思与自我批判，最后担心自己离开，表达对这个世界的种种不舍。每个主题之间切换都用省略号表示（第 5 行，第 6 行，第 7 行，第 8 行），表明话语中断和省略。创伤无法言说，因此受害者经常处于无语状态（Herman，1998）。话语停顿导致叙事不完整、不连续，造成叙事结构断裂感。在她痛苦的叙事中，多次出现图兰（Toolan，2001）提出的“零散故事”，意味着讲述者在一个故事之后，试图从多个角度解释、澄清或者放大故事的多个方面。这位女性患者因责备母亲而内心愧疚，在后面的叙事中围绕事件试图解释其中的缘由，因为自己“被偏爱的都有恃无恐”，也因为“我们都挺难的”。同时，她也夸大对自己的消极评价，将自己看作“极坏的人”“很愚蠢”。

创伤受害者无法找到合适的语言准确表达创伤体验，导致叙事结构不连续（Hydén & Brockmeier，2008）。突发病情对癌症病患造成的创伤体现在日志叙事结构中。癌症病患在线话语在叙事结构上具有话语空白、叙事进程断裂、句子结构不完整的特征，破折号和省略号的使用凸显了叙事的不连续性。

4.3 在线创伤话语的情感表征

心理学、哲学和社会学领域情感研究的成果很多，定义的侧重点也各不相同，可以指感情、情绪、心情。感情常被定义为一个神经生理学的状态，它是心情和情绪最简单而原始（未经反射）的一种直觉反应（Russell，2003）。刘兵（2019）在情感分析中将情绪定义为一种综合的（相对于原始直觉反应）感受，它可以对应于一个特定主题，如一个人、一件事、一个东西或一个话题。心情与情绪类似，通常比情绪时间长。感情在语言层面比较难以测量，我们依据帕罗特（Parrott，2001）提出的基本情绪分类标准，即基本情绪包括愤怒、恐惧、快乐、喜爱、悲伤、惊讶六种类型，每一个类型下又分别包括多种二级情绪和三级情绪。从癌症病患在线话语整体来看，患病前期负面消极情绪为主，后期经过治疗取得阶段性效果或者康复之后积极乐观情绪为主。创伤话语体现出的情感包括愤怒、恐惧、悲伤三类基本情绪及其对应的绝望、焦虑、悲伤、痛苦、不安、担忧等二级和三级负面情绪。

以样本 4 患者的日志分析为例，她的日志在确诊前后无论内容还是情感都发生了显著的变化。确诊前，她习惯记录日常高兴快乐的事情，从日志内容可以看出她是一个性格开朗活泼的女孩，乐观面对生活。但日志突然停止更新，直到四个月后患者完成第一期治疗，她开始回忆记录确诊和治疗的经历。第一篇日志病患首先正式告诉读者她被确诊为“乳腺癌”，接下来的讲述弥漫着悲伤的情绪、检查引起的痛苦，甚至彻底绝望。

例 9：

我开始不敢说起我的病，我怕我哭，我怕她们也会哭。

我一下哭了出来，声音特别大，以前哭都是不出声的。这次不一样，大夫安慰我，可我什么也听不进去，我就跑出去在没人的楼道里面哭。主任又发现了，来安慰我，护士长也来安慰我，晚上睡不着我会查百度，一边查一边在被子里面哭。

赫尔曼(Herman，1998)对大屠杀幸存者创伤讲述研究结果表明，讲述创伤使幸存者陷入深深的悲痛。除了明显表达悲伤的词汇，哭也是表达悲伤的“一种超越文字的语言”。哭对人类情感交流至关重要，因为语言往往不足以描述悲伤的情绪(Kottler，1999)。哭泣不仅仅表达悲伤和无助，更是伤感情绪的行为体现(Frijda，1982)。因此，在创伤话语中哭泣成为患者必不可少的宣泄痛苦的方式，例 9 中患者初次得知确诊消息时心中充满无限恐惧，内心不敢接受事实，一谈起疾病就会引发悲伤的情绪“我怕我哭”；在确诊之后，“我一下哭了出来，声音特别大”，通过哭泣这一副语言行为宣泄内心悲痛情绪；在经历多次诊断后，治疗的疼痛和对生命的绝望使哭泣成为一种自主缓解悲伤的方式，“泪是不受控制地流出来的”。

例 10：

就是诊断证明在我手里，我也不相信这是真的，接着我转院了，我拿着冰冻切片再做一次检查，因为不相信之前的检查，认为那一定是误诊，我怎么就是乳腺癌，不可能，开玩笑，怎么会，我好好的呢。一定是搞错了！等结果等了一个星期，结果出来和上次的结果是一样的，可是我还是不愿意相信。

在被初次确诊后，患者心里充满恐惧，无法接受，不愿意和任何人提及病情，因为创伤的恐惧让患者无法言说 (Herman，1998)。对病情诊断的质疑也表现出患者的焦虑，她试图通过各种渠道证明诊断是错误的，在话语中反复使用“不相信”“不可能”“怎么会”“开玩笑”表达内心焦虑的情绪，“一定是误诊”“一定是搞错了”加上表示强烈感情的感叹号，强化抗拒接受病情事实的质疑情绪。

以上分析表明，依据帕罗特(Parrott，2001)的情绪极性量表，癌症病患的在线话语创伤叙事以消极负面情绪为主，情绪随病情的发展在消极和积极情绪之间转换。确诊和治疗的前期更多表现的是紧张、害怕、焦虑的恐惧情绪，痛苦、绝望、悲观的悲伤情绪，怀疑、失望、烦恼的愤怒情绪，哭泣是宣泄悲伤消极情绪的副语言行为。患者情绪随着治疗发生变化，通常是在治疗期间因为治疗方案不确定和治疗过程的痛苦表现出消极的情绪，在一个疗程结束之后，因为治疗效果良好表现出希望、乐观、自豪的积极情绪。如果治疗效果不够理想，加之生活、工作、家庭各方面的压力，患者的消极情绪与日俱增，出现停止更新自媒体，再次进入沉默拒绝交流的状态。

5 结语

创伤以单一事件突破时间限制对受害者形成长期的压力，对于癌症病患，诊断、治疗、身体疼痛都会对患者造成巨大、难以承受的痛苦。网络自媒体平台为癌症病患提供自由地讲述创伤经历、寻求帮助、缓解创伤的重要平台。研究结果表明，自媒体平台癌症日志创伤话语使用消极词汇和否定句式频繁，叙事过程经常出现语言空白、语流中断、结构断裂，在诊断初期通常会出现恐惧、悲伤、愤怒的消极情绪，在治疗取得一定进展或者获得亲人朋友和网络读者的支持后，也会表现出乐观和自豪的积极情绪。

研究癌症病患在线创伤话语特征对于辅助治疗缓解病症和建构健康话语都有重要价值。癌症病患通过自我披露得到他人支持和帮助能够增强抗癌的决心和斗志，尤其当众多抗癌患者形成一个网络社区之后，患者经历和治疗的普遍经验为其他患者治疗开辟新视野。对于患者的话语特征分析使心理治疗专业人士能通过语言特征辨识患者的早期创伤症状，从而更好理解患者的身体和心理治疗需求，并提供最佳的支持和治疗策略。在线话语分享也将成为未来更多使用网络的癌症病患自我缓解和自我治疗的途径，建构患者、医者、读者在线互动的自媒体话语平台是保证癌症病患身体、心理、精神、社会功能健康的有效调节要素。

参考文献

[1] Caruth C. 1995. *Trauma: Explorations in Memory*. Baltimore and London: The Johns Hopkins University Press.

[2] Cohn, M. A., Mehl, M. R., Pennebaker, J. W. 2004. Linguistic markers of psychological change surrounding September 11, 2001. *Psychological Science*, 15(10): 687 - 693.

[3] D'Andrea W., Chiu P. H., (...), Deldin P. 2012. Linguistic predictors of post-traumatic stress disorder symptoms following 11 September 2001. *Applied Cognitive Psychology*, 26(2): 316 - 323.

[4] Frijda N. H. 1982. The meanings of emotional expression. In Mary R. Key(eds.) *Nonverbal Communication Today: Current Research*. Berlin: Mouton, 103 - 120.

[5] Guido M. G. 2013. Interpreting trauma narratives in cross cultural immigration encounters between outer-circle and expanding-circle ELF users: Social linguistic issues and pedagogic implications. In Yasemin Bayyurte and SumruAkcan(eds.) *ELF 5: Proceedings from the Fifth International Conference of English as a Lingua Franca*. Bogazici, Turkey: Bogazici University

Press, 335 - 343.

[6] Herman J. L. 1998. Recovery from psychological trauma. *Psychiatry and Clinical Neuroscience*, 52: S145 - S150.

[7] Hsieh H. F., Shannon S. E. 2005. Three approaches to qualitative content analysis. *Qualitative Health Research*, 15(9): 1277 - 1288.

[8] Hydén L. C., Brockmeier J. (eds.). 2008. *Health, Illness and Culture: Broken Narrative*. New York: Routledge.

[9] Jeffrey C. A. 2004. Towards a theory of cultural trauma. In Jeffrey C. A. (ed). *Cultural Trauma and Collective Identity*. Berkley: University of California Press.

[10] Joinson AN, Paine CB. 2007. Self-disclosure, privacyand the internet. In Joinson AN, McKenna K, Postmes T, et al. (eds) *Oxford Handbook of Internet Psychology*. New York: Oxford University Press.

[11] Kottler, J. A. 1999. *The Language of Tears*. San Francisco: Jossey-Bass.

[12] Ladegaard H. J. 2015. Coping with trauma in domestic migrant worker narratives: Linguistic, emotional and psychological perspectives. *Journal of Sociolinguistics*, 19(2): 189 - 221.

[13] LaubD., Shoshana F. 1992. *Testimony: Crises of Witnessing in Literature, Psychoanalysis, and History*. New York: Routledge.

[14] Malloch Y. Z. and Taylor L. D. 2019. Emotional self-disclosure in online breast cancer support groups: examining theme, reciprocity, and linguistic style matching. *Health Communication*, 34 (7): 764 - 773.

[15] Moyer A., Goldenberg M., Schneider S., Sohl S., & Knapp S. 2014. Psychosocial interventions for cancer patients and outcomes related to religion or spirituality: A systematic review and meta-analysis. *World Journal of Psycho-Social Oncology*, 3: http://www.npplweb.com/wjpso/fulltext/3/1.

[16] Myrick J. G., Holton A. E., Himelboim I. et al. 2016. Stupidcancer: Exploring a typology of social support and the role of emotional expression in a social media community. *Health Communication*, 31(5): 596 - 605.

[17] O'Kearney R., Perrott K. 2006. Trauma narratives and post-traumatic stress disorder: A review. *Journal of Traumatic Stress*, 19(1): 81 - 93.

[18] Parrott W. G. 2001. *Emotions in Social Psychology: Essential Readings*. New York: Psychology Press.

[19] Pennebaker, J. W., Francis, M. E., & Booth, R. J. 2001. *Linguistic Inquiryand Word Count (LIWC): LIWC2001*. Mahwah, NJ: Erlbaum Publishers.

[20] Pennebaker J. W. and Seagal J. D. 1999. Forming a story: The health benefits of narrative. *Journal of Clinical Psychology*, 55(0): 1243 - 1254.

[21] Pluta M. 2021. Online self-disclosure and social sharing of emotions of women with breast cancer using Instagram-qualitative conventional content analysis. *Chronic Illness*, Doi10.

1177/17423953211039778.

[22] Rude, S. S., Gortner, E. M., Pennebaker, J. W. 2004. Language use of depressed and depression-vulnerable college students. *Cognition and Emotion*, 18(8): 1121 - 1133.

[23] Russell J. A. 2003. Core affect and the psychological construction of emotion. *Psychological Review*, 110(1): 145 - 172.

[24] Scrignaro M., Marini E., Magrin M. E., Borreani C. 2016. Emotive and cognitive processes in cancer patients: Linguistic profiles of post-traumatic growth. *European Journal of Cancer Care*, https://doi.org/10.1111/ecc.12620.

[25] Slevin M. L., Nichols S. E., Downer S. M., Wilson P., Lister T. A., Arnott S., ... Cody M. 1996. Emotional support for cancer patients: What do patients really want? . *British Journal of Cancer*, 74(8):1275 - 1279.

[26] Stage C. 2019. Affective measures: Self-measurement and gridding in female cancer patients' storytelling practices on Instagram. *Distinktion: Journal of Social Theory*, 20(1): 77 - 100.

[27] Stage C., Hvidtfeldt K., Klastrup L. 2020. Vital media: The affective and temporal dynamics of young cancer patients' social media practices. *Social Media + Society*, 6: 1 - 13.

[28] Stirman S. W., Pennebaker J. W. 2001. Word use in the poetry of suicidal and non-suicidal poets. *Psychosomatic Medicine*, 63(4): 517 - 522.

[29] Sugawara Y., Narimatsu H., Hozawa A., Shao L., Otani K. &Fukao A. 2012. Cancer patients on Twitter: A novel patient community on social media. *BMC Research Notes*, 5: 699.

[30] Tausczik Y. R., Pennebaker, J. W. 2010. The psychological meaning of words: LIWC and computerized text analysis methods. *Journal of Language and Social Psychology*, 29(1): 24 - 54.

[31] Toolan M. 2001. *Narrative: A Critical Linguistic Introduction* (2nd ed.). London: Routledge.

[32] Wang J. P., Wei L. W. 2020. Fear and hope, bitter and sweet: Emotion sharing of cancer community on twitter. *Social Media + Society*, January-March: 1 - 12.

[33] World Health Organization. 2022. Cancer. https://www.who.int/news-room/fact-sheets/detail/cancer.

[34] 杰拉德·普林斯,2011.叙述学词典(修订版).乔国强,李孝第,译.上海:上海译文出版社.

[35] 李欣,张翼,乐明,2021.《武汉抗疫日记》的计量话语分析.常熟理工学院学报(哲学社会科学),35(4):76 - 84,99.

[36] 刘兵,2018.情感分析:挖掘观点、情感和情绪.刘康,赵军,译.北京:机械工业出版社.

网络问诊中医患会话修正策略研究

南京邮电大学　王铭瑶　柳良子　袁周敏*

摘　要:随着互联网技术的进一步发展,网络问诊已经成为当下重要的就诊方式。医患交际中,受不同交际目的的驱动,医患双方均可能会对相关内容进行修正。本研究以“丁香医生”网站的“问医生”板块中医生与患者的话语为语料,结合会话修正理论,对网络问诊中医患话语的修正类型、内容及其语用功能展开研究。研究发现,在线医疗会话中医患双方会围绕医嘱、疗法、药名、症状等方面对其会话内容进行修正,依照修正发起和实施对象的不同可分为以下4种:医生自我引导自我修正、医生引导患者修正、患者自我引导自我修正、患者引导医生修正。医患交际中会话修正的使用可促进话语信息准确度的提升、面子威胁程度的减轻及医患信任关系的构建。本研究有助于医方了解患方的关注重心,帮助医患双方合理使用修正策略以提升网络问诊的医患交际效能。

关键词:在线问诊;医患会话;会话分析;修正策略

Title: On the Repair Strategies by Chinese Doctors and Patients in Online Medical Consultation

Abstract: As the Internet technology has continuously evolved, online medical consultation is becoming increasingly prevalent in contemporary China. In doctor-patient communication, driven by different communicative goals, both doctors and patients may employ different repair strategies to complete till raw conversation. Based on the dialogue of doctors and patients from “Ask the Doctor” section in the website of http://dxy.com/, this study, guided by the conversational repair theory,

* **作者简介**:王铭瑶,南京邮电大学外国语学院2022级硕士研究生,研究方向为外国语言文学,联系方式:wangmingyaoo@163.com。柳良子,徐州市新元中学教师,研究方向为语用学,联系方式:heyliulz@163.com。袁周敏,南京邮电大学外国语学院教授,博士生导师,研究方向为语用学,联系方式:yuanzm@njupt.edu.cn。

explores the repair types, repair contents of both doctors and patients and then discusses the pragmatic functions achieved by these repair strategies. The findings suggest that in online medical consultation, both doctors and patients would repair the conversation content around the medical advice, treatment, drug name, symptoms, and etc. According to the different objects of initiation and implementation of the correction, it can be divided into the following four types: doctor-self-guided self-repair, doctor-guide-patient repair, patient-self-guided self-repair, and patient-guided-doctor repair. By employing different repair strategies, both doctors and patients can promote the accuracy of relevant information, mitigate the degree of face threatening, and facilitate the construction of mutual trustworthiness. This study will help doctors understand the focus of patients' attention as well as help doctors and patients make rational use of repair strategies, so as to improve the doctor-patient communication efficiency of online consultation.

Key Words: Online Medical Consultation; Doctor-patient Conversation; Conversation Analysis; Repair Strategies

1 引言

2021年9月15日CNNIC发布的第48篇《中国互联网络发展状况统计报告》显示：截至2021年6月，我国在线医疗用户规模达2.39亿，较2020年12月增长2453万，占网民整体的23.7%，网络问诊已是当前和未来医患会话分析中不可忽视的领域。随着同年"健康中国"战略的提出，医疗语境下的语言使用问题无疑跃升为国家层面的重要议题。在"新时代"的发展要求下，中国外语研究者应树立国家意识，服务国家需求与战略，立足解决现实生活中与语言相关的一切议题（陈新仁、杨金龙，2021）。由此，"健康话语"俨然成为"新医科"背景下"没有显性的文本或话语依托，而是在语言生活中表征为某种实践机制的语言政策"，即隐形语言策略（方小兵，2021：95）。福克斯等（Fox, et al., 2013）指出，会话分析研究是跨学科的研究，重点分析话语如何用来实现社会目的或行为；同时，会话分析也是语言相关领域的分析工具。安塔基（Antaki, 2011）归纳了会话分析的六个应用研究领域，其中包括医疗诊断应用，即通过会话分析了解医生和患者间语言交流的特点及存在的问题，从而针对性地进行指导，提高医疗诊断及治疗效果。近年来，尽管国内已有针对医疗语境下的会话分析研究，如医患会话中的回述、建议序列、扩展回答(于国栋,2009/2009;王亚峰、于国栋,2021),以及医患交际的语篇特征研究(郭丽、李成团,2018)等,却鲜有研究关涉网络语境中医患双方会话的动态建构过程,尤其是会话修正这一现象。有鉴于此,为探讨网络问诊中医患会话的修正现象,本研究以“丁香医生”网站的“问医生”板块中的在线医患会话为语料,结合会话修正理论,对网络问诊中医患会话的修正类型、内容及其语用功能展开研究,以期在网络问诊中帮助医方了解患方的关注重心并合理使用修正策略,从而提高网络问诊的医患交际效果,构建新时代背景下的和谐医患关系。

2 健康话语研究

健康话语(health discourse)(Davis, 2010)主要指医疗健康语境下的语言使用,涵盖医疗问询、临床治疗、康复医疗中的医患互动、医医互动、患患互动,涉及身心方面的健康与治疗问题。而随着在线健康医疗的发展,以网络为交际媒介的医疗问诊也逐渐普及,网络问诊已成为非常重要的求医形式,这种新的交际方式势必会催生出新的话语特征。

健康话语的兴起拓展了医疗话语的语用学研究外延,如医疗语境中的言语行为(Ruusuvuori & Lindfors, 2009;杨娜、任伟,2020)、(不)礼貌问题(Mao & Yang, 2017; Mao & Zhao, 2019)以及身份建构问题(谭晓风,2017;Mao & Zhao, 2018)等,进一步丰富了语用学在健康语境中的议题。此外,由于健康话语本身的特殊性,一些学者对该语境中特有的交际问题进行了研究,其中,医患会话中的权威问题是绕不开的议题。作为机构性话语的一种,医患双方存在明显的知识/权力不平衡,并基本以医生为主导(Wang, et al., 2021)。而互联网的发展使得原本处于弱势的患者改变了其对医疗知识的掌握,在一定程度上打破了原有的权势关系,这便衍生出了在线健康话语的又一热点议题——阻抗,即患方对医方看法与建议的不服从(Muntigl, 2013)。埃克伯格和拉古德(Ekberg & LeCouteur, 2015)从患者的视角出发研究患者如何表达阻抗,蒙蒂格尔(Muntigl, 2013)从医生的视角出发分析了医生应该如何管理阻抗。

“新医科”背景下,中国的医患关系出现了新的转向,患方不仅期待医方提供专业的医疗技术服务,同时还希望得到医方的人文关怀。在医患沟通中,医生除了要与患者或其家属就疾病诊断和治疗方案等问题进行交谈与协商,还需对其诸如害怕、抵触、焦虑等消极情绪进行应对和管理,从而实现医患沟通的有效展开及其机构性交际目的(冉永平、魏敏文,2020)。

随着网络问诊的兴起,在线医患互动更加凸显了“话语”这一表达媒介。在医患矛盾日益凸显的当下,为避免医患矛盾升级,除了要加强对社会的感化教育,完善相关惩戒法律法规，还应将目光转回到语言本身的使用上来，即对医患交流展开会话分析。

国内基于会话分析的相关研究层出不穷（姜望琪、李梅，2003；权立宏，2012；王晓燕、王俊菊，2014）。然而，对医患会话中修正现象的研究尚不够全面、深入，大多研究仅聚焦同话轮内的自我修正研究（马文、高迎，2018；何丽、张丽，2021）；且以往研究语料大多源自线下的门诊、住院部、急诊科等，部分研究以相关影视剧为素材，语料形式多以录音文件为主，通过转录后分析（叶砾，2020），缺乏基于线上问诊平台医患实时对话的会话分析。有鉴于此，为探讨互联网时代下真实的在线医患交际，即医患双方如何以话语为依托确保网络问诊的有效展开，本研究基于会话修正理论分析在线医患会话中医患双方话语的动态构建过程，包括修正策略、修正内容及修正行为的语用效果，从而总结在线医患互动的特征，为实现医患有效交际提供理论支撑。

3 理论背景

会话分析始于20世纪60年代末，由美国学者哈维·萨克斯（Harvey Sacks）和伊曼纽尔·谢格洛夫（Emanuel Schegloff）开创，是一种分析自然会话的社会学研究方法，其目的在于"说明交际者创造有序性的方式和方法"（于国栋，2008）。会话分析理论框架中有许多重要的概念，对于描述会话中的基本结构具有重要意义，如话轮转换（turn-taking）、相邻对（adjacency pair）、优先结构（preference organization）、修正机制（repair mechanism）等，其中会话修正（conversational repair）受到了学者们的广泛关注（杨石乔，2010）。

早在20世纪70年代，谢格洛夫、杰弗逊、萨克斯（Schegloff, Jefferson & Sacks, 1977:363）（以下简称SJS）依据修正执行者的不同，将修正路径区分为自我修正（self-repair）和他人修正（other-repair）。在言语交际中，说话人常会对自己的话进行部分修正，即"自我修正"，或出现听话人对说话人的修正的情况，即"他人修正"。此外，还可以将修正进一步分为：自我发起自我修正（self-initiated self-repair）、自我他人修正（self-initiated other-repair）、他人发起自我修正（other-initiated self-repair）、他人发起他人修正（other-initiated other-repair）。

医患会话修正指的是医患会话中，"当会话发生阻碍时，医生、患者或家属（不包括护士）对已有信息进行补充、加工或替换，修正不恰当的表达或消除误解"（杨石乔，2010:21），因此，医生和患者间的对话得以顺利进行，从而达到治疗的目的。杨石乔（2010）指出，汉语医患会话修正分类不宜直接照搬SJS的分类，而是必须对之加以调整。借鉴SJS的分类，汉语医患会话修正根据修正序列的引导者和执行者的不同可分为医生自我引导自我修正、医生引导患者修正、患者自我引导自我修正、患者引导医生修正四种类型。医生自我引导自我修正和患者自我引导自我修正都既属于SJS分类中的自我引导自我修正，又属于他人引导他人修正；患者引导医生修正和医生引导患者修正都既属于他人引导自我修正类型，又属于自我引导他人修正。医生和患者究竟是属于SJS分类中的“自发的自我修正”还是“他发的自我修正”、“自发的他人修正”还是“他发的他人修正”，取决于具体语境中的参照点——医生/患者。本文将沿用杨石乔(2010)的分类标准对医患会话展开分析并进一步讨论修正的语用功能。

4　研究设计

4.1　研究问题

本研究结合会话修正理论，围绕以下三个问题展开研究，分别涉及医患双方的修正类型、修正内容及其执行的语用功能，具体研究问题如下：

(1) 本网络问诊语料中，医生和患者分别进行了哪几种修正？

(2) 本网络问诊语料中，医生和患者修正了哪些内容？

(3) 本网络问诊语料中，修正策略的使用执行了哪些语用功能？

4.2　语料描述与分析程序

“丁香医生”专注于医疗领域的互动和分享，庞大的医疗信息储备和高质量的线上医疗服务让平台聚集了各学科、各层次的医生及形形色色的患者。本研究即以“丁香医生”网站的“问医生”板块为语料来源。“问医生”服务开设内科、外科、妇产科、儿科、皮肤科、精神心理科等33个科室，用户可选择多种问诊形式，包括图文沟通模式或60秒接通的语音急诊模式。图文问诊中，患者付费一次，总共可提问三次，医生的回答不限制次数。该服务旨在建立医生与患者沟通的新渠道，将医患交际从医生办公室的面对面交流转移到线上进行。

考虑到“问医生”科室较多，本研究仅收集了患者访问较多的几个科室，即皮肤科、普通内科、儿科、眼科四个科室，在每一个科室中，选取患者咨询较多的医生，进入他们的在线问诊，对2022年以来的在线医患会话进行收集。在收集过程中，研究者也对语料进行筛选，仅选取存在“修正”现象的对话，最后总共收集60条实际的医患对话。为了保护医生及患者的隐私，在语料收集过程中，研究者隐去了医患姓名及基本信息。之后，研究者基于杨石乔(2010)对医患会话修正的分类标准，对60条语料进行修正类型的标注，并展开进一步的分析。

5 研究发现

5.1 网络问诊中医患关系会话修正类型与内容

研究者对语料进行分析后，发现网络医患会话中存在医生自我引导自我修正、医生引导患者修正、患者自我引导自我修正、患者引导医生修正这四种修正。

5.1.1 患者自我引导自我修正

在线医患交际过程中，患者发问之后发现问题表述不完整，那么患者便会启动自我引导自我修正，修正的内容主要为症状修正及病史修正。

(1) 症状修正。由于线上交流的即时性，患者在输入问题后发现描述症状信息不完整时，会在之后进行补充。

例 1：

患者：这两天不吐了，但是一喝牛奶就拉肚子怎么办？

患者：这两天不吐了，但是一喝牛奶就拉肚子，是喝牛奶引起的还是肠胃炎后期本来就会拉肚子？要怎么办？

医生：您好，不好意思给您回复延迟了，“这两天不吐了，但是一喝牛奶就拉肚子”，这种情况要注意乳糖不耐受。

例 1 中的患者在医生未作出回复的前提下连续发了两条描述病情的信息，并且在第二条中主动对自身的情况进行了修正，补充了病史，使得医生能够更加准确地作出诊断及解答。

(2) 病史的修正。在线上问诊中，患者会简单描述自己存在的病史，但在描述过程中及时发现了问题，便会及时对描述进行修正。

例 2：

医生：患者您好，除了上述症状，请问您最近头疼，头晕吗？

患者：我几十年了从来没有头疼过，这一两年天气一冷就头疼，除了头疼，晚上还经常会睡不着觉。

例 3：

医生：请问您以前有什么药物过敏吗？

患者：没有，我很少生病的，应该没有什么药物过敏。但吃了阿莫西林好像胃不怎么舒服。

上述两例中的患者均是先进行基本陈述，用以说明自身病史或药物过敏史，如例2的“几十年从来没有头疼过”及例3中的“没有什么药物过敏”，紧接着对之前的陈述进行部分否定，用于强调近况，比如“这一两年天气一冷就头疼”，或对特殊情况进行补充说明，“吃了阿莫西林好像胃不怎么舒服”，以便医生能够更好地展开治疗。

5.1.2 医生引导患者修正

医生引导患者修正指的是由医生发起，从而使患者对病情及其相关情况的描述更加具体。分析语料后，主要发现网络问诊医生引导患者修正主要有以下三类：症状修正、病名修正和药名修正。

(1) 症状修正。互联网问诊中，一般是由医生在线上通过文字对话进行提问，患者进行陈述性的回答，内容主要是自身的症状，医生再对患者的症状陈述进一步提问，得到反馈，从而获得患者更多的症状信息。

例4：

患者：耳朵又烫又红，脸、背、胸部、胳膊、脖子又红又痒，皮肤变得粗糙。

医生：您好，十分感谢您的信任。根据您目前提供的资料来看……初步考虑诊断：荨麻疹。为进一步明确诊治，以下资料请您进一步补充完善。1，具体发病时间。2，数小时内皮疹是否可以自行消退？3，是否有发热，咳嗽，咳痰等感染表现？4，是否有呼吸困难等特殊不适？5，发病前是否食用过了接触可能致敏物质？6，目前做过哪些检查，用过哪些药？请您进一步补充，谢谢。

患者：×月×号晚病发，不会自行消退没有呼吸困难等不适，有发热，目前没做任何检查，这个会传染吗？

例4中，医生在患者描述了症状后给出了初步判断，随后列举出一系列相关问题以引导患者给出更具体的描述，而患者也确实对其前面的症状叙述进行了更为详细的修正，例如没有呼吸困难等不适、有发热等，从而帮助医生进一步确定了患者的症结所在并为后续的治疗打下了基础。

(2) 治疗修正。网络医患会话中，患者的会话内容中会包括治疗时间、用药量、治疗手段，医生会对患者提出疑问，引导患者进行修正。

例 5：

患者：宝宝 4 个月，最近这几天湿疹很严重，只有脸上长……反反复复的长，天气冷的话就更严重。平时涂宝宝的保湿霜，严重点就给他涂了炉甘石，现在不知道要怎么弄。

医生：您好，感谢您的信任，宝宝是母乳喂养吗？用过激素类药膏吗？

患者：是的，孩子是母乳喂养，并没有使用过激素类药膏。

上述语例中，患者家属向医生详细讲述了症状，包括既往病史及用药史。在此基础上，医生针对家属未提及的饮食起居及用药的细节进行了提问，并且得到了患者的及时补充修正，满足了医生对患者症状相关信息的需要。

(3) 药名修正。患者因为没有医疗方面的专业知识，在叙事药名时会出现药名提取困难，只能说出药名里的个别字词，医生依据患者提供的信息引导患者进行修正。

例 6：

患者：孩子 4 岁多，现在发烧 38 度以上，烧不退，还说身上冷……刚吃了一次退烧药已经过半个小时了，可是退烧药不起作用。希望尽快收到您的回复。因为孩子发烧以前有高热惊厥史……

医生：退烧药是服用的美林吗？……可以考虑口服布洛芬混悬液……

患者：医生，谢谢您的及时回复。孩子 1 个小时前吃了一次退烧药泰诺对乙酰氨基酚混悬滴剂……

例 6 中的患者家属在初次问诊时提供了极为详细的描述，涵盖患者的年龄、症状、用药及过往病史，说明患者家属对于基本情况的诊断及治疗已有大概把握。在此情况下，为进一步提供有效指导，医生选择对患者家属表述中的退烧药进行询问，并提供了另外的具体疗法，而家长也确实在医生的引导下对其表述进行了修正。

5.1.3 医生自我引导自我修正

本语料中网络问诊医生自我引导自我修正主要有以下三类：诊断修正、医嘱修正和病名修正。

(1) 诊断修正。诊断是医生对疾病和病史的一个具体判断，这个判断是基于患者的检查、病史及症状做出的，诊断自我修正是指医生在会话中进行自我的引导并进行修正。

例 7：

患者：医生您好，您看下我这张照片，我眼睛为什么会肿了？

医生：您好，非常感谢您的信任，前来问诊。照片上看来您眼睛里红血丝比较多。不仅有点红还有点肿，有可能是感染了红眼病。

例 7 中，医生首先通过照片对患者的病症进行了初步描述，即眼睛里红血丝较多，随后对患病处的症状进行了更加细致的补充，“不仅有点红还有点肿”，并在此基础上得出了初步的诊断结果。

(2) 医嘱修正。医嘱修正是指医生根据线上问诊收集到的情况对患者的饮食、起居和生活习惯、用药方式等进行指导和建议。

例 8：

患者：那可不可以吃辣椒这类呢？

医生：您好，不能吃辛辣的食物，油腻食物最好也不要吃，容易引起疾病的复发。

上述语例中的医生在回答患者不能吃辛辣的食物后，又加上一句“油腻食物最好也不要吃”，属于补充性修正。

(3) 病名修正。主要是指医生对病名做进一步的解释，对病名进行修正。

例 9：

患者：医生您好，我图片里拍的这个地方疼，请问这是怎么了？

医生：您好，感谢您的信任，您这个应该是疱疹，带状疱疹，请问您觉得痒吗？

在该例中，医生对病症进行诊断性判断，诊断为“疱疹”，并对“疱疹”这个病名进一步修正为“带状疱疹”，医生这一从概括到具体的诊断过程表明了其专业性。

5.1.4 患者引导医生修正

网络医患会话中，患者可能会对医生提出的病名、治疗意见持不同意见，会进一步询问以期医生的修正。

例 10：

患者：……昨天开始肚子上长了一些小红点，不痛不痒，请问一下是什么原因？

医生：您好，下午好，不好意思让您久等了。您提供的资料以及照片都已经看到。从照片来看……初步考虑刺激性皮炎可能性大。

患者：这些小斑点有时候会红，有时候会没有……会不会可能是湿疹呢？

例 10 中的患者在首次询问时并未提及对自身病症的判断，而在医生给出初步诊断结果后再次进行了询问，对症状进行了补充，并进一步提出“会不会可能是湿疹呢”这一疑惑。这说明患者可能有患湿疹的病史，也有可能是患者咨询了其他的医生并被告知这一结果。但无论是哪种，这一修正表明医生的诊断可能并没有满足患方对医方的预期，但患者仍想与这位医生继续沟通。

5.2 修正策略的语用功能

医患会话属于机构会话的一种，目的在于促使患者得到医生的准确诊断及治疗。在此过程中，医方不仅要提供准确的医疗信息服务，还要注意语言在整个医疗过程中的“心理辅助治疗作用”(李现乐、龚余娟，2015:97)。为探讨会话修正如何帮助医患沟通有效进行，本节我们将进一步讨论修正在双方的交际互动中实施的语用功能。

5.2.1 提升信息准确度

医患关系是当今人类活动中非常重要和基本的人际关系(黄宇、王胜，2001)，这种人际关系的构建以会话为基础并贯穿整个互动过程。互联网时代，网络问诊由医患双方作为网络问诊的主体凸显了“话语”这一媒介，并借由信息技术延展了医疗服务的场景和边界。因此，医生更需要注意医疗诊断与医疗建议的准确性。

通过使用不同的修正策略，医患双方均可对其自身不完整或不清楚的话语信息或意义进行更改和补充，或引导对方进行修正以获取自身所需的信息。在医患互动过程中，医方有时为了准确地向病人传达其话语意思或意图会对自身的话语进行修正，并且通过反馈的方式进行确认。同时，会话修正的效果也将直接影响医生对病症的判断和治疗，从患者的角度出发，修正效果也影响了患者对医嘱的了解和执行，以及对病情的了解程度。医患间的会话修正，可使医患的交流能变得更加顺畅，丰富医生的诊断与判断依据，避免造成医患间沟通不畅或健康决策的偏误，从而促进患者恢复健康(周德宇、张惟，2021)。

5.2.2 减轻面子威胁程度

医患互动中，医患会话的具体生成可让医患双方对其言行更为在意，并最终达到改善健康和医疗保健的目的(陈娟、高静文，2018)。医生与患者可以诉诸修正手段来照顾彼此的面子，从而保证对话的顺畅进行，增进医患关系的和谐。面子理论区分积极面子和消极面子，前者指在人际交往中交际者希望得到他人认可、肯定、喜爱、赞许，或者希望被视为某同一群体的成员，如果这些需求在交往中得到满足，交际参与者的积极面子需求就得到了维护。网络问诊中，医生和患者都使用“您”来称呼对方，医生仔细查看患者的病情描述并进行礼貌询问，患者对医生的回答进行正面回复，这些行为都在一定程度上维护了对方的积极面子。消极面子需求则指交际参与者在人际交往中有自主的权利，有行事的自由，自己的行为不受他人的强制或干预，也即如果这些需求得到满足，消极面子就得到了维护。患者向医生寻求帮助时往往牵涉消极面子的威胁。医生可以选择恰当的修正策略来将这种威胁的程度降低到最小值，从而兼顾交际的有效实现及患者消极面子的维护，有助于建构和谐、顺畅的医患关系。

5.2.3 建构医患信任关系

在医疗信息传播全部完成后，医生同样给予了患者医疗信息之外的情感慰藉。在当下医患交际的机构语境中，患方不仅期待医方提供专业的医疗技术服务，同时还希望得到医方的人文关怀。通过前文的语例可知，医患双方均会对自身产出的话语进行修正：患者根据自己的病情作出描述，并依照医生的指示进行补充；医生则根据具体的病情和患者的个体差异给出诊断或引导，并不断对已有信息进行补充、加工或替换，以确保会话的顺利进行。

然而，在互联网背景下，患者对医疗知识的掌握发生了变化，作为传统上的知识弱势者，患者如今可以借助各大搜索引擎、网络平台以及各种知识数据库获得相关信息，使得患者在会话中掌握了一定的话语权，打破了以往医方完全主导会话的局面。同时，这种知识普及虽然提升了患者获取信息的能力，但如果缺乏专业的指导，患者就很难理解、评估信息及获知信息适用性，而后者将直接影响患者的治疗效果。在此情况下，信任便成了影响医患交际效果、维持和谐医患关系不可忽视的因素。

医生可通过权威话语（针对患者对医生专业技术的信任）和态度话语（满足患者对医生的道德期望）来构建医患间的信任关系（Zhao & Mao，2021）。患者作为身体健康上的弱势者，需要医生在会话中时刻对其情绪进行关照，但又要避免过多的情感倾诉，以防患者无休止的描述性话语。因此，在会话中，医生通过对话语的不断修正，能够完全了解患者对医疗信息的需求，并能做到在不同阶段以不同的信息安排来满足患者，引导医患会话走向。医生在会话中的修正充分考虑了患者在不同阶段的需求，主导、建立起了医患信任，最终顺利实现并完成医患会话。

6 结语

大数据时代的到来使得“互联网 ＋ 医疗”模式得到快速发展，各类网络医疗问诊平台如雨后春笋般涌现。基于“丁香医生”网站的“问医生”板块中的医患在线对话，本研究结合会话修正理论，对网络问诊中医患会话的修正类型、内容及其语用功能展开研究。结果发现，在线医患会话中存在医生自我引导自我修正、医生引导患者修正、患者自我引导自我修正、患者引导医生修正这四种修正；医生和患者主要对医嘱、治疗方法、药名、症状等描述进行修正。网络在线医患会话中修正的使用具有确定话语信息准确度、减轻面子威胁、构建医患信任关系的语用功能。本研究有助于加深人们对医疗语境下会话修正现象的认识与理解，促进医患双方对当前沟通的分析与把握，从而提高网络问诊的医患交际效果，为网络问诊的医患会话修正研究提供了一定的参考和启示。但考虑到有限的语料样本，且对会话修正的分类难以穷尽，未来我们需要更大规模的语料及更加深入的研究，才能有的放矢地勾勒出汉语网络问诊中医患会话的全貌。

参考文献

[1] Antaki, C. 2011. *Applied Conversation Analysis: Intervention and Change in Institutional Talk*. Basingstoke: Palgrave Macmillan.

[2] Davis, B. 2010. Interpersonal issues in health discourse. In M. Locher & S. Graham (eds.). *Interpersonal Pragmatics*. Berlin: De Gruyter Mouton, 381.

[3] Ekberg, K. & A. LeCouteur. 2015. Clients' resistance to therapists' proposals: Managing epistemic and deontic status. *Journal of Pragmatics*, 90(12): 12 - 25.

[4] Fox, B. A., S. A. Thompson, C. E. Ford, et al. 2013. Conversation analysis and linguistics. In J. Sidnell& T. Stivers (eds.). *The Handbook of Conversation Analysis*. Chichester: Wiley-Blackwell, 726.

[5] Heritage, J. & D. W. Maynard (eds.). 2006. *Communication in Medical Care*. Cambridge: Cambridge University Press.

[6] Mao, Y. & K. Yang. 2017. Backchanneling and politeness in the interaction of medical consultation: An empirical study. In Chen X. (ed.). *Politeness Phenomenon Across Chinese Genres*. Sheffield: Equinox Publishing Ltd.

[7] Mao, Y. & X. Zhao. 2019. I am a doctor, and here is my proof: Chinese doctors' identity constructed on the online medical consultation websites. *Health Communication*, 34 (13): 1645 - 1652.

[8] Muntigl, P. 2013. Resistance in couples counselling: Sequences of talk that disrupt progressivity and promote disaffiliation. *Journal of Pragmatics*, 49 (1): 18 - 37.

[9] Ruusuvuori, J. & P. Lindfors. 2009. Complaining about previous treatment in health care settings. *Journal of Pragmatics*, 41(12): 2415 - 2434.

[10] Schegloff, E. A., G. Jefferson, & H. Sacks. 1977. The preference for self-correction in the organization of repair in conversation. *Language*, 53(2): 361 - 382.

[11] Wang, X., Y. Mao, & Q. Yu. 2021. From conditions to strategies: Dominance implemented by Chinese doctors during online medical consultations. *Journal of Pragmatics*, 182: 76 - 85.

[12] Zhao, X. & Y. Mao. 2021. Trust me, I am a doctor: Discourse of trustworthiness by Chinese doctors in online medical consultation. *Health Communication*, 36(3): 372 - 380.

[13] 陈娟，高静文，2018. 在线医患会话信任机制研究. 现代传播（中国传媒大学学报），40(12)：

136－142.

[14] 陈新仁，杨金龙，2021. 新时代外语研究者的国家意识构建刍议. 当代外语研究，(4)：22－28.

[15] 方小兵，2021. 何为"隐性语言政策"?. 语言战略研究，6(5)：91－96.

[16] 郭丽，李成团，2018. 基于语料库的医患交际语篇特征分析. 外语电化教学，(5)：76－82.

[17] 何丽，张丽，2021. 医患会话中同话轮内自我修正策略的运用. 医学与哲学，42(17)：49－52.

[18] 黄宇，王胜，2001. 医患互动：医患关系发展的必然趋势. 中国医学伦理学，14(1)：10－11.

[19] 姜望琪，李梅，2003. 谈谈会话中的纠偏问题. 外国语(上海外国语大学学报)，26(4)：39－45.

[20] 李现乐，龚余娟，2015. 医疗行业语言服务调查研究. 中国语言战略，2(2)：97－109.

[21] 马文，高迎，2018. 汉语医患会话中同话轮内自我修正研究. 外国语(上海外国语大学学报)，41(3)：42－54.

[22] 权立宏，2012. 中国英语学习者会话修补中的重复策略研究. 现代外语，35(3)：295－303，330.

[23] 冉永平，魏敏文，2020. 健康话语的语用学研究：现状与趋势. 解放军外国语学院学报，43(6)：1－9，157.

[24] 谭晓风，2017. 医患会话的医生多重身份建构研究. 医学与哲学，38(9)：40－42.

[25] 王晓燕，王俊菊，2014. 外语环境下同伴他启修正研究. 现代外语，37(2)：210－220，292－293.

[26] 王亚峰，于国栋，2021. 医患交流中患者扩展回答的会话分析研究. 外语教学理论与实践，(3)：108－118.

[27] 杨娜，任伟，2020. 网络医疗咨询中建议回复语的语用延展研究. 外语学刊，(4)：1－8.

[28] 杨石乔，2010. 基于语料库的汉语医患会话修正研究. 博士论文，上海：上海外国语大学.

[29] 叶砾，冯小玮，2020. 医患会话国内外对比研究. 医学与哲学，41(20)：61－66.

[30] 于国栋，2008. 会话分析. 上海：上海外语教育出版社.

[31] 于国栋，2009a. 医患交际中回述的会话分析研究. 外语教学，30(3)：13－19.

[32] 于国栋，2009b. 产前检查中建议序列的会话分析研究. 外国语(上海外国语大学学报)，32(1)：58－62.

[33] 周德宇，张惟，2021. 语言与健康的关系：标记、媒介与资源. 语言战略研究，6(6)：13－22.

网络问诊话语中医方重述现象的元语用研究*

南京师范大学　杨　昆**

摘　要:网络问诊中医生对咨询者的话语进行重述是一种常见的语言现象,但是相关研究却不多见。为了能够了解重述现象的特征与功能,本研究基于网络问诊平台"春雨医生"中的语料展开分析。研究发现,重述可以分为总结式重述、疑问式重述、强化式重述三种类型。这三种类型的重述是网络问诊中的重要语用修辞手段,可以实现两种元语用功能:第一,重述可以帮助医方对患方病情进行准确理解和关联,避免误解导致的病情误判;第二,重述可以帮助医方对患方进行病情的认知引导,有效实现医方治疗目标,并在一定程度上构建良好的医患关系。本研究对于了解网络医疗话语这种新语言现象具有积极意义,有利于构建良好的医患关系,关于元语用意识的分析可以补充元语用研究相关理论。

关键词:网络问诊;重述;元语用;医患关系

Title: A Metapragmatic Study on Reformulation in Internet Medical Consultation

Abstract: In internet consultation, it is common that doctors might reformulate the consultant's discourse, whereas related research is rare. This paper explores the types and functions of medical reformulation based on doctor-patient interactions in the online consultation platform "Chun Yu Doctor". This research found three types of reformulation: diagnostic reformulation, interrogative reformulation, and reinforced reformulation. The reformulation is a meaningful pragmatic-rhetoric way in internet medical consultation, which could achieve two metapragmatic functions:

* 基金项目:研究获得国家社科基金青年项目"中国老年群体数字信任的话语建构研究"(项目编号:22CYY015)的支持。

** 作者简介:杨昆,南京师范大学外国语学院副教授,博士,研究方向为:语用学,英语教学与测试。联系方式:nortonyang@163.com。

First, reformulation can help understand the consultant's condition through an accurate and relevant understanding of the consultant's discourse and avoid possible misunderstanding between doctors and patients. Second, reformulation might help guide the consultants' recognition of their health conditions, achieving treatment goals, and help build a positive relationship with them. This research would contribute to the understanding of internet medical discourse and help build a good doctor-patient relationship. What's more, the analysis of metapragmatic awareness will enrich the present theoretical studies on metapragmatics.

Key Words: Internet Medical Consultation; Reformulation; Metapragmatics; Doctor-patient Relationship

---

1 引言

随着信息技术的高速发展,利用互联网进行医疗问诊的人越来越多,网络医疗话语也获得越来越多的关注(Mao & Zhao,2018)。重述是网络问诊中的一种常见现象,其中既涉及对自我话语的重述,又涉及对他人话语的重述。前人关于重述的研究主要集中于对自我话语的重述(赵秋荣、王克非,2014;任育新、陈新仁,2012),对他方话语重述的研究相对少见。此外,关于重述的研究主要集中于教学(陈新仁、任育新,2007)、学术语篇(李志君,2014)、医疗话语(Muntigl,2007)等领域,对于网络问诊话语中重述现象的研究几乎没有。然而,对于网络问诊话语中重述的研究有其必要性,因为重述不仅可以对咨询者的话语进行意义重构,将其纳入更为规范的医疗话语体系,而且还可以重新构建医患角色和关系(Halliday & Matthiessen,1999)。

因此,有必要探讨网络医疗语境下医生会重点选择哪一部分内容进行重述,采用什么样的形式重述,以及会对诊疗进程产生什么效果。理论上来说,由于语言依赖于社会语境并可重构社会语境(Halliday,1978;Lerner,2004),因此对于重述的分析将有利于阐明其社会功能,以及说话人如何通过重述实现某些社交功能。胡伯乐和布勃利茨(Hübler & Bublitz,2007)对此展开了进一步的元语用分析。他们认为,医生对患者话语进行重述的过程实际上是将其纳入预期的框架,实现诊疗目标,这体现出语言的自反性特征。不过,他们没有对重述的特征、所实现的元语用功能,以及交际者的元语用意识展开进一步的分析。基于这样的考虑,本研究基于网络问诊话语中的相关语料,根据重述的结构特征对其进行分类,并探讨不同类型的重述现象在网络问诊中所实现的功能，尝试分析医生使用重述话语时的元语用意识。

2 文献综述

所谓重述，是指话语互动过程中，说话人在自己或他人说话之后以另外一种方式进行重新说明（任育新、陈新仁，2012），以加强听话人对原话语的理解（Blakemore，1993）。本质上而言，重述是一个在语篇上重新阐释的过程（Cuenca & Bach，2007）。以往的重述研究主要集中于句法（Quirk et al.，1992；Meyer，1992）和语篇功能（Murillo，2012）。前者将重述视为同位标记、表征同位或指称关系，后者强调重述的过程及其履行的功能（比如，下定义、解释、总结等）。

近年来，关于重述的语用功能研究不断增多。比如，布莱克默（Blakemore，1993）讨论了即兴话语和书面话语中的重述现象，并提出重述的四种语用功能：(1) 将原话语的明说意义具体化；(2) 通过对原话语的进一步解释，使原话语的明说意义更加明晰化；(3) 通过对原话语进行总结以加强读者的整体理解；(4) 通过对原话语进行概括和抽象，使原话语表达的内容更专业化。此外，穆里略（Murillo，2004）认为重述标记在话语理解中既有程序意义又有概念意义，既通过消除歧义、充实话语含义、明确指称而在不同程度上促进话语理解中的显义表达，也可通过提供明示信息产生其意欲传达的语境效果而使隐含前提凸显，或者通过引入结论或结果提示隐含结论助益于隐义的表达。国内学者刘平（2015）认为，重述标记语具有语用操控功能，通过话语重述的方式可以对信息进行确认。

在医患话语互动中，医方有时会对患方的话语进行重述，从而明晰病情，防止误解。比如，瓦兹拉威克（Watzlawick，1974）曾经提及，医生应该善于倾听患方话语并对其加以利用，而不是置之不理或者盲目反对。这一研究为医患话语互动中的重述研究奠定了基础。此外，怀特和埃普斯顿（White & Epston，1990）发现，重述背后的核心动机是让患方能够从不同的视角来理解或解释他们的病情，并且会对患方产生积极或消极的影响。古利希（Gulich，2003）则讨论了医患面对面交流中的四种重述模式，包括隐喻式重述、例证式重述、具化式重述和情景式重述。另外，巴尔泰罗（Balteiro，2017）讨论了如何在“健康框架”内通过隐喻式重述进行埃博拉病毒的科普知识传播。研究中，隐喻被认为是一种特殊的重述方式，隐喻可以让大众更为清晰地了解埃博拉的特征和预防措施等。

需要注意的是，上述研究主要以说话人对己方话语的重述为主，对于他方话语重述的研究相对不多见。而且，尽管目前有研究尝试分析医患话语互动中的重述现象，但是对于网络问诊话语中重述现象的研究并不多见。目前网络问诊话语主要关注的是问诊策略(Mao & Zhao,2020;Wang et al. , 2021)、隐喻/转喻机制(Tseng & Zhang,2022)等,关于网络问诊话语中重述现象的研究尚不多见。事实上,在网络语境中,医生为了保证医疗问诊的准确性,有时会采取重述的策略。这一现象有必要引起足够的重视。此外,有学者(如,Muntigl,2007)已经认识到重述话语(包括对自己话语的重述和对他人话语的重述)体现出的元语用功能。那么,在网络问诊的过程中,不同类型的重述话语是否也体现出元语用功能也是值得探讨的话题。

3 研究方法

3.1 研究问题

本研究旨在分析网络问诊话语中重述的类型和实现的元语用功能,将回答以下两个问题:(1) 网络问诊话语中不同类型重述现象的特征是什么? (2) 网络问诊话语中的重述现象实现了什么样的元语用功能?

3.2 语料收集

为了能够回答这两个问题,研究者从国内常见的网络问诊平台"春雨医生"(https://www. chunyuyisheng. com/)上收集相关的语料。研究之所以选择"春雨医生"这个平台收集语料是因为它可以提供真实医生的在线医疗健康咨询服务。由公立医院医师解答用户的健康问题。所涉及的医院数量多,科室齐全,很多医生都是当地所在医院的名师。总体来看,"春雨医生"中的语料具有真实性高、语料范围广等特征,完全符合研究的需求(雷禹,2019)。在语料收集的过程中,研究者首先按照"地区—医院—科室—医生"的方式查看医生和患者之间的对话。本研究采取随机抽样的方式,分别选取华北、华东、华中、东北、华南、西南、西北地区具有代表性的医院各一家。这些医院分别涉及协和医院、复旦大学附属中山医院、武汉协和医院、中国医科大学附属第一医院、中山大学附属第一医院、四川大学华西医院、空军军医大学西京医院。之后,研究者对每家医院的医生与咨询者之间的对话展开定性分析,并重点关注其中涉及重述的对话。在语料筛选的过程中,本研究主要关注的是医生对于咨询者进行重述的话语,未将医生对己方话语的重述现象纳入研究范畴之内。最后,研究共获得 47698 字的语料,这些语料共被切分为 3190 条医方或咨询者话语。经过语料分析,涉及医生重述的话语 43 条,共计 649 字。

3.3 语料分析

在收集相关的语料后,研究采用语篇语用学研究路径(Depraetere et al. , 2021),对网络问诊语境中涉及的重述单元展开分析。在进行语料分析的过程中，本研究根据蒙蒂格尔(Muntigl,2007)的相关研究筛选出三种类型的重述话语，即总结式重述、疑问式重述和强调式重述。在本研究收集的43条语料中，总结式重述数量为26条，占比60.47%；其次为疑问式重述，11条，占比25.58%；最少的为强调式重述，6条，占比13.95%。下文将结合具体的例子来对不同类型的重述话语展开分析。研究将首先分析不同类型重述话语的特征，然后分析不同类型的重述话语所实现的语用功能。

4 重述话语类型

研究发现，网络问诊的过程中，医生会经常性地对咨询者的病情描述进行重述，从而重新构建问题(Muntigl& Horvath,2005)。不同的重述话语具有不同的特征，医生可能会对咨询者的话语进行诊断性的描述，也可能对咨询者话题提出疑问并进行纠正，还可能会对咨询者的话语进行强调。本部分将结合具体案例对上文提及的三种类型重述话语特征展开分析。

4.1 总结式重述

在网络问诊的过程中，医生会对咨询者的话语进行重述，并对咨询者所描述的病情特征进行总结性诊断，因而被称为总结式重述(Muntigl, 2007)。总结式重述话语旨在调整或者重新组织话语，使之正确或者更加清楚(Garfinkel et al. , 1970)。总结式重述分为两种不同的类型：一种关注说话人对自己所说话语的总结式重述(姜晖,2022)，另外一种则关注说话人如何对对方的话语进行总结式重述。本研究主要关注的是第二种类型的总结式重述。我们不妨通过例1来了解总结式重述的特征。例1中，咨询者通过“春雨医生”平台向医生询问“感冒咳嗽吃什么药见效快”，并描述自己的病状为“咳嗽”“绿色的(痰)”。

例1：

医　生：你好，现在主要是什么症状呢？

咨询者：头昏脑涨的，咳嗽。

医　生：好的，咳嗽厉害吗？痰什么颜色的呢？

咨询者：绿色的，两三天了。

医　生：你好，现在还是考虑呼吸道感染，然后现在你有咳嗽，还有绿脓痰的症状。还合并有一个细菌感染。

在对话中，医生在听取咨询者的描述后先诊断为“呼吸道感染”，然后对其话语进行了重述“你有咳嗽，还有绿脓痰”，而且还进行了总结，再修正补充“合并有一个细菌感染”。例1提供的证据显示，总结式重述是网络问诊话语中重要的重述类型之一（刘雪娟，2020）。需要注意的是，蒙蒂格尔（Muntigl，2007）曾提出英语中的总结式重述现象会伴随一些典型的话语标记语，比如“what you are saying is”“what I am seeing is”。但是，通过例1我们可以看出，汉语中的这类重述现象并没有出现典型的重述标记语。相反，汉语中的总结式重述以一种更为隐性的方式出现。具体在网络问诊语境中，医生会在咨询者病情描述的基础上进行医疗诊断，从而让咨询者更加明晰自己的病情。

4.2 疑问式重述

在网络问诊的过程中，如果医生认为咨询者对自己病情的描述或者治疗请求不符合医疗常识或者相关医学程序，会通过重述的方式质疑，被称为疑问式重述。疑问式的重述话语在以往的研究中已经有所记载。比如，姜晖（2022）认为当听话人对说话人的话语存有疑问时不会直接提出疑问，而是会使用他人导向的重述标记话语向说话人询问。这种重述话语可以降低面子威胁的风险。当然，本研究中的疑问式重述话语与之前的研究存在一定的不同，因为网络问诊中的疑问式重述话语更多地被医生用来确认患者的病情。我们可以通过例2来了解疑问式重述话语的特征。

例2：

咨询者：怀孕三个月，干呕，但是不吐，不自觉地吐口水，早晨吐的口水中有血丝。怎么回事呢？

医　生：是今天早晨吐的口水中有血丝吗？

咨询者：对的。嗓子发炎充血了吗？

如例2所示，咨询者向医生描述了孕妇的病情“干呕，口水中有血丝”。由于医生不太清楚孕妇干呕出现血丝的具体时间，因此向咨询者询问“是今天早晨吐的口水中有血丝吗？”医生的话语属于典型的疑问式重述话语，在这里用于确认病患的具体病情特征。这种重述现象与汪清和马广惠（2015）提出的疑问句式孤立重述存在相似之处。听话人在话语互动的过程中会使用疑问句形式对说话人话语进行重组，从而澄清事实，避免产生错误。

4.3 强调式重述

在网络问诊的过程中，医生有时候会通过双引号或者是通过语音中的重音的方式对咨询者所说的话语进行重述，从而强化信息（Halliday，1994），引起咨询者对于某种信息的重视，被称为强调式重述(Muntigl，2007)。虽然以往的研究中没有明确提出强调式重述的概念，但是重述话语的出现往往意味着说话人对于信息的强调(姜晖，2022)。也正因为此，本研究将强调式重述进行单独讨论。网络问诊主要是通过文字形式进行，有时医患之间也会通过语音的方式交流，但是语音的频率相对较低。这样的特征就决定强调式重述的呈现方式与日常对话存在一定的不同。具体而言，医生主要通过对咨询者话语加双引的方式完成重述。我们可以通过例3医患之间的对话来说明强调式重述如何在网络问诊中出现。

例3：

咨询者：抱歉，详细情况是：症状——经常心慌，胸闷，前心向后背放射状刺痛持续数秒……所以在这个情况下能否做管状动脉造影检查，烦请专家答疑，因明天就要确定，比较着急，请专家帮忙尽快告知，谢谢。

医　生：单纯造影是没有问题的！“明天就要确定”这一定是医生和你谈话，在比较复杂的情况下，一定要尊重主管你的医生的意见。

如例3所示，咨询者向医生描述了病情并咨询医生“能否做管状动脉造影检查”，并提出“明天就要确定”。医生听完咨询者的描述后对咨询者的话语进行了重述“明天就要确定”，并认为“这一定是医生和你谈话”。例3的对话中，由于医生不清楚是不是门诊的医生对咨询者说的“明天就要确定”这句话，因此通过重述的方式进行确认。这样的方式实际上与刘平(2015)等学者的观点一致，即通过话语重述的方式对信息进行确认。此外，我们也应注意到，医生在进行重述时使用了双引号进行强调，其目的在于引起咨询者的注意，从而使咨询者更好地执行医疗方案。

通过上述三个案例可以看出，网络医疗问诊中的重述话语可以分为总结式重述、疑问式重述和强调式重述三种不同的类型。三种类型的重述均与网络医疗问诊中病情明晰、判断以及提出医疗建议密切相关。这也与目前医疗语境中重述现象的研究存在相似之处(Gulich，2003)。需要注意的是，英语语境中的话语重述和汉语语境中的话语重述存在一定差别。英语医疗语境中，医生对患者话语的重述往往聚焦于如何采用例证、隐喻等方式使患者明晰自己的病情(White & Epston，1990)。汉语医疗语境中，医生对患者话语的重述则更多考虑如何将其纳入更大的诊疗框架，实现对患者的引导性治疗。要理解两种不同文化中重述话语的差异性，就需要从交际者元意识的角度出发，分析不同的重述结构所实现的功能。

5 重述话语功能

目前的研究发现，在话语互动过程中，说话人通过重述可以实现内容关联、话轮转换，达到特定的交际目标(Muntigl,2007)。具体到医疗语境中，研究发现医生通过重述不仅可以实现与患方之前所说的内容相关联(重述本质上是元语用的，因为它反映了说话人对话语的管理和调节意识)(Caffi,1994)，同时还可以实现与患方之间的话轮转换。与此同时，医生的重述话语还可以影响治疗，实现自己预期的治疗目标。尽管目前已经有学者关注到了重述话语的(元)语用功能，不同语境条件下重述结构如何实现元语用功能还有待进一步研究。本研究则发现，网络问诊语境中，医生对咨询者的话语进行重述可实现以下两个元语用功能：

5.1 内容关联功能

在网络问诊的过程中医生会经常采用重述的方式来识别咨询者所面临的疾病问题。医生会通过重述的方式对咨询者的描述进行优化并进一步提出相关的诊疗问题。这个重述过程类似于谢格洛夫（Schegloff,1992）提出的关联性程序。与关联性程序所不同的是，医生在使用重述话语时并不仅仅是在进行承上启下，更多的是对患者的病情进行了解、确认(Becker et al.，2020)，防止对咨询者信息有所遗漏，以最大程度地实现内容关联。我们不妨以例4中医生与咨询者之间的一段对话来说明重述话语如何实现内容关联的功能。

例4：

咨询者：一直分泌口水且口水大甜，持续时间2天了，严重影响睡眠。……心脏处疼痛，后心超，心电图均无问题，但是失去睡眠感，晚上无法入睡，睡觉会有惊厥感，想知道我怎么了。

医　生：失眠，伴随心理不适，觉得焦虑？恐惧？

咨询者：是的，总担心自己会一直这样失眠下去治不好。

如例4所示，咨询者向医生说明自己目前的状态“晚上无法入眠”“心脏处疼痛”，在介绍自己病情的过程中还希望“知道我怎么了”。咨询者使用了两种不同类型的言语行为：描述类言语行为用于说明自己的病情；请求类言语行为表达自己求医的期待。医生对咨询者的话语重述为“失眠，伴随心理不适”并且进一步询问是否存在焦虑或者恐惧的症状。例4中，医生对咨询者的话语进行重述的过程实际上是有意识地对话语进行调控和管理的过程，蒙蒂格尔（Muntigl，2007）认为这一过程是说话人元语用能力的体现。医生通过总结式重述将口语化、冗长的信息简化为公式化、简洁的表达可一方面帮助确认对患者病情的理解，另一方面则是与下文的信息进行结构关联，做出病情的判断，满足咨询者的问诊需求。此外，通过重述话语可以凸显医生的专业性以安抚咨询者。比如通过例 4 第二个话轮可以看出，医生通过重述对咨询者的病情做出判断，并提出“短期内没有什么问题”。在对语料进行分析的过程中，笔者发现多数的总结式和疑问式重述都可以实现内容关联的功能。

5.2 诊疗引导功能

在网络问诊的过程中，医生会在对咨询者话语进行重述的基础上将其病症进行名词化处理，并顺势变为话语互动中的主位，怀特和埃普斯顿（White&Epston，1990）将这一现象称为问题外化（problem externalization）。在问题外化的过程中，咨询者所描述的病症不仅仅是咨询者本人的“问题”，而是变成一种参与者，引出新的信息并使之成为咨询者和医生所共同关注的话题（Blakemore，1993），这也是进行积极的关系管理的体现。通过例 5 医生和咨询者之间的一段对话我们可以更为明确地了解重述话语的诊疗引导功能。

例 5：

咨询者：这两天熬夜，然后发现心脏不舒服，胸闷气短，心慌，爬几层楼梯也大喘气，之前没这些症状，总感觉提不上气，心脏周围感觉隐隐的不舒服。

医　生：你好，你是替自己问，还是为他人提问？

咨询者：是自己。就是前两天熬夜后，然后去上课爬了几层楼梯，就出现这些症状。

……

医　生：熬夜后引起心慌、气短、胸闷，要考虑两种情况：一、熬夜导致自主神经调节功能出现异常，引起心慌、气短、胸闷的症状。这种心慌、气短、胸闷属于暂时性的，经过休息调整，睡眠后很快可以恢复。二、患者本身有器质性的心脏病，由于熬夜引起心脏病的加重，从而出现心慌、气短、胸闷的症状。这种情况经过休息，改善睡眠后，症状不能够得到缓解，需要给予相应的治疗。考虑到你的年龄，更倾向于前者。

如例 5 所示，咨询者描述自己的病症为“胸闷气短”“心慌”“前两天熬夜……就出现这些症状”。医生在听取这些描述后对其重述为“熬夜后引起心慌、气短、胸闷”，并提出了可能的两种情况。此处,医生重述后的话语已经从宾语或者状语转变为主语,处于主位位置。此处的重述话语将焦点置于咨询者的病症,借助咨询者能理解的前述话语引入相应的治疗方案,起到引导诊疗的作用。这同样也体现出医生在网络问诊过程中对话语的有意识调控,反映出医生的元语用意识(Muntigl,2007)。在网络问诊过程中,医生的总结式重述和强调式重述多是为了实现这个目标。

通过上述两个案例可以看出,医生对咨询者的话语进行重述的过程实际上是对其话语进行有意识的调控。换言之,重述是关于咨询者话语的话语,体现出医生的元语用意识(Muntigl,2007)。在网络咨询的过程中,医生的元语用意识表明其不仅尝试将咨询者的话语融入整体的诊疗框架,而且还尝试以重述的方式实现会话的接续,维系良好的人际关系。尽管目前学界已经意识到话语重述对于维系人际关系的积极作用(Prior,2018),但是对于网络问诊语境中话语重述现象的人际功能的研究不多见。本研究的相关发现则说明,话语重述不仅可以帮助实现内容关联、明晰病情,而且还可以维系良好的人际关系。

6 结语

本研究根据"春雨医生"中的相关语料对网络问诊话语中的重述话语展开分析。本研究重点关注了医生对咨询者的病情描述进行的重述。研究总结了三种不同类型的重述现象:(1)对咨询者的病症描述进行总结的总结式重述;(2)对咨询者的请求或描述进行质疑的疑问式重述;(3)对咨询者的描述或叙述进行强化的强调式重述。这三种不同类型的重述体现了网络问诊过程中医生对于咨询者话语的有意识调控,体现出元语用功能。

具体而言,重述可以帮助医生实现对咨询者话语的最佳关联,防止误判,并与上下文的信息内容进行有效的关联。此外,医生的话语重述还可以聚焦咨询者的相关病症和诊疗需求,帮助对病情的诊疗进行积极的引导。本研究对于了解网络问诊中的话语重述现象的内在逻辑具有参考意义,同时可以为网络问诊语境下医生与咨询者之间的和谐沟通提供帮助。本研究通过话语分析的方式发现医生在进行重述的过程中具有元语用意识,但是元语用意识的工作机制还需要通过实验等方式进一步挖掘。

参考文献

[1] Balteiro, I. 2017. Metaphor in Ebola's popularized scientific discourse. *Ibérica*, 34: 209 - 230.

[2] Becker, J. E., Smith, J. R. & Hazen, E. P. 2020. Pediatric consultation-liaison psychiatry:

An update and review. *Psychosomatics*, 61(5): 467 - 480.

[3] Blakemore, D. 1993. The relevance of reformulations. *Language and Literature*, 2(2): 101 - 120.

[4] Caffi, C. 1994. Metapragmatics. In R. E. Asher (ed.). *The Encyclopedia of Language and Linguistics*. Oxford: Pergamon Press, 2461 - 2466.

[5] Cuenca, M. J. 2003. Two ways to reformulate: A contrastive analysis of reformulation markers. *Journal of Pragmatics*, 35(7): 1069 - 1093.

[6] Depraetere, I., Decock, S. &Ruytenbeek, N. 2021. Linguistic (in) directness in twitter complaints: A contrastive analysis of railway complaint interactions. *Journal of Pragmatics*, 171: 215 - 233.

[7] Garfinkel, H. & Sack, H. 1970. On formal structures of practical actions. In H. Garfinkel. *Ethnomethodological Studies of Work*. London: Routledge and Kegan Paul,160 - 193.

[8] Gulich, E. 2003. Conversational techniques used in transferring knowledge between medical experts and non-experts. *Discourse Studies*, 5 (2): 235 - 263.

[9] Halliday, M. A. K. 1978. *Language as a Social Semiotic*. London: Edward Arnold.

[10] Halliday, M. A. K. 1994. *An Introduction to Functional Grammar* (2nd ed.). London: Edward Arnold.

[11] Halliday, M. A. K. & M. I. M. Matthiessen. 1999. *Construing Experience through Meaning: A Language-Based Approach to Cognition*. London: Cassell.

[12] Hübler, A., &Bublitz, W. 2007. Introducing metapragmatics in Use. In W. Bublitz& A. Hübler(eds.). *Metapragmatics in Use*. Amsterdam: John Benjamins, 1 - 26.

[13] Lerner, G. 2004. Introduction. *Research on Language and Social Interaction*, 37(2): 93 - 94.

[14] Mao, Y., & X. Zhao. 2018. I am a doctor, and here is my proof: Chinese doctors' identity constructed on the online medical consultation websites. *Health Communication*, 34(13): 1645 - 1652.

[15] Mao, Y., & Zhao, X. 2020. By the mitigation one knows the doctor: Mitigation strategies by Chinese doctors in online medical consultation. *Health Communication*, 35(6), 667 - 674.

[16] Meyer, C. F. 1992. *Apposition in Contemporary English*. Cambridge: Cambridge University Press.

[17] Muntigl, P. 2007. A metapragmatic examination of therapist reformulations. In W. Bublitz & A. Hübler(eds.). *Metapragmatics in Use*. Amsterdam: John Benjamins, 235 - 262.

[18] Muntigl, P. & A. O. Horvath. 2005. Language, psychotherapy and client change: An interdisciplinary perspective. In P. Chilton & R. Wodak (eds.). *A New Agenda in (Critical) Discourse Analysis*. Amsterdam: Benjamins, 213 - 239.

[19] Murillo, S. 2004. A relevance reassessment of reformulation markers. *Journal of Pragmatics*, 36 (11): 2059 - 2068.

[20] Murillo, S. 2012. The use of reformulation markers in business management research articles.

International Journal of Corpus Linguistics, 17 (1): 64 - 90.

[21] Prior, M. T. 2018. Accomplishing "rapport" in qualitative research interviews: Empathic moments in interaction. *Applied Linguistics Review*, 9 (4): 487 - 511.

[22] Quirk, R., S. Greenbaum, G. Leech, & J. Svartvik. 1985. *A Comprehensive Grammar of the English Language*. London: Longman.

[23] Tseng, M. Y., & Zhang, G. 2022. Conceptual metonymy and emotive-affective meaning at the interface: Examples from online medical consultations. *Lingua*, 268: 103 - 192.

[24] Wang, X., Mao, Y., & Yu, Q. 2021. From conditions to strategies: Dominance implemented by Chinese doctors during online medical consultations. *Journal of Pragmatics*, 182: 76 - 85.

[25] Watzlawick, P., Weakland, J. and Fisch, R. 1974. *Change: Principles of Problem Formation and Problem Resolution*. New York: Norton.

[26] White, M. & D. Epston. 1990. *Narrative Means to Therapeutic Ends*. New York: Norton.

[27] 陈新仁,育新,2007. 中国高水平英语学习者重述标记语使用考察. 外语教学与研究,39(4): 294 - 300.

[28] 姜晖,2022. 交往行为理论下 ELF 学术研讨会中重述标记语的主体间性构建. 外国语文,38(2): 80 - 88.

[29] 雷禹,2019. 健康传播视域下新媒介使用对医患行为影响的实证研究. 博士学位论文,上海:上海大学.

[30] 李志君,2014. 中外学术语篇中的重述标记比较研究. 解放军外国语学院学报,37(4):40 - 50.

[31] 刘平,2015. 争辩性电视节目中重述标记语的语用操控功能. 广东外语外贸大学学报,26(3): 90 - 94.

[32] 刘雪娟,2020. 语用学视角下俄语学术语篇中的元话语研究. 博士学位论文,上海:上海外国语大学.

[33] 任育新,陈新仁,2012. 英语话语重述现象的语用分析. 东北大学学报(社会科学版),14(6): 549 - 554.

[34] 汪清,马广惠,2015. 重述与学习者即时回答研究. 外语与外语教学,(6):49 - 55.

[35] 赵秋荣,王克非,2014. 现代汉语话语重述标记的语料库考察. 中国翻译,35(5):25 - 29.

语言学与应用语言学

再论“王冕”论元的准入与限制*

南京传媒学院 桑 耘 南京大学 常玲玲**

摘 要:本文从分析“领有”和“占有”概念的细微差别入手,说明“王冕”论元以及该句式的形成与“的”字结构的纯粹“领属”没有必然联系。结合德语“领属三格”和“领属二格”的语义区分,从汉语学习者和德语学习者的问卷调查中得出,外语学习者很容易将目标语中可转让的纯粹“领属”和不可转让的“整体—部分”“领属”混淆。指出,汉学界在“王冕”论元问题上之所以长期存在“领属”与“存现”分歧,是因为两者既有区别又有共通,“整体—部分”体现了“领属”与“存现”之间语义交集的自然属性。论文继而论证了由“整体—部分”隐喻衍生的不可转让的“占有领属”、血缘—姻亲、亲密和责任等社会“依附”关系才是“王冕”论元准入的决定因素,是对领主属宾句构式意义的投射。

关键词:论元准入;广义领属;整体—部分;依存性和触及性;构式的隐喻投射

Title: On the Admittance and Restriction of “Wang Mian” Argument

Abstract: Starting from the analysis of the subtle differences (nuances) between the concepts of “ownership” and “possession”, this paper shows that the formation of the “Wang Mian” argument and the sentence pattern has no inevitable connection with the pure “ownership” of the *DE*-structure. Based on the semantic distinction between

---

* 本文系2023年度江苏高校哲学社会科学研究重大项目“数字社会背景下高校文化资源供给的可及性研究”(编号:2023SJZD147)和南京市社会科学基金“学习贯彻党的二十大精神”专项项目“基于可及性理论的南京基本公共服务现状评价与创新路径研究”(编号:23YB18)阶段性成果。

** **作者简介**:桑耘,南京传媒学院广播电视学院副教授。研究方向为艺术理论、艺术形态语义、话语分析。联系方式:344255810@qq.com。通讯作者常玲玲,南京大学外国语学院教授,博士生导师。研究方向为日耳曼语言学、认知句法理论、生成语法。联系方式:changll88@nju.edu.cn。

the "possessive dative case" and the " possessive genitive case" in German, and the analysis of the questionnaire survey of foreign Chinese learners and domestic German learners, it is easy for foreign language learners to confuse the alienable pure "ownership" and the inalienable "whole-part ownership" in the target language. It is pointed out that the reason why there has been a long divergence between "possession" and "existential" in the Sinological circle on the issue of "Wang Mian" argument is that they are both different and common. The "whole-part" reflects the natural attribute of semantic intersection between "possession" and "existential". The paper argues that the inalienable "possession ownership", consanguinity in law, intimacy, responsibility and other social "attachment" relationships derived from the metaphor of "whole-part" relationship are the decisive factors for the admittance of "Wang Mian" of argument, the projection of the construction meaning of the unaccusative sentence.

Key Words: Admittance of Argument; Generalized Possession; Whole-part; Dependent and Affected; Metaphorical Projection of Construction

1 引言

"王冕死了父亲"早在1955—1956年的汉语主宾问题的大辩论中就受到关注，自1990年郭继懋将非宾格句式定义为"领主属宾句"(郭继懋，1990：24)以来，绝大多数学者将领主属宾句的主语与宾语关系定义为"领有—隶属"关系，认为是句中主宾之间的领属关系决定了"王冕"论元的准入。徐杰(1999a，1999b)、韩景泉(2000)和温宾利、陈宗利(2001)提出了领属格领有名词的提升移位说，徐杰(1999b：17，18)在分析比较保留宾语被动句式和领主属宾句的"领有名词提升移位"规则时指出，两种句式的主语和宾语之间有比较稳定的"领有/隶属"关系。此外，对"王冕"的生成方式也有其他多种解读：比如朱行帆(2005)的轻动词生成说，潘海华、韩景泉(2005)、朱行帆(2005)和梅德明、韩魏峰(2010)等的基础生成话题或主题说，沈家煊(2006)的"糅合"生成说，唐东旭(2020)倾向于糅合而非生成的解读，以及刘晓林(2007)和石毓智(2007)的广义存现句说等。近十多年来，一些语言学家对"王冕"生成方式的"领属"有了更深入的理解，徐杰(2008：193)和马志刚(2013：66)指出该类句式主宾之间的关系为"广义领属关系"；任鹰(2009：308)提出了"领属"和"存现"有明显相似性的同一认知框架，与此相对应的便是

"广义存现关系"的解读;邓仁华(2018:186)探讨、提出了"属有型"存在句的衍生机制。那么,为什么会出现"领属"和"存现"这两种看似对立、实际却又相辅相成的关系?我们又该如何去理解它们?"王冕"究竟是由谁准入的?

2 "广义领属"与"广义存现"

什么为"领属"?根据《现代汉语词典》(2002:807)和《辞海》(1985:1075,1076)的释义,所谓领属是指彼此之间一方领有而另一方隶属或归属的关系。陆俭明(1998)①和沈阳(1995)分别把领属关系分为14个和10个语义类,其中内容上不相重合的3类为"范畴领属"(墙上的画)和"处所领属"(学校的操场),都与"方位"或"地点"相关;马志刚(2013:68)将"领有者—隶属物"关系连同"整体—部分"一同归类为他划分的"狭义领属"范围。那么,什么为"广义领属关系"呢?支持领主属宾句主宾关系为"广义领属关系"说的学者徐杰(2008:193, 198)②、梅德明、韩魏峰(2010:335)和马志刚(2013:66,68)等认为,"广义领属关系"是指包含了"领有—隶属""整体—部分""血亲—姻亲"(亲属)内容的领属关系;任鹰把领主属宾句中的"领有者看作附着体,把所属物视如附着物,把抽象的领属关系比照为具体的附着关系"(任鹰,2009:312);司富珍(2014:43,50)将领属关系分为"可让渡"和"不可让渡"两种,并总结出"可让渡"和"不可让渡"的领属结构的主要区别在于基础结构部分是否具有固有的(包括整体—部分)领属关系。对于"广义存现关系"的解读,早在1999年朱德熙先生就将"村子里死了一个人"和"他们家跑了一只猫"(1999:131)这类句子归入存现句式。刘晓林(2007:441,443)所理解的"广义""是指句首的环境成分在一定的语用目的的驱动下,在语言的类推机制的作用下,生命度可以增强",他以此为论据将领主属宾句视为存现句的"广义"化;石毓智(2007:44,47)从历史语言学的角度指出领主属宾句其实来源于存现句,存现句的主语通过转喻而变成了普通名词,他根据结构赋义规律指出谓语"死"后的宾语只能是无定的。由此看来,无论是"广义领属"还是"广义存现",都说明了"领属"和"存现"之间有着某种共通之处,任鹰(2009:308)认为:"存现"与"领属"是有着明显的相似性并且可纳入同一认知框架的语义范畴。

"广义领属关系"里包含着纯粹的"领属"(领有—隶属)内容。如果说"领属"是"王冕"论元准入的条件,那么,"王冕死了父亲"的"父亲"为什么不能随意替换?许多以

① 陆俭明. 现代汉语语义研究课讲义. 1998(未发表).

② 当然,徐杰在指出"广义领属关系"的同时,并没有否认领主属宾句主宾间的狭义领属关系(2010:193,198)。

“的”字为标记的DP“领属”词组为什么也不能构成领主属宾句？

(1) a. 王冕的邻居死了。—＊王冕死了邻居。
b. 学生的老师死了。—？学生死了老师。①
c. 张三的花谢了。—＊张三谢了花。
d. 王冕的父亲醒了。— ＊王冕醒了父亲。

为什么邓守信(Teng, Shou-Hsin, 1974)笔下的两组例句中例2a和2c不能转换为“的”字领属词组2b和2d？

(2) a. 他又死了一个儿子。(原句：Ta you si-le yi-ge erzi)(Teng, 1974: 464)
＊b. 他的一个儿子又死了。(原句：＊Ta-de yi-ge erzi you si-le)(Teng, 1974: 465)
c. 他又瞎了一只眼睛。(原句：Ta you xia-le yi-zhi yanjing)(Teng, 1974: 464)
＊d. 他的一只眼睛又瞎了。(原句：＊Ta-de yi-zhi yanjing you xia-le)(Teng, 1974: 464)

为什么赵元任先生(Chao, Yuen Ren 1968, 2011: 96)会将*Ta syyle fuh .chin.*②译为He has lost his father.，而将*Ta fuh .chin syyle.*③译为His father died.？

许多领主属宾句中，为什么主宾客体之间不能构成表示领属关系的“的”字结构？

(3) a. 工厂出了事故。
？—工厂的事故 出了。
b. 他出了车祸。
？—他的车祸出了。

① 这里之所以用问号，是因为每个学生对老师的在乎程度不一样：1. 正常情况下每个学生有必修课、选修课等多门功课的老师，死了一位老师对多数学生没有太大的触动，他们甚至都不知道；2. 但如果老师跟同学关系很亲密或接触密切，他们的去世对这帮学生触动很大，比如，“某某班同学死了班主任”或“某某班同学死了一位数学老师”，或某位同学和个别老师关系非同一般，就可以说“他死了他最亲爱的老师”。

② 拼音字母*Ta syylefuh .chin*为赵元任(Chao Yuen Ren, 1968: 96)的原文，现代汉语应是„Tāsǐ LE fùqīn“。

③ 拼音字母*Ta fuh .chin syyle*为赵元任(Chao Yuen Ren, 1968: 96)的原文，现代汉语应是„Tāfùqīnsǐ LE“。

c. 孩子(身上)出水痘了。

? — 孩子的水痘出了。

d. 他 (身上) 泼了啤酒。

? — 他 的(身上)啤酒泼了。(意思改变了)

还有些领主属宾句的主宾语客体之间并不存在"领属"关系：

(4) 张三丢了钱，学乖了，再上街的时候让李四保管自己的钱。没想到，李四不小心也丢了钱。令李四尴尬的是，是张三的钱丢了。(王奇，2006:231)

例 4 中的前一分句"张三丢了钱"，表明"张三"亲自揣着钱不小心丢了，这里的"张三"与"钱"之间既为"领属"，又为实际"占有"关系；而后一分句中的"李四不小心也丢了钱"只表明钱是在"李四"身上丢的，"李四"参与了整个"丢钱"过程并为此负责，"李四"与"钱"之间只是临时的"占有"关系，而非"领属"关系，张三才是法律上"钱"的真正主人。"严格地说，'领主属宾'的说法是不确切的……"(王奇，2006:237)

基于例 4 领主属宾句中"张三"和"李四"与钱之间 "领属"和"占有"的不同关系，我们有必要从"领属"和"占有"的法律原始解读和语义区别上来挖掘它们在语言认知上的区别以及领主属句形成的理据。"领属"，表示彼此之间一方领有而另一方隶属或从属。"领属"(possesive)，在经济学的词典里被称为法律上的无限控有(权)(Wirschaftslexikon, 1989: 105)，并不一定表示实际的占有；而"占有"则表示对某一事物的实际控有(权)(Wirschaftslexikon, 1989: 52; Gabler Wirschaftslexikon, 1993: 432)，即对于物的实际控制和支配。"占有"虽然在法律上还可继续分为"依法有权占有"和"违法无权占有"，但那暂不属于我们当下考虑的范围。"占有"概念的初始理解应源于"物理上的占有"，它所表示的实际占有是一种物理状态，是物理空间上的实际接触，在这一点上，无论是法律概念还是自然物理属性都是一致的。比如甲将乙的手机放入自己的口袋，不仅是甲对乙手机的物理占有，也是法律概念上甲对乙手机的实际控有(占有)。施密特(Schmid, 1997: 8)在将德语领属三格客体定义为"整体—部分""服饰物件""贴身首饰"等关系时是以"物理接触"特征为基础的；韦格讷(Wegener, 1985: 89)将隶属对领属的"紧密附着关系"视为"整体对部分的占有"；皮特讷(Pittner, 2010: 55)也将领属三格描述为"占有关系"。汉语语言学界常提及的"广义领属关系"中所包含的"整体—部分"内容正是"整体"对"部分"空间物理上的"占有"或"附着"关系，唐东旭(2020: 180)也称"整体—部分"的"'张三'和'两颗门牙'之间有着明显的占有关系"，杨炳钧(2018:100)将这类关系的句式称为概念语法隐喻，所以我们理解"占有"也是"广义领属关系"中的一种表现。"广义存现"句式也含有"物理占有"的关系，邓仁华就把"王冕死了父亲”视为“‘属有型’存在句”(2018:186),即“‘y 拥有 x’在概念上相当于空间上的‘x 在 y 处’”(Jackendoff, 1983:192),这种“y 拥有 x”同时“x 在 y 处”的关系实质是一种“占有式的领属”关系,这也正是“广义领属”与“广义存现”的共通之处。

“物理占有”通常好理解,而由此隐喻衍生出的认知概念上的“占有”,如“血亲—姻亲”关系、“亲密情感”和“责任”关系等就没那么容易理解了,但它们也是不可转让的“领属”。

纯粹意义上的“领有—隶属”只是一种法律概念,是可以转让的;而“占有领属”是不可以转让的,具体说来可总结为以下几种情况:

1) “占有”指 A 在空间上现场拥有 B,于是 A 便为以 B 为主体的事件提供了空间框架,两者为“界标”与“射体”、“附着体”与“附着物”的关系,B 可以属于也可以不属于 A(参见例 4)。

2) 体现“整体—部分”关系的“占有”,可以由典型的空间、物理的“占有”,隐喻推衍出无形的情感、亲缘和责任等“占有”或“附着”关系。

3) 对“领属”概念的理解较复杂:按“广义领属关系”①的理解,它包含了“领有—隶属”“整体—部分”“血缘—姻亲”(亲属)内容;按马志刚的“狭义领属关系”的理解,除了指法律层面的“领有—隶属”,也包含了“整体—部分”内容(马志刚,2013: 66,68)②。即前者指 A 领有 B,B 隶属于 A,但 A 在空间上却不一定占有 B;后者指当 A 占有 B 时(体现“整体—部分”关系时),A 才为以 B 为主体的事件提供空间框架。

所以,“占有”指的是空间上的具体拥有关系,而“领属”则仅指相对抽象的领有和隶属关系。

那么,“占有”和“存现”究竟又有什么共通之处呢?

(1) “占有”和“存现”都表示空间上的存在,(2) 两者大都可以由表示出现、消失的动词构建句子,语言学界称之为非宾格动词,如李四丢了钱包(占有),孩子出了许多水痘(占有),海上升起了一轮红日(存现)。许多学者之所以会将领主属宾句归类为“广义存现句”,是因为存现句能以处所的无生名词作主语的典型特征,正是领主属宾句的主语时常能由处所无生名词构成的特征,甚至两种句式有时还很难加以区分。例如,“南山基地掉下来一架飞机”(沈力,2009:45)中的主语“南山基地”既可以理解为无生名词的“处所”,又可以理解为有生名词的“受影响者”(affectee);(3) 领主属宾句的无生名

① 参见陆俭明(1998)、徐杰(2008)、梅德明、韩魏峰(2010)和马志刚(2013)等的论文。

② 然而徐杰(2008: 193)对“狭义领属关系”的理解只是如“张三的银行账户的密码”的“领有、隶属”关系,不包含“整体—部分”,“广义领属关系”才包含“整体—部分”和“亲属关系”。

词主语后可以直接添加方位副词，构成存现句的方位词组主语，如："张村死了一个人"可变为"村里死了一个人"，"工地塌了一处民房"，可变为"工地上塌了一处民房"，等等，前者为领主属宾句，后者为存现句。两者的主要区别在于领主属宾句的主语可以由有生名词承担，而存现句的主语只能是无生名词。正如刘晓林指出的那样，广义存现句（领主属宾句）形成的原因是"句首环境成分可获得一定的生命度，成为有生名词"（刘晓林，2007：441）；存现句的主语只指处所，而"领主属宾句的主语一般指人或物，不指处所"（郭继懋，1990：24）。

那么，"句首环境成分可获得一定的生命度，成为有生名词"就一定能构成领主属宾句吗？例句 5c、5d 和 5e 的不成立说明"广义存现"也不是领主属宾句主语论元准入的决定因素：

(5) a. 医院死了个老头。
b. 张医生死了个老头。
c. *张三死了个邻居。
d. *张老师死了个学生。
e. ？张三死了个上司。[①]
f. 张老板/公司死了一名员工。

无论是"广义领属"说还是"广义存现"说，都为领主属宾句主语论元的准入研究提供了极其重要的依据，为该句式的研究做出了重大贡献。领主属宾句主语论元的准入固然是和"领属"有关联的，但不是由简单意义上的"领属"准入的，也不是由"领有—隶属""整体—部分""血缘—姻亲"等"广义领属"准入的，因为法律意义上的"领有—隶属"不属于领主属宾句主语论元准入的决定范畴。"领属"当分为两类，一类为法律上可转让的抽象"领属"，另一类为不可转让的空间"占有领属"，"占有"本身又体现了"领属"的自然属性，"占有"和"领属"语义的交集源于"整体—部分"关系。"不可转让的'领属'为典型的'整体—部分'关系，是领有者提升构式最优先引入的对象……"（The possessor of an inalienably possessed object, typically a body-part, is the most preferred target for the PR[②]construction ...）（Shibatani, 1994：470）。本文以为，不是"广义领属关系"的叠加内容，而是以"整体—部分"为核心内容的关系，由此隐喻衍生出的不可转让的"占有领属"、情感、血缘—姻亲、亲密和责任等社会"依附"关系才是领主属宾句主语论

① 这句话在特定语境下是可以接受的，如果张三有很多上司，表明死的只是其中的一位；而如果不加"个"，仅为"张三死了上司"，表示张三仅有一个上司，而这位上司死了对他又有多大影响呢？看不出来，除非有额外的上下文。

② PR 是 Shibatani (1994:461) 笔下 Possessor Raising 的缩略语。

元准入的决定因素。“而典型的附着关系应为可从外观判明的物质性、空间性的附着关系……是完全可以推衍出无形的、心理的附着关系的。”(任鹰,2009:312)

3 “整体—部分”关系

莱考夫(Lakoff, 1987)认为:我们是完整的生命体,但也有可以操纵的部分;我们的整个生命都是在对我们的整体和部分的认识中度过的。我们体验自己的身体为有“部分”的“整体”。(We are whole beings with parts that we can manipulate. Our entire lives are spent with awareness of both our wholeness and our parts. We experience our bodies as WHOLES with PARTS)(Lakoff, 1987: 273)

语言学界之所以有“领属”和“存现”之争,是因为“领属”和“存现”原本就源于“整体—部分”关系。“领属”作为“最为初始、具体,也最看得见、摸得到的领属关系,应当体现为一个物体(附着体)同另一个物体(附着物)之间的‘附着’关系”(任鹰,2009:312)。作为“整体”的附着体(被附着物)对附着物(“部分”)持有“领有”权。徐杰(1999b:18)等在谈到领主属宾句生成限制时将“整体—部分”视为领属关系;潘海华(2014:18)将“领属”关系划分为三类,“整体—部分”关系为其中一类;司富珍(2014:47)将“整体—部分”关系视为一种不可让渡的固有的领属关系。“整体—部分”体现了自然属性“存现”与“领属”之间的语义交集,印证了整体在空间上拥有部分的同时,部分恰好也归属于整体的现象。“整体—部分”体现的空间“存现”与侠义的“领属”非常相似,在实际语言运用中很容易混淆。不仅汉语,其他语言中也有类似的表现,非汉语独家所有。它们不是句法及语言的偶合现象,而是有着深刻的认知理据的一种现象。

德语中也有类似的现象:表示“整体—部分”关系的“领属三格”①(Pertinenzdativ)与表示狭义领属关系的“领属二格”或“物主代词”在实际语言运用中尤其对于非母语的德语学习者来说较难以区分。“领属三格”被一些德语语法书归为“自由三格”中的一种,即“受益三格”“受损三格”“领属三格”“关切三格”和“评价三格”。它们之所以被称为“自由三格”,是因为从动词的题元结构关系上看它们不受动词的管辖支配。其他四个“自由三格”确实是“自由的”,可以随意删除,但“领属三格”虽与动词没有被支配关系,却不可删除省略,“它只有当另一个补足语即主语或者四格宾语出现时方能实现自己”(Zifonun, et al., 1997: 1089),“领属三格”被权威的“IDS—语法”(Zifonun, et al., 1997: 1089)和 Der Grundriss der deutschen Grammatik-Der Satz(Eisenberg, 1999:

① “领属三格”的译法实际是不准确的,Perinenzdativ 其实是指表示整体与部分关系的第三格,不是侠义的“领属”。

293)视为补足语。"领属三格"通常充当句子的逻辑主语或逻辑宾语,与汉语的"王冕"论元十分相似。例如:Ihm ist viel Haare ausgefallen(他掉了许多头发)。由于"领属三格"确有"领有"和"存现"①的含义,大多数非母语学习者分不清"领属二格"、物主代词与"领属三格"②之间的语义区别和用法,他们常将Ihm schmerzt der Kopf(他头痛)译为 Sein Kopf schmerzt(他的头痛),或 Sie wäscht ihrem Vater die Füsse(她给老父亲洗脚)翻译为 Sie wäscht die Füsse ihres Vaters(她洗老父亲的脚),等等。为此,我们对某985、211 大学和一个三本大学的德语专业本科二、三年级学生共 80 人做了问卷测试调查,让他们将本应使用"领属三格"表示"整体—部分"关系的 12 个中文句(A1—A12)翻译成德文,诸如"他踩到了我脚""他断了一条腿""王冕死了父亲"和"他家跑了一群羊"这类的句子:

P=受试者,2. J=二年级同学,3. J=3 年级同学,2. JH=3 本二年级同学

100% (80P)	15.1% (9.48%2.J+39.4%3.J)			68.6% (73.3%2.J+48.3%3.J)			16.3%		
句子	领属三格			纯粹领属 (物主代词,领属二格,介词 *von*)			介词 *in*, *an*		
	2.J	3.J	2.J.H	2.J	3.J	2.JH	2.J	3.J	2.JH
A1	5P	12P	10P	21P	3P	29P			
A2	6P	7P	8P	20P	8P	31P			
A 3	5P	8P	10P	21P	8P	29P			
A 4	8P	7P	1P	16P	8P	38P	0P	2P(an)	0P
A 5	10P	7P	1P	14P	8P	38P	0P	2P(an)	0P
A 6	2P	2P	0P	24P	13P	39P			
A 7	1P	5P	0P	25P	10P	39P			
A 8	0P	3P	0P	0P	0P	0P	26P	12P	39P
A 9	0P	4P	0P	1P	0P	0P	25P	11P	39P
A 10	5P	6P	0P	21P	8P	39P			
A 11	0P	5P	1P	26P	10P	38P			
A 12	0P	5P	1P	25P	11P	38P	0P	1P	0P

① 比如用"领属三格"表示的句子Dem BaumwuchsenneueZweige(树长出了新枝)也可以用表示方位的介词短语替代:Am Baum wuchsen neueZweige(树上长出了新枝)。

② 在德语语法书中,找不到关于"领属三格"的具体用法,只有在语言学的专著中或近年来的个别论文中提及,关于"领属三格"和"领属二格"的区别更是未有讨论。

结果表明：受到测试的80人中二年级两个班65人使用“领属三格”的占9.48%；三年级15人使用“领属三格”的占39.4%，由此得出，受试者的德语学习时间越长，外语水平越高，对“领属三格”的掌握能力越好。二、三年级合起来仅有15.1%的学生使用“领属三格”，而使用“领属二格”和“物主代词”的占总数的68.6%，剩余的16.3%使用介词短语表达“整体—部分”关系。结果说明多数人还分不清什么是纯粹的“领属”，什么是“整体—部分”关系的“领属”。汉语领主属宾句中的主语①以及主谓谓语句的大主语②与带“的”字结构的名词定语之间的区别，一般汉语使用者很难意识到，虽然绝大多数的汉语母语者也能自如地区别使用带“的”和不带“的”名词，如“王冕死了父亲”“他断了胳膊”和“我头痛”与“王冕的父亲死了”“他的胳膊断了”和“我的头痛”汉语句。汉语母语者尚且如此，对于非母语的外国学习者来说就更难区别使用带“的”和不带“的”名词了。这里我们对德国波鸿鲁尔大学语言学院汉语中心12名学了一个半月的汉语学习者进行了问卷调查。要求他们将含有表示“整体—部分”关系的“领属三格”(关系)的8个德文句子(类似上述的中文句子)翻译成中文：

P＝问卷受试者

100%(12P)	13.54%	86.46%
句子	NP作“历事”主语	NP“的”字作定语
B 1	2P：我心痛。	10P：我的心痛。
B 2	0P:我断了一条腿。	12P:我的一条腿断了。
B 3	1P:树上长出了新枝。	11P:树上的新枝长出了。
B 4	1P:汽车爆了一个轮胎。	11P:汽车的一个轮胎爆了。
B 5	3P:他死了父亲。	9P:他的父亲死了。
B 6	5P:医院死了一位老头。	7P:医院的一位老头死了。
B 7	4P:他跑了一群羊	8P:他的一群羊跑了。
B 8	0P:他脱落了自行车链条。	12P:他的自行车链条脱落了。

其结果是，使用带“的”字名词定语的占总数的86.46%，使用不带“的”字“历事”主语的仅占13.54%。显然，一个半月的汉语学习是无法让非母语者掌握这种“历事”的领主属主语用法的。同时我们还发现，使用“历事”主语的学生，一位是复读的，两位高起点(一位中文系)的学生，另一位是零起点的语言学者。这说明汉语学得久语感会好点，有点语言学知识的也会对汉语把握得更好点。从两个问卷调查的结果上看，无论是德语还是汉语，人们都很容易将“整体—部分”关系与纯粹的“狭义领属”关系混淆，对两

① 如非宾格句式“王冕死了父亲”中的“王冕”。

② 如“他头痛”句中的大主语“他”。

者使用掌握的好坏取决于学习者外语学习的时间长短和外语水平。对"领属三格",德国著名语言学家艾森伯格(Eisenberg)是这样定义的:"不可转让的、如同身体部位、亲属等其他占有关系"(„Unveräußerliches "... wie Körperteilen, Verwandten, wenn es um ein für jeden Einzelenen einmaliges Besitzstück handelt.)(Eisenberg, 1999: 293),这点和司富珍针对汉语领属结构提出的"不可让渡的领属"(司富珍,2014:47)不谋而合。Hole(2008: 199, 193)也指出纯粹的"领属"只充当某一事件或客体的话语背景;而作为"历事""整体""领属"暗含着该客体对谓语事件的参与,作为"占有"义,同时又为谓语事件提供空间框架。本文认为"王冕"主语论元是由这种"不可转让"的"整体—部分"关系以及由此衍生出的其他相互依存的亲密或责任关系准入的。汉语界之所以长期在"领有名词的提升移位"(徐杰,1999b;韩景泉,2000)、"广义领属"(徐杰,1999 b;石毓智,2007)和"广义存现句"(刘晓林,2007)意见之间徘徊,是因为基于"整体—部分"关系上的"存现"和"领属"之间你中有我,我中有你。领主属宾句中的"领属"是不可转让的相互"依存"的领属;"存现"也是具有"附着关系"的存现。由原型的"整体—部分"关系以及由此隐喻衍生而来的各种依存关系,诸如"血缘""亲密""责任"等社会关系才是构成领主属宾句的决定因素。

根据莱考夫(Lakoff)的观点,结构本身的普遍概念是"整体—部分"建构方面的隐喻投射,家庭以及其他社会组织团体可以理解为带部分的整体(The general concept of structure itself is a metaphorical projection of the configuration aspect of PART-WHOLE structure. Families and other social organizations are understood as wholes with parts.)(Lakoff, 1987: 274, 273)。

4 "依存性"和"触及性"

人(动物)与身体部位"整体—部分"之间的自然属性具有不可分割性和相互依存的关系,这种关系便是"整体—部分"的"依存性"。"依存性"可以衍生隐喻到至亲血缘关系的依存、亲密挚友间的社会关系的依存和责任的依存,它们都是构成领主属宾句的必要条件。"依存性"关系还意味着,一旦作为部分的宾语客体经历了某一事件,作为整体的主语客体也会遭受该事件的影响或触及。

"触及性"是与"受影响"(AFFECT)或"被触及"相关的。所谓"触及"和"影响"通常指宾语客体与动词行为之间的特殊语义关系,即该宾语客体在谓语行为发生之前就已存在,并因此受到谓语行为的触及和影响(Metzler, 2000)。而领主属宾句中的主语客体的"触及性"不直接产生于动词行为对它的影响①,而源于它与相关宾语客体之间"整体—部分"关系的"依存性"。根据莱考夫(Lakoff, 1987: 273)的"整体—部分—图式":我们体验自己的身体为有"部分"的"整体",当"部分"遭受损毁时,"整体"也随之遭受损毁("We experience our bodies as WHOLES with PARTS. ... if the PARTS are destroyed, then the WHOLE ist destroyed.")。

(6) a. 该农民 断了一条腿。(整体与部分关系)

b. 汽车 爆了 一个轮胎。(整体与部分关系)

(7) a. 王冕 死了 父亲 。(至亲血缘关系)

b. 王冕死了他最喜爱的老师/亲密战友。(高度亲密关系)

(8) a. 工厂发生了 事故。(社会责任关系)

b. 医院死了一位年轻姑娘。(社会责任关系)

c. 学校 倒塌了一间教室,因此死了两名学生。(社会责任关系)

例6—8领主属宾句的主宾语客体之间都具有相互依存的关系,它们或者是物理的依存(例6),或者是至亲血缘和亲密的依存(例7)以及责任上的依存(例8),其主语客体因发生在宾语客体上的事件而遭受一定的影响、触及或必须因此担负责任。

沈家煊(2006:295-297)指出,"王冕死了父亲"句式的"丧失"义使句式具有"前因后果"的联系,前因指"王冕的父亲死了",后果指"王冕失去了某物",经过"因果糅合"而生成该类句式。这里沈家煊指的"后果"就是宾语客体事件的"前因"对主语客体"王冕"的触及。然而,为什么会在该类句式中产生这样"前因后果"的联系,我们在下文中没有找到进一步的解释。如果说是因为主宾客体之间纯粹的"领属"关系造就了领主属宾句并且形成了谓语事件对"王冕"的"伤害"的话,那么,我们尝试对下面一组由主宾领属关系构成的领主属宾句(例9)进行简单的问卷调查看看是否能被接受。

(9) a. 王冕 死了 叔叔 。(王冕的叔叔)

b. ?? 王冕 死 了 邻居。(王冕的邻居)

c. ?? 王冕 死 了 老师。(王冕的老师)

d. * 王冕 死 了 一个人。(王冕的一个人)

例9句中主宾之间的关系均为领属,可以构成"的"字DP词组,但除了9a,其他例

① 非宾格动词的直接触及对象原来应是"受事"主语。由于此文中讨论的是保留宾语的非宾格特殊句式,有两个论元,现在非宾格动词谓语事件的直接触及对象就是已被移至谓语后的"受事"宾语了。

句的主宾客体间的关系较为松散，不像血缘关系那样具有情感上的高度依赖。"邻居""老师""一个人"的死通常不会构成对主语客体的伤害或情感上的触及，不像"父亲"那样对每一个人都是不可分割的唯一。对例句 9a—d 的可接受度，我们对 40 位不同职业的个人进行了问卷测试调查①，所显示的结果是，9a 句的可接受度为 62.5%，9b 句的可接受度为 37.5%，9c 句的可接受度为 27.5%，9d 句的可接受度仅为 7.5%。从结果上看，除了父亲，"叔叔"作为另一类亲属与王冕的关系显然要比与"邻居"和"老师"更紧密，所以可以成立；而一位"老师"和"邻居"的死对王冕不构成触动和伤害，"一个人"作为任何一个什么人与王冕就更没有什么相干了。

由此可见，纯粹的"领属"关系不是领主属宾句构成的决定因素。为此，黄正德在谈及非宾格系列句中的中间论元②时也指出："历事主语与受事宾语之间虽然常有某种领属的语义关系，但这绝不是这种经验式非宾格句的必要条件"（黄正德，2007:8）。

我们试想如果在例 9 宾语前添加"最爱的""从小将他养大的""亲如父亲的"或"难以忘怀"等修饰作定语，增加主宾语客体之间的依存性和亲密度，如此形成的句子更容易被接受。

（10）a. 王冕 死了 他最爱的/从小将他养大的/亲如父亲的叔叔。（王冕的叔叔）
b. 王冕 死 了 他最爱的邻居。（王冕的邻居）
c. 王冕 死 了 他最爱的/对他有知遇之恩的老师。（王冕的老师）
d. 王冕 死了一个他难以忘怀的人。

例 9 中接受度最低的两个句子 9c(27.5%)和 9d(7.5%)，增加过修饰语后成为 10c 和 10d 的句子，根据问卷调查结果，其接受度增长到了 42.5%和 52.5%，说明在没有血缘关系的名词前增加适当的修饰语是可以拉近主宾语间的依存关系的，创造构建领主属宾句的条件。

上述类似的表现方式在德语中同样也能找到：德语中的"领属三格"一样无法表示像"……死了叔叔"或"……死了老师"这类仅有领属关系的句式（如例 11a、11c）。根据对 19 个德国人问卷调查的反馈，例 11a 和 11c 句子的接受度仅有 15.8%—26.3%，而加入了类似"Lieblings-（最爱的）"或"nicht vergessen（难以忘怀的）"等修饰语后，对应 11a 和 11c 句子的 11b 和 11d 句子是可以接受的，但问卷调查结果显示的接受度并不

① 问卷调查结果仅作参考。

② 黄正德将非宾格系列中出现的"历事"主语论元称为"中间论元"（2007:7）。

理想，仅为45.6%—52.1%①。而对比没有修饰语的句子，有修饰语的句子接受度还是提高了许多，说明德语类似领主属宾句句式的建立同样需要“领属三格”客体②与相关“受事”客体之间的依存性和亲密度，如此方能满足谓语事件对“领有”主语客体的触及性和影响性。

(11) a. Dem Studenten ist * sein Onkel/ * sein Nachbar/ * sein Lehrer gestorben.
(学生死了*叔叔/*邻居/*老师)
b. Dem Studenten ist sein Lieblingsonkel/ sein Lieblingsnachbar/ sein Lieblingslehrer gestorben.
(学生死了他最亲爱的叔叔/最敬爱的邻居/最亲爱的老师)
c. *... ein Mensch, der mir gestorben ist, ...
*(……我死了一个人)
d. „ ... , so wie einen Menschen, der mir gestorben ist, den ich aber nicht vergessen kann. “
(Zifonun, Gisela at al. , 1997: 1088/TJM, 18)
(……我死了一个我难以忘怀的人)

显然，领主属宾句的“历事”客体(德语三格客体)对“受事”客体的依附程度是“触及性”或“影响性”的关键。而这种“依存性”仍然源于原型的“整体—部分”关系。“当某一事件发生在‘部分’身上时，‘整体’也受到影响、触及”(when an action is exerted on a part, the whole is also affected)(Shibatani, 1994: 470)，是“整体—部分”内涵的“不可转让性”和“物理亲近性”(Inalienability and physical proximity) (Shibatani, 1994: 470) 以及由此隐喻衍生的情感亲近、责任依附给领主属宾句的主语客体“接受者”造成影响、触及：

(12) a. 张大爷飞了一只鹦鹉。
b. *张大爷飞了一个气球。

---

① 问卷调查结果的接受度也仅作参考，因为问卷数量不大，且例11d句引用的是德语权威字典IdS里的经典例句，是被公认的可接受句子，但问卷结果的接受度仅为52.1%；问卷调查的主要目的是证明唯有依存性领属关系的主宾才更适合构成领主属宾句，而单纯的领属关系不行。

② 因德语有词形屈折变化，遭受触及的客体不能以主格的形式出现，而是以“领属三格”的形式(逻辑主语)来表现。

袁毓林将例句12a、12b两个句式构造相同却一对一错的现象归咎于"事件结构和句式包装之间任意性的对应关系,造成了第3章第1节所说的句式的不完全能产性"(袁毓林2004:7袁毓林)。本文认为句式的构成不是事件结构和句式包装之间任意性的对应关系,也不是主语客体和宾语客体间的领属关系,因为两者都有领属;而是主语客体对宾语客体的依存、依赖关系。飞了张大爷的一个气球对张大爷来说无关紧要;但鹦鹉可能是张大爷老年排解孤独的忠实伙伴,飞了鹦鹉会给张大爷生活上带来巨大的负面影响。再如:

(13) a. 中国出了一个毛泽东。
b. *中国出了一个张三。

13a能说,13b就不成立。那是因为毛泽东为中国和中国人民做出的巨大贡献,已使"毛泽东"这三个字和中国以及中国人民的命运紧紧联系在一起。"没有毛泽东就没有新中国",中国和中国人民对毛泽东英明的领导和情感的依赖,就如同整体与部分那样不可分割!"中国出了个毛泽东"事件对中国产生了前所未有的巨大影响;然而"中国出了个张三"事件中张三的出生对中国没有特别大的影响。

德语中,一些常用"领属二格"的语言表达,在实际语言运用中,为强调主语"历事"对(宾语)"受事"的依赖,强调"受事"所发生事件对"历事"客体的影响,会使用"领属三格"代替"领属二格":

(14) warum regt sich der Papa so auf' sind folgende Antworten durchaus akzeptabel: ... weil der Peter ihm gegen das Auto getreten hat, der Hund ihm gegen das Auto pinkelt. ... (Wegener, 1985: 68)

[为什么父亲如此激动,因为那个彼得(用脚)踢到了他车上,那只狗对着他车撒尿……][①]

例14体现了作为隐喻的"整体"—"历事"对"部分"—"受事"所发生事件的关注度。这里没有使用表示领属关系的"领属二格"("踢到了他的车","对着他的车"),而是使用了表示"历事"的"领属三格","'领属三格'的使用显示了三格客体"父亲"对汽车的情感

① 这段例句我们让985高校德语专业的80位学生翻译成德文,只有三人用了"领属三格",其余的均用的是表示"领属"的物主代词(见第三节)。一方面因为汉语中的"他车",母语者大都会理解为定中关系"他的车",不会优先将"他"理解为遭受者,受母语影响自然会使用物主代词进行翻译;另一方面"他"翻成物主代词也没有错,只是在这种情境下翻成具有"整体—部分"隐喻意义的"领属三格"更能体现主人翁气愤、激动的心情。

关注度,汽车对他而言就如同其身体部分一样重要不容伤害”(Wegener,1985: 68)。

无论是“整体—部分”关系的“依存性”还是“触及性”,它们的最终实现,还有赖于被触及客体的“存现性”。所谓“存现性”是指被触及客体作为“整体”必须在事件发生之前存在,没有“存现性”,触及性就无法实现。像“王冕死了父亲”句中的“历事”论元“王冕”须受到“存现性”的语义限制(必须在世);而“王冕的父亲死了”中的定语“王冕”却不受“存现性”的限制(可在世,也可不在世),两种句式包含了对“王冕”的不同“预设”(presuppositions)(引自 Teng, Shou-Hsin, 1974:465)。例如,对圣人孔子的普遍“预设”是,两千多年前孔子已去世,我们可以说例句 15a,却不能说 15b:

(15) a. 孔子的后裔死了。(原句:Kongzi-de houyi si-le.)(Teng, Shou-Hsin, 1974:465)

b. *孔子死了后裔。(原句:Kongzi si-le houyi.)(Teng, Shou-Hsin, 1974:465)

同样,例 16 中的“存现性”特征可以帮助我们进一步分清“领属”和“整体—部分”关系之间的细微差别:

(16) a. 张三死了。*一年后张三(又)死了父亲。(王奇,2006:231)

b. 张三死了。一年后张三的父亲(又)死了。

例 16a 中的“张三”三年前就已去世,不具备空间上的“存现性”,不再能作为谓语事件的参与者经历“死了父亲”事件、遭受情感上的触及。根据完型理论,对于局部的认知终归是要回归到对于整体的认知上的,“整体”不能先于“局部”消失而消失,因此例 16a 违反了整体—部分的顺序原则。梅德明、韩魏峰(2010:333)也认为,领有意义的主题与保留宾语之间存在着一个等级差,领有主题应是最后“死亡”或“消失”的成分。例 16 b 的第二个分句中的领有名词不以主题方式出现,而是作为修饰语的领有者不参与谓语事件,只强调其与被领有者之间的领有关系。

领主属宾句的特殊构式赋予了充当主语名词“整体”的隐喻意义,基于句式对主语客体“可触及性”的要求,句式所描述的事件对于部分乃至整体的触及以整体的存在为必要前提。而表示纯粹领属关系的“的”字结构,对领有者的“存现性”没有要求。

“触及性”以整体的“存现”为前提还反映在德语的“领属三格”的使用中(17a、17c),“领属二格”却不体现这点(17b、17d):

(17) Dt.：

a. *Der Sohn nimmt dem Vater das Auto weg*.［儿子拿走了父亲这部车。(从父亲那里)］

b. *Der Sohn nimmt das Auto des Vaters weg*.［儿子拿走了父亲的车。］

c. ＊*Der Sohn nimmt dem verstorbenen Vater das Auto weg*.

［＊儿子从去世了的父亲那里拿走这部车。］

d. *Der Sohn nimmt das Auto des verstorbenen Vaters weg*.［儿子拿走了去世了的父亲的车。］

(Pierre Crouau 1998：199)

例17c中的dem verstorbenen Vater(已去世父亲)表明“父亲”在谓语事件发生前就已去世，没有“存现性”，因而不具备被“触及性”的条件。由此可见，汉语领主属宾句的句式义“遭受影响”取决于主语客体对宾语客体的“依存性”和由此引发的谓语事件对主语客体的“触及性”，而前提是主语客体的“存现”。语义上由“整体—部分”隐喻衍生出的至亲血缘、亲密挚友和责任等社会依存关系是“王冕”论元准入的关键。

下面是对“依存性”“触及性”和“存现性”与“领属”之间关系的一个归纳总结：

表1 “依存性”“触及性”和“存现性”与“领属”之间的关系

	领主属宾句	“的”字结构
	＋依存，＋触及，＋存现，＋领属	＋领属(＋依存/＋触及/±存现)
1. A在空间上占有B，A为以B为主体的事件提供了空间框架，同时B也归属于A。	李四断了一条腿。 王冕死了父亲。 王冕死了他最爱的老师。 张三丢了钱。	李四的一条腿断了。 王冕的父亲死了。 王冕最爱的老师死了。 张三的钱丢了。
	＋依存，＋触及，＋存现，－领属	－领属(＋依存/＋触及/±存现)
2. A在空间上占有B，A为以B为主体的事件提供了空间框架，但B不归属于A。	工厂出了事故。 张三出了车祸。 李四丢了钱(李四代管)。	＊工厂的事故出了。 ＊张三的车祸出了。 ＊李四的钱丢了。 (李四代管)(见例4) 张三的钱丢了。(见例4)
	－依存，－触及，＋存现，＋领属	＋领属(－依存/－触及/±存现)
3. A在空间上不占有B，A不为以B为主体的事件提供空间框架，但B归属于A。	＊王冕死了邻居。 ＊他死了学生。	王冕的邻居死了。 他的学生死了。

1. 人的身体部位、至亲血缘关系(比如父亲)等自然属性是与生俱来的,也容易转喻为空间上的占有关系,这就决定了人与身体部位、亲缘关系等自然属性之间的高度依存关系,具有被“触及性”;被隐喻的高度亲密的社会关系也具有“依存性”和被“触及性”。

2. 物理空间的“占有”也可以隐喻衍生为责任的“依存性”和“领属”,如“事故”“车祸”“丢钱”事件由事件发生所在地承担责任,因此,具有被“触及性”。

3. 邻里和师生等关系为后天的社会关系,相对于自然属性而言比较松散,不太容易被转喻为空间上的占有关系,不具备“依存性”和被“触及性”,因而被视为狭义“领属”,类似“王冕死了邻居”和“他死了学生”等仅表示领属关系的领主属宾句不能成立。

5 “王冕”论元准入的理论依据

领主属宾句“王冕”论元的准入,取决于原型的“整体—部分”广义领属关系以及由此隐喻衍生的各种依存关系,诸如“至亲血缘”“高度亲密”的社会关系和“责任关系”等,然而从句法和非宾格动词的词汇意义上看,领主属宾句“王冕”论元的进入背离了传统的动词配价学说和题元理论。那么,是什么(理论)允准了“王冕”这样的论元进入,使领主属宾句得以成立?

我们认为有以下几方面的因素和理论背景:

(一) 从动词的语义框架上看,非宾格动词本身隐含一个潜在的“接受者”角色。

我们知道,除典型的双宾动词外,其他多数制造或行为类及物和不及物动词在其语义框架中都隐含一个自由的“接受者”角色,它们是动词行为的涉及者,即一动词所标示的行为或事件会触及或影响到的相关客体,它们或是“受益者”(commodi)或是“受损者”(incommodi),在一定语用环境中被激发出来充当间接宾语。例如:给某人—造(房子),给某人—制作,给某人—画画,给某人—买,给某人—烤(蛋糕),从某人(那里)拿走/取走,给某人跳舞,给某人笑一个,给某人跳一下,等等。非宾格动词是那些只指派“受事”主语论元的一元动词(Pittner/Berman, 2010: 61),是那些谓语可以用形容词表现,其核心项为语义上“受事”,包含起始内容,表示存现、消失和发生的动词(Perlmutter, 1978:162-163)。非宾格动词与非作格动词的基本区别在于前者表现的是状态,而后者表现的是行为(Perlmutter, 1978:165),又被称为作格动词。生成语法指出该类动词是那些主语举止类似及物动词宾语的动词(Metzler, 2000: 190)。凯勒和洛伊宁格尔(Keller/Leuninger, 2004: 138)认为,非宾格动词句式的主语担负着“历事”题元角色。和许多及物和非及物动词一样,一元的非宾格动词也有潜在的“接受者”

论元,黄正德称之为"中间论元":"非宾格系列动词可以有内在论元、中间论元和外在论元,分别担任受事、历事和施事的角色。"(黄正德,2007:8)当说话人需要强调谓语事件对某人造成影响或伤害时,这个"接受者"角色便被激活出来承担事件的影响。"'王冕'由词汇选出后,直接与谓语结合作为全句主语"(黄正德,2007:8)。

无论是普通的制造类及物动词和非及物动词,还是非宾格动词,它们在具体语言运用中引入"接受者"论元并不意味着其动词本身发生了配价改变,而是一定语境中动词的临时增元,这种越出基础论元结构之外的论元,通常被称为 Ad-hoc-argument(临时性论元)(Welke, 2009: 521)。根据以动词为中心的题元投射语法理论的释义,一个动词的配价或论元结构是指词典登记的词汇基础配价,配价可以分为基础配价和配价的递减或配价扩展(又称论元递减和论元扩展、论元增容),对此威尔克(Welke, 2009)指出,只有基础配价才被纳入词库,而不是配价的变化性;拉尔森(Larson, 1990: 615, 616)针对英语中及物动词的论元结构的增容(argument augmentation)提出增容只有在以下两种词汇规则中可以实施:

A. "受益者增容"(可选)(Benefactive augmentation, Optional):

向动词 X 的 Θ 网(Θ-grid)增加"受益者"Θ 角色

B. "目标增容"(可选)(Goal augmentation, Optional):

向动词 X 的 Θ 网(Θ-grid)增加"目标"Θ 角色

对"受益者增容"的条件要求动词表示制作或准备事件,比如 bake, paint, cook, buy, create 等,对"目标增容"的条件要求动词表示运动事件,或施事向客体铺设一传递轨道,如 hit, throw, kick, shin 和 send 等。

我们通常所说的动词配价或论元结构是指我们词典登记的动词配价潜力,不一定都和实际语言运用中的配价实现相吻合。语言运用中的配价变化是配价实现,在不同的语境和句式中配价会根据说者和听者的需要被临时性地适当改变,或递减或增容(递增)。例如祈使句和被动句中的动词配价的改变便是配价在实际运用中的配价递减实现:"请(您、你、你们)打开窗户","(你)快点吃(饭、某样东西)";"他被(谁?)打了","(谁把)桌子擦得干干净净"。这些句子大多是少了"施事"主语论元,有的甚至还少了"受事"宾语论元,但它们都是语义和句法完整的句子。说者和听者不仅了解配价递减的可能性,而且在配价的增容使用上也非常在行(虽然并不一定意识到),比如:

(18) a. 一张年画挂在墙上。(挂:一价)

b. 他在挂年画。(挂:二价)

c. 他把一张年画挂到墙上。(挂:三价)

d. 他把这张年画挂歪了。(挂:三价)

e. 他将门踢了一个洞。(踢:三价)

f. 他把手绢哭湿了。(哭:三价)(哭:原为一价)

g. 他吃了她一个苹果。(吃:三价)

h. 小芳花了奶奶一百块钱。(花:三价)

i. 玉芳孝敬公公一条香烟。(孝敬:三价)

如果我们将上述那些增容的带有变化性的配价实现作为配价核心都纳入我们的词典,那么,一方面势必会使词典的登入内容膨胀,超出我们人脑记忆的负荷;另一方面,将有标记的、个性化的配价运用作为规则配价纳入词典会导致将语言使用中无数的偏离用法误认为规则。

(二) 构式的中心意义隐喻投射与宾语客体的语义契合。

领主属宾句是以标记性构式的中心意义和主宾领属概念的整合为基础的,是在一定场景中越出基础配价之外的论元增容,是说者在语言运用中效仿其他构式基础上创造性的语言产出。人类语言中"表达的精细化等语用动机促进了句式套用和词项代入,这又引发了动词和句式的互动,其结果是动词改变其论元结构来适应句式意义和句式构造的需要"(袁毓林,2004:1)。在实际语言运用中,当说者要强调某个客体遭受某一意料之外事件影响时,需效仿和套用某个特定的原型构式来实现其说话意图,构式语法便为这种需要提供了可能。

哥尔德伯格(Goldberg)的构式语法是一个以语用为基础的理论,它是一个由构式到中心语,经过由下而上(bottum up)、由个别到普遍的归纳分析过程;而不像投射语法那样是一个由上而下(top down)、由普遍到个别的演绎过程。构式语法与配价投射语法的分工不同在于,配价投射语法以规则禁止一定的形、义的句法建构,而构式语法则允许语言符号相应的构建方式;配价投射语法(解释上)无法继续进行的地方,正是构式语法发挥作用之处。

哥尔德伯格(Goldberg, 1995: 141)的双宾基本构式"X 致使 Y 收到 Z"的中心意义为"有意的转移",由"转移"生成了"施事""受事""接受者"。哥尔德伯格(Goldberg, 1995: 147)构式语法中的"接受者"是广义的,"受益"或"受损"客体都是转移事件中的"受影响者"(affectee)。朱德熙(1999: 232, 234)在将双宾结构分为"给予"类和"取得"类时,也曾将"偷、抢"等动词构成的双宾构式中的"受损者"视为广义"取得"类,这便为领主属宾句的主语论元"接受者"或"历事"提供了允准的结构框架;从语义上看,构式的承继同时也是其构式中心意义的隐喻投射:哥尔德伯格(Goldberg, 1995: 148 - 150)的中心意义"转移",向"接受者"转移的不仅仅是一个实体,还可能是一条信息、一种感觉、一个表达式、一种观点假设、一个动作,或者转移一种影响。"接受者"还可理解为"一个没有得到 Z,却经历和感受到发生在 Z 或自己身上行为和结果的人"(Wegener, 1985:

92)，正如“母亲给孩子梳头”一句中的“孩子”就是“梳头”行为的“接受者”，它获得的是“梳头”的行为过程和“梳头”后的结果状态，这种隐喻的“转移”是双宾构式用法的一个扩展。

领主属宾句以双宾构式为原型句法模式，以“转移”为中心意义，通过 the metaphorical transfer of effect(Goldberg，1995：145)将谓语事件的影响转移给主语“接受者”论元。“在隐喻的源域中，受影响的一方可以被理解为是一个接受者，因此确实是有生的。”(in the source domain of the metaphor the affected party is understood to be a recipient，and thus indeed an animate being)(Goldberg，1995：146)；对引进的“接受者”论元，马兰茨(Marantz)也指出：“在这类双宾语结构中，被添加的宾语，即非主题宾语或受事宾语，在语义上总是受影响的宾语，被解释为受动词所构事件的影响。”(“that the‘added’object，the non-theme or patient object，ist always semantically an ‘affected’object in these double object constructions，interpreted as affected by the ‘event’constructed by the verb”)(Marantz，1993:119)

然而，句式构式也不是任何一类动词都可以套用和承继的，构式所允准的扩展论元同时受到动词语义的选择和限制。诸如致使移位或行为、击打类动词“打”“掷”“吃”“击”“吹”(hit，throw，kick，blow，talk)等只适合扩展为带目标或后置状态的结果句式，一般不会扩展引入“接受者”间接宾语；而动作行为、隐现和变化状动词“制作”“买”“画画”“死”“成长”“发生”“消失”(bake，paint，cook，die，crack，grow，freeze，burn up，happen，disappear，occur)类动词则更适于扩展引入“接受者”间接宾语构成准双宾句式或领主属宾句句式。“接受者”包含“收益”(commodi)和“受损”(incommodi)两层含义，能允准引入间接宾语的动词，自然也能允准这类角色，无论它们是补足语还是嫁接语，必有还是可有。

领主属宾句中被扩展引进的“领有”主语论元作为事件的“接受者”同样也是“受益”(树长出了新枝)或“受损”(他断了一只胳膊)，以“受损”更为常见。那么作为领主属宾句的主语“王冕”论元的准入究竟是基于“收益/受损”含义，还是基于其与宾语客体间的“领属关系”？

虽然句式构式的中心意义隐喻投射为引进“接受者”扩展论元提供了可能，但最终引入一个什么样的“接受者”角色，由制造、行为类及物动词构成的准双宾句式和由非宾格动词构成的领主属宾句式对引入论元的要求还是有所不同。

作为准间接宾语或状语的“收益”或“受损”接受者，表示的是动词行为的最终目标(“收益”或“受损”)或对象，通常可以通过介词短语“为……”或“对……”来替代，比如：

(19) a. 他给(为)<u>他老婆</u>买礼物。

b. 他给(为)<u>他女朋友</u>画一幅画。

c. 俄罗斯对德国断供天然气。
d. 俄罗斯断了(给/对)德国的天然气。
e. 他给(为)他父亲洗车。

例 19 句中的"收益"或"受损"接受者表明的是动词行为的目标或对象,其动词所表现的行为"买礼物""画画""洗车"和"断气"都是"为了某人"或"针对某个对象"①;与例 19 不同,领主属宾句的主语"收益"或"受损"接受者或具有"领有"关系、充当间接宾语的接受者,它们的出现是基于其与宾语客体之间的"整体—部分"领属关系,它们与宾语客体处于同一时间维度,它们是不可分割的整体—部分,"收益"或"受损"也是因为"整体—部分"相互依存的领属关系,因此不能通过介词短语"为……"或"对……"来替代。

(20) a. 他给他老父亲洗脚。
b. 李四打掉了张三两颗门牙。
c. 李四掉了两颗门牙。
d. 他没了老婆。
e. 梨花树长出了新枝。

我们看到,例 20 中无论是作准间接宾语的"收益"或"受损"者,还是做领主属宾句主语的"收益"或"受损"者,它们与宾语客体之间都存有领属关系,体现的是"整体—部分"的领属。扩展论元"他老父亲""张三""李四""他"和"梨花树"的准入首先依赖于它们与宾语客体间的领属关系。动词描述涉及宾语客体(作为部分)所发生事件。在"领属关系"基础上产生对整体"领有"者的触及和影响,因而导致"领有"者成为"收益"或"受损"者。

如第四章节所述,领主属宾句的构成需要非常态的"触及性"和"影响性"。在承继双宾构式的同时还经历了构式中心意义"转移"的隐喻投射,即谓语事件的影响被转移给被引入的"接受者"论元,对主语"接受者"产生 AFFECT 效应。那么什么样的事件能够满足隐喻转移影响(AFFECT)的需要?沈力(2009:46-49)在论及"AFFECT 的选择限制"时证实"AFFECT 选择隐现事件、变化事件,但不选择动作事件做补语"(沈力,2009:46);他指出隐现事件和变化事件可以充当补语,对蒙受者(本文指"接受者")产生某种影响,为此,他特别强调只有当隐现事件表现为非常态时,一价动词句子才能够构成 VO 语序,隐现事件才能够充当 AFFECT 对接受者产生的触及:

① 例 19d 从字面上看是"德国的天然气",实际这里的"德国"是俄罗斯提供天然气的对象或目的地,是"给德国"的意思。

(21) a.(天)下雨了。b.(他家)死人了。c.(工厂)停电了。d.(小区)断水了。

(22) a. ?(天)停雨了。b. ?(他家)活人了。

例 21 中事件反映的是非常态,而例 22 反映的是常态,所以,例 22 不能成为 VO 语序。

非宾格动词是非行为动作类动词,表现的是隐现事件或变化事件,当隐现或变化事件在某客体身上出现非常态时,便可使用 VO 这个非平常语序以突出谓语事件对引进的论元"接受者"的影响,成为领主属宾句(如例 23 a)。然而,句内的语境会影响领主属句式的形成,若句中出现的修饰状语如"7 岁上"符合隐现事件的非常态,句式便成立(如 23 b);若出现的修饰状语如"70 岁上"破坏了原有隐现事件的非常态,进而使事件常态化,那么,由非宾格动词构成的 VO 语序的领主属宾句式便不能成立(如 23 c)。

(23) a. 王冕死了父亲。b. 王冕7 岁上死了父亲。c. ? 王冕 70 岁上死了父亲。

动词的词汇特征孕育着可能扩展的构式信息,而句式的扩展是人们在一定情景下根据对世界的认知经验和知识积累无意识的语言创造。当一种句式需要效仿套用一种原型句式,将之扩展为另一种句式时,必须经过谓语动词与被套用原型构式的整合;经过动词参与者角色与构式的论元角色之间的融合,使得动词的原有论元结构发生临时性的改变,动词语义也会随之发生微妙的变化,带有蕴含意义。

(三) 领主属宾句的构式蕴含(implicature)-affected。

施事和主语、受事和宾语有一种天然的关联,"施事 + 动作 + 受事/ 结果"是人类认识事件或活动的理想化的模型(Croft, 1991:168)。非宾格动词本是一个只能支配"受事"论元的非施事一元动词,当该动词构成的句式中忽然多了一个"接受者"("历事")作主语,该句式便成为一个有标记的组配,一个含有扩展论元的 VO 标记的特殊句式。

语言中的标记现象(markedness)是指一个范畴内部存在的某种不对称现象,语言上有标记和无标记与语义的关系是:语法中无标记项的意义一般比有标记项的意义宽泛,或者说有标记项的意义包含在无标记项之中(沈家煊,1998:33);从认知上来讲,有标记项的理解比无标记项来得复杂(Givón, 1984)。作为有标记的领主属句式语义上自然要比无标记的非宾格句式复杂得多,认知上的理解处理也较困难,会产生句式字面意义以外的句式蕴含。正是领主属宾句这种看似违背论元准则和认知规律的有标记的语言表达，才能引起听者或读者的注意，唤起对该句式引入论元“接受者”的关注；也正是这种有标记的 VO 特殊构式，才能产生出句式特有的构式蕴含“遭受影响/被触及”(be affected)，使人们能真正领悟到说者赋予该句式“遭受影响/被触及”蕴含的意图。正如赵元任(Chao, Yuen Ren，1968：96，98)将 Ta syylefuh. chin.（他死了父亲。）这样的构式释解为 he lost his Vater，将 Tzeeme! Ta bae g fuh. chin syyle!（怎么！他把个父亲死了！）构式释解为 he suffered such a thing to happen to him 一样，这些有标记句式的构式语法蕴含远远超出了看似相同的无标记句式 Ta fuh. chinsyyle（他父亲死了），his father died 的解释，“他把个父亲死了”中的“把”字并非字面意义，毫无一点杀父的意思(Chao, Yuen Ren，1968：98)。

领主属宾句是承继双宾构式中心意义的一个隐喻扩展，被构式允准引入的“接受者”主语论元必须与宾语“受事”论元之间处于“整体—部分”的“物理亲近”(Shibatani，1994：470)关系，处于由“物理亲近”衍生的心理、情感亲近关系和亲密及责任等依附社会关系中，方能满足对领主属宾句构成的构式蕴含要求。

由不可转让的“整体—部分”依存关系隐喻衍生出的至亲血缘关系、高度亲密和社会责任等“依附”关系特征被投射到非宾格句式中，引入“接受者”论元，使领主属宾句产生特有的画面：主语“接受者”客体遭受非宾格 VO 构式事件的影响。

6 结语

“领主属宾句”主语论元的准入长期以来被多数人认为是主宾语之间的领属关系起着决定性的作用，或是“轻动词”和“话题基础生成”等多种解读相继出现。近年来，对“领主属宾句”主语论元准入的讨论相对集中在“广义领属”和“广义存现”两种。本文从“广义领属”和“广义存现”两者中剥离出“领有”与“占有”概念的细微差别，并借助德语“领属三格”和“领属二格”的语义区分，指出纯粹意义的“狭义领属”不是主语论元“王冕”准入的必有条件，“广义领属”内容中的“整体—部分”关系，以及以此为核心隐喻衍生出的不可转让的“占有领属”、至亲血缘、高度亲密和责任等社会“依附”关系才是构成领主属宾句和主语论元准入的决定因素。论文还阐述了“王冕”论元准入的理论依据：(1) 从动词的语义框架上看，非宾格动词本身隐含着一个潜在的“接受者”角色，它在一定的环境中会被激活出来；(2) 领主属宾句是以语用允准的概念整合为基础、经历了构式承继和构式中心意义的隐喻投射而形成的创造性语言表达；(3) 领主属宾句具有句式特有的构式蕴含“遭受影响/被触及”(be affected)。正是领主属宾句有标记的 VO 构式结构，才能使听者或读者真正感悟到说者对“接受者”论元“意外遭受影响”的关注，而不是对“受事”。

参考文献

[1] Arentzen, U. et al. 1993. *Gabler Wirschaftslexikon*. Wiesbaden: Gabler.

[2] Chao, Yuen Ren. 1968. *A Grammar of Spoken Chinese*. Beijing 2011: The Commercial Press.

[3] Eisenberg, Peter. 1999. *Grundriss der Deutschen Grammatik*. Bd.: Der Satz. Stuttgart, Weimar: Metzler.

[4] Hole, Daniel P. 2008. *Dativ, Bindung und Diathese*. Habilitationsschrift, Humboldt-Universität zu Berlin, Erscheint in den *studia grammatica*.

[5] Keller, J. /Leuninger, H. *Grammatische Strukturen-Kognitive Prozesse* (Ein Arbeitsbuch) 2. Auflage, Tübingen: Gunter Narr, 2004.

[6] Kratzer, Angelika. 1994. *The Event Argument and the Semantics of Voice*. University of Massachusetts at Amherst.

[7] Lakoff, George. 1987. *Women, Fire, and Dangerous Things*. What Categories Reveal about the Mind. Chicago: The University of Chicago Press.

[8] Marantz, Alec. 1993. Implications of asymmetries in double object constructions. In: Mchombo, Sam A (ed.). *Theoretical Aspects of Bantu Grammar*. Chicago: The University of Chicago Press, 113 - 150.

[9] Mühlbradt, Frank W. 1989. *Wirschaftslexikon*. Berlin: Cornelsen Verlag.

[10] Larson, Richard. 1988. On the double object construction. *Linguistic Inquiry*, 19: 335 - 391.

[11] Larson, Richard. 1990. Double objects revisited: A reply to Jackendoff. *Linguistic Inquiry*, 21: 589 - 635.

[12] Perlmutter, David M. 1978. Impersonal Passives and the Unaccusative Hypothesis. *Proceedings of the 4th Annual Meeting of the Berkeley Linguistics Society*. Berkeley: Berkeley Linguistics Society, 157 - 190.

[13] Shibatani, Masayoshi. 1994. An integrational approach to possessor raising, ethical datives and adversative passives. *Proceedings of the Twentieth Annual Meeting of the Berkeley Linguistics Society: General Session Dedicated to the Contributions of Charles J. Fillmore*. Berkeley, California: Berkeley Linguistics Society, 461 - 486.

[14] Schmid, Josef. 1988. *Untersuchungen zum sogenannten freien Dativ in der Gegenwartssprache und auf Vorstufen des heutigen Deutsch*. Frankfurt am Main: Lang.

[15] Teng, Shou-Hsin. 1974. Double nominatives in Chinese. *Language*, 50(3): 455 - 473.

[16] Schwarz, Monika. 2008. *Einführung in die Kognitive Linguistik*. 3. Aufl. Tübingen und Basel: A. Francke.

[17] Wegener, H. 1985. *Der Dativ im Deutschen*. (Studien zur deutschen Grammatik, 28). Tübingen: Niemeyer.

[18] Zifonun, Gisela at al. 1997. *Grammatik der deutschen Sprache*. Berlin: de Gruyter.

[19] 邓仁华,2015. 汉语存在句系统功能语法研究. 现代外语,38(1):37 - 47,145.

[20] 邓仁华，2018."王冕死了父亲"的系统功能语言学阐释. 现代外语，(2)：186 - 196.

[21] 郭继懋，1990. 领主属宾句. 中国语文，(1)：262 - 272，261.

[22] 韩景泉，2000. 领有名词提升移位与格理论. 现代外语，(3)：262 - 272，261.

[23] 黄正德，2007. 汉语动词的题元结构与其句法表现. 语言科学，6(4)：3 - 21.

[24] 李杰，2007. 现代汉语不及物动词带主事宾语句研究. 上海：学林出版社.

[25] 刘晓林，2007. 也谈王冕死了父亲的生成方式. 中国语文，(5)：440 - 443.

[26] 陆烁，潘海华，2014. 汉语领属话题结构的允准条件. 当代语言学，(1)：15 - 30.

[27] 马志刚，2013. 基于狭义领属关系论领主句、保留宾语被动句与抢夺类双宾句的关联性. 华文教学与研究，(3)：66 - 71.

[28] 马志刚，2017. 汉语保留宾语被动句中宾语成分的格位形式、语类性质和题元角色研究：兼论汉语句式中的狭义领属关系和复合动词的形态组合. 海外华文教育，(11)：1528 - 1537.

[29] 梅德明，韩魏峰. 2010. 显性非宾格结构的主题化分析. 外语教学与研究，42(5)：329 - 337，400.

[30] 潘海华，韩景泉，2005. 显性非宾格动词结构的句法研究. 语言研究，(3)：1 - 13.

[31] 潘海华，韩景泉，2008. 汉语保留宾语结构的句法生成机制. 中国语文，(6)：511 - 522，575.

[32] 任鹰，2009."领属"与"存现"：从概念的关联到构式的关联：也从"王冕死了父亲"的生成方式说起. 世界汉语教学，23(3)：308 - 321.

[33] 沈家煊，2006."王冕死了父亲"的生成方式：兼说汉语"糅合"造句. 中国语文，(4)：291 - 300.

[34] 沈力，2009."汉语蒙受句的语义结构". 中国语文，(1)：45 - 53.

[35] 沈阳，1995. 名词短语部分移位造成的非价成分："占位 NP"与"分裂 NP". 沈阳、郑定欧(主编)，现代汉语配价语法研究. 北京：北京大学出版社.

[36] 石毓智，2007. 语言学假设中的证据问题：论"王冕死了父亲"之类句子产生的历史条件. 语言科学，(4)：39 - 51.

[37] 司富珍，2014."赵本山的爷爷"和"赵本山的帽子"：漫谈汉语中的两种领属结构. 语言教学与研究，(2)：43 - 51.

[38] 唐东旭，2020. 汉语非宾格动词的运用：以"王冕死了父亲"为例. 文化学刊，(4)：179 - 182.

[39] 王奇，2006."领主属宾句"的语义特点和句法结构. 现代外语，(3)：230 - 238，328.

[40] 温宾利，陈宗利，2001. 领有名词移位：基于 MP 的分析. 现代外语，(4)：413 - 416，412.

[41] 徐杰，1999a."打碎了他四个杯子"与约束原则. 中国语文，(3)：185 - 191.

[42] 徐杰，1999b. 两种保留宾语句式及相关句法理论问题. 当代语言学，1(1)：16 - 29，61.

[43] 徐杰，2008. 领有名词的提升移位与多项名词性结构的切分方向. 当代语言学，(3)：193 - 199.

[44] 杨炳钧，2018."王冕死了父亲"的概念语法隐喻视角. 浙江外国语学院学报，(5)：96 - 104.

[45] 袁毓林，2004. 论元结构和句式结构互动的动因、机制和条件：表达精细化对动词配价和句式构造的影响. 语言研究，(4)1 - 10.

[46] 朱德熙，1999. 朱德熙文集：第 1 卷. 北京：商务印书馆.

[47] 朱行帆，2005. 轻动词和汉语不及物动词带宾语现象. 现代外语，(3)：5 - 15.

[48] 现代汉语词典：2002 年增补本. 北京：商务印书馆.

[49] 辞海. 1985. 上海：上海辞书出版社.

视觉语法核心思想及其对语言学的启示*

南京大学　叶佳敏　陈　桦**

摘　要:近年来,随着话语交际呈现显著的多模态特点,阅读与阐释图像成为人们日常生活的一部分。有关图像视觉语法理论的研究在学界备受关注。本文对克雷斯和凡·勒文提出的视觉语法理论进行概述和分析,探究其理论基础、核心思想、对语言学研究的启示以及对视觉语法未来研究的展望。

关键词:视觉语法;图像;多模态;语言学;符号学

Title: A Study on Visual Grammar and Its Implications for Linguistics

Abstract: In recent years, with the significant multimodal characteristics of discourse communication, reading and interpreting images has become part of people's daily life, and research on the theory of visual grammar of images has begun to attract much attention. This paper summarizes and analyzes the visual grammar proposed by Kress and van Leeuwen, exploring its theoretical origins, research origins, core ideas, and implications for the academic community.

Key Words: Visual Grammar; Image; Multimodality; Linguistics; Semiotics

1　引言

20世纪60年代,随着"后现代转向"和"美学转向"等的兴起,"图像转向"(the

* 本研究是国家社科基金重点项目"基于多模态库的中国大学生英语学术交流能力的自动评测研究"(编号:20AYY013)的部分成果。

** **作者简介:**叶佳敏,博士生,讲师,研究方向为应用语言学。联系方式:jmyeh@smail.nju.edu.cn。陈桦,教授,研究方向为应用语言学。联系方式:chenhua@nju.edu.cn。

pictorial turn)或“视觉的转向”(the visual turn)向“语言学转向”提出了挑战(米歇尔,2012)。如海德格尔所说,“世界被把握为图像了”①(1996:899)。由于不同模态所具有的不同的功能可供性②(affordance)(Bearne & Kress,2001),视觉经验和图像意义无法完全用言语或文字来阐释。图像较之语言能带给观众更为直接、丰富的观看体验,它所具备的二维及三维空间的特性也可以更好地帮助构建思维和描述物体或事件(阿恩海姆,1998)。当图像成为沟通交流的重要符号媒介,阅读与阐释图像也逐渐成为人们日常生活的一部分,然而,视觉经验和图像意义无法完全用言语或文字的表达形式来阐释,图像也并非自明的对象物,在视觉实践检验中,图像制作者与接收者在创造和接收过程中是否实践着类似语言文字一样的语法规则,引起了学界浓厚的兴趣(刘和海,2017)。

回顾有关视觉语法的研究历史,尽管诸多学者对视觉语法问题展开了系列研究,也形成了一些分析模型,“但大多研究依然是零星化的、局部性的,总体上还停留在视觉形式层面的构成分析”(刘涛,2021:39)。而谈及系统的、普遍意义上的视觉语法理论与方法研究,则不得不提到冈瑟·克雷斯(Gunther Kress)和西奥·凡·勒文(Theo van Leeuwen)于1996年出版的学术奠基著作《解读图像:视觉设计的语法》(*Reading Images: The Grammar of Visual Design*),书中克雷斯和凡·勒文提出了一个标志性的视觉语法的分析理论框架。本文拟就视觉语法理论的缘起及其核心思想进行概述和分析,包括其研究缘起、理论基础、核心思想、存在的挑战,以及对多模态和语言学发展的一些启示。

2 视觉语法的核心思想

2.1 视觉语法的缘起

将语言学相关理论应用到图像研究最早可以追溯到艺术学领域和美学领域,而它在多模态和符号学领域成为研究的热点和分支却是近30年的事情。罗兰·巴特(Barthes)是将符号学理论应用于视觉传播领域的先驱,他于1964年在《图像的修辞》一文中以广告图像文本为对象,论述了图像的意义和修辞效果,并提出图像符号因其自

① 这一著名命题意在提出世界已经成为技术科学理性的、系统化的、可再现的客体。“世界图像”并不是指世界的图画,而是指世界被当作图像构思和理解的世界(米歇尔,2018)。

② “可供性”是Gibson(1977)说明环境可供性及相关生物性和心理性提出的,Bearne & Kress(2001)用它来表达模态的可用特征(“what is made possible and facilitated”)。模态的可供性是指社会符号资源的物质性、生命性、社会性和符号性的累加特征(韩艳方,2022)。

然化和再现事物的特性，比文字符号更深入人心。O'Toole(1994)开创性地对视觉艺术品如油画、雕像和建筑等进行了“语法”方面的探索，并基于多元功能分析提出受众在观看艺术作品时从中同时解读出三种意义：表征意义(representational meaning)，作品和观众的互动意义(modal meaning)以及作品的构图意义(compositional meaning)。克雷斯和凡·勒文在1990年就已经出版了《解读图像》一书，文本对象主要集中在儿童绘画、课本插图、广告、杂志等视觉媒介产品上，而后在《阅读图像：视觉设计的语法》中将视觉对象进一步延伸到视觉传播的其他领域(刘涛，2017)。伴随着数码技术的高速发展和广泛使用，对多模态语篇的语法分析研究逐渐成为系统功能语法的重要研究领域，克雷斯和凡·勒文的视觉语法理论为多模态话语分析提供了新的理论工具，也为进一步研究其他符号系统的语法提供了重要启示(马鹰，2017)。

2.2 视觉语法的理论依据

在社会符号学视域内，克雷斯和凡·勒文基于韩礼德的元功能思想，构建出阅读图像所需的语法理论框架，提出了图像表达的三种意义功能：表征意义、互动意义和构图意义，为系统阐释图像的意义构建提供了有力的理论工具。

2.2.1 社会符号学理论

韩礼德在《作为社会符号的语言：从社会角度诠释语言与意义》(*Language as Social Semiotic: The Social Interpretation of Language and Meaning*)一书中全面论述了语言的符号性(1978)，他认为语言作为社会符号(language as social semiotic)，是一个“意义潜势”的系统，并提出语言的语法“不是一套用来参考的规则，而是制造意义的资源”。语言是反映社会意义的符号系统，表达意义的符号除语言以外还有其他非语言符号，如图像、声音、色彩等，所以语言的社会符号性引起了语言学家们对非语言符号的关注，这也就为解读图像意义提供了可能性(张敬源、贾培培，2021)。20世纪80年代中后期以来，有关语法和意义构建的研究拓展到了语言以外的其他符号(Jewitt，2009；张德禄、赵静，2012)，如视觉图像(O'Toole，1994；Kress & van Leeuwen，1996)、数学符号(O'Halloran，2005)、手势(Martinec，2000)、音乐(van Leeuwen，1999)和电影(Bateman & Schmidt，2012)等。

韩礼德提出的“社会符号学理论”及“系统功能语法”为多模态研究提供了理论基础。前者认为多模态语篇是一种社会符号学过程，而社会符号本身就是多模态的，需要从社会和文化的角度对它的性质和意义进行诠释(Halliday，1978；曾方本，2010)。此外，从系统功能语法来看，语言与非语言符号不是一成不变的语义编码，而是在一定语境下构建意义的资源，具有传播意义的可能性，而语法赋予了语言制造意义的潜势(张敬源、贾培培，2012)，是构建意义的主要方式。

2.2.2 韩礼德提出的三大元功能理论

韩礼德(1985)在系统功能语法中提出了语言的三大元功能,即表示概念意义的概念功能,表示说话人与听话人关系,以及说话人对所说内容的态度的人际功能,以及表示语篇意义的语篇功能(表 1)。所有这些功能都反映在小句的结构中。"概念功能"(ideational meaning)指语言是为表达内容服务的,即说话者对客观世界的经验,包括他自身内在的意识世界的经验(韩礼德,2015)。"人际功能"(interpersonal meaning)指语言用来建立和维持社会关系、用来行事。通过这个功能,社会团体得以划分,个人身份得到认同或强化。"语篇功能"(textual meaning)指语言必须把自身与其所使用的情景特征连接起来,换句话说,通过语篇功能,另外两种意义与某种真实的语境相关联(韩礼德,2015)。

表 1　语言的三大元功能①

概念功能　　　人际功能　　　语篇功能

经验功能　　逻辑功能

2.3 克雷斯和凡·勒文的视觉语法理论

基于韩礼德(1978)所提出的社会符号学理论和系统功能语法的三大元功能论断,克雷斯和凡·勒文(Kress & van Leeuwen, 1996)发表了《阅读图像:视觉设计的语法》(*Reading Images: The Grammar of Visual Design*)。书中强调语言的"社会符号性"(cf. Halliday, 1978),并从系统功能语言学的语言观出发(Halliday & Matthiessen, 2004),将元功能的思想创造性地延伸到图像,根据视觉符号如何体现三大元功能——概念功能、人际功能和语篇功能,建立了阅读图像的视觉语法(visual grammar)理论框架,并提出了图像表达的三种意义功能:表征功能、互动意义和构图意义(见表 2),同时提供了丰富的针对图像的话语分析示例,用以分析广告、儿童绘本、影视、图表等的视觉画面。克雷斯和凡·勒文认为视觉产品(visual artifacts)是系统功能语法的元功能所描绘的三个维度之间协同作用的结果(Baldry & Thibault, 2006),也就是说他们认为一个视觉产品不但表征我们周围的外在世界,也反映视觉产品的生产者和观看者之间的交互关系,同时将表征性和交互性的元素整合成一个连贯的整体(Laba, 2022)。

① 韩礼德,2015. 论语法. 杨炳钧,译. 北京:北京大学出版社,p. 173.

表 2 克雷斯和凡·勒文的视觉语法理论框架①

克雷斯和凡勒文的视觉语法框架		
表征意义	互动意义	构图意义

2.3.1 表征意义

首先，图像的表征意义对应系统功能语法里的概念功能（ideational meaning），指的是图像能够客观真实地复制现实世界，呈现图像中各个符号之间的交际关系，分为叙事性表征意义（narrative representation）和概念性表征意义（conceptual representation），二者的根本区别是叙事性图像中存在着由图像元素之间的斜线构成的矢量（vector），类似于语言的及物系统，而概念性图像中则没有（表 3）。叙事性图像进一步分为动作（action process）、反应（reactional process）、言语和心理（speech and mental process）过程。在动作过程中，发出矢量的参与者是动作者（actor），矢量指向的参与者是目标（goal）。当矢量不再有动作而是由眼神或者目光构成时，就形成了反应过程。言语和心理过程中的矢量主要是由参与者和思维泡（thought bubble）或者对话泡（dialogue bubble）相连接而形成，思维泡的内容间接地通过感觉者（sensor）来呈现，而对话泡的内容则是通过言语者（speaker）来体现（Kress & van Leeuwen，2020：47－83）②。

表 3 表征意义③

表征意义										
叙事表征意义					概念表征意义					
动作过程		反应过程		言语和心理过程	分类过程		分析过程		象征过程	
及物过程	不及物过程	及物过程	不及物过程		显性分类	隐形分类	非结构性分析过程	结构性分析过程	象征属性过程	象征暗示过程

动作过程中的动作者是图像中发出矢量的表征参与者（represented participant），也可能动作者的一部分或整体本身就构成一个矢量。比如在图 1 的广告中，男子（actor）身体弯曲的弧度在两个表征参与者（男子与水）之间构成了显著的“矢量”（vector），水为目标（goal），由此形成了一个及物的“动作过程”（transactional action

① Kress, G & Van leeuwen, T. 2020. Read images: The grammar of visual design. London: Routledge.

② 克雷斯和凡·勒文的“*Reading images: The grammar of visual design*”一书共有三个版本，本文参考的是第三版。

③ Kress, G & Van Leeuwen, T. 2020. Reading images: The grammar of visual design. London: Routledge, p. 82.

process)，转换为语言代码即 the man drinks water。广告中的女子(reactor)对男子的这一动作过程做出了眼含微笑(gaze，构成矢量)的动作，构成了一个“反应过程”(reactional process)，由此起到正面宣传广告中的矿泉水的作用。

图 1 1987 年法国 Vittel 矿泉水广告①

言语和心理过程同样存在矢量，特殊之处在于它们的矢量由对话泡将说话者(sayer)与话语(utterance)连接形成(图 2a)，以及由思维泡将感觉者与现象(phenomenon)(图 2b)连接而形成。这种形式早先多见于漫画中(李战子，2003)。韩礼德把这类结构叫作“投射”(1994)，指的是次小句被主小句投射出去，对自己或他人的语词或思想进行原话引述或间接引述。克雷斯和凡·勒文将其借鉴到了图像中，对话泡或思维泡的内容通过反应者的中介，即言语者或感知者，投射到对话泡和思维泡进行意义的再现。

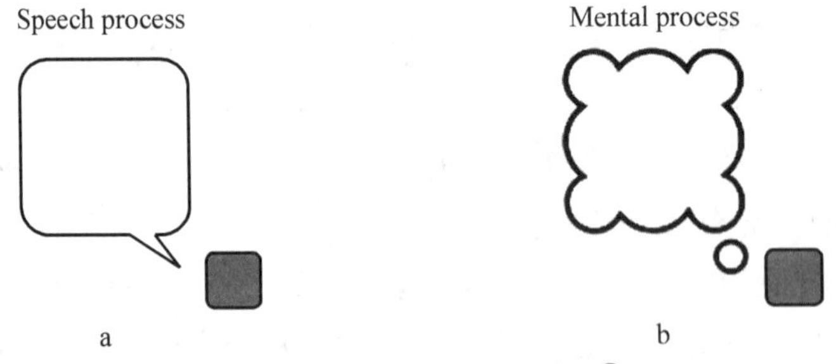

图 2 言语(a)和心理(b)过程②

① Kress, G & Van Leeuwen. T. 2020. Reading images: The grammar of visual design. London: Routledge, p. 63.

② Kress, G & Van Leeuwen. T. 2020. Reading images: The grammar of visual design. London: Routledge, pp. 72 - 73.

如果说叙事性再现意义强调的是行进中的行动或事件，那么概念再现意义则反映的是一般意义上的参与者信息，或者分类、结构等维度上稳定的本质信息（Kress & van Leeuwen，2020：76），对应功能语法中描写的关系过程和存在过程（李战子，2003）。概念再现意义包括分类过程（classificational processes）、分析过程（analytical processes）和象征过程（symbolical processes）。

分类过程反映的是从属者（subordinate）与被从属者（superordinate）之间的从属关系或二者的从属特点。具体包括显性分类（overt taxonomy）和隐形分类（covert taxonomy）（图 3c），前者又细分为以单层次树状结构为特征（single-levelled overt taxonomy）的显性分类（图 3a），以及以多层次树状结构为特征（multi-levelled overt taxonomy）的显性分类（图 3b）。如果被从属者没有出现，从属者尺寸相近，近距相等，对称构成，则是隐形分类。

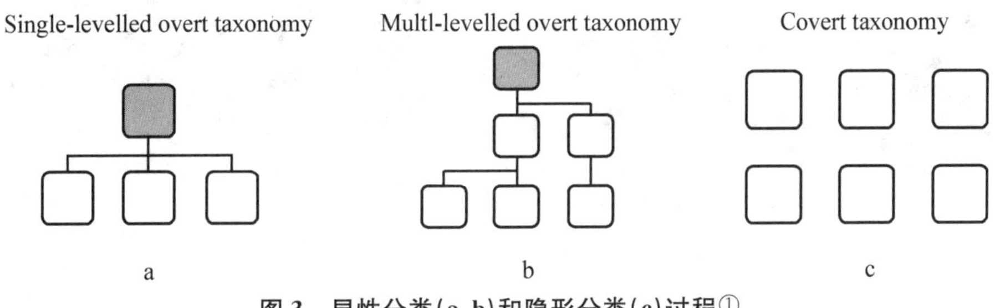

图 3　显性分类（a、b）和隐形分类（c）过程①

分析过程反映参与者部分与整体的关系，该过程有两种参与者，一是承载者（carrier），即总体，二是任何数量的承载者所拥有的特征（possessive attributes），即部分。分析过程细分为非结构性（unassembled）分析过程和结构性（assembled）分析过程。非结构性分析过程只展示承载者所拥有的特征，但不展示承载者本身，如服装的裁剪图（图 4a）。图像中呈现的是裁剪好的布料，而不是布料拼接的方式或拼接完成的服装本身。结构性分析过程中既有承载者，同时反映承载者所拥有的特征。以澳大利亚的不同类型的地图为例，或呈现澳大利亚的土著分布特征（图 4b），或以澳大利亚全国所有著名旅游景点为主题（图 4c）（Kress & van Leeuwen，2020：83－94）。此外，克雷斯和凡·勒文还区分了时间分析过程、地形分析过程和拓扑分析过程等。

① Kress，G & Van Leeuwen，T. 2020. Reading images：The grammar of visual design. London：Routledge，p. 82.

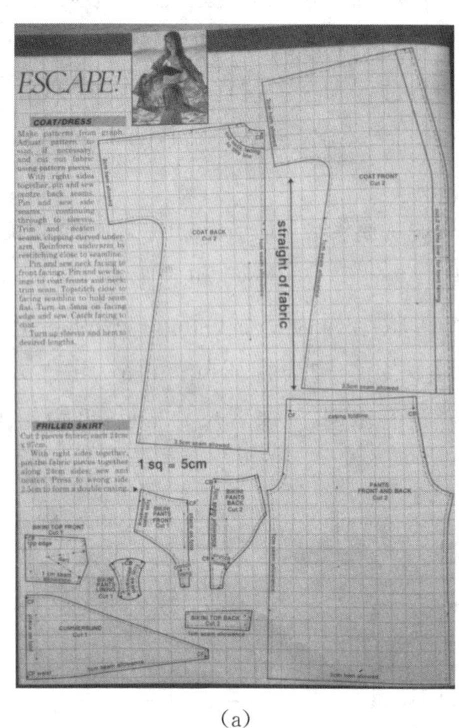

(a)

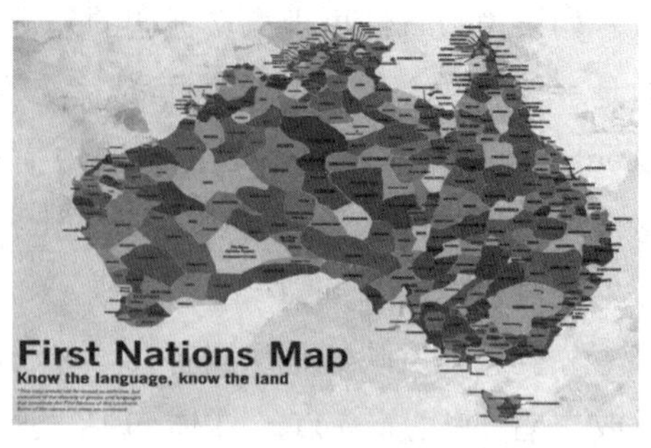

(b)

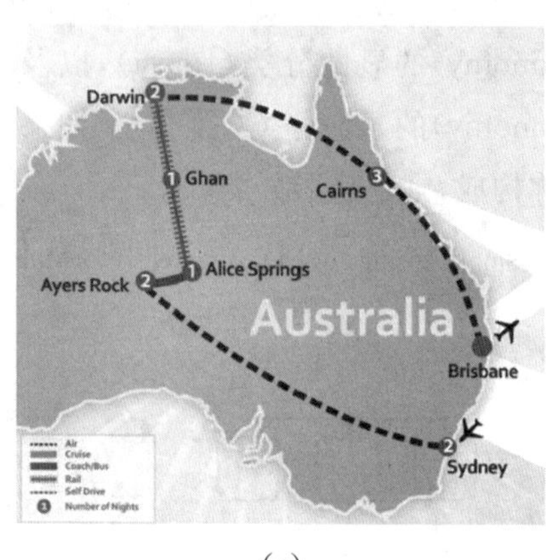

(c)

图 4　分析过程①

象征过程研究的是“参与者是什么或意味着什么”，若有两个参与者，其中一个参与者的意义或身份确定，即承载者（carrier），另一个参与者表示意义或者身份，即象征性属性（the symbolic attribute），这种象征过程被称为象征属性过程（symbolic attributive processes）。还有一种象征过程中只存在一位参与者，被称为象征暗示过程（symbolic suggestive processes）。

2.3.2　互动意义

其次，图像的互动意义（interactive meaning）对应系统功能语法中的人际功能（interactional meaning），可以展示图像中的参与者、观看者和图像符号系统之间的关系。图像符号通过接触（contact）、社会距离（distance）、视角（perspective）三个层面的交互作用构建互动意义。此外，和语言一样，情态（modality）也是互动意义的重要组成部分，图像中能够实现情态的资源更加丰富（表 4）。

① Kress, G & Van Leeuwen, T. 2020. Reading images: The grammar of visual design. London: Routledge, pp. 85 - 94.

表 4 互动意义①

互动意义															
接触		社会距离			视角			情态							
索取	提供	亲密的	社会的	疏远的	水平	垂直	平视	色彩饱和度	色差	色彩调制度	语境化程度	再现	透视	照度	亮度

接触是指图像中的参与者与图像的观看者通过目光建立起来的一种想象中的关系。当图像参与者注视观看者，仿佛在向观看者索取某种关注，从而试图定义在这种情境下观看者是谁或者应当是谁。比如在一则征兵海报中，英国陆军元帅基钦纳(Lord Kitchener)表情严肃，目光直视并用手指指向观看者，海报下方的文字写道，Your country needs YOU，传递了“索取”意义(Kress & van Leeuwen，2020：117)。如果图像中的参与者和观看者没有眼神接触，那么图像观看者变为主体。克雷斯和凡·勒文将所有不含人类或准人类参与者的图像都归为这一类，称其为“提供”(offer)。社会距离反映图像参与者与观看者之间的亲疏关系，不同的取景框架体现不同的社会距离。特写、近景、中景、全景、远景等不同的取景框架相应地反映出图像参与者与观看者亲密的、社会的和疏远的三种不同的社会距离(刘涛，2021)。

视角反映观看者对图像参与者的主观态度，总的来说，水平角度因其正面直观带给观看者身临其境之感，表现的是参与介入。垂直角度体现权力差异，如果是俯视，表现观看者的权力，如果是仰视，图像参与者处于强势。平视则表现参与者与观看者之间是平等的关系。情态反映图像呈现现实的真实程度，具体包括色彩饱和度、色差、色彩调制度、语境化程度、再现、透视、照度和亮度。这些情态标记重视色彩的刻画，强调色彩的浓淡、差异度、配合度和亮度。语境化和再现都表示从抽象到具体的程度，强调图像的细节。除了以上情态标记，观看者还需要分辨情态的“取向”(张敬源、贾培培，2012)，具体来说，图像是由摄影师或图像制作者在主观或客观的选择下制作并呈现的。同样，观看者也会根据图像中呈现出的参与者属性(有生命或无生命的物体)采取主观或客观的情态取向。此外，图像的材质、载体以及在不同文化背景下色彩所联系的情感价值也是决定情态的重要组成部分(Kress & van Leeuwen，2020：161)。

2.3.3 构图意义

最后，图像的构图意义对应语篇功能(textual meaning)，通过“信息值”

① Kress，G & Van Leeuwen，T. 2020. Reading images：The grammar of visual design. London：Routledge.

(information value)、“显著性”(salience)和“取景”(framing)三种资源把图像的再现意义和互动意义统合起来,形成一个新的有意义的符号系统(表5)。

表5　构图意义①

构图意义						
信息值			显著值		取景	
左—右	上—下	中间—边缘	高显著性	低显著性	连接	分割

图像的“信息值”通过元素置于图像中的区域(上下、左右、中间和边缘)实现。这与语篇功能中信息单位的构成形式相近(胡壮麟、朱永生、张德禄等,2005)。而对于上下分布的元素,居上者所展示的是理想的或者是概括性的信息,居下者所体现的是真实的或是具体的信息。中心位置代表核心或主导信息,边缘的信息值相对次要,克雷斯和凡·勒文也将这种信息值的取向与文化差异联系起来。

图像的“显著值”则通过元素置于图像中的前景或背景、相对大小、颜色对比等实现。元素在构图时的不同大小与比重对于观者的吸引程度是不同的,比重较大的元素往往更加吸引人的注意力。

图像的“取景”主要是反映图像中元素的取景范围和归属关系。通过取景工具(比如分割线、要素间的留白、不连续的颜色和形状等)将图像的构成元素阻断或连接起来,以达到元素之间的联结和分离。

3　视觉语法研究的语言学启示

克雷斯和凡·勒文的视觉语法研究把元功能的思想创造性地延伸到了视觉交际领域,正式将视觉语法问题上升到理论维度,形成语法体系(张德禄,2009;张敬源、贾培培,2012),同时在方法论上给出了具体的分析路径,为多模态话语分析提供了一个较为普遍的操作模型(刘涛,2021)。然而随着多模态研究的不断深入,诸多学者开始质疑其理论基础,并发现该理论框架和研究方法存在一些不足(Forceville,1999;Bateman,2014;冯德正、邢春燕,2011;冯德正,2015;)。

3.1　理论基础层面上的相关讨论

事实上,学界对于图像是否具有语法一直存在争议,其中的一个核心问题是目前图

① Kress, G & Van Leeuwen, T. 2020. Reading images: The grammar of visual design. London: Routledge.

像和多模态的语法研究借鉴的是语言学的理论和语法，没有一套独立的理论和方法(Jewitt，2009)。有学者质疑将语言学的模型和方法迁移到新的非语言模态的做法是否会掩盖目标符号的研究领域的本质(McDonald，2012)。然而图像与语言的基本单位不同，不具有统一标准的可切分的最小单位。在多模态和符号学的研究中，视觉、手势、声音等符号本质上是不同的，它们的结构、意义与认知、感知方式，以及模态间的连贯性都存在差异，因此，将所有符号系统抽象化和理论化极具挑战性，因为这就意味着所有符号和模态都具有不同程度的语法性(McDonald，2012)。不同类型结构的符号系统建立语法关系和结构时需要考虑它们自身的结构特点建立语法系统，而不是建立一个普遍性的语法系统(张德禄、张兢田，2012)。由此，持有“不应该借鉴语言学理论并将其应用于图像、颜色、视频、声音等模态”的观点是有失公允的(Stöckl，2023)。

另外，目前提出的多模态语法都是功能性语法，有学者进一步质疑将系统功能语法应用于视觉交际或其他任何交际模态的做法(McDonald，2012)。多模态本质上排斥以语言符号为中心，既然意识到单模态的语言文本已无法满足交际意义的构建，那么是否还应该使用语言学理论分析其他符号模态呢(Stöckl，2023)？语言理论应用到非语言模态领域是多模态研究的必经之路。正是因为还没有研究语言以外的其他模态的理论和方法，并且由于这些多模态(包括图像)和语言在实现社会交际目标方面具有一致性，所以借用语言学的方法以及从功能语法的角度研究这些系统是有理据的(张德禄、赵静，2021)。另外，多模态和符号学研究更为重要的研究方向并不在单个的模态上，而是聚焦不同模态在结合过程中的互动，即不仅要关注人们所使用的符号的种类，而且要关注符号资源如何进行重新组合(Laba，2022)。虽然非语言符号没有语言的词汇语法，两者也存在截然不同的底层符号形式，却有着同样的语篇语义系统，因此对于非语言模态的分析应当采用语篇语义理论(Bateman & Schmdit，2012；冯德正，2017)。

综上，由于视觉符号不具有类似于语言学的较为成熟的语法结构和规律，符号学和多模态研究在许多方面还需依靠语言学概念。现代语言学理论经过近百年发展已具备精细的分析模式，语言作为人类创造的最强有力的符号，比其他符号系统更为确定，因此只要使用得当，就可以为非语言符号提供有力的理论工具(胡壮麟，1999；冯德正，2017)。而因为图像不具有像语言一样的词汇语法结构，我们只能从语篇意义的角度对其进行语法的探索和研究。与传统语法和形式主义语法不同，系统功能语法把语篇作为研究的核心(张淑杰、张德禄，2015)，语言与非语言符号都是在一定语境下构建意义的资源(韩礼德，1978)，因此，我们可以将克雷斯和凡·勒文的视觉语法理论看作图像表意资源的系统描述，而非硬性的规则，从而为使用语言学理论进行多模态分析与进一步建立多模态理论体系提供研究基础(冯德正、张德禄、Kay O'Halloran，2014)。

3.2 理论和研究方法层面的讨论

目前对于图像或图文语篇分析大多以克雷斯和凡·勒文的视觉语法理论框架为基

础，进行多模态语篇的个案分析，比如对某个广告、网页或儿童绘画读物进行语言和非语言模态的描述，阐释并评价其意义，对研究对象的理解深入，但普适性较低。在学科发展的初级阶段，提出基于经验的假设与理论框架，并有目的选择合适的语料示例是有必要的，但随着学科的成熟，就需要使用大量同类的真实语篇验证这些理论是否成立、是否具有普适性（Bateman，2014）。

就视觉语法理论框架作为分析的范式来说，有学者质疑克雷斯和凡·勒文对元功能的一些概念的借鉴和套用生硬，导致分析结果显得牵强（Forceville，1999），比如互动功能中"索取"和"提供"两个术语来自韩礼德（1985）的功能语法的"给予"（giving）和"求取"（demanding）的概念（胡壮麟，2005），他用这两个术语区分不同种类的言语行为。视觉图像不能像语言一样建立明确的索取与提供关系，且并非所有眼神接触都表示索取信息或服务（Painter et al.，2013），无法充分概括图像参与者和观看者目光接触中的多种复杂情况（李战子，2003）。还有学者认为"索取"与"提供"并不构成互斥关系，而是一体两面，"提供"是索取的基础，"索取"是提供的目的（张敬源、贾培培，2021）。

此外，有学者认为克雷斯和凡·勒文使用视觉语法理论框架诠释图像或多模态语篇时存在主观或任意的现象（Forceville，1999；Bateman，2008；李战子，2003）。有实证研究（Holsanova et al.，2006）试图对"信息值"进行验证，应用眼动等技术对人们阅读报纸的眼动路径和时长等阅读特征进行考查，实验结果并不能证实"在西方文化中图像左侧为已知信息、右侧为新信息"这一结论，受试者对图像右边的信息不但注视较迟，且没有花太多时间，也没有仔细阅读。而针对"图像的上方信息较为笼统而下方信息较为具体"和"图像的中心位置是重要信息、边缘为次要信息"这两个论断，结果只显示受试者观看图像的顺序：先上后下、先中间后边缘，所以"信息值"的分析过程较难证实或证伪。面对"主观性"的问题，克雷斯和凡·勒文（1998：218）表示他们面对的是"合理的质疑"，不过他们也认为这样的质疑同样适用于语言语篇和其他所有符号系统。此外，虽然采用社会符号学方法是一种解释语言和非语言符号的具有启发式的方式，然而符号学分析无法从经验真理的意义上提供人类解读符号的方式（Holsanova & Holmqvist，2006：68）。由于缺乏实证基础（Bateman et al.，2004：64），无法确定视觉语法理论分析是不是"事后的理性化"（post hoc rationalization）（Bateman et al.，2004：67），换句话说，不清楚读者是否为了配合新建立的理论而重新调整了他们既定的对图像的阐释和解读。

针对以上问题，学者们（冯德正等，2014；Forceville，1999）意识到客观地解读图像意义还必须基于认知理论、语料库分析或心理实证研究。视觉研究的权威期刊 *Visual Communication* 在 2012 年第 3 期专栏（*Special Issue：Methodologies for Multimodal Research*）介绍了多模态研究的新方法，该专栏的发表标志着多模态研究从只关注"意义创造"到同时关注"意义接收或感知"的转变（冯德正、张德禄、Kay O'Halloran，

2014)。在此之前,多模态话语分析作为主要研究方法在国内外对于图像的研究中广泛使用。专栏中的一些文章采用了眼动实验等视觉跟踪和分析技术,从而得出注视特征或视觉加工的过程,为视觉研究提供了较为客观的科学依据(Holsanova, 2012)。如需在读者阅读方式和特点的基础上深入测查和反映读者阅读图像时的理解特征,还要结合口头汇报、访谈、调查问卷等方式,形成三角互证(triangulation),从而进一步剖析读者的阅读行为、阅读期望和态度等(Holsanova & Holmqvist, 2006)。

综上,对于视觉语法理论的主观性问题,首先在解读图像语篇时不仅要紧密结合其所处社会文化和语境,还要利用认知理论为阅读图像提供系统、有力的认知理据,采用语料库分析及心理实证研究方法提供定量化的数据,最终形成可靠的结论(冯德正、张德禄、Kay O'Halloran, 2014)。其次,有必要将实证研究和社会符号学分析相结合,二者相互联系、相互补充。一方面,对实证研究收集的数据,可以利用社会符号学分析扩展和加深相关认识,另一方面,实证研究的结果可以加强社会符号学分析的理论基础(Holsanova & Holmqvist, 2006),使视觉语法理论更具普遍性和预见性。

4 视觉语法研究的展望

第一,克雷斯和凡·勒文建立的视觉语法理论主要根据意义功能建立了语法系统,且主要是通过有限的实例进行探讨的(张德禄,2018),而要使得视觉语法理论更加深化,还需要强有力的理据支撑。目前在认知语言学方面,有研究从认知隐喻的角度对多模态隐喻的构建与分类进行了研究(Forceville,1996;冯德正,2011),为阐释视觉语法与图像意义构建提供了认知理据,今后的视觉语法理论研究可以在社会符号学和多模态隐喻两种视角的互补配合的基础上作进一步研究(张德禄、郭恩华,2013),推动多模态话语分析理论的发展。

第二,目前有关视觉语法理论的心理实证研究在国外取得了初步的进展,国内有关研究还十分匮乏。今后的实证研究还可以进一步将图像种类、读者个人特征如性别、阅读偏好、教育背景等作为影响因素,加深人们对多模态语篇解读的认识,为进一步探讨多模态语篇的意义构建提供客观理据。此外,今后还应大力发展多模态语料库的建设,结合先进计算机 AI 技术,加快图像标注,建立模型,为视觉语法分析奠定扎实的数据基础。

第三,多模态语法研究注重多模态符号间性,各种模态如何协同表达意义是多模态话语分析的一个重要方面(张德禄,2009),因为它直接关系到对多模态话语分析的完整性(王振华、瞿桃,2020)。比如,图文关系的研究是图像研究中绕不开的话题。已经有不少学者从系统功能语法的角度出发对图文关系进行了较为全面的研究,有些研究还比较深入，比如对图像和文字关系进行了细致分类(Martinec & Salway, 2005)，但仍对图像和文字成分内部元素的互动过程的描述不够深入，今后相关研究应聚焦于模态间如何共同实现意义构建的系统研究，即图像与文字如何互动以达到话语交际的目的。

第四，克雷斯和凡·勒文的视觉语法理论作为图像分析的"工具箱"，虽然从社会符号学的角度出发，但是书中借鉴了多学科视角，为学习多模态语言学、传媒学、视觉传达与视觉设计和艺术的学生与研究者提供了重要的启示和资源。有关图像多模态的研究是一个开放的、新的跨学科研究领域，视觉语法研究需要更多学科的交叉关注和探究(刘涛，2021)，随着视觉语法的相关理论探索和跨学科案例研究，语言教学(张征，2004)、传播学(刘涛，2021)等学术背景的研究者被吸引到这一领域，图像的设计制作、修辞(Bateman, 2008)、隐喻(Forceville, 1996)、叙事(Painter et al., 2013；冯德正，2015)等问题也成为学者们日益关注的新兴话题，未来学科融合的进一步发展，将需要相关领域的学者发挥各自专长，共同做研究，加强多模态研究的跨学科性，为社会符号学和多模态语言学下的视觉语法分支的发展提供诸多可拓展的研究空间，推动本学科领域的繁荣与进步。

参考文献

[1] 阿恩海姆，1998. 视觉思维：审美直觉心理学. 滕守尧，译. 成都：四川人民出版社.

[2] 冯德正，2011. 多模态隐喻的构建与分类：系统功能视角. 外语研究，(01)：24 - 29.

[3] 冯德正，邢春燕，2011. 空间隐喻与多模态意义建构：以汽车广告为例. 外国语，(34)3，56 - 61.

[4] 冯德正，张德禄，Kay O'Halloran，2014. 多模态语篇分析的进展与前沿. 当代语言学，16(01)：88 - 99，126.

[5] 冯德正，2015. 视觉语法的新发展：基于图画书的视觉叙事分析框架. 外语教学，3：23 - 27.

[6] 冯德正，2017. 多模态语篇分析的基本问题探讨. 北京第二外国语学院学报，39(03)：1 - 11，132.

[7] 海德格尔，1996. 海德格尔选集. 孙周兴，译. 上海：三联书店出版社.

[8] 韩礼德，2015. 论语法. 杨炳钧，译. 北京：北京大学出版社.

[9] 韩艳方，2022. 多模态话语中模态协同的多维分析：系统功能视角. 外语学刊，(01)：35 - 40.

[10] 胡壮麟，1999. 当代符号学研究的若干问题. 外国语言文学，(1)：2 - 10.

[11] 胡壮麟，朱永生，张德禄，等，2005. 系统功能语言学概论. 北京：北京大学出版社.

[12] 李战子，2003. 多模式话语的社会符号学分析. 外语研究，(05)：1 - 8，80.

[13] 刘和海，2017. 符号学视角下的"图像语言"研究. 博士论文，南京：南京师范大学.

[14] 刘涛，2017. 视觉修辞的学术起源与意义机制：一个学术史的考察. 暨南学报(哲学社会科学版)，39(9)：66 - 77，130.

[15] 刘涛，2021. 图像研究的语义系统及其视觉修辞分析方法. 西北师大学报(社会科学版)，58(4)：37 - 48.

[16] 马鹰,2017.学前儿童图画书阅读中的读图特征研究.博士论文,上海:华东师范大学.

[17] 米歇尔,2012.图像学:形象,文本,意识形态.陈永国,译.北京:北京大学出版社.

[18] 米歇尔,2018.图像何求:形象的生命与爱.陈永国,高焓,译.北京:北京大学出版社.

[19] 王振华,瞿桃,2020.多模态语篇的评价研究:过去、现在与未来.外国语(上海外国语大学学报),(6):42-51.

[20] 曾方本,2010.多模态语篇里图文关系的解构及其模式研究:关于图文关系的三种理论评述.外国语文,(4):60-64.

[21] 张德禄,2009.多模态话语分析综合理论框架探索.中国外语,(1):24-30.

[22] 张德禄,2018.系统功能理论视阈下的多模态话语分析综合框架.现代外语,(6):731-743.

[23] 张德禄,郭恩华,2013.多模态话语分析的双重视角:社会符号观与概念隐喻观的连接与互补.外国语(上海外国语大学学报),(3):20-28.

[24] 张德禄,张兢田,2012.多模态语法建构问题探索.外语学刊,(3):38-43.

[25] 张德禄,赵静,2021.多模态话语分析是否需要分析多模态语法? 当代修辞学,(2):26-36.

[26] 张敬源,贾培培,2012.关于视觉语法的几点思考.当代外语研究,(3):38-42,160.

[27] 张淑杰,张德禄,2015.系统功能语言学:发展及应用:张德禄教授访谈录.山东外语教学,(4):3-8,2.

[28] 张征,2004.基于"设计"理念的多元读写能力培养模式.外语与外语教学,(2):11-15.

[29] Barthes, R. 1964. The Rhetoric of the Image. In *Image, Music, Text, Essays*. S. Heath, trans. London: Fontana.

[30] Bateman, J., Delin, J., & Henschel, R. 2004. Multimodality and empiricism. In Ventola, E., Cassily, C. and Kaltenbacher, K (eds.). *Perspectives on Multimodality*, Vol. 3, 65-87. Amsterdam: Benjamins.

[31] Bateman, J. 2008. *Multimodality and Genre: A Foundation for the Systematic Analysis of Multimodal Documents*. Basingstoke: Palgrave MacMillan.

[32] Bateman & Schmidt, 2012. *Multimodal Film Analysis*. London: Routledge.

[33] Bateman, J. 2014. Using multimodal copora for empirical research. In C. Jewitt (ed.). *Routledge Handbook of Multimodal Analysis*. London: Routledge: 238-252.

[34] Bearne, E., & Kress, G. 2001. Editorial in Special Issue on Multi-Modal Texts. *Reading, Literacy and Language*, 35(3), 89-93.

[35] Forceville, C. 1996. *Pictorial Metaphor in Advertising*. London: Routledge.

[36] Forceville, 1999. Educating the eye? Kress and Van Leeuwen's reading images: The grammar of visual design (1996). *Language and Literature*, 8(2): 163-178.

[37] Gibson, J. J. 1977. The theory of affordances. In R. Shaw and J. Bransford (eds.). *Perceiving, Acting, and Knowing: Toward and Ecological Psychology*. Erlbaum, Hillsdale, NJ: 62-82.

[38] Halliday, M. A. K. 1978. *Language as Social Semiotic: The Social Interpretation of Language and Meaning*. London: Edward Arnold.

[39] Halliday, M. A. K. 1985. *An introduction to Functional Grammar*. London: Edward Arnold.

[40] Halliday, M. A. K. & Matthiessen, C. M. I. M. 2004. *Introduction to Functional Grammar* (3rd edition). London: Arnold.

[41] Holsanova, 2012. New methods for studying visual communication and multimodal integration. *Visual Communication*, 11(3): 251 - 257.

[42] Holsanova, J., Rahm, H., & Holmqvist, K. 2006. Entry points and reading paths on newspaper spreads: comparing a semiotic analysis with eye-tracking measurements. *Visual Communication*, 5(1): 65 - 93.

[43] Jewitt, C. 2009. *The Routledge Handbook of Multimodal Analysis*. London and New York: Routledge.

[44] Kress, G. & Van Leeuwen, T. 1990. *Reading Images*. Australia: Deakin University Press.

[45] Kress, G. & Van Leeuwen, T. 1998. Front pages: (The critical) analysis of newspaper layout. In A. Bell and P. Garrett (eds.). *Approaches to Media Discourse*, Oxford: Blackwell, 186 - 219.

[46] Kress, G. & Van Leeuwen, T. 1996/2020. *Reading Images: The grammar of Visual Design*. London: Routledge.

[47] Laba, N. 2022. Book review: Reading Images: The Grammar of Visual Design. *Visual Communication*, 0(0):1 - 3.

[48] Martinec, R. 2000. Rhythm in multimodal texts. *Leonardo*, 33(4): 289 - 297.

[49] Martinec, R., & Salway, A. 2005. A system for image-text relations in new (and old) media. *Visual Communication*, 4(3), 337 - 371.

[50] McDonald, E. 2012. Aristotle, Saussure, Kress on speech and writing: Language as paradigm for the semiotic? *Language & Communication*, 32(3): 205 - 215.

[51] O'Halloran, K. L. 2005. The language of learning mathematics: A multimodal perspective. *The Journal of Mathematical Behavior*, 40: 63 - 74.

[52] O'Toole, M. 1994. *The Language of Displayed Art*. London: Leicester University Press.

[53] Painter, C., Martin , J. R & Unsworth, L. 2013. *Reading Visual Narratives*. London: Equinox.

[54] Stöckl, H. 2023. Bold and impactful: a reappraisal of Gunther Kress's (social) semiotic legacy in the light of current multimodality research. *Text & Talk*, (0).

[55] Van Leeuwen, T. 1999. *Speech, Music, Sound*. London: Macmillan.

护肤品广告中女性美容实践隐喻构建的批评性分析

南京师范大学　郑佳莲　李曙光*

摘　要：护肤品广告往往使用大量隐喻，对女性美容实践进行以资本获利为中心的话语构建，以期通过影响女性的审美判断实现营销目的。本研究选取国内外36个知名护肤品品牌生产商发布于淘宝平台的广告话语作为语料，并遵循MIPVU隐喻识别程序建立小型隐喻库。共鸣值占比显示，战争隐喻是护肤品广告中最具统摄性的隐喻类型，相关隐喻共鸣值占比高达71.35%。基于经典批评隐喻分析模型的研究发现，约95%的战争隐喻以“护肤产品”为目标域，并倾向于将其映射到具有个体能动性的士兵形象之上。然而在这一过程中，女性往往被降格化处理，即广告中常以肌肤状态指称并代替女性出现在美容实践的叙事中。战争隐喻的使用不仅与护肤品广告所采取的“问题—解决”模式相契合，同时进一步使广告中“护肤产品的缺失导致女性衰老”这一隐含逻辑得以合理化。

关键词：护肤品广告；女性美容实践；隐喻构建；批评隐喻分析

Title: A Critical Analysis of Metaphorical Construction of Feminine Beautification Practice in Skincare Product Advertising

Abstract: Skincare product advertising uses metaphors extensively to construct the feminine beautification practice for achieving the profit-oriented control of female aesthetics. This study selects advertisements released by 36 skincare brands on the Taobao platform as research data and forms a metaphor corpus by following the MIPVU procedures. The distribution of the metaphor resonance shows that the war metaphor is dominant, accounting for 71.35% of the metaphorical expressions in the

* **作者简介**：郑佳莲，南京师范大学外国语学院硕士研究生。研究方向为话语分析。联系方式：200702080@nnu.edu.cn。通讯作者：李曙光，博士，南京师范大学外国语学院教授。研究方向为话语分析，翻译理论与实践，英语教学。联系方式：lishuguang@njnu.edu.cn。

corpus. The analysis informed by the classic framework of Critical Metaphor Analysis reveals that nearly 95% of them take "the skincare product" as the target domain and the mapping into the soldier image endows the product with strong human agency. Meanwhile, women are often metonymically substituted by their skin conditions in the advertising narration of the feminine beautification practice, undergoing degradation in humanity. War metaphors fit well with the "Problem-Solution" pattern adopted in advertisements and contribute to rationalizing the underlying logic in this type of discourse: the lack of skincare products leads to female ageing.

Key Words: Skincare Product Advertising; Feminine Beautification Practice; Metaphorical Construction; Critical Metaphor Analysis

1 引言

基于大众传播而日益崛起的广告业在社会主义精神文明建设中发挥着愈加重要的作用，然而"倾斜的大众传媒"往往过度强化女性"被看"的文化身份（刘伯红、卜卫，1997；马中红，2004）。随之兴起的"美丽工业"（beauty industry）更是与大众传媒形成合作共谋的关系，共同致力于鼓励女性进行一系列美容实践，以打造符合社会标准的身体，女性的"外在显观"也由此被赋予了更多的审美价值（陶东风，2010）。在身体审美化的社会文化思潮中，构建"美丽工业"合理性的广告话语往往承载着特定的"知识"，并借助媒介和资本的力量形成广告话语霸权，从而使其编码于话语中的"知识"成为主流，以一种温和的方式操控着广告受众的观念结构和行为选择（费爱华，2009）。为了实现劝服与操控广告受众的目的，广告话语往往将隐喻作为其实行软销售（soft-sell）的关键策略（Ang & Lim, 2006; Hidalgo-Downing & Kraljevic-Mujik, 2016）。

鉴于此，本研究以国内外多个知名护肤品生产商发布于淘宝平台的广告作为语料来源，考察广告话语中隐喻使用的类型和分布，并基于经典批评隐喻分析框架对广告中使用的主要隐喻类型进行深入的阐释和说明，以便揭示护肤品广告中对特定隐喻的选择和使用及其背后的社会实践动因。

2 隐喻和广告话语

广告作为特殊的言语交际形式，被视为一种在编码者和受众之间进行的双向交际行为（谢华，2016），而具有概念性和思维性本质的隐喻话语常常被广告编码者作为一种有效的话语策略使用，以期影响潜在消费者的情感体验和价值判断（Hidalgo-Downing & Kraljevic-Mujik, 2016）。广告受众对隐喻的解读和推理能促进其对广告信息处理的深入理解，即便是在消费者卷入程度较低的情况下，也能实现类似于消费者被高度卷入时的广告效能（Toncar & Munch, 2001；高飞，2014）。值得注意的是，隐喻推理并非只是人们有意识地运用认知策略，并根据源域来理解目标域的过程；实际上，即使受众未意识到话语中的隐喻，同样也会进行相应的隐喻性推理。换言之，人们常常在无意识的状态下受到隐喻潜移默化的影响（Thibodeau, et al., 2017）。

隐喻的选择性突显以及遮蔽的功能对目标对象具有强大的构建作用，选用何种源域去识解（construe）目标域能够影响受众对目标对象的感知、推理以及态度取向（洪艳青、张辉，2002），而不同源域的选择也体现着话语主体特定的世界观和交际意图（李曙光、杨玲，2019）。因此，隐喻不仅是广告传递产品信息的载体和媒介，同时也是其参与建构特定社会意识形态的有效途径。在护肤品广告中，针对不同性别的消费者所呈现的隐喻场景呈现明显的分化，而这种特定的隐喻框架往往有助于强化传统的性别刻板印象以及以男性为中心的社会权力关系（陈敏、孙伟伟，2018）。即使是在以女性为消费主体的护肤品广告中，物化女性形象这一传统文化倾向仍然在各类转喻、隐喻等认知手段中被呈现（赵秀凤、谢宜霏，2020）。而该类广告对女性形象的构建，往往依附于对产品的隐喻性描述，即借助于各类隐喻性动词突出产品的主体性和能动性，同时预设性地将女性置于消极的境况之中（Chupryakova, et al., 2019），从而服务于常见的商业广告模式，即“问题—解决”模式（黄国文，1997）。然而，现有研究大多采取定性的方式对广告中的隐喻类型进行分析，虽然揭示了广告话语背后的意识形态和权力关系，但对广告中关键隐喻类型的定量考察则相对有所不足。此外，现有研究往往关注美容护肤产品广告话语对女性形象的隐喻性构建，忽视了隐喻对当代女性美容实践的概念化作用。

因此，本研究基于经典批评隐喻分析模型（Charteris-Black, 2004），并结合概念整合理论（Fauconnier & Turner, 2002），对自建的小型护肤品广告隐喻库进行定性和定量相结合的批评隐喻分析，尝试揭示构建女性美容实践的特定隐喻框架及其背后的社会文化动因。

3 批评隐喻分析理论框架

查特瑞斯-布莱克(Charteris-Black, 2004)将隐喻视为文本意识形态的重要组成部分,并提出了一种综合运用批评话语分析、语料库分析、语用学以及认知语言学的研究方法,即批评隐喻分析(Critical Metaphor Analysis, CMA),以便深入研究特定类型语篇中的隐喻。然而,正如哈特(Hart, 2008)所指出的那样,相比于关注意象图示、认知域、框架等非语境层面隐喻现象的概念隐喻理论(Lakoff & Johnson, 1980),能够反映概念间动态投射过程的概念整合理论(Fauconnier & Turner, 2002)更加符合批评话语分析的内在理论逻辑。通过探究隐喻话语的概念整合网络,能更加清晰地揭示话语背后的"意识形态附着"以及决定语言形式意义的"幕后认知"(backstage cognition)(张辉、江龙,2008)。

因此,本研究将结合概念整合理论(Fauconnier & Turner, 2002)和经典批评隐喻分析框架(Charteris-Black, 2004),遵循 CMA 的三个研究步骤,即隐喻识别、隐喻阐释和隐喻说明,以揭示护肤品广告话语中隐喻的使用模式和理解机制。其中,概念整合理论的应用主要是对涉及多域映射的隐喻话语进行更为深入的分析,以及通过呈现动态的隐喻话语加工过程,揭示特定隐喻类型所携带的更为隐蔽的价值判断和逻辑推理。在隐喻解释阶段,更为宏观的社会文化因素将被考虑在内,以解释护肤品广告话语中关键性隐喻类型选择的社会实践动因。

4 美容护肤产品广告话语的批评隐喻分析

4.1 隐喻的识别和分布

本研究以国内外 36 个护肤品品牌①的生产商发布于淘宝平台的广告话语作为语料来源,并对各个品牌销量前 100 的产品广告话语进行隐喻识别。为了能够系统详尽地识别出广告话语中的隐喻,本研究采用 MIPVU 人工隐喻识别程序(Steen, et al., 2010),主要识别广告话语中的间接隐喻、直接隐喻以及具有隐喻性的创新词,最终得到

---

① 根据买购网平台(maigoo.com)的护肤品品牌排名榜单,共选择了 36 个护肤品牌,分别是雅诗兰黛、兰蔻、SK-Ⅱ、巴黎欧莱雅、玉兰油、资生堂、科颜氏、海蓝之谜、雪花秀、薇诺娜、赫莲娜、肌肤之钥、百雀羚、珂润、自然堂、相宜本草、茵芙莎、倩碧、珀莱雅、黛珂、悦木之源、兰芝、韩束、透真、丸美、水密码、御泥坊、佰草集、欧诗漫、一叶子、瑷尔博士、羽西、大宝、爱和纯、芙丽芳丝、悦诗风吟。

2030个构成跨域映射的语言表达,并据此汇编成一个小型隐喻语料库。为了确保样本采集的可靠性和可信度,该语料库经由其他两位分析者的审查,在对具有争议的样本进行集中讨论后,最终实现了对隐喻识别结果判断的完全一致。

表1 护肤品广告话语中的隐喻类别及其共鸣值占比

隐喻类型	类符数	形符数	共鸣值	共鸣值占比
战争	132	1059	139788	71.35%
建筑	39	724	28236	14.41%
生物体	49	389	19061	9.73%
疾病	25	226	5650	2.88%
容器	16	94	1504	0.77%
花卉	13	93	1209	0.62%
旅程	13	37	481	0.24%
总计	287	2622	195929	100%

在隐喻分类阶段,本文遵循"基于源域的方法(source-based approach)"对隐喻库中的语料进行初始分类,并通过统计各类隐喻的类符数(types total)和形符数(tokens total),计算得出能够体现隐喻使用频率的重要参数——共鸣值(resonance)(纪玉华、陈燕,2007;武建国,2020)。根据表1所示的共鸣值占比分布,我们发现护肤品广告使用了极为丰富的战争域词汇,相关共鸣值占比高达71.35%。值得注意的是,战争域与其他概念域的隐喻关键词存在不同程度的共现,尤其是建筑域和生物体域,占含有战争域词汇的多域隐喻表达总数的一半以上。鉴于此,战争隐喻可以被视为护肤品广告话语中最具统摄性的概念隐喻类别,对战争域的细致分析也是进一步理解和阐释其他类别隐喻的基础和关键。因此,下文将聚焦战争类隐喻话语,遵循上述经典CMA分析流程并结合商业广告的文体特征对其作进一步分析,以便考察护肤品广告选择特定隐喻模式背后的深层社会动因。

4.2 "问题—解决"模式下的战争隐喻使用

以战争为始源域的隐喻在现代汉语中异常丰富,且充斥诸多概念域,如争辩、爱情、商业、球赛等(袁影,2004)。人们习惯于以一种军事思维来理解具有对抗性和紧迫性的工作,战争域中的敌我、攻守、伤亡等关键组成要素往往被映射到相应的目标域中(刘宇红、余晓梅,2007;李曙光,2022)。在身体审美化的社会思潮中,打造符合社会想象的美丽身体逐渐被构建为极为重要的女性实践;然而,对年轻身体的社会性迷恋以及对特定女性美的形式追求,使得女性美容实践往往带有反生理、反自然的对抗性,并呈现出军事化的概念迁移。自20世纪90年代初,"抗老(anti-ageing)"这一术语就开始被广泛使用于各类美容杂志刊登的文章中，成为美容护肤产品的主打功效而被广泛宣传(Brown & Knight, 2015)。此外，战争域本身具有的紧迫性情绪效价以及完整的敌我概念框架与商业广告中常采用的“问题—解决”模式相匹配，换言之，隐喻的使用往往服务于该模式并与之互动，从而激发广告的劝谏潜势(Hidalgo-Downing, et al. , 2016)。

参照以往研究基于“问题—解决”模式对护肤品广告中的战争隐喻进行细化分类的做法(Lazar, 2009)，本文根据该模式下的三个关键要素，即“问题”“消费者”以及“解决方法”对战争域词汇进行分类。如图1所示，经由战争域概念化的女性美容实践被构建为内群体对抗外群体的活动。其中，导致衰老的因素以及衰老本身被构建为“敌人”，而内群体成员的概念化身份则更为复杂，原因有二：在广告话语中，女性消费者与其肌肤之间通常具有转喻性替代关系；同时，护肤产品往往也被人格化处理。内群体的概念化身份往往投射于战争域下的“伤员”“士兵”以及“武器”等意象。

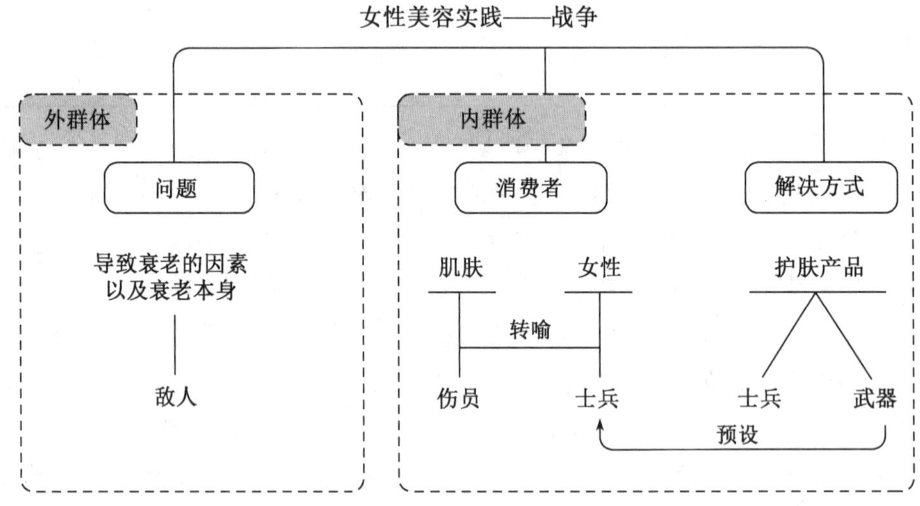

图1 “问题—解决”模式下的战争域映射

为了更加清楚地揭示战争隐喻在护肤品广告中的策略性使用，本文将根据隐喻关键词的上下文语境并结合与其共现于广告中的其他模态(图片、视频等)，对战争域下的每一形符进行识别与分类。其中，大部分攻守类隐喻动词用于描述产品功效，构成士兵隐喻；然而，如“抵御”“防护”“对抗”等类符在以下几种情况中构成武器隐喻：当与武器类隐喻名词(如“防护盾”“稳压器”)或与其他暗示产品为物品的动词(如“拿”)联合使用时，抑或是在上下文中明确出现指代女性消费者的人称代词时(如“你”)，这类攻守类隐喻动词则被视为产品以物品属性发出的动作，因此构成武器隐喻。战争域下隐喻类符的具体分类情况如表2所示。

表 2　战争隐喻的映射及其隐喻类符的分类

目标域	源域	隐喻类符(形符)
护肤品	士兵	抵御(89)、抗＊(67)、对抗(66)、直击(52)、击退(52)、拯救(36)、守护(35)、狙击(30)、防护(27)、救星(25)、攻克(17)、防御(14)、击破(10)、抵抗(10)、横扫(10)、抗击(8)、解救(8)、防御力(7)、出击(6)、击散(6)、保护(5)、捍卫(5)、辅助(5)、卫士(5)、K.O.(5)、战痘力(4)、稳赢(4)、火力全开(4)、击溃(4)、粉碎(3)、助攻(3)、攻守(3)、作战(3)、攻破(2)、打击(2)、引爆(2)、步步为营(2)、攻守兼备(2)、迎战(2)、防御圈(2)、里应外合(1)、防护力(1)、瓦解(2)、决胜(2)、专攻(2)、守护者(1)、绞杀(1)、能打(1)、捍护(1)、狙击手(1)、攻略(1)、先锋(1)、守御(1)、破防(1)、守卫(1)、歼灭(1)、御防(1)、主力军(1)、突围(1)、反恐精英(1)、奋力一击(1)、御守(1)、抗打(1)、爆发(1)、抵挡(1)、上阵(1)
	武器	抵御(13)、防线(10)、阻击(6)、防护(6)、开挂(5)、防护盾(4)、保护盾(4)、武器(4)、对抗(3)、盾(3)、盔甲(2)、防护伞(2)、防护屏(1)、铠甲(1)、利刃(1)、盾牌(1)、战斗机(1)、戎装(1)、神器(1)、护盾(1)、炸弹(1)
衰老	敌人	危肌/危机(49)、侵害(10)、侵袭(9)、来袭(5)、危机四伏(4)、警报/颈报(3)、入侵(3)、防不胜防(2)、内忧外患(2)、杀手(2)、寡不敌众(1)、摧毁(1)、元凶(1)、袭肌(1)、侵扰(1)、趁虚而入(1)、围攻(1)、暴击(1)、夹击(1)、攻击(1)
肌肤	伤员	受损(34)、损伤(20)、求助(1)、损害(2)
女性	士兵	上阵(2)、开战(1)、战场(1)
类符数:132　　形符数:1059　　总共鸣值占比:71.35%		

表 3 中呈现的隐喻共鸣值占比显示,相较于其他内群体成员(女性或肌肤),“护肤产品”占据更多的战争域词汇资源以实现身份概念化。值得注意的是,大量攻守类词汇更倾向于将产品概念化为“士兵”形象,实现产品从非生命物体到人的主体升格,使抽象的产品功能和效果进一步形象化,而这类隐喻类型的共鸣值占比则高达 85.88%。可以看出,相比于将产品映射为更接近其“物品”属性的武器,护肤品广告更倾向于将产品构建为具有“人”属性的士兵,然而原本具有个体能动性的女性群体则很少被直接构建为士兵形象(仅占 0.6%)。此外,与其具有转喻关系的“肌肤”则多以“伤员”身份出现,代替女性成为美容护肤实践的行动人。换言之,在产品被拟人化的同时,同样不具有人格属性的肌肤也被顺带升格为具有个体能动性的主体,而女性本体意义在护肤品广告话语中被有意识地消解。

表 3　战争类概念隐喻及其共鸣值占比

概念隐喻	类符数	形符数	共鸣值	共鸣值占比
产品是士兵	66	673	44418	85.88%
衰老是敌人	22	216	4752	9.19%
产品是武器	21	71	1491	2.88%

（续表）

概念隐喻	类符数	形符数	共鸣值	共鸣值占比
肌肤是伤员	10	75	750	1.45%
女性是士兵	13	24	312	0.60%
总计	132	1059	51723	100%

值得注意的是，在本研究自建的小型隐喻库中存在大量生物体隐喻（占比9.73%），从睡觉、吃喝、呼吸、年龄等诸多层面，对肌肤进行拟人化的话语构建，并以“干渴”“倦怠”“窒息”“衰老”等词语描述未使用护肤品前的肌肤状态，丰富了战争隐喻下“肌肤是伤员”这一概念隐喻映射的内涵。此外，通过考察生物体隐喻和战争隐喻词汇在同一隐喻表达中的共现率，可以发现二者呈现出概念间的如例1—4所示的逻辑联系：敌人来袭是肌肤呈现不良状态（如“闹情绪”“干渴”等）的原因，而肌肤恢复正常状态（如“唤醒”“赋活”）则依赖于护肤产品的攻守防备。可以说，护肤品广告在赋予产品效果以特定形象的同时，也试图通过隐喻、转喻等认知手段将女性肌肤等外在形象特征上升到能够象征并代替女性本体的主体地位，因而以“干皮”“油皮”“问题肌”等表征不同肌肤状态的词汇指称女性群体的做法，在各类护肤品广告中颇为普遍，以此凸显女性“外在显观”的首要价值（陶东风，2010）。

（1）换季危肌来袭，肌肤开始闹情绪。（相宜本草①）

（2）因雀思听系列产品拯救你的干渴暗沉肌。（百雀羚）

（3）直击干燥，一套唤醒水光肌。（水密码）

（4）击退干燥，满水赋活。（大宝）

依据概念整合模型，本文试图展现战争域和生物体域在护肤品广告中的意义共建关系，同时借助其独具特色的层创结构进行更为合理的推断。如图2所示，在该类广告对女性美容实践的叙事中，女性的主体身份以转喻的方式消解于各种肌肤类型的指称之中，并以消极的“伤员”形象出现于战争域的概念结构中。肌肤衰老的外在显观被构建为消极的生存状态，而护肤产品则多以“士兵”形象出现，并救女性于关乎生死的衰老危机之中，凸显出“女性美容实践是关乎女性生死的首要活动”这一“衍推内容”（孙毅、陈朗，2008）。

除了对内群体成员身份的概念化，大量战争域词汇用于构建外群体的进攻及其造成的危险局面，构成“衰老是敌人”的概念隐喻映射（占比9.19%）。通过考察与“侵害”“侵袭”“来袭”等隐喻动词共现的名词，我们发现，除了将造成衰老的内部因素（如“焦虑”“代谢减速”）和外部因素（如“污染”“紫外线”）构建为敌人，呈现衰老迹象的肌肤本

① 括号内为护肤品品牌的名称。

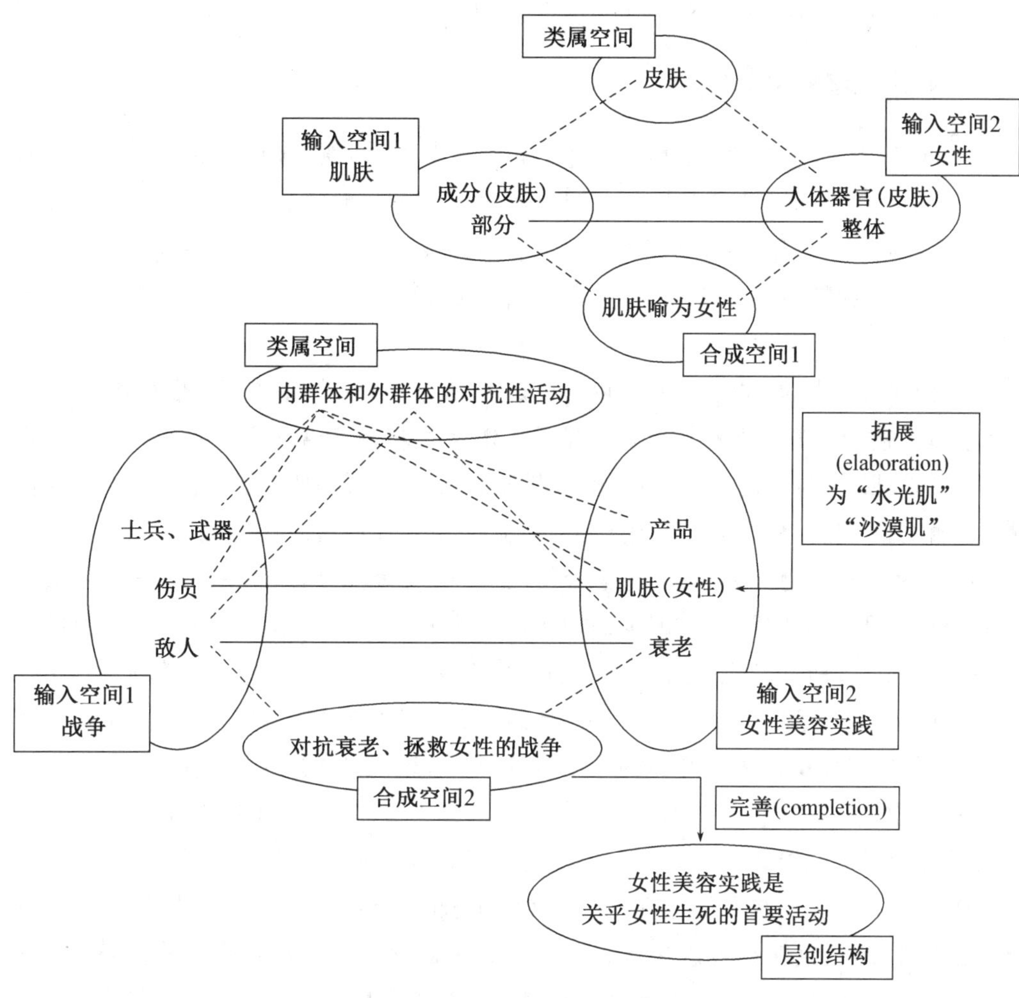

图 2　护肤品广告话语中的多域复合网络

身也被视为外群体的一员,如例 5、例 6 中的"皱纹""焦糖脸",作为进攻类动词的动作发出者,被构建为危害肌肤年轻状态的敌人,而非受到伤害的内群体。将衰老肌肤本身视为敌人的话语构建同样出现在以产品为目标域的士兵隐喻中,如例 7、例 8 所示,"松、垮、纹"和"黯沉肌"作为进攻类动词的受事,同样被构建为需要合力抵制的外群体一方。

正如拉泽(Lazar, 2009)所言,美容护肤产品广告试图通过使用战争域词汇将女性身体本身构建为斗争场所;在这一概念化过程中,不符合社会审美标准的女性身体成为需要被攻克的敌人,最终加剧了女性与其身体关系的异化。

(5) 随着年龄增长,皱纹正在侵袭你的肌肤。(韩束)

(6) 年轻危机,焦糖脸趁虚而入。(相宜本草)

(7) 狙击松、垮、纹,年轻稳赢。(相宜本草)

(8) 对抗黯沉肌,重现粉嫩透白光彩。(自然堂)

4.3 隐喻选择和社会认知

护肤品广告所构建的概念隐喻往往服务于商业广告中常见的“问题—解决”模式的构建,大量战争域词汇将衰老迹象构建为侵害女性年轻肌肤的敌人,而常由肌肤指代的女性在这场肌肤保卫战中则多以消极被动的伤员身份出现。此外,战争域词汇通常含有“一种紧迫的情感基调”,能够格外吸引消费者的注意力并激励他们采取行动(Stephen, et al., 2018)。

在护肤品广告的“问题—解决”修辞模式中,大量战争域词汇被用于描述和表征“解决”措施,例如将护肤产品构建为具有“问题解决者”身份的士兵。为了凸显产品能够解决问题的效果,广告中往往会呈现两种女性肌肤状态,一种是使用了护肤产品之后获得的“美丽肌肤”,另一种则是未使用产品前面临的“问题肌肤”,而女性肌肤衰老这一复杂的生理过程被简化为一个可以通过选择使用某一产品就能够有效解决的问题。本文通过探究护肤品广告“问题—解决”修辞模式背后的概念整合过程,得出了更为隐秘的衍推内容。如图 3 所示,处于两个空间中的肌肤状态和外界条件等成分,在有选择地进入合成空间后,新的逻辑得以产生,即护肤产品的缺失成了导致问题肌肤形成的原因。而这一逻辑在战争隐喻的概念映射过程中被进一步合理化,如图 4 所示,在基于战争域的叙事框架中,战局的成败往往能够合乎情理地归因于“人”和“物”的因素,即士兵和武器的缺失足以导致战局失利($-a'\rightarrow c_2'$),而这一逻辑推理将被投射到护肤域中,并构造出新的层创结构——护肤产品的缺失导致女性肌肤的衰老。护肤产品从“解决办法”到“问题原因”的角色转换被进一步合理化。这一概念推理与克拉克和格里芬(Hurd Clarke & Griffin, 2007)在对中老年女性进行深度访谈时的发现一致,即女性在主流消费文化的影响下,倾向于把自然的衰老归因于自身未进行相应的美容实践。然而,女性肌肤的状态往往是众多因素共同作用的结果,美丽肌肤的实现与否也与当下社会文化思潮密切相关。护肤品广告有意识地简化这一复杂关系,通过隐喻等话语策略强化护肤品对实现美丽肌肤的核心决定作用,甚至进而跃迁为导致问题肌肤产生的原因,从而突出护肤产品对女性的重要性。

在当下消费文化中,美丽肌肤往往被等同于年轻肌肤,因而护肤品广告往往策略性地使用大量战争隐喻,将衰老构建为处于对立面的敌方。主流社会对于人类老年阶段的敌意以及抗衰老运动的日益兴盛,使得对抗性思维在女性美容实践的指导中始终占据上风。不论是旨在治愈疾病或延长健康寿命的医学和生物学领域,还是声称可以缓解生理衰老迹象的美容行业,这些具有不同技术和主张的抗衰老运动在一定程度上反映了贬低老年的主流文化观点(Vincent, 2007)。消费社会通过语言和文化资源将老年构建为一种固有的负面生命现象,导致主流社会形成对老年化强烈的消极态度。人们普遍把衰老的身体视为是“垂死的身体”(Katz, 1996: 40),从这个意义上说,护肤品广告使用大量战争隐喻鼓励女性“向衰老宣战”这一行动被进一步合理化,转而成为一种对抗人类消极状态的积极斗争实践,因而“美丽工业”得以站在道德制高点上给女性施加更多的责任和义务去进行身体管理。随着生物科学的发展,基于对人类衰老更加深入的科学理解,护肤品广告与抗衰老的科学知识相结合开发出更多的抗衰老产品和服务,而护肤品广告话语在科学知识、实验数据的加持下也显得更具说服力,有了科学武器,人们更愿意以积极的态度承认并参与抗衰老战争。

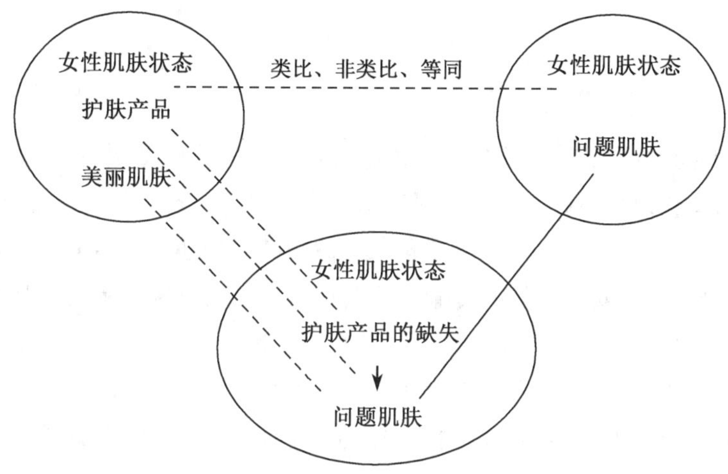

图 3 护肤品广告中“问题—解决”模式的概念整合过程

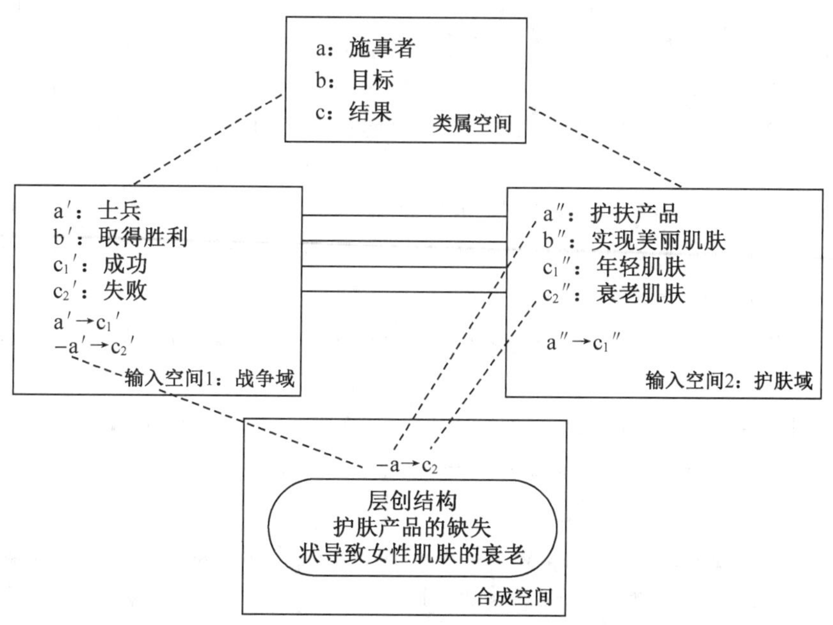

图 4 护肤品广告中战争隐喻的概念整合过程

但值得注意的是，在流行文化文本中，女性的衰老外表往往比男性受到更多的批评和污名化。也就是说，女性更被鼓励对衰老的身体外在显观发动战争，这与父权制思维主导的消费文化习惯于将女性置于被“男性凝视”的客体地位不无关系(马中红，2004)。在男权文化和消费文化的双重影响下，女性的审美体验和自我判断始终被裹挟在由战争思维主导的主流话语中，寻找和建构描述现代女性新美容实践的隐喻框架则值得我们进一步思考。

5 结语

本文利用经典批评隐喻分析框架对护肤品广告中的隐喻话语进行了深入的分析，旨在揭示消费文化语境下此类文本如何运用隐喻对女性美容实践进行选择性建构。分析发现，以战争域为核心的认知框架倾向于将护肤产品构建为拯救女性肌肤于生死危机的士兵，结合肌肤和女性之间的转喻关系以及大量以肌肤为目标域的生物体隐喻，美容实践在商业广告的叙事逻辑中被置于关乎女性生死的首要地位。对主流消费文本中的隐喻使用开展批评性分析，有利于女性对工业化的审美共识进行思考和自我觉察，使其意识到消费文化对女性美的话语构建和控制，进而培养自主性审美判断意识，并实现更为合理的个体审美实践追求。

参考文献

[1] Ang, H. & E. Lim. 2006. The influence of metaphors and product type on Brand personality perceptions and attitudes. *Journal of Advertising*, 35(2): 39 - 53.

[2] Brown, A. & T. Knight. 2015. Shifts in media images of women appearance and social status from 1960 to 2010: A content analysis of beauty advertisements in two Australian magazines. *Journal of Aging Studies*, 35(2): 74 - 83.

[3] Charteris-Black, J. 2004. *Corpus Approaches to Critical Metaphor Analysis*. New York: Palgrave Macmillan.

[4] Chupryakova, A., A. Votyakova & S. Safonova. 2019. Metaphorics of advertising discourse (based on cosmetics and perfume advertising). *Journal of Research in Applied Linguistics*, 10(3): 647 - 654.

[5] Fauconnier, G. & M. Turner. 2002. *The Way we Think: Conceptual Blending and the Mind's Hidden Complexities*. New York: Basic Books.

[6] Hart, C. 2008. Critical discourse analysis and metaphor: Toward a theoretical framework. *Critical Discourse Studies*, 5(2): 91 - 106.

[7] Hidalgo-Downing, L. & B. Kraljevic-Mujik. 2016. Metaphor and persuasion in commercial advertising. In E. Semino & Z. Demjén (eds.). *Routledge Handbook of Language and Metaphor*. Publisher: Routledge, 324 - 336.

[8] HurdClarke, L. & M. Griffin. 2007. The body natural and the body unnatural: Beauty work and aging. *Journey of Aging Studies*, 21(3): 187 - 201.

[9] Katz, S. 1996. *Disciplining Old Age: The Formation of Gerontological Knowledge*. Charlottesville, VA: University Press of Virginia.

[10] Lakoff, G. & M. Johnson. 1980. *Metaphors We Live by*. Chicago and London: University of Chicago Press.

[11] Lazar, M. 2009. Gender, war and body politics: A critical multimodal analysis of metaphor in advertising. In K. Ahrens (ed.). *Politics, Gender and Conceptual Metaphors*. New York: Palgrave Macmillan, 209 - 234.

[12] Steen, G., L. Dorse & J. Herrmann, et al., 2010. *A Method for Linguistic Metaphor Identification: From MIP to MIPVU*. Amsterdam: John Benjamins.

[13] Stephen, J., T. Matlock & P. Thibodeau. 2018. War metaphors in public discourse. *Metaphor and Symbol*, 33(1): 1 - 18.

[14] Thibodeau, H., K. Hendricks & L. Boroditsky. 2017. How linguistic metaphor scaffoldsreasoning. *Trends in Cognitive Sciences*, 21(11): 852 - 863.

[15] Toncar, M. & J. Munch. 2001. Consumer responses to tropes in print advertising. *Journey of Advertising*, 30(1): 55 - 65.

[16] Vincent, A. 2007. Science and imagery in the "war on old age". *Ageing & Society*, 27(6): 941 - 961.

[17] 陈敏,孙伟伟,2018. 欧莱雅化妆品电视广告中的多模态隐喻与身份商品化. 外国语文,34(3):80 - 86.

[18] 费爱华,2009. 广告话语霸权的生成机制研究. 南京师大学报(社会科学版),(6):61 - 66.

[19] 高飞,2014. 论广告隐喻思维的方式与传达. 出版广角,(4):68 - 70.

[20] 洪艳青,张辉,2002. 认知语言学与意识形态研究. 外语与外语教学,(2):5 - 9.

[21] 黄国文,1997. 美容广告中的"问题—解决办法"语篇模式. 解放军外语学院学报,20(4):1 - 6.

[22] 纪玉华,陈燕,2007. 批评话语分析的新方法:批评隐喻分析. 厦门大学学报(哲学社会科学版),(6):42 - 48.

[23] 李曙光,2022. 生态文明核心问题的隐喻变迁:基于《人民日报》(1949—2021)的历时分析. 外语研究,39(3):7 - 14,112.

[24] 李曙光,杨玲,2019. 美国排华隐喻话语的认知批评分析. 华侨华人历史研究,(1):15 - 23.

[25] 刘伯红,卜卫,1997. 我国电视广告中女性形象的研究报告. 新闻与传播研究,4(1):45 - 58,96.

[26] 刘宇红,余晓梅,2007. 现代汉语中的军事隐喻研究. 语言教学与研究,(3):12 - 20.

[27] 马中红,2004. 视觉文化:广告女性形象的看与被看. 深圳大学学报(人文社会科学版),21(6):105 - 110.

[28] 孙毅，陈朗，2008. 概念整合理论与概念隐喻观的系统性对比研究. 北京第二外国语学院学报，30(6)：14－19.

[29] 陶东风，2010. 消费文化语境中的身体美学. 马克思主义与现实，(2)：27－34.

[30] 武建国，龚纯，宋玥，2020. 政治话语的批评隐喻分析：以特朗普演讲为例. 外国语，43(3)：80－88.

[31] 谢华，2016. 广告语的认知语境与最佳关联. 湖南科技大学学报(社会科学版)，19(3)：113－119.

[32] 袁影，2004. 论战争隐喻的普遍性及文化渊源. 外语研究，(4)：36－39.

[33] 张辉，江龙，2008. 试论认知语言学与批评话语分析的融合. 外语学刊，(5)：12－19.

[34] 赵秀凤，谢宜霏，2007. 香水广告中女性形象的多模态隐喻建构. 浙江外国语学院学报，(5)：31－39.

语用学视角下的人际关系管理研究:回顾及展望*

南京航空航天大学　李梦欣**

摘　要:沟通和互动是人际关系管理的重要属性,语言在人际关系管理中的重要性不言而喻。近年来交际中的关系受到语用学研究越来越多的关注,研究的重点转向更广泛的基于话语互动的人际关系探究,考察人们如何在社交活动中使用语言培养和磋商人际关系,人际语用学作为语用学专题的新兴研究领域得到了高度重视。本研究旨在梳理语用学视角下的人际关系管理研究,以期为拓展人际语用学的研究方法和思路提供借鉴。

关键词:语用学;人际关系管理;综述研究

Title: Research on Interpersonal Relationship Management from the Perspective of Pragmatics: Review and Prospect

Abstract: Communication and interaction are important attributes of interpersonal relationship management, and the role of language is self-evident. In recent years, the relationship in communication has received an increasing attention from the perspective of pragmatics. The focus of such research has shifted to examining how people use language in social activities to cultivate and negotiate interpersonal relationships. Therefore, interpersonal pragmatics has been highly valued as an emerging research field. The purpose of this study is to review literature on interpersonal relationship management from the perspective of pragmatics, with

---

* 本研究是教育部人文社会科学研究青年基金项目"全球一体化时代中国企业海外形象话语建构与传播研究"(编号:22YJC740036)和南京航空航天大学科研启动基金"基于关系理论的中美电商口碑管理话语比较研究"(编号:1012－YAH21141)的部分成果。

** **作者简介**:李梦欣,南京航空航天大学外国语学院特聘副研究员。主要研究方向为语用学、外语教学。联系方式:kay3033@163.com。

the hope to provide a reference for enriching the research methods and expanding the research ideas in this area.

Key Words: Pragmatics; Interpersonal Relationship Management; Literature Review

1 引言

人际交往中的关系问题是社会学、社会心理学、哲学伦理学的传统课题之一，研究成果颇丰。现有研究主要围绕对相关理论问题的探索，包括从人性的角度探讨人际关系管理的形态，从文化角度解析人际关系管理中体现的文化价值导向（王晓霞，2010），以及比较中西方人际关系管理哲学的异同（陈根法，1992），从社会角度考察人际关系管理的特性和变异（王思斌，1996），等等。实证研究主要包括人际关系管理的策略、功能、影响因素等，以及当代中国社会人际关系问题的本土研究，如我国社会人际关系管理现状及相关问题、网络社会中人际关系管理的特性等。研究者从行为的角度探讨了不同人际关系质量对个体情绪的影响（Eberhart & Hammen，2006；Starr & Davila，2008；党清秀、李英、张宝山，2016），对学生学习投入的作用（Furrer & Skinner，2003；燕良轼、王小凤、李桃，2018）。同时，信息传播技术的飞速发展和人类环境的革命性变化引发了人们对人际关系管理的进一步思考，同时衍生出一些正待发展的新兴学科，如关系管理学、人际关系学等。

近年来，语用学学科的"关系转向"将人际关系作为独立的研究对象，充分考察了不同交际语境中的人际关系维度。语用学视角下的人际关系管理研究成果颇丰，主要涉及日常交际话语、课堂话语、商务交际话语以及新媒体话语等交际语境中的人际关系管理问题。

2 缘起与发展

人际关系管理的思想早在古希腊文明中就有所体现，如苏格拉底从伦理哲学的角度探讨了人际交往中的道德标准，提出了著名的"美德即知识"命题，主张用美德来规范个体的行为以及处理人与人之间的相互关系。柏拉图认为善和德性是至高无上的，倡导人与人之间的博爱与互助。亚里士多德研究了奴隶制家庭关系管理，提出运用权威和司法规范人际交往的前提是有必要让公民们熟悉彼此的性格。《圣经》中"爱人如己"

的交往准则、文艺复兴中的人文主义思想等都体现了欧洲人际关系管理思想的启蒙与发展。

相比较而言，西方文化是以“个人本位”为主导的，因此西方思想家们对人际交往的学说普遍主张在建构人际关系时从理性计算的维度出发，追求个人的物质利益和幸福，而中国传统文化则强调以“整体本位”“伦理本位”为主导，主张从情感需要的维度出发以建构人际关系（周建国，2005）。

20 世纪初，人际关系问题受到哲学家、管理学家、社会学家的充分关注，因而形成了早期的不同理论流派，为日后人际关系及人际关系管理的相关研究奠定了坚实的理论基础（杨丹，2018）。人际关系学作为一门独立学科的诞生是以 20 世纪 20 年代美国心理学家梅奥等学者通过“霍桑实验”的研究提出人际关系理论为标志的。人际关系管理指的是在人际交往中对关系的调适，把握交际双方关系的角色意义。遵循人际沟通的基本原则并掌握必要的沟通策略，对建立和发展良好的人际关系非常重要。人际关系学是一种使用有关人类行为的系统性知识来让生活、工作，以及职业变得更加有效的艺术和实践（安德鲁·杜布林，2010）。

面对移动互联网信息传播技术的飞速发展和人类生存环境速变引起的新挑战，现代关系管理学也逐渐发展为一门独立的学科，以其独立的理论架构、概念体系和应用实践研究以人为中心，“不同个体之间、组织内部、不同组织之间、国家内部以及国家之间的个性及角色关系，以及这种关系的建立、发展、维系和终止的全过程”（居延安、胡明耀，2017：7）。从关系管理学的角度来看，人际关系能为组织有效性作出贡献（安德鲁·杜布林，2010），如善待员工有助于提高员工对组织的忠诚度，激发员工的创新意识，提高员工的工作绩效，打造高效的经营组织，提升服务水准。中国企业组织的运行模式中也存在其特有的关系取向，而无论是组织内部还是组织间的人际关系管理对于改善企业的经营绩效、维护组织的正常运转等都有一定的积极作用（梁建、王重鸣，2000）。

人际交往最重要的工具就是语言，从人际视角研究语言的使用一直受到不同跨学科语言学流派的关注，如心理语言学对人际互动中话语生成和理解的心理机制的研究，文化语言学对人际交往中语言使用体现的深层社会文化价值的探讨。语用学作为充当连接语言资源的语言学和各跨学科领域的纽带，近年来也非常关注言语交际过程中的人际关系管理问题。

Haugh et al.（2013）指出语用学对人际维度的关注始于 Leech（1983）提出的人际修辞论及 Brown & Levinson（1987）的面子—礼貌研究。早期研究聚焦于探究面子或礼貌概念的本质与呈现，旨在建立基于方式准则和面子行为的描写模型（Lakoff，1973；Leech，1983；Brown & Levinson，1987）。近年来交际中的关系受到语用学研究越来越多的关注（Locher & Watts，2005；Arundale，2006；Haugh，2007），研究的重点转向更广泛的基于话语互动的人际关系探究，考察人们如何在社交活动中使用语言培养和磋商人际关系(Locher & Graham,2010;Haugh et al.,2013)。

3 语用学视角下的人际关系管理研究

3.1 人际关系管理的理论研究

人际语用学作为一门学科概念的出现,体现了鲜明的跨学科性质,Locher & Graham(2010)将人际语用学界定为探究社会行为者在交际中如何使用语言建立关系的研究,并指出人际互动中的关系概念与交际参与者关于文化、社会、自我及他人的解读相互影响、互为作用。冉永平(2018:37)指出,人际语用学更加重视对"人际交往过程中针对人际关系建构与维护的语用方式和语用策略"及"实现的人际效果和人际交往语用功能"的研究。

根据 Locher & Watts(2005)、Arundale(2010)、Locher & Graham(2010)等的人际语用观,人类言语交际的主要目的不是管控不同的角色、身份、实践,而在于保护面子以及调节人际关系。Watts(2005:xliii)指出礼貌的话语研究路径将礼貌视为言语互动中关系工作的一部分,因此对交际中的言语互动的评价不应局限于"礼貌"和"不礼貌",而应该将言语交际视为"符合礼节/合适的行为"以及"不符合礼节/不合适的行为"的连续统,交际中的关系工作即体现在不同形式(不)符合礼节的行为实践中(包括礼貌、不礼貌、过度礼貌等)。冉永平(2012)指出,追求人际和谐是人类的理性本质,关系的和谐取向是人类理性的重要体现,因此人类在交往中常常会通过语言手段避免冲突,获取交际对方的好感,搭建和谐的人际关系。

针对人际交往中涉及的关系概念,Spencer-Oatey(2013)指出现有研究多围绕面子进行探讨。Locher(2006:251)指出,关系工作的概念隶属语言功能中的交际层面,即交际参与者通过话语的使用来建构彼此身份,从而参与活动、调节关系。在此过程中,面子是一个不稳定的、不断磋商的关系工作的核心组构。Locher(2006:113-114)在分析著名的线上资讯网站 Lucy Answers 中的建议行为时,再次强调面子是定义关系工作的核心概念,并将关系工作的实现方式归纳为面子提升策略(如通过恭维语、共情修辞的使用提升交际参与者关系的策略)、面子保全策略(如通过模糊语、幽默话语的使用维系交际参与者之间的关系)以及面子威胁策略(如通过批评话语、夸张修辞的使用破坏交际参与者之间的关系)。Locher & Watts(2008:96)将"关系工作"重新定义为"交际个体在社交实践中对构建、维系、重塑、转化人际关系付出的全部努力",并强调面子的维护、提升或挑战是关系磋商过程中的基本实践(Locher,2012: 46),将关系工作几乎等同于面子工作。Arundale(2006:194)将关系视为解读面子的重要属性,将面子定义为“一种具有关系性和交互性的现象”。

Spencer-Oatey(2000,2005,2008),Spencer-Oatey & Franklin(2009)将关系视为独立的研究对象,提出了一个旨在分析言语交际者关系管理的理论框架,即人际关系管理理论。至此,人际语用学研究的焦点从交际者如何实施礼貌或维护面子转向探讨交际过程中关系的建立和变化,体现了人际语用学研究的关系转向(Spencer-Oatey,2011;冉永平、刘平,2015;袁周敏,2016)。冉永平(2018)探究了汉语语境下的“人情原则”,揭示了“人际交往是建构与维护人际关系的过程”,丰富了人际语用关系的内涵,将“人情”视为调节人际关系的重要手段和策略,凸显了交际主体在言语交际互动中追求和谐关系的本质。

根据人际关系管理理论,人际关系的管理包括对面子、社会权利和义务、交际目的三个维度的管理,而对以上三个维度的威胁行为会影响交际参与者之间的和谐关系。根据人际关系管理理论,关系指“交际主体对彼此之间关系和谐—失和、稳定—动荡、热情—敌对的主观感知”(Spencer-Oatey & Franklin,2009:102),是人们在交际中对具体(非)言语实践社交得体性的评价。因此,关系管理并非一定是促进人际和谐关系的正面管理,也可以是损害人际关系的负面管理(陈新仁,2018)。Spencer-Oatey(2008)指出,语言的各方面使用都会影响交际者对面子、社会权利与义务、交际目的等方面的管理评价,从而影响交际参与者之间的关系,她进而提出了体现在言语活动不同层次的关系管理策略,包括以言行事域、话语域、参与域、语体域和非语言域,并指出影响人们语言选择的重要因素是关系的和谐取向、语境变量及社会语用规则与惯例。Spencer-Oatey(2011)强调交际参与者感知的重要性,因而关系管理得体性的评价取决于交际者对面子敏感度、交际行为的社会预期、互动需要等。

陈新仁(2018)提出了关系管理模式的修订模型,凸显了关系管理作为话语策略(不)礼貌的评价标准,彰显了人际关系管理本身作为“交际互动的终极目标”的实质(陈新仁,2018:10)。Ran & Zhao(2018)聚焦中国文化中的“人情”文化,提出了人际冲突调解的中国式关系管理模型,研究指出中国人在人际冲突中的“情面”工作是通过“人情”实践在交际中达成的,即交际者在调解关系时,就是在“做人情”——施惠于人,博取情面。

3.2 人际关系管理的实证研究

语用学视角下的人际关系管理实证研究成果颇丰,主要涉及日常交际话语、课堂话语、商务交际话语以及新媒体话语等交际语境中的人际关系管理问题。其中,国外文献中主要关注交际中不同管理维度的呈现,关系管理语用—语言策略的类型、特征,并解读实施关系管理策略的影响因素,探讨关系管理中涉及的身份建构、(不)礼貌本质与规律等概念,阐释关系管理的社会文化因素。国内研究虽然也关注了不同交际语境中人际关系管理策略的实施特征，但主要是理论探讨，考察的重点在于关系管理的不和谐取向、关系管理维度中对面子和社交权的管理以及关系管理策略的人际效应。

现有关于日常交际话语中人际关系管理的研究主要揭示了不符合礼貌表达惯例的话语方式对人际关系的积极影响，以 Zhu(2014a,2014b,2017)的系列研究为主要代表。该学者采用社会语言学方法收集并分析了发生在中国某东南部城市英语角的对话，考察了从形式上被认为不合适的话语行为在日常对话中的人际关系管理功能。Zhu(2014a)发现在该语境中，大多数的分歧具有面子/关系维系或提升的功能，即使是损害面子的分歧最终也能维系交际双方的和谐关系。Zhu(2014b)发现在产生分歧时，对话中的语调、音调、音量选择以及辩解说辞会影响交际者对和谐关系的评价，面子提升型反对能够给新关系的建立带来积极的作用，面子维护型反对能够反映双方已经建立的稳定关系。也就是说，交际双方即使产生严重分歧，如果说话人选择了较为平缓、柔和的表达方式，交谈也可以顺利、愉快地进行。在英语角中，分歧的产生可以体现或维系交际者亲密的关系，在某些语境中甚至也可以作为重要的人际策略建立或提升双方的关系。Zhu(2017)结合追踪访谈，考察交际者视角的礼貌评价。研究发现，在英语角对话中交际者的"扩展并发言语"(extended concurrent speech)，即听话人打断说话人从而使话轮重叠的行为，并不会被简单定义为不合适或不礼貌，这种体现双方积极参与交际的行为反而有助于和谐关系的建立和发展。同时，该研究证实了关系管理的面子、权利与义务、交际目标三个维度之间的内部联系与相互影响作用。

对课堂话语中人际关系管理的现有研究包括教师话语、师生互动话语、同伴互动话语中的关系管理策略使用及影响因素。陈新仁、李捷(2018)考察了学术研讨课堂中的同伴反馈话语，发现在该环境中交际者主要通过使用赞誉言语行为、建议言语行为、亲属称呼语、模糊限制语等礼貌策略对人际关系的五个维度，即个人面子、关系面子、公平权、联络权和交际目标实施了积极的关系管理。研究指出，对交际者实施和谐—提升与和谐—维护取向最重要的语境影响因素是交际参与者的关系和信息内容。该研究验证了关系管理理论对礼貌实践的解释力，为开展跨文化、跨体裁的人际关系管理研究提供了借鉴。Shvidko(2018)运用多模态分析，考察了美国一所高校中国际学生写作课堂上的师生互动话语。研究结果显示，教师在针对学生写作提出批评性反馈意见和发出指令时，利用"亲和型互动资源"降低了可能的面子伤害，缩短了权势差距，缓解了批评带来的压迫感，从而与学生构建了合作的师生关系。同时，学生的正向反馈证实了该互动的有效性，通过互动话语资源的使用，教师平衡了事务型目标和关系型目标，既传授了教学指令也保护了学生在被批评或命令时可能感受到的面子伤害，维护了双方的和谐关系。Li(2019)聚焦课堂上的师生冲突话语，采用会话分析描述了教师和学生在该语境中如何通过协商既实现各自的交际目的又维系双方的和谐关系。研究表明，当教师与学生之间的关系持续紧绷，教师话语在双方的关系管理中起主要作用，如通过转换话题、调节音调音量、给予积极反馈等方式缓和双方的关系。Li & Diamantidaki(2020)以伦敦一所中学汉语课堂上的师生互动话语为例,分析了师生关系的权势不平等性。研究发现,虽然教师在课堂中处于较高的权势地位,教师也会通过赞誉、认可等言语行为鼓励学生参与互动,师生间的(不)和谐关系是动态构建、协商的结果。

商务交际话语中的人际关系管理研究主要考察了商务会议中上下级之间的礼貌策略使用(Wasson,2000;Friess,2013),商务会议中非言语策略的使用特征及人际效应,包括手势(Markaki & Mondada,2012)、幽默(Glenn,2010;Rogerson-Revell,2007,2008)、笑声(Vöge,2010),商务会话中的面子威胁策略(Chang & Haugh,2011)和身份构建(Takano,2005;Chan et al.,2018),商务邮件中元话语的使用(Jensen,2009),跨文化商务交际人际关系评价的影响因素(Spencer-Oatey & Xing,2003)。Spencer-Oatey & Xing(2003)收集并分析了两场英—中会议并结合追踪访谈,从席位设置、话语内容、话语组织方式等方面对比了中英与会者对两次商务会议的不同礼貌评价。研究发现,影响跨文化交际中参与者礼貌评价的语境因素主要有翻译人员的行为、中英与会人员对商务会晤的交际期待、会议主席的人选、交际双方对参会人员角色和重要性的认知和评价、会议的座位布置和流程设置等,在跨文化交际中的人际关系管理应关注不同社会文化背景对交际者关系管理/礼貌需要的影响。Chan et al.(2004)以服务经营中的人际互动为研究对象,通过问卷的形式收集了大学生对具体情景的交际目标的评价,发现人们为了达成事务型交际目标即享受提供的服务,往往会关注自我行为可能对人际关系产生的影响,即推动和谐关系是服务经营交际中的重要交际目标。Chan et al.(2018)研究了商务会议中交际双方产生分歧时如何通过面子工作和身份建构调节人际关系,发现交际参与者产生分歧并不意味着一定会对面子造成威胁或者伤害,甚至可能对身份和关系的协商带来积极的影响。该研究表明在冲突性话语交际中,交际参与者做面子工作和关系工作时也在为自己或对方构建适当的身份,同时通过强化或挑战这些身份管理彼此的关系。

因此,目前国际对商务会话中人际关系的研究颇为丰富,但是主要涉及传统形式的商务交际,如会议、谈判、推销,对电子商务交际体裁的研究仅关注了电子邮件,同时研究方法以定性为主,较少采用定量研究,王立非、李琳(2014:25)指出"商务会话研究应该加强混合型研究方法的运用"。从研究的内容来看,现有研究主要关注微观层面具体话语策略的人际功能,缺乏对商务交际磋商过程中人际关系建立、维护、挑战、变化的整体观照。

国内虽然有大量研究关注了商务交际的会话模式(陈香兰、徐盛桓、王立非,2011;谢群,2016)、语用—语言策略(邱天河,2000;周瑞琪,2001)、评价资源(肖群,2008)、体裁特征(李俊儒,2007)、身份构建(袁周敏,2013;袁周敏、陈新仁,2013;袁周敏、毛延生,2016),但鲜有对人际关系的关注。袁周敏(2015)运用关系管理理论中的管理域分析了医药咨询会话中构建语用身份的会话策略。王立非、李琳(2014)借助 Citespace 软件考察了国际 SSCI 期刊上发表的商务会话论文(2002—2008)的研究热点和研究方法,发现面子属最高被引词,指出人际问题是商务会话研究的重点和趋势。

新媒体语境中的人际关系管理研究主要考察了社交网络平台、即时聊天软件、线上培训网站等网络交际平台中人际关系管理策略的特征,凸显了新媒体的交互特点和该框架下礼貌评价的新标准。Locher et al. (2015)在 *Pragmatics* 期刊 2015 年第一期组织了关于新媒体话语中人际工作的专栏(*Relational Work in Facebook and Discussion Boards*),共有四篇论文探讨了 Facebook 和网络论坛上的话语礼貌和适切性标准,礼貌、面子与身份建构的关联,以及网络语境的特征和对人际关系管理的影响。研究结果指出,新媒体语境中交际者对礼貌的评价是多模态的,无论是身份建构还是关系管理都是在交际参与者协商、互动的过程中实现的,同时,关系工作的话语策略具有文化特殊性。Wu & Lin(2017)分析了中国六位名人微博发文中建构其"社交自我"的关系言语行为类型,结果显示,名人通过表达问候、自我批评、表示感激、给予关怀等关系言语行为策略与他/她们的粉丝建立与维护和谐、团结的积极关系。Li & Wu(2018)分析了十大国际品牌的推特和微博帖子中实施面子工作的言语行为,指出在品牌官方账号的发文中,进行关系管理的言语行为使用频率高于推广产品的频率,体现了网络社交平台为企业树立形象、维护客户提供了重要的渠道。同时,品牌在推特和微博话语中实施面子工作的区别为说明中西方文化中人际交往理念的差异性提供了实证依据。Sampietro (2019)研究了西班牙社会人们使用即时聊天软件 WhatsApp 时使用的表情符号特征及其关系管理功能,结果显示,表情符号的使用不仅能够通过调节不同言语行为的强烈程度观照交际者对交际对象的面子管理,也可以帮助交际者打开话题以促进和谐关系的建立或结束聊天以避免可能产生的尴尬,以及帮助渲染一个非正式的、轻松的聊天氛围。该研究证实了表情符号对于亲密人际关系的构建具有积极意义,凸显了西班牙的面子提升文化。

也有学者探讨了冲突性话语中关系挑战或伤害行为对人际关系的影响。冉永平(2010)分析了冲突性话语的对撞性特征及其对人际关系的影响,指出冲突性话语是由"交际中趋异取向"引发的,是"和谐—忽视取向"或"和谐—挑战取向"(Spencer-Oatey, 2008:32)的反映。冉永平、杨巍(2011)指出"负面性是冒犯性话语的言后效应",对人际关系的影响主要体现在对人际关系的破坏和人际冲突的升级,强调关系管理理论中"和谐—忽视"及"和谐—挑战"取向的提出能够为人际关系的解构提供更好的理论依据。冉永平(2012)分析了冲突性话语中的排他性和对关系的破坏性,举例解释了冲突性话语对面子的威胁和对社交权的违反,指出人际关系管理理论对交际中的语言选择具有普遍解释力,但是仍存在有待进一步探究的问题(如面子与交往权的区分)。赖小玉(2014)探讨了家庭语境下的强势反对话语对素质面子、关系面子、公平权的威胁,并重点分析了该交际行为中伤害素质面子的策略，包括强化对立、负面类比及公然辱骂。

除此之外，人际关系管理研究还涉及学术写作（Ojo & Nwabeze，2019）、政府外宣（柴改英、韩骅，2017）及其他机构性话语，如工作场景（Donaghue，2018）、电话中心场景（Harrington，2018）等语境中的关系工作，以及文化差异性的研究（Aoki，2010；李成团，2013）。李成团（2013）对比分析了中、日、美会话者在请求回应行为中的关系管理，考察了交际者地位高低、文化背景差异对其关系管理选择的影响，指出中国人更重视自我的公平权，构建积极的素质面子，并提出对礼貌概念的重新定义，即“礼貌本质上是会话者对人际关系的社会距离、亲疏的一种正确解读，并据此做出恰当的适应性行为即避免过度依附或脱离他人或他人的群体归属，取得人际关系的协同”（李成团，2013：54）。Harrington（2018）考察了债务催收电话交际中，收债人如何在催收这一面子伤害行为中运用话语策略维系与债务人的和谐关系。研究发现，由于交际双方对于关系管理的认知和期待不同，即使收债人意识到管理人际关系的必要性，也使用了某些话语策略，如使用开放型问题而非封闭型问题以增进与债务人的交流，通过共情话语表达对债务人的理解尊重，使用简短回答或积极回应以体现对债务人的倾听，使用缓和的语音语调凸显对债务人面子敏感性的关注，等等，但是对于达成催债任务或顾客管理服务并没有非常积极的效果。交际者在实践中想要平衡任务型和关系型交际目标，需要在考量是否能明满足对方的面子需要和交际期待的同时动态地评价和权衡各自的交际状态和需求。Donaghue（2018）以中学督导听课后与教师的交流会议为研究对象，探究了人际交往中身份建构与关系工作的联系。研究指出，身份具有发展性、关系性和共建性，合适的关系工作能够帮助满足交际双方的身份需求，促进身份共建，以实现期待的交际效果。Ojo & Nwabeze（2019）分析了尼日利亚学生的硕士和博士毕业论文中致谢部分的关系管理策略，研究发现学生在该部分的写作中呈现出积极的关系管理取向，并倾向于通过称呼语、模糊语、间接表达、强化修饰语等策略管理自己和读者的关系。

4 结语

近年来语用学视角下的人际关系管理研究考察了日常交际话语、课堂话语、商务话语、学术写作话语、政府外宣话语、新媒体话语等众多语篇的人际关系问题。其中，人际关系管理的维度特征、语用—语言策略特征、关系管理策略的影响因素、关系管理过程中涉及的身份建构问题、关系管理的礼貌本质与规律、冲突话语中的关系管理实践、社会文化差异性都受到了充分关注。人际关系管理理论的提出弥补了面子理论与礼貌原则的部分不足，如在面子解读方面的概括性、文化差异性问题，从语言产出的整体角度丰富了交际中影响人际关系因素的分析内容，拓展了具体的分析维度，凸显了关系在言语交际研究中的独特性和重要性。

现有对于言语交际中人际关系管理的研究在内容上有待拓展,在研究聚焦方面有待改进,在研究的理论框架上存在不足。文献显示,现有相关研究主要是对人际关系管理理论的论证和应用,虽然描述和揭示了不同语境中人际关系管理的维度、取向、策略、影响因素的特征,但是对人际关系管理的交际效果探讨不足,这可能是由于现有的关系管理模型虽然为关系管理在交际互动中的实践提供了较系统和清晰的描述和解释基础,但是对关系管理的实践和效果缺乏全面的解释力。因此,仅借用关系管理理论未必能全面、有效地分析具体语境中存在的问题。同时,现有研究主要考察了面子、社交权利与义务这两个关系管理维度,缺乏对其他维度管理特征、管理策略的探讨。另外,现有研究在分析交际参与者具体的关系管理取向时,以讨论关系管理提升和挑战两类具有鲜明差异的取向为主,对于关系的维持及忽视取向关注较少。同时,该框架中还存在待论证的部分,如交际目的对关系管理影响的语用理据、面子与交往权的区分、关系管理与(不)礼貌研究之间的关系等。

参考文献

[1] Aoki, A. (2010). Rapport management in Thai and Japanese social talk during group discussions. *Pragmatics*, 20(3), 289 - 313.

[2] Arundale, R. B. (2006). Face as relational and interactional: A communication framework for research on face, facework, and politeness. *Journal of Politeness Research*, 2(2), 193 - 216.

[3] Arundale, R. B. (2010). Relating. In M. A. Locher & L. G. Sage (eds.), *Interpersonal Pragmatics* (pp. 137 - 167). Berlin: Mouton De Gruyter.

[4] Brown, P., & Levinson, S. (1987). *Politeness: Some Universals in Language Usage*. Cambridge: Cambridge University Press [Originally published as Universals in language usage: Politeness phenomenon. In E. Goody (ed.), *Questions and Politeness: Strategies in Social Interaction*. New York: Cambridge University Press, 1978].

[5] Chan, A. C. K., Schnurr, S., & Zayts, O. (2018). Exploring face, identity and relationship management in disagreements in business meetings in Hong Kong. *Journal of Politeness Research*, 14(2), 279 - 306.

[6] Chang, W. L. M., & Haugh, M. (2011). Strategic embarrassment and face threatening in business interactions. *Journal of Pragmatics*, 43(12), 2948 - 2963.

[7] Donaghue, H. (2018). Relational work and identity negotiation in critical post observation teacher feedback. *Journal of Pragmatics*, 135, 101 - 116.

[8] Eberhart, N. K., & Hammen, C. L. (2006). Interpersonal predictors of onset of depression during the transition to adulthood. *Personal Relationships*, 13(2), 195 - 206.

[9] Friess, E. (2013). Bring the Newbie into the fold: Politeness strategies of newcomers and existing group members within workplace meetings. *Technical Communication Quarterly*, 22(4), 304 - 322.

[10] Furrer, C., & Skinner, E. (2003). Sense of relatedness as a factor in children's academic engagement and performance. *Journal of Educational Psychology*, 95(1), 148 - 162.

[11] Glenn, P. (2010). Interviewer laughs: Shared laughter and asymmetries in employment interviews. *Journal of Pragmatics*, 42(6), 1485 - 1498.

[12] Harrington, L. (2018). "Helping you to pay us": Rapport management in debt collection call centre encounters. *Journal of Politeness Research*, 14(2), 201 - 231.

[13] Haugh, M. (2007). The discursive challenge to politeness research: An interactional alternative. *Journal of Politeness Research*, 3(2), 295 - 317.

[14] Haugh, M., Kádár, D. Z., & Mills, S. (2013). Interpersonal pragmatics: Issues and debates. *Journal of Pragmatics*, 58, 1 - 11.

[15] Jensen, A. (2009). Discourse strategies in professional e-mail negotiation: A case study. *English for Specific Purposes*, 28(1), 4 - 18.

[16] Lakoff, R. (1973). The logic of politeness, or minding your p's and q's. *Chicago Linguistics Society*, (9), 292 - 305.

[17] Leech, G. N. (1983). *Principles of Pragmatics*. London: Longman.

[18] Li, Q. (2019). Managing rapport in the context of classroom talk: A case study of a London secondary school. *Journal of Applied Learning & Teaching*, 2(1), 39 - 47.

[19] Li, Q., & Diamantidaki, F. (2020). Dynamics in a Mandarin lesson in a British secondary school: Asymmetric power and teacher-student rapport management. *Journal of Applied Learning & Teaching*, 3(2), 116 - 126.

[20] Li, C., & Wu, D. D. (2018). Facework by global brands across Twitter and Weibo. *Discourse, Context & Media*, 26, 32 - 42.

[21] Locher, M. A. (2006). Polite behavior within relational work: The discursive approach to politeness. *Multilingua*, 25, 249 - 267.

[22] Locher, M. A. (2012). Politeness research from past to future, with a special focus on the discursive approach. In L. Fernández-Amaya, M. de la O Hernández López, R. Gómez Morón, M. P. Cruz, M. M. Borrero & M. R. Barranca (eds.), *New Perspectives on (Im)Politeness and Interpersonal Communication* (pp. 36 - 60). Cambridge: Cambridge Scholars Publishing.

[23] Locher, M. A., Bolander, B., & Höhn, N. (2015). Introducing relational work in Facebook and discussion boards. *Pragmatics*, 25(1), 1 - 21.

[24] Locher, M. A., & Graham, S. L. (eds.). (2010). *Interpersonal Pragmatics*. Berlin: Mouton de Gruyter.

[25] Locher, M. A., & Watts, R. J. (2005). Politeness theory and relational work. *Journal of Politeness Research*, 1(1), 9 - 33.

[26] Locher, M. A., & Watts, R. J. (2008). Relational work and impoliteness: Negotiating norms of linguistic behaviour. In D. Bousfield & M. Locher (eds.), *Impoliteness in Language: Studies on Its Interplay with Power in Theory and Practice*. Berlin: Mouton de Gruyter.

[27] Markaki, V., & Mondada, L. (2012). Embodied orientations towards co-participants in multinational meetings. *Discourse Studies*, 14(1), 31 - 52.

[28] Ojo, F. O., & Nwabeze, F. (2019). A socio-pragmatic account of rapport management in acknowledgments texts. *Journal of the English Scholars Association of Nigeria*, 20(1&2). Preprint. DOI: 10.13140/RG.2.2.14571.49447.

[29] Ran, Y., & Zhao, L. (2018). Building mutual affection-based face in conflict mediation: A Chinese relationship management model. *Journal of Pragmatics*, 129, 185 - 198.

[30] Rogerson-Revell, P. (2007). Humour in business: A double-edged sword: A study of humour and style shifting in intercultural business meetings. *Journal of Pragmatics*, 39(1), 4 - 28.

[31] Sampietro, A. (2019). Emoji and rapport management in Spanish WhatsApp chats. *Journal of Pragmatics*, 143, 109 - 120.

[32] Shvidko, E. (2018). Writing conference feedback as moment-to-moment affiliative relationship building. *Journal of Pragmatics*, 127, 20 - 35.

[33] Spencer-Oatey, H. (2000). Rapport management: A framework for analysis. In H. Spencer-Oatey (ed.), *Culturally Speaking: Managing Rapport through Talk across Cultures*. London: Continuum.

[34] Spencer-Oatey, H. (2005). (Im) politeness, face and perceptions of rapport: Unpackaging theirbases and interrelationships. *Journal of Politeness Research*, 1(1), 95 - 119.

[35] Spencer-Oatey, H. (ed.). (2008). *Culturally Speaking: Culture, Communication and Politeness Theory (2nd Edition)*. London: Continuum.

[36] Spencer-Oatey, H. (2011). Conceptualising 'the relational' in pragmatics: Insights from metapragmatic emotion and (im)politeness comments. *Journal of Pragmatics*, 14, 3565 -3578.

[37] Spencer-Oatey, H., & Franklin, P. (2009). *Intercultural Interaction: A Multidisciplinary Approach to Intercultural Communication*. Basingstoke: Palgrave Macmillan.

[38] Spencer-Oatey, H. (2013). Relating at work: Facets, dialectics and face. *Journal of Pragmatics*, 58, 121 - 137.

[39] Spencer-Oatey, H., & Xing, J. (2003). Managing rapport in intercultural business interactions: A comparison of two Chinese-British welcome meetings. *Journal of Intercultural Studies*, 24, 33 - 46.

[40] Starr, L. R., & Davila, J. (2008). Excessive reassurance seeking, depression, and interpersonal rejection: A meta-analytic review. *Journal of Abnormal Psychology*, 117(4), 762 - 775.

[41] Takano, S. (2005). Re-examining linguistic power: Strategic uses of directives by professional Japanese women in positions of authority and leadership. *Journal of Pragmatics*, 37(5), 633 - 666.

[42] Vöge, M. (2010). Local identity processes in business meetings displayed through laughter in

complaint sequences. *Journal of Pragmatics*, 42(6), 1556 - 1576.

[43] Wasson, C. (2000). Caution and consensus in American business meetings. *Pragmatics*, 10(4), 457 - 481.

[44] Watts, R. J. (2005). Linguistic politeness research. Quo vadis? In R. J. Watts, S. Ide & K. Ehlich (eds.), *Politeness in Language: Studies in Its History, Theory and Practice*. Berlin: Mouton de Gruyter.

[45] Wu, D. D., & Lin, M. (2017). Relational acts and identity construction by Chinese celebrities on Weibo. In X. Chen (ed.), *Politeness Phenomena across Chinese Genres*. London: Equinox.

[46] Zhu, W. (2014a). Managing relationships in everyday practice: The case of strong disagreement in Mandarin. *Journal of Pragmatics*, 64, 85 - 101.

[47] Zhu, W. (2014b). Rapport management in strong disagreement: An investigation of a community of Chinese speakers of English. *Text & Talk*, 34(5), 641 - 664.

[48] Zhu, W. (2017). How do Chinese speakers of English manage rapport in extended concurrent speech? *Multilingua*, 36(2), 181 - 204.

[49] 安德鲁·杜布林,2010,心理学与人际关系. 王佳艺,译. 北京:中国人民大学出版社.

[50] 柴改英,韩骅,2017,政府商务外宣话语中关系身份的人际语用研究. 外语教学,38(1):49 - 54.

[51] 陈根法,1992,中西方人生哲学中的本位差异. 复旦学报(社会科学版)(5):27 - 33.

[52] 陈香兰,徐盛桓,王立非,2011,商务话语建构模式探讨:广告语篇建构的商务—语言双维度. 外语教学(3):19 - 23.

[53] 陈新仁,2018,言语交际者关系管理模式新拟. 外语教学理论与实践(3):5 - 12.

[54] 陈新仁,李捷,2018,基于关系管理模式的同伴反馈话语研究:以课堂学术研讨为例. 天津外国语大学学报(1):2 - 11.

[55] 党清秀,李英,张宝山,2016,不同类型人际关系对青少年抑郁情绪的影响:自尊和性别的作用. 中国临床心理学杂志(1):69 - 73,80.

[56] 居延安,胡明耀,2017,关系管理学. 上海:复旦大学出版社.

[57] 李成团,2013,中日美命令/请求言语行为回应中关系管理与身份构建的对比研究. 外语与外语教学(2):51 - 55.

[58] 李俊儒,2007,商务英语电子邮件体裁分析. 外语与外语教学(7):21 - 25.

[59] 赖小玉,2014,家庭冲突中强势反对的不礼貌研究. 现代外语(1):42 - 51.

[60] 梁建,王重鸣,2001,中国背景下的人际关系及其对组织绩效的影响. 心理学动态(2):173 - 178.

[61] 邱天河,2000,语用策略在国际商务谈判中的运用. 外语与外语教学(4):40 - 42.

[62] 冉永平,2010,冲突性话语趋异取向的语用分析. 现代外语(2):150 - 157.

[63] 冉永平,2012,人际交往中的和谐管理模式及其违反. 外语教学(4):1 - 5.

[64] 冉永平,2018,人际语用学视角下人际关系管理的人情原则. 外国语(上海外国语大学学报)(4):44 - 53,65.

[65] 冉永平,杨巍,2011,人际冲突中有意冒犯性话语的语用分析. 外国语(3):49 - 55.

[66] 王立非,李琳,2014,基于可视化技术的国外商务英语研究进展考察(2002—2012). 中国外语

(2):88-96.

[67] 王思斌,1996,中国人际关系初级化与社会变迁.管理世界(3):190-197.

[68] 王晓霞,2010,现实与虚拟社会:人际关系的文化探究.北京:中国社会科学出版社.

[69] 肖群,2008,商务英语会话中的评价及其功能.外语与外语教学(6):12-14.

[70] 谢群,2016,受话人视角的应答语研究:商务话语研究系列之二.外语学刊(5):85-90.

[71] 燕良轼,王小凤,李桃,等,2018.中国临床心理学杂志(1):123-128.

[72] 杨丹,2019,人际关系学.武汉:武汉大学出版社.

[73] 袁周敏,2013,商务会话中咨询顾问身份建构的动态性研究.语言教学与研究(6):93-100.

[74] 袁周敏,2015,基于商业咨询顾问话语实践的身份建构研究.广州:暨南大学出版社.

[75] 袁周敏,陈新仁,2013,语言顺应论视角下的语用身份建构研究:以医疗咨询会话为例.外语教学与研究(4):518-530.

[76] 袁周敏,毛延生,2016,商务会话中的语用平衡研究.外语教学理论与实践(1):41-46.

[77] 周建国,2005,紧缩圈层结构论.上海:上海三联书店.

[78] 周瑞琪,2001,商务活动中道歉策略的语用分析.外语教学(4):91-94.

2000—2020 年国际汉语研究的文献计量分析*

安徽大学　汪蓝玉　朱玉彬**

摘　要：本文借助 VOSviewer 软件与 Python 自然语言处理工具包 SpaCy，对 2000—2020 年发表于国际期刊的汉语研究论文进行了文献计量分析。研究发现：这一时期国际汉语研究发文量呈增长趋势，跨地区、跨机构合作逐渐增多；中国和美国是国际汉语研究的主要贡献国家，中国香港是影响力较大的论文高产地区；以生成语法相关著作为代表的汉语语法研究文献在该领域影响巨大；近十年来汉语作为第二语言或外语和以心理、神经及病理语言学研究为代表的交叉型和应用型研究成为热点。要进一步提高汉语研究的国际影响力，必须大力发展汉语理论语言学，推动本土汉语研究成果的国际发表。

关键词：国际汉语研究；文献计量分析；汉语国际传播

Title: A Bibliometric Analysis of International Chinese Language Studies (2000—2020)

Abstract: The present study conducts a bibliometric study on the international Chinese language studies (2000—2020) with the help of VOSviewer and SpaCy (a Natural Language Processing tool of Python). The research findings indicate: the overall number of papers, as well as the cross-regional and cross-institutional collaborations, is increasing during this period; China and the USA are the major productive countries; Hong Kong is quite an influential productive area; the most highly-cited works consist in grammar research, especially generative grammar; the

---

* 本文系国家社科基金项目“大数据时代翻译技术学理研究”(19BYY096)阶段性成果。

** **作者简介**：汪蓝玉，博士生，讲师，研究方向为语料库语言学、新媒体话语研究。联系方式：wanglyahu@hotmail.com。通讯作者：朱玉彬，教授，博士生导师，研究方向为语料库语言学、翻译学和认知科学。联系方式：y.zhu@ahu.edu.cn。

interdisciplinary and applied research, such as research in Chinese as a Second Language (CSL)/Chinese as a Foreign Language (CFL), psycholinguistics, neurolinguistics and patholinguistics, has been brought to the fore in the past 10 years. In order to further improve the international influence of Chinese language studies, the development of Chinese theoretical linguistics should be more valued and the international publication of domestic Chinese studies should be encouraged.

Key Words: International Chinese Language Studies; Bibliometric Analysis; Globalization of Chinese language

1 引言

汉语正在成为世界第二通用语言(李宇明,2020：1)。然而,这离汉语真正走向世界的目标还很远(陆俭明,2019：10)。目前国内的汉语研究方兴未艾,既有理论传承,也有理论创新,国际汉语研究的现状,特别是国际汉语研究的热点也需要进行详尽的分析。

近年来,研究者开始在语言学领域运用文献计量分析法来梳理、描绘学科发展的现状与趋势。有按照国家或地区进行学科发展宏观描述的研究(如 Mohsen, et al., 2017; Lei & Liao, 2017; 李昶颖、徐锦芬,2018);有梳理分析语言学各分支方向的发展趋势的研究(如 Lei & Liu, 2019; Zhang, 2020; Huan& Guan, 2020; 史兴松、徐文娟,2020; 吴晓燕、王菲,2020)。整体来说,语言学领域的文献计量研究仍不够丰富,探讨汉语研究国际发表状况的文献计量分析不多见。有鉴于此,本文将利用文献计量的方法调查分析 2000—2020 年国际汉语研究的发展现状,以期为进一步推进汉语研究的国际化发展提供启示。

2 研究设计

2.1 研究数据

本文数据来源于 Web of Science 核心合集数据库收录的 SCI-E,SSCI 和 A&HCI 引文索引数据库。文中的"汉语研究"指以汉语为研究对象的语言学研究。检索时间为北京时间 2021 年 1 月 6 日，检索式为 TS(主题)＝(Chinese language OR Chinese linguistics OR Sino * language OR Sino * linguistics OR Mandarin OR Putonghua) AND SU(学科)＝(Linguistics OR Language & Linguistics)，年份区间为 2000—2020 年，语言种类为 All languages，文献类型为 Article。同时利用检索式组配 NOT 的形式排除了大量以中国人学习英语为主题的研究。检索结果共得到 3506 篇论文。为尽可能保证文献计量分析结果的可靠性，本文对导出的 3506 篇文献数据进行了两轮清理。

第一轮为错误整理。利用 Microsoft Excel 2019 删除重复项，同时对部分下载格式有误、信息缺失的文献条目进行重新搜索与整理。第二轮为人工筛选。通过人工逐条筛查，根据论文的标题、摘要、关键词等信息进行综合判断筛查，删去了以下类别的文献：(1) 以其他非汉语语种作为第二语言或外语的研究；(2) 翻译研究；(3) 教育学研究；(4) 中国哲学和历史学研究；(5) 因 Web of Science 文献类型标注有误而被导入本文数据库的与汉语研究相关的学术会议通知。经过两轮清理，最终得到 2179 篇文献。

2.2 研究方法

整体上，2000—2020 年汉语研究在国际期刊上的论文发表数量整体呈持续上升趋势(见图 1)，2016 年以后增幅较大。这一趋势说明国际学界对汉语研究的关注度日益高涨。

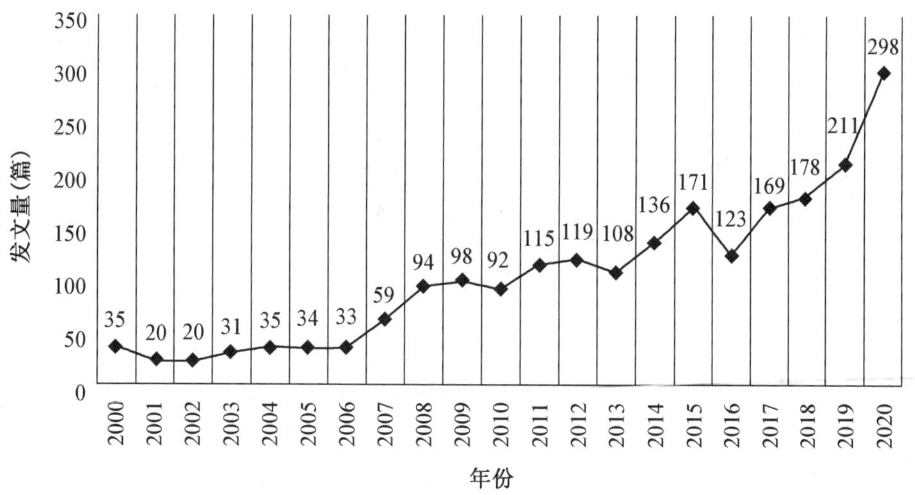

图 1　2000—2020 年国际汉语研究发文量增长情况

本文的数据统计和分析主要借助 VOSviewer 软件(van Eck, et al., 2010; Waltman, et al., 2010; 高凯，2015)，主题词的提取则使用了 Python 自然语言处理工具包 SpaCy(管新潮，2018；雷蕾，2020; Lei, et al., 2020)，对这 2179 篇论文的摘要进行基于依存句法分析的高频名词词组抽取。具体分析从以下五个层面开展：(1) 高产国家(含地区)、高产研究机构及合作网络分布；(2) 来源国际期刊特点；(3) 高被引学者情况；(4) 高共被引文献情况；(5) 研究主题变化趋势。

3　结果与讨论

3.1　高产国家、研究机构及合作网络分析

表1分别列出了2000—2010年和2011—2020年两个时期国际汉语研究论文总产量从高到低排在前十位的国家。整体看来，两个时期内，中国和美国的论文产量均排在前两位，是21世纪以来国际汉语研究的主要集中地。英国、澳大利亚、加拿大等国家也在该领域做出了不可小觑的贡献。

中国的论文产量所占比重持续上升，是国际汉语研究的最大贡献国家。2011—2020年中国台湾地区的占比由23.51%降至14.58%，反映出近十年中国内地和港澳地区汉语研究的发展后来居上。虽然，在美国汉语并非通用语言，但美国的汉语研究发展却毫不逊色，说明美国作为世界范围内语言学研究最高产的国家（Mohsen, et al., 2017: 115），其汉语研究的产量也颇为可观。

表1　2000—2020年国际汉语研究论文的高产国家（含地区）分布

2000—2010			2011—2020		
国家	发文量/篇	占比/%	国家	发文量/篇	占比/%
中国 （含台湾）	262 （130）	47.38 （23.51）	中国 （含台湾）	1003 （237）	61.69 （14.58）
美国	169	30.56	美国	456	28.04
英国 （含苏格兰）	49 （4）	8.86 （0.72）	英国 （含苏格兰）	134 （15）	8.24 （0.92）
澳大利亚	33	5.97	澳大利亚	116	7.13
加拿大	24	4.34	加拿大	67	4.12
新加坡	21	3.80	法国	49	3.01
德国	17	3.07	荷兰	44	2.71
荷兰	16	2.89	新加坡	43	2.64
法国	13	2.35	德国	40	2.46
日本	11	1.99	日本	28	1.72

表 2 依照 p 指数①由高到低列出了 2000—2020 年 20 所学术影响力较高的研究机构。中国的机构最多，共 16 所，其中，台湾地区 7 所，大陆地区 5 所，香港地区 4 所；新加坡 2 所；英国和澳大利亚各 1 所。从发文量来看，中国香港地区研究机构的发文总量最多，共 305 篇，其次是台湾地区，共 278 篇，大陆地区为 214 篇。从 p 指数反映的学术影响力来看，香港大学位居首列，p 指数高达 26.88，其次是北京师范大学、南洋理工大学和香港中文大学，p 指数均达到 20 以上，影响力较大。

近十年不同国家和地区的研究机构之间的合作网络更加密集（见图 2）。此外，两个时段中，香港大学均为核心的节点，一定程度上可说明香港大学在开展汉语研究的国际合作上做出了重大贡献。

表 2　2000—2020 年国际汉语研究高产研究机构分布

编号	机构名称	发文量/篇	被引频次	p 指数
1	香港大学	120	1527	26.88
2	北京师范大学	62	906	23.66
3	南洋理工大学	29	554	21.96
4	香港中文大学	86	857	20.44
5	伦敦大学学院	27	377	17.40
6	台湾清华大学	33	400	16.93
7	新加坡国立大学	30	373	16.68
8	台湾中正大学	29	320	15.23
9	香港城市大学	47	396	14.94
10	北京大学	37	351	14.93
11	台湾交通大学	31	306	14.46
12	台湾政治大学	43	317	13.27
13	香港理工大学	52	336	12.95
14	中国科学院	38	286	12.91
15	台湾师范大学	66	372	12.80
16	台湾大学	26	221	12.34
17	台湾“中研院”	50	291	11.92
18	麦考瑞大学	41	246	11.39
19	广东外语外贸大学	35	185	9.93
20	浙江大学	42	183	9.27

① p 指数又称威望指数(Prestige Factor)或杰出指数(Prominence Factor)，可以用于评价学者个人、科研机构乃至国家或地区的科研影响力，对被引频次和平均被引率具有较高的平衡性（赵蓉英、魏明坤、杨慧云，2017：62），其计算公式为 $p=(C^2/N)^{1/3}=(C*(C/N))^{1/3}$，其中 C 为被引频次，N 为发文量（许新军，2018：159）。

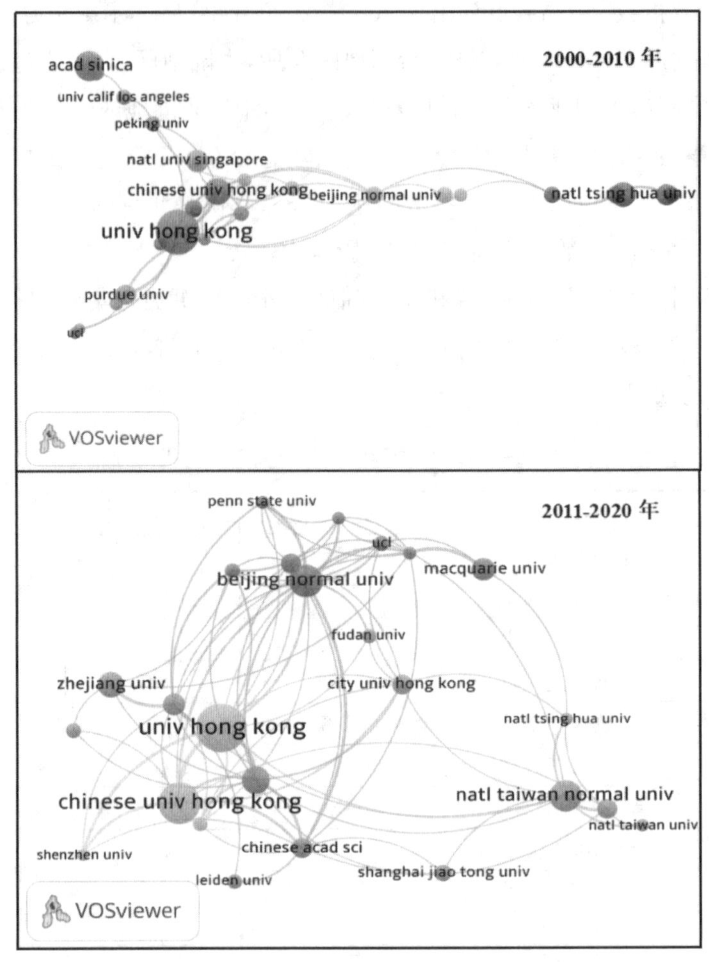

图 2　2000—2020 年国际汉语研究机构合作网络分布

3.2　来源期刊分析

本文自建数据库中这 2179 篇论文来源于 170 本国际期刊，其中约半数刊载于 15 本内(见表 3)，根据科睿唯安 2021 年发布的 JCR 期刊引证报告(语言学/语言和语言学学科)，一区和二区期刊共 9 本，三区和四区共 6 本。收录该领域论文最多的期刊是 *Language and Linguistics*；其次是 *Journal of Chinese Linguistics* 和 *Journal of Pragmatics*。

这 15 本期刊中，语言学综合性期刊共 6 本，分别为 *Language and Linguistics*，*Journal of Chinese Linguistics*，*Lingua*，*Journal of East Asian Linguistics*，*Linguistics* 和 *Language Sciences*。心理语言学和神经语言学方向的专刊共 4 本，分别为 *Brain and Language*，*Journal of Psycholinguistic Research*，*Journal of Neurolinguistics* 和 *Applied Psycholinguistics*，这在一定程度上说明，进入 21 世纪以

来，国际汉语研究中心理语言学和神经语言学方向的研究占很大比重。此外，还有语用学专刊 *Journal of Pragmatics*；病理语言学专刊 *Journal of Speech Language and Hearing Research*；涉及语言文化、语言政策等话题研究的 *Journal of Multilingual and Multicultural Development*；儿童语言研究专刊 *Journal of Child Language* 以及语音学专刊 *Journal of Phonetics*。

表 3　2000—2020 年国际汉语研究主要来源期刊

编号	期刊名称	刊文总量/篇	占比/%	JCR 分区（2020 年）	影响因子（2020 年）
1	*Language and Linguistics* （《语言暨语言学》）	165	7.57	Q4	0.106
2	*Journal of Chinese Linguistics* （《中国语言学报》）	143	6.56	Q4	0.324
3	*Journal of Pragmatics* （《语用学杂志》）	109	5.00	Q2	1.476
4	*Lingua* （《语言》）	90	4.13	Q3	0.719
5	*Journal of East Asian Linguistics* （《东亚语言学杂志》）	87	3.99	Q4	0.500
6	*Brain and Language* （《大脑和语言》）	67	3.07	Q1	2.381
7	*Journal of Psycholinguistic Research* （《心理语言学研究杂志》）	67	3.07	Q2	1.180
8	*Journal of Speech Language and Hearing Research* （《言语、语言与听力研究杂志》）	60	2.75	Q1	2.297
9	*Journal of Neurolinguistics* （《神经语言学杂志》）	54	2.48	Q1	1.710
10	*Journal of Multilingual and Multicultural Development* （《多语言和多元文化发展杂志》）	48	2.20	Q1	2.814
11	*Linguistics* （《语言学》）	42	1.93	Q3	0.803
12	*Applied Psycholinguistics* （《应用心理语言学》）	39	1.79	Q2	1.838
13	*Journal of Child Language* （《儿童语言杂志》）	39	1.79	Q2	1.429
14	*Journal of Phonetics* （《语音学杂志》）	38	1.74	Q1	2.670
15	*Language Sciences* （《语言科学》）	38	1.74	Q3	0.682

3.3 高被引学者分析

统计过程中由于存在学者重名或姓名简写形式不统一等情况，笔者通过网络查询学者学术简历以及邮件咨询等方式逐一整理和修正了统计结果。根据普赖斯定律①，2000—2020 年国际汉语研究领域的核心作者至少发表论文数为 4 篇（$m_p \approx 3.26$）。此外，考虑到发表年份较新的论文被引频次普遍较低，本文又单独统计了 2016—2020 年这 5 年间的高被引学者（核心作者则至少发表 3 篇论文）。基于此，表 4 列出了 2000—2020 年国际汉语研究领域发文量在 4 篇及以上、p 指数从高到低排在前 30 位的学者；表 5 则列出了 2016—2020 年发文量在 3 篇及以上、p 指数从高到低排在前 10 位的学者。

2000—2020 年，伦敦大学学院的李嵬、美国普渡大学的 Jackson T. Gandour 和爱尔兰科克大学的 Paul Fletcher 影响力居于前三位。北京师范大学的舒华和浙江大学的刘海涛为高产作者，发文量分别高达 16 篇和 14 篇。

从所在研究机构来看，30 位高被引学者中，13 位学者来自中国的机构：大陆地区 6 位，舒华、郭桃梅和毕彦超（北京师范大学），谭力海（深圳大学），董洁（清华大学），刘海涛（浙江大学）；香港地区 6 位，胡光伟、李平、彭刚、Kathleen Ahrens（香港理工大学），黄美燕（香港大学），James W. Minett（香港中文大学）；台湾地区 1 位，李佳颖（台湾“中研院”）。8 位来自美国的机构：Jackson T. Gandour、Ananthanarayan Krishnan（普渡大学），Twila Tardif（密歇根大学），Charles A. Perfetti（匹兹堡大学），於宁（宾夕法尼亚州立大学），王敏（马里兰大学），盛柄（特拉华大学），Lee Chao-yang（俄亥俄大学）。6 位来自英国的机构：李嵬、许毅（伦敦大学学院），祝华（伯明翰大学），张晓兰（巴斯大学），Holly P. Branigan、Martin J. Pickering（爱丁堡大学）。澳大利亚的机构有 2 位：Connie K. So（西悉尼大学），Mark Onslow（悉尼科技大学）。爱尔兰的机构有 1 位：Paul Fletcher（爱尔兰科克大学）。

从主要研究方向来看，这 30 位学者的研究多具有学科交叉性，大致可分为：心理语言学和神经语言学（Jackson T. Gandour、Ananthanarayan Krishnan、舒华、Charles A. Perfetti、李平、谭力海、郭桃梅、李佳颖、Martin J. Pickering、毕彦超、James W. Minett）；儿童语言习得与语言病理学研究（Paul Fletcher、Twila Tardif、黄美燕、盛柄、Mark Onslow）；双语和多语研究、家庭语言政策研究（李嵬、祝华、王敏、张晓兰）；实验

---

① 普赖斯定律（Price Law）即在同一主题中，半数的论文是由一群高生产力作者所写，这一作者集合数量约等于全部作者总数的平方根。根据普赖斯定律，核心作者至少发表论文数为 m_p 篇，计算公式为 $m_p = 0.749\sqrt{n_{pmax}}$，其中 m_p 为统计时段内核心作者至少发表的论文数；n_{pmax} 是统计时段内发表论文数最多的作者所发表的论文数（宗淑萍，2016：1311）。

语音学(许毅、Connie K. So、彭刚、Lee Chao-yang);二语习得与教学研究(胡光伟);认知隐喻研究(於宁、Kathleen Ahrens);句法加工与句法启动研究(Holly P. Branigan);社会语言学视角下的身份研究、民族志研究(董洁);计量语言学(刘海涛)。不难发现,2000—2020 年国际学界在汉语研究领域影响力较大的学者主要集中分布在心理语言学、神经语言学等交叉学科方向。

表 4　2000—2020 年国际汉语研究高被引学者

编号	作者姓名	发文量/篇	被引频次	p 指数
1	李嵬(Wei Li)	11	883	41.38
2	Jackson T. Gandour	10	493	28.97
3	Paul Fletcher	7	295	23.17
4	祝华(Hua Zhu)	10	338	22.52
5	舒华(Hua Shu)	16	401	21.58
6	Ananthanarayan Krishnan	8	263	20.52
7	Twila Tardif	7	229	19.57
8	Charles A. Perfetti	7	211	18.53
9	胡光伟(Guangwei Hu)	4	148	17.63
10	黄美燕(Anita M. Y. Wong)	6	179	17.48
11	於宁(Ning Yu)	7	189	17.22
12	许毅(Yi Xu)	11	236	17.17
13	Connie K. So	4	141	17.07
14	李平(Ping Li)	11	232	16.98
15	谭力海(Lihai Tan)	8	188	16.41
16	郭桃梅(Taomei Guo)	10	199	15.82
17	张晓兰(Xiao Lan Curdt-Christiansen)	9	188	15.78
18	彭刚(Gang Peng)	8	167	15.16
19	李佳颖(Chia-ying Lee)	7	137	13.89
20	Holly P. Branigan	4	103	13.84
21	Martin J. Pickering	5	112	13.59
22	Kathleen Ahrens	6	121	13.46
23	王敏(Min Wang)	6	113	12.86
24	盛栖(Li Sheng)	8	126	12.57
25	毕彦超(Yanchao Bi)	8	122	12.30
26	Lee Chao-yang	7	114	12.29
27	董洁(Jie Dong)	6	105	12.25
28	刘海涛(Haitao Liu)	14	156	12.02
29	Mark Onslow	4	76	11.30
30	James W. Minett	4	74	11.10

表 5 列出了 2016—2020 年国际汉语研究领域具有高影响力的 10 位学者。从学者所在的研究机构来看，来自美国的学者有 4 位：马凤阳（辛辛那提大学）、Seth Wiener（卡耐基梅隆大学）、刁文豪（亚利桑那大学）、Celeste Kinginger（宾夕法尼亚州立大学）。3 位学者来自中国，其中，内地 2 位，郭桃梅（北京师范大学）、曹凡（中山大学）；香港地区 1 位，谷明月（香港教育大学）。1 位来自英国：李嵬（伦敦大学学院）。1 位来自澳大利亚：李圣勋（昆士兰大学）。

就研究方向而言，可大致分为：心理语言学与神经语言学（郭桃梅、马凤阳、曹凡）；语音学（Seth Wiener、李芳芳）；汉语作为第二语言或外语的习得与教学研究（刁文豪、谷明月）；社会文化理论视角下的语言习得与身份认同（Celeste Kinginger、李圣勋）；双语、多语研究（李嵬）。由此可见，2016 年以后，国际汉语研究最具影响力的方向依旧是心理语言学与神经语言学；汉语教学研究以及社会文化研究方法逐渐得到关注。

表 5　2016—2020 年国际汉语研究高被引学者

编号	作者姓名	发文量/篇	被引频次	p 指数
1	郭桃梅（Taomei Guo）	6	61	8.53
2	马凤阳（Fengyang Ma）	4	49	8.44
3	曹凡（Fan Cao）	3	42	8.38
4	李嵬（Wei Li）	4	39	7.24
5	Seth Wiener	8	51	6.88
6	刁文豪（WenhaoDiao）	4	35	6.74
7	李芳芳（Fangfang Li）	3	28	6.39
8	Celeste Kinginger	3	27	6.24
9	李圣勋（Sheng-hsun Lee）	3	27	6.24
10	谷明月（Mingyue MichelleGu）	5	30	5.65

3.4　高共被引文献分析

高共被引文献包括学术论文、专著、学位论文、会议论文等，高共被引文献分析可用于发现某一学科领域内具有重要影响力的学术成果，可为研究者阅读相关文献、掌握学科发展动态提供一定的借鉴。不同时期，高共被引文献的变化在一定程度上还能够反映出学科研究热点的转向。表 6 和 7 列出了 2000—2010 年和 2011—2020 年被引频次从高到低排在前 10 位的高共被引文献。两个时段被引频次最高的前两位均为李讷（Charles N. Li）和 Sandra A. Thompson 于 1981 年出版的专著《汉语语法》和赵元任于 1968 年出版的专著《汉语口语语法》，二者堪称 21 世纪以来国际汉语研究引用最多、影响最大的学术著作。

两阶段均排在前 10 位的还有黄正德(C. T. James Huang)的博士学位论文《汉语逻辑关系与语法理论》、乔姆斯基的专著《最简方案》、郑礼珊(Lisa Lai-Shen Cheng)和 Rint Sybesma 的论文《光杆名词、非光杆名词和名词短语结构》、罗杰瑞(Jerry Normarn)的专著《汉语概说》和端木三(San Duanmu)的专著《汉语普通话音系》。总体看来,在国际汉语研究领域,汉语语法研究的文献被引频次高,以乔姆斯基和黄正德的研究为代表的生成语法相关著作影响力较大。

与前一阶段相比,2011—2020 年位列前十的高共被引文献中,汉语语法研究的文献有所减少,与此同时,许毅的论文《汉语语境下的声调变化》、Jackson T. Gandour 的论文《远东语言的声调感知》入选高共被引文献,反映了近十年语音学研究的迅速发展。Brian MacWhinney 的著作《儿童语言数据交流系统:分析对话的工具》的入选,则反映儿童语言习得主题受到关注,以及在儿童语言研究中语料库方法的运用。

表 6　2000—2010 年国际汉语研究高共被引文献

序号	2000—2010	被引频次
1	*Mandarin Chinese: A Functional Reference Grammar* (Li, C. N. & S. A. Thompson. 1981)(《汉语语法》)	120
2	*A Grammar of Spoken Chinese* (Chao, Y. R. 1968)(《汉语口语语法》)	113
3	*Logical Relations in Chinese and the Theory of Grammar* (Huang, C. -T. James. 1982)(《汉语逻辑关系与语法理论》)	36
4	*Chinese* (Norman, J. 1988)(《汉语概说》)	24
5	*The Minimalist Program* (Chomsky, N. 1995)(《最简方案》)	21
6	*Cantonese: A Comprehensive Grammar* (Matthews, S. & V. Yip. 1994)(《粤语:综合语法》)	21
7	*A Simplest Systematics for the Organization of Turn-Taking for Conversation* (Sacks, H. , Emanuel A. Schegloff & G. Jefferson. 1974. *Language*)(《会话中话轮转换的最简组织系统》)	20
8	*The Phonology of Standard Chinese* (Duanmu, S. 2000)(《汉语普通话音系》)	17
9	*The Parameter of Aspect* (Smith, C. 1997)(《语体的参数》)	17
10	*Bare and Not-so-bare Nouns and the Structure of NP* (Cheng, Lisa L. -S. & R. Sybesma. 1999. *Linguistic Inquiry*)(《光杆名词、非光杆名词和名词短语结构》)	16

表 7　2011—2020 年国际汉语研究高共被引文献

序号	2011—2020	被引频次
1	*Mandarin Chinese: A Functional Reference Grammar* (Li, C. N. & S. A. Thompson. 1981)(《汉语语法》)	216
2	*A Grammar of Spoken Chinese* (Chao, Y. R. 1968)(《汉语口语语法》)	201
3	*The Syntax of Chinese* (Huang, C. -T. James, Li, Y. -H. Audrey & Li, Yafei. 2009)(《汉语句法学》)	82
4	*Contextual Tonal Variations in Mandarin* (Xu, Yi. 1997. *Journal of Phonetics*)(《汉语语境下的声调变化》)	57
5	*The Phonology of Standard Chinese* (Duanmu, S. 2000)(《汉语普通话音系》)	46
6	*Bare and Not-so-bare Nouns and the Structure of NP* (Cheng, Lisa L. -S. & R. Sybesma. 1999. *Linguistic Inquiry*)(《光杆名词、非光杆名词和名词短语结构》)	45
7	*The Minimalist Program* (Chomsky, N. 1995)(《最简方案》)	43
8	*Chinese* (Norman, J. 1988)(《汉语概说》)	42
9	*Tone Perception in Far Eastern-languages* (Gandour, J. 1983. *Journal of Phonetics*)(《远东语言的声调感知》)	40
10	*The CHILDES Project: Tools for Analyzing Talk* (MacWhinney, B. 2000)(《儿童语言数据交流系统:分析对话的工具》	40

3.5　研究内容与热点分析

本文根据自建数据库这 2179 篇文献的关键词，利用 VOSviewer 绘制了国际汉语研究内容的知识图谱。绘制过程中，出现频次最高的 Chinese 和 language 被删去，不作为关键词节点。节点越大，表示出现频次越高。节点之间的连线表示关键词的共现，连线越粗，表明关键词共现频次越高。图 3 为绘制的聚类视图。由图可知，出现频次较高的节点有“英语”“汉语普通话”“言语”“(语言)习得”“粤语”“儿童”“第二语言/外语”“身份”“句法”“语法化”“信息”“理解”“脑电位”“激活度”等，涉及二语习得、语法以及认知神经科学等范畴。同时，VOSviewer 将这些关键词分成 5 类，本文将这 5 类概括如下：

第一，汉语作为第二语言/外语的习得与教学研究，涉及儿童语言习得、语言能力、身份、语言意识形态等话题。

第二，汉语语法的研究，涉及句法、语法化、词序、关系从句等话题。

第三，汉语语音语调的研究，涉及粤语声调、音调识别、声音基频等话题。

第四，汉语的认知神经科学研究，涉及脑电位、句子理解、工作记忆、读写障碍、事件相关电位等话题。

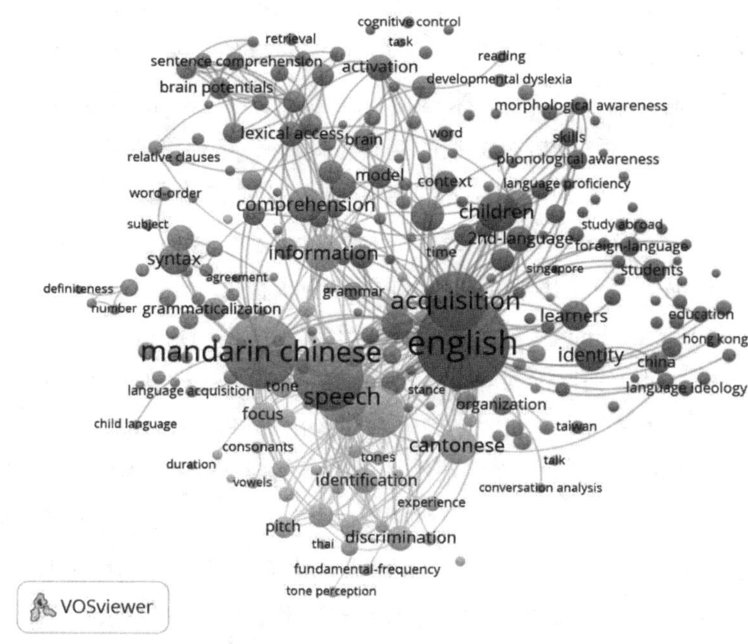

图 3　2000—2020 国际汉语研究文献关键词图谱(聚类视图)

第五,汉语的语用和话语研究,涉及话语立场、会话分析、言语行为、礼貌等话题。

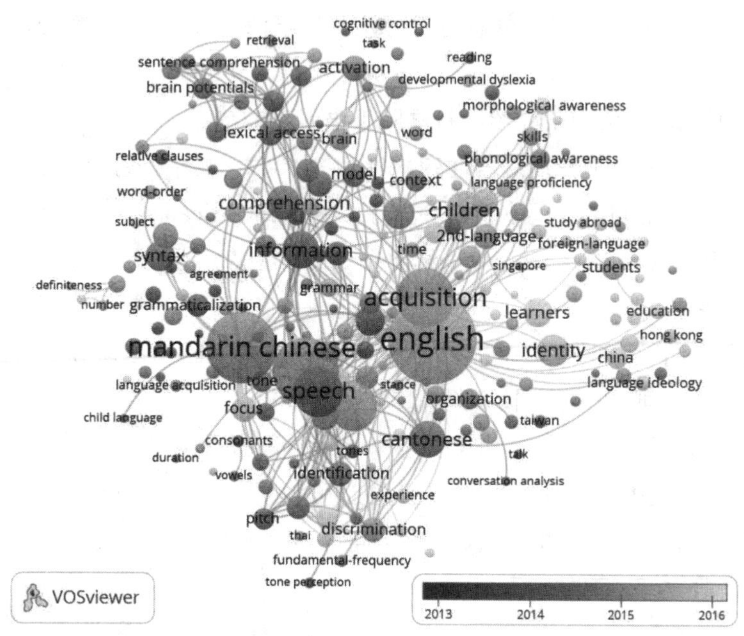

图 4　2000—2020 国际汉语研究文献关键词图谱(标签视图)

图 4 为 VOSviewer 基于关键词绘制的叠加时间的标签视图,颜色越浅的节点出现的时间越新。因此,可透过标签视图管窥研究热点的变化。图 4 中浅色的节点可视为

热点话题，主要包括第二语言、外语、学习者、留学、超语实践、教育、教师等，说明2016年以来汉语作为第二语言/外语的习得和汉语国际教育的主题成为新的研究热点。

为了更细致地探讨2000年以来国际汉语研究热点变化趋势，本文进一步对这2179篇文献的摘要进行了分析。文献的摘要浓缩了研究对象、方法和结论，适合用来分析研究主题的变化趋势。研究主题主要由单个名词和名词词组构成(Lei & Liu, 2019: 544; Huan & Guan, 2020: 701)，故利用SpaCy在这2179篇文献的摘要中抽取了1至4元名词词组序列，共16081个，并做进一步精练：删去常见论文词组，如"this study""the results/ findings"等；删去过于宽泛的词，如"languages""words"等；对部分同义词组进行整合，如"a relative clause"和"relative clauses"整合为"relative clauses"等；设置最低频次，考虑到1元和2元词组序列的出现频次远高于3元和4元，故前者最低频次设置为8次，后者为5次。精练后得到主题词225个，并计算其对数似然函数值①(以2000—2010年的摘要库作为参照语料库)。对数似然函数值(LL)在3.84及以上，就视为具有显著性差异(Rayson & Garside, 2000; Wilson, 2013; Huan & Guan, 2020)，由此得到98个变化显著的主题词，由于篇幅限制，表8仅列出了20个使用频次显著上升(用"+"表示)和20个显著下降(用"−"表示)的主题词。此外，贝叶斯信息量(BIC)可进一步反映词组使用频次差异的规模大小，一般认为BIC≥2可说明该词组变化极为显著(Wilson, 2013)，在表8中用斜体显示。

225个主题词中，56.4%的主题词使用频次趋于稳定(LL<3.84)，其中，使用频次极高的有children，Chinese verbs，Cantonese，Chinese nouns等，说明儿童语言习得、汉语动词和名词，以及粤语的研究始终是国际汉语研究的热点。

43.6%的主题词使用呈现显著性变化(LL≥3.84)。其中，使用频次显著下降的有39个，变化极为显著的(BIC≥2)有le("了")、grammaticalization(语法化)、relative clauses(关系从句)、Specific Language Impairment(特定型语言障碍)、gei("给")、Tangut(唐古特语)、suo("所")、ge("个")、ancient Chinese(古汉语)、demonstrative pronoun(指示代词)、keshi("可是")等11个。这些大都属于语法研究，如语法化、关系从句、把字句、功能词、指示代词、量词等。使用频次显著上升的有59个，变化极为显著的有Hong Kong(香港)、CSL/CFL(汉语作为第二语言/外语)、translanguaging(超语实践)、ASD(孤独症谱系障碍)、CIS(植入人工耳蜗的儿童)和social media(社交媒体)等6个。"香港"成为热点话题，呼应了前文高产研究机构分析的结果——中国香港地区在国际汉语研究领域贡献巨大。

① 该工具的使用网址为 http://ucrel.lancs.ac.uk/llwizard.html。

表 8 近十年(2011—2020)使用频次变化显著的主题词

主题词	趋势	LL 值	主题词	趋势	LL 值
Hong Kong	+	67.93	*le*	—	70.82
CSL/CFL	+	36.68	*grammaticalization*	—	43.26
translanguaging	+	30.57	*relative clauses*	—	37.6
ASD(Autism Spectrum Disorder)	+	29.43	*specific language impairment*	—	36.9
CIS(children with cochlear implants)	+	17.55	*gei*	—	26.89
social media	+	17.55	*Tangut*	—	26.89
T3	+	14.35	*suo*	—	24.93
lexical tones	+	14.33	*ge*	—	24.56
task-based language teaching	+	13.58	*ancient Chinese*	—	24.32
amusia	+	13.58	*demonstrative pronoun*	—	22.67
dynamic range	+	13.58	*keshi*	—	22.4
F0 contour	+	12.97	function words	—	13.92
radicals	+	11.43	numeral-classifier(s)	—	13.76
wh-words	+	11.32	comparative study	—	13.52
WeChat	+	11.32	predicate(s)	—	12.01
pinyin	+	10.99	classifiers	—	11.39
Macao	+	10.75	np,nps,noun phrases	—	11.29
language policy	+	10.33	Chinese characters	—	11.21
Shanghai	+	9.95	guo	—	10.63

3.6 小结

经过前文五个层面的分析,本文梳理了 2000—2020 年国际汉语研究的发展现状,研究结果总结如下。

第一,总体而言,目前国际汉语研究的发展现状为汉语的国际传播营造了一个有利的环境。2000 年以来国际汉语研究的发文数量整体呈增长趋势,高产国家(含地区)以及高产机构分布不均衡。中国是国际汉语研究领域最高产的国家,其次是美国。此外,跨地域、跨机构的合作趋势逐渐加强,这一方面得益于全球化背景下华人学者在世界各地的高校等科研机构中对汉语研究的推动,另一方面也反映出国际学界对汉语研究关注度的上升。中国香港地区,以香港大学为首,论文产量高,影响力较大。这一定程度上是因为香港拥有独特的语言文化环境,国际化程度高,与国外学术交流合作密切。2000—2020 年,超过半数的国际汉语研究都收录在 *Language and Linguistics* 等 15 本期刊中，主要为综合性期刊以及心理语言学和神经语言学方向的专业期刊。

第二，高被引学者中，具有交叉型和应用型学科背景的学者占多数。发文量最多的是北京师范大学认知神经科学与学习国家重点实验室的舒华教授，影响力最大的是英国伦敦大学学院应用语言学系的李嵬教授。2016 年以来，北京师范大学认知神经科学与学习国家重点实验室的郭桃梅教授在该领域的研究成果丰硕，影响力瞩目。自建数据库中 2179 篇论文引用较多的文献主要集中在汉语语法研究领域，以生成语法相关著作为代表的文献被引频次较高。

第三，2000 年以来，在国际汉语研究领域，儿童语言习得、汉语的动词和名词以及粤语等话题始终热度不减。近十年国际汉语研究领域中以功能词、量词研究为代表的传统语法话题的热度有所衰减，同时，汉语作为第二语言或外语的话题成为热门；以孤独症谱系障碍等为代表的语言障碍话题得到更多的关注，这一趋势也贴合近年来国际语言学研究对语言病理的关注热潮（Mohsen, et al., 2017：123）；社交媒体话语研究崭露头角，语音学中的声学分析、F0 曲线等话题热度渐长。

4 结语

本文存在一定的局限性。首先，分析的文献来源只限于 Web of Science 中的 SCIE，SSCI 和 A&HCI 数据库，仍有大量的国际汉语研究文献收录在其他数据库（如 Scopus 等），日后的相关研究可扩大文献检索范围和研究规模。其次，分析主要基于导出的题录数据，未来可考虑进行全文计量分析（胡志刚、章成志，2021）。此外，对导出文献进行人工筛选以及精练主题词的过程均带有一定的主观性，选定最终纳入分析的文献时可能存在少量偏差，个别主题词可能会被误删。最后，本研究旨在描绘梳理 2000 年以来国际汉语研究的发展现状，并不能解决任何具体实际的汉语研究问题。需特别说明，文中的所有排名均基于自建数据库中的 2179 篇文献，并不具有普适性，不能用来断定某一科研机构的整体科研水平与影响力，也不宜用来论断某一学者的科研能力与长期贡献。

进入 21 世纪以来，全世界对汉语研究的关注度持续攀升，这对推进汉语国际传播而言是十分有利的。然而，这种现状背后，依然存在着一些问题。第一，国际汉语研究的发展呈现地域不平衡，目前尚未在全世界掀起汉语研究热潮。相比之下，国际学界英语研究拥趸众多，汉语的国际地位目前与之存在一定差距。第二，国际汉语研究依然未能摆脱西方语言学理论框架和研究方法的窠臼，多套用西方语言学理论去验证和解释汉语现象，本土创新的理论研究不够丰富。第三，2000 年以来国际汉语研究发展最快、影响力最大的是交叉型和应用型的研究，比如心理、神经和病理语言学研究，以及汉语作为第二语言或外语的研究等，虽然这些学科是“语言学新的生长点，孕育着学科的未来走向”(李宇明，2019：102)，但这并不能保证中国学者的声音真正能被国际主流学者听到(文秋芳，2021：444)。因此本文认为，要进一步提高汉语研究的国际影响力，必须大力发展汉语理论语言学，推动本土汉语研究成果的国际发表，让国际学界深入了解汉语的系统规律和特点，体会其价值和魅力。

参考文献

[1] Huan，C. & X. Guan. 2020. Sketching landscapes in discourse analysis（1978—2018）：A bibliometric study. *Discourse Studies*，22(6)：697 - 719.

[2] Lei，L. ，Y. Deng & D. Liu. 2020. Examining research topics with a dependency-based noun phrase extraction method：A case in accounting. *Library Hi Tech*，(ahead-of-print).

[3] Lei，L. &S. Liao. 2017. Publications in linguistics journals from mainland China，Hong Kong，Taiwan，and Macau（2003—2012）：A bibliometric analysis. *Journal of Quantitative Linguistics*，24(1)：54 - 64.

[4] Lei，L. &D. Liu. 2019. Research trends in applied linguistics from 2005 to 2016：A bibliometric analysis and its implications. *Applied Linguistics*，40(3)：540 - 561.

[5] Mohsen，M. A. ，H. -Z. Fu & Y. -S. Ho. 2017. A bibliometric analysis of linguistics publications in the Web of Science. *Journal of Scientometric Research*，6(2)：109 - 118.

[6] Rayson，P. &R. Garside. 2000. Comparing corpora using frequency profiling. Presented at *The Workshop on Comparing Corpora*. Hong Kong.

[7] van Eck，N. J. ，L. Waltman，R. Dekker & J. van den Berg. 2010. A comparison of two techniques for bibliometric mapping：Multidimensional scaling and VOS. *Journal of the American Society for Information Science*，61(12)：2405 - 2416.

[8] Waltman，L. ，N. J. van Eck & Ed C. M. Noyons. 2010. A unified approach to mapping and clustering of bibliometric networks. *Journal of Informetrics*，4(4)：629 - 635.

[9] Wilson，A. 2013. Embracing Bayes factors for key item analysis in corpus linguistics. In M. Bieswanger& A. Koll-Stobbe (eds.). *New Approaches to the Study of Linguistic Variability*. Frankfurt：Peter Lang，3 - 11.

[10] Zhang，X. 2020. A bibliometric analysis of second language acquisition between 1997 and 2018. *Studies in Second Language Acquisition*，42(1)：199 - 222.

[11] 高凯，2015. 文献计量分析软件 VOSviewer 的应用研究. 科技情报开发与经济，25(12)：95 - 98.

[12] 管新潮，2018. 语料库与 Python 应用. 上海：上海交通大学出版社.

[13] 胡志刚，章成志，2021. 悄然兴起的全文计量分析. 图书馆论坛，41(3)：1 - 11.

[14] 雷蕾，2020. 基于 Python 的语料库数据处理. 北京：科学出版社.

[15] 李袛颖，徐锦芬，2018. 我国语言学研究国际发表状况及未来趋势：基于 2000—2017 年 SSCI 论

文的分析. 外语电化教学,(4):30－37.
[16] 李宇明,2019. 语言学的问题意识、话语转向及学科问题. 广州大学学报(社会科学版),18(5):96－105.
[17] 李宇明,2020. 中文怎样才能成为世界通用第二语言.《光明日报》2020－01－04 第 010 版:1－8.
[18] 陆俭明,2019. 汉语国际传播方略之我见. 汉语应用语言学研究,(1):1－11.
[19] 史兴松,徐文娟,2020. 近十五年 SSCI 期刊网络多模态话语研究现状及发展趋势分析. 外国语(上海外国语大学学报),43(3):55－66.
[20] 文秋芳,2021. 中国应用语言学的学术国际话语权. 现代外语,44(4):439－447.
[21] 吴晓燕,王菲,2020. 近 20 年国际二语阅读研究进展. 现代外语,43(3):424－434.
[22] 许新军,2018. h 指数与 p 指数的比较分析. 情报杂志,37(8):158－161,201.
[23] 赵蓉英,魏明坤,杨慧云,2017. p 指数应用于学者学术影响力评价的相关性研究:以图书情报学领域为例. 情报理论与实践,40(4):61－65.
[24] 宗淑萍,2016. 基于普赖斯定律和综合指数法的核心著者测评:以《中国科技期刊研究》为例. 中国科技期刊研究,27(12):1310－1314.

MTI 学生的翻译实践报告写作调查：问题与对策*

南京大学　朱叶秋**

摘　要：翻译实践报告是目前最常见的MTI学位论文形式，本研究调查了MTI学生翻译实践报告撰写的情况及报告写作中存在的困难。结果显示，MTI学生普遍比较认可翻译实践报告这一学位论文模式，其翻译材料和撰写报告的整体情况较好，撰写翻译实践报告时的困难主要体现在确定翻译理论与撰写文献综述两个方面。本调查还发现MTI学生翻译实践报告撰写时存在理论与实践相脱节的现象，此外，在高阶思维能力方面还有待提高，对实践报告写作规范的掌握也有待加强。基于调查发现，本研究认为可以从：(1) 加强翻译理论的学习及对翻译实践的指导训练，(2) 提升MTI学生的高阶思维能力，(3) 加强MTI学位论文写作规范，三方面入手，着力强化MTI人才培养，增强MTI学生翻译实践报告写作能力。

关键词：翻译硕士；翻译实践报告；问题；对策

Title: A Survey of MTI Translation Practice Report Writing: Problems and Solutions

Abstract: The translation practice report is the most common MTI thesis mode at present. This article reports a survey conducted to investigate MTI students' performance in translation practice report writing as well as their difficulties in thesis writing. Results show that MTI students generally have a positive view about the translation practice report and that the students generally perform well in the report writing. The students also report the difficulties they have in translation practice report writing, which mainly concerns the choice of an appropriate translation theory

* 本研究是全国翻译专业学位研究生教育指导委员会教育研究项目“MTI翻译实践报告写作模式研究”（编号：MTIJZW201814）的部分成果。

** **作者简介**：朱叶秋，副教授，研究方向：二语习得、翻译教学与研究。联系方式：zhuyeqiu@nju.edu.cn。

for the report and the writing of literature review. The survey also reveals a weak connection between theory guidance and translation practice. It is also found that some MTI students are in clear need to develop their higher-level thinking skills and a better understanding of the academic norms of the translation practice report. Based on the findings in the survey, this article suggests that MTI education focus more on the in-depth learning of theoretical translation studies, the training of translation practice, the improvement of students' higher-level thinking skills and the instruction on MTI thesis writing norms.

Key Words: MTI; Translation Practice Report; Problem; Solution

1 引言

自2008年翻译硕士专业学位(MTI)首批试点招生以来,翻译硕士培养得到了迅猛发展,目前全国已经设立了316个MTI学位点。翻译硕士人才培养中,MTI学位论文写作是重要一环。根据《翻译硕士专业学位研究生教育指导性培养方案》(以下简称为《翻硕培养方案》),MTI学位论文有翻译实习报告、翻译实践报告、翻译实验报告和翻译研究论文等四种形式,学生可从中选择一种。已有研究发现,翻译实践报告是最常选用的MTI学位论文形式。刘小蓉和文军(2016)调查了12所院校MTI学生的831篇毕业论文,结果显示,绝大部分学生(78.94%)选择了翻译实践报告这一形式。对10所财经类大学868篇MTI学位论文的调查也发现,MTI学位论文中,翻译实践报告占96.5%,只有2.5%的MTI学位论文为调研报告,0.8%为学术研究论文,翻译实习报告只有1篇(张璇,2018)。在这些论文模式中,翻译实践报告这一模式也得到了学界的广泛认可。有学者(穆雷,2020)表示,研究型论文不适合MTI人才培养,翻译研究论文模式与学术研究生的学位论文区分度不高,以此为MTI学位论文模式无法区分专业学位人才培养与学术型研究生培养,偏离了MTI的人才培养目标。更有学者直接指出,这四种MTI学位论文模式中,只有翻译实践报告满足MTI"学位论文在学术水平上的规定要求"(朱湘军,2019:85)。

学界一直在探索MTI学位论文模式的有效性和可行性。在论文模式的探讨中,重要的一环是对MTI学位论文撰写情况的深入认知。MTI学生是人才培养的实践主体,对MTI学位论文的要求和写作有更深切、直接的体会,对MTI学位论文写作的研究还需要加入学生认知的角度。鉴于翻译实践报告是各院校MTI学位点广泛认可并使用的学位论文形式,且目前翻译实践报告的写作模版一般包括项目介绍、理论框架及案例分析(李长栓,2021),本研究即以此为研究点,从学生认知出发,调查 MTI 学生的翻译实践报告写作情况及学生在学位论文写作中的困难,探究论文写作中的问题,从而对培养 MTI 学生有效撰写翻译实践报告提出切实可行的应对之策。

2 相关研究述评

随着 MTI 学位点的不断增加和 MTI 人才培养的深化,国内学者对翻译硕士专业学位论文形式和论文写作也展开了多维度的研究和探索,涉及的方面包括学位论文模式(马会娟,2010;穆雷,2011;穆雷、李雯,2019;祝朝伟,2017)、评价方式(穆雷、杨冬敏,2012)、学位论文指导(高强、刘振前,2017)以及论文中的问题(李长栓,2021;刘小蓉、文军,2016;赵巍,2014)。就 MTI 学位论文写作方面的研究来看,马会娟(2010)基于对北外奥组委翻译班毕业论文的个案研究,探讨了 MTI 学位毕业论文中翻译实践报告的写作模式以及应注意的问题。赵巍(2014)分析了 133 篇翻译专业硕士笔译实践报告,指出了论文在问题意识、理论运用和论文写作上存在的问题,并提出翻译实践报告写作中应强化问题意识,并遵循理论运用的适度和适用原则。刘小蓉和文军(2016)归纳、分析了 831 篇 MTI 学位论文的选题类别和写作特点,认为论文在选题上存在题目过大、内容单一趋同、译文部分选题难度把握不当等问题,提出应加强 MTI 学位论文及翻译选题的开发和规划。朱湘军(2019)基于学术学位和专业学位的差异,提出了 MTI 论文在形式、结构、评估以及论文指导等方面的构建规范。

综观已有研究可以看出,MTI 学位论文的研究多从教师或学者角度,对 MTI 学位论文模式和写作进行辨析性思考,或基于 MTI 学位论文选题进行文本性分析,进而提出相关建议。MTI 学生如何看待 MTI 学位论文,他们撰写论文的情况如何,存在哪些问题,我们对此尚知之甚少。已有相关研究中仅有一篇从学生角度入手(刘熠、刘平,2019),调查了学生对 MTI 教师理想素质的期待。MTI 学生作为 MTI 学位论文模式的实践者,在翻译实践和报告的撰写过程中,有切实的体验和经验,他们的看法和认知有助于对翻译实践报告写作的改进提出切实可靠的参考依据,并为学位论文指导和写作提出具体建议。本研究即从 MTI 学生角度出发,调查他们撰写翻译实践报告的情况以及在翻译实践和报告撰写过程中的问题,以期丰富我们对其的认知。

3 研究方法

本研究的研究对象为某高校的两届 MTI 三年级学生，共 58 人。本研究采用调查问卷和半结构式访谈相结合的研究方式。调查问卷主要针对 MTI 翻译实践报告撰写部分，包括撰写翻译实践报告时，对实践报告内容和格式要求的认知度，对翻译理论指导性的认可度，以及撰写实践报告中的困难。鉴于翻译实践为实践报告写作的基础，对深入了解报告撰写有直接作用，因此问卷中亦涉及翻译实践部分的内容，包括学生的材料翻译策略及导师的参与度。问卷调查后，选取三名学生进行半结构式访谈。这三名学生分别从学习成绩较好、居中和较弱的学生中选出，代表不同水平学生撰写 MTI 翻译实践报告的情况。访谈结果作为对调查结果的补充，深入了解 MTI 学生翻译实践报告撰写的情况及相关建议。

4 结果与讨论

4.1 结果

整体来看，79.31%的学生表示写实践翻译报告可以帮助其反思翻译实践，从而提高翻译的翻译技能，只有 6.9%的学生表示没有帮助。从翻译情况来看，72.41%的受访者表示导师给出了选材建议，其中有 41.38%的受访者非常认同这一说法，但也有 10.34%的受访者表示没有得到相应建议，需要指出的是，这并不意味着导师主观拒绝给出选材意见。访谈中，有受试者表示，这主要因为选材过程顺利，导师直接确认了他们选择的翻译材料，或是因为接到了院系的翻译项目任务，翻译材料得到了老师的认可，因此，导师无须给出具体的选材意见。在翻译过程中，绝大部分的受访者(86.2%)表示，翻译材料时，通读了翻译材料以外的其他部分。55.17%的学生明确表示翻译文本时，会有意识地提炼翻译策略，为后期的翻译评注做准备。但同时也有 27.59%的同学在翻译中对翻译策略的提炼持不明确态度，还有 17.24%的同学表示翻译时并不会关注到翻译策略的问题，在翻译过程中，更多凭借自我的语言及翻译技巧和经验进行翻译。此外，绝大多数学生(89.66%)表示，翻译材料时，导师给予了指导。

在翻译实践报告方面，从翻译实践报告的撰写来看，51.73%的受访者表示，写翻译实践报告时，才回到译本中寻找与翻译理论相符的例句。调查还显示，58.62%的被调查者会生造报告中例句的原译句，用于与改译句进行对比、分析。58.62%的同学表示翻译理论对翻译实践有指导意义，6.9%的受试者认为指导意义非常大，还有学生在问卷中特别写出，翻译理论对修改初译稿有指导作用。34.48%的学生表示翻译理论对于翻译实践的意义不明确，或者无指导意义。就实践报告撰写方面的困难而言，大部分学生(75.86%)表示难以确定合适的翻译理论，37.93%的同学表示确定翻译文本中的相关例句也有一定难度。实践报告写作时，学生的主要困难在于文献综述部分：55.17%的学生觉得撰写文献综述比较难，10.34%觉得很难；相对而言，34.48%的学生觉得用翻译理论分析译文实例有一定难度，27.59%的学生觉得撰写项目说明比较难。从导师指导来看，79.31%的学生表示修改报告时，导师给了很多有建设意义的意见。在文献检索方面，72.25%的学生表示知道如何有效检索文献。

撰写翻译实践报告时，学生基本已经做了相应的学术写作准备。所有学生表示在写翻译实践报告时，已经掌握了翻译实践报告的框架结构要求，有学生明确表示，论文写作指导课老师给予了多种论文框架建议。63.71%的学生表示已经掌握了翻译实践报告的学术写作规范，但也有超过三分之一的同学表示并没有掌握，同时有三位同学在调查问卷中表示，报告中学术语言方面还有待加强，表述有口语化倾向。此外，75.86%的学生表示已经掌握了参考文献的正确格式。

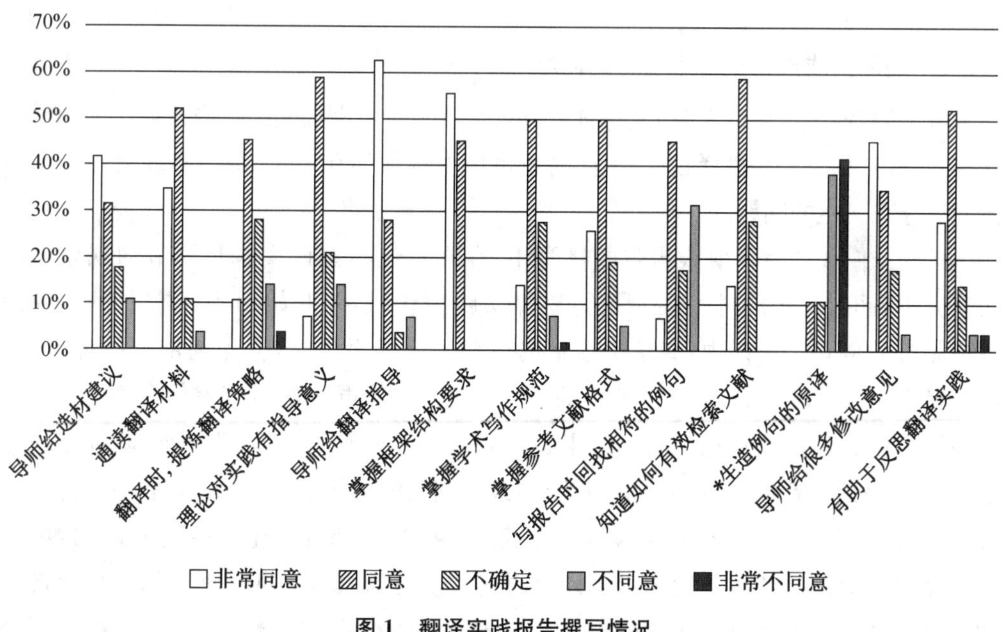

图1 翻译实践报告撰写情况

* “生造例句的原译”的选项分别是“总是”“经常”“有时”“偶尔”“从不”。

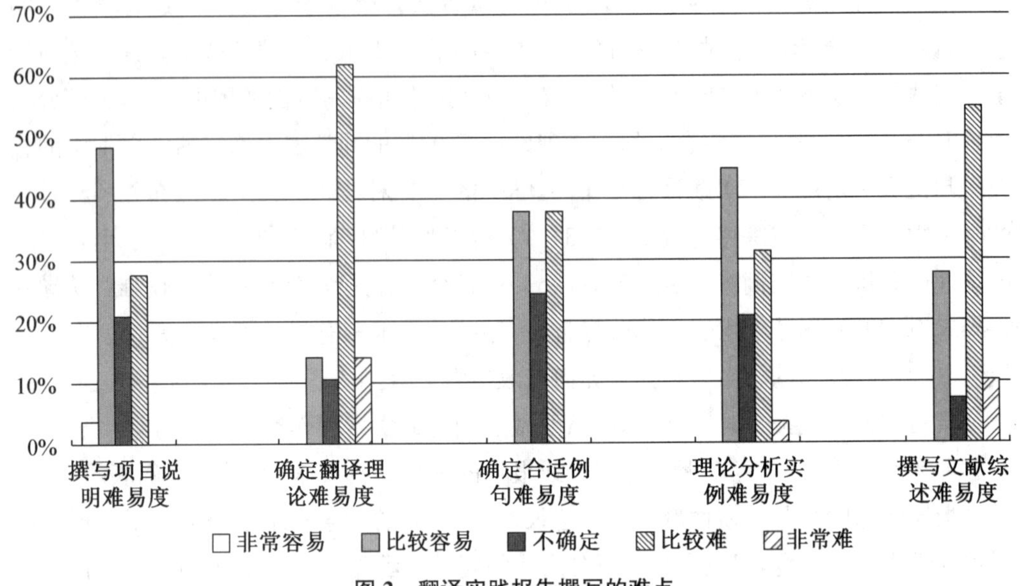

图 2　翻译实践报告撰写的难点

4.2　讨论

4.2.1　翻译实践报告撰写中存在的问题

基于调查结果，可以看到，大部分被调查者认为撰写翻译实践报告有助于他们对翻译实践进行反思，提高翻译技能，但同时也可以发现他们在 MTI 翻译实践报告的撰写方面还存在一定的问题。

首先，在 MTI 翻译实践报告的撰写中，存在理论与翻译实践相脱节的现象。本次研究中，超过一半的学生表示撰写翻译实践报告时，才开始回到译本中找与翻译理论相符的例句。访谈中，有学生表示撰写翻译实践报告时，会先确定翻译理论，进而从译文中寻找相符的例句。还有的学生表示，为了更好地解释翻译例句，会找一个"较为宏大"的翻译理论。这一结果与赵巍(2014)的研究发现相印证，该研究调查了 133 篇翻译专业硕士(MTI) 的笔译实践报告，发现有 56.4%的翻译报告套用了"理论印证式"写法。此外，本次调查中发现，有相当一部分学生会生造原译句，用以与改译句相对比。还有学生表示翻译材料时并没有认真考虑翻译理论如何指导自己的材料翻译。这说明有些例句分析并非基于翻译实践的真实体会和经验总结。翻译理论与翻译实践相脱节一方面由于部分学生在翻译实践时缺乏积累典型译句、提炼翻译策略的意识，无法在译后有效确定契合的翻译理论，另一方面还因为学生的翻译理论知识欠缺，对翻译理论认识不足，材料翻译完成后，不知用何种翻译理论对翻译实践进行分析。有学生明确表示"对翻译理论的掌握不够"，因而"用了较长时间[才]找到合适的理论"。

其次,本研究发现 MTI 翻译实践报告中与高阶思维相关的能力还有待提高。从对学生的调查和访谈结果来看,学生的主要困难在于确定合适的翻译理论以及撰写文献综述。这些困难表面上是报告撰写方面的问题,本质上则是 MTI 学生思维能力相对欠缺的表现。

从思维能力方面来看,目前对思维能力种类的划分比较多,大家一致赞同的是,思维能力有高层次和低层次之分。安德森和克拉斯沃尔(Anderson & Krathwohl, 2001)基于布鲁姆教育目标分类法(Bloom,1965)提出认知过程层面的思维能力可以分为记忆(remembering)、理解(understanding)、运用(applying)、分析(analyzing)、评价(evaluating)和创造(creating)。这些能力由低到高依次排列,运用高一级的能力意味着已经掌握了低于该级的能力,对思维能力的培养是从低级到高级的不断发展过程。

从 MTI 翻译实践报告的构成来看,报告可以分为项目说明、源语/译语对照语篇和翻译评注三大部分,其中第一和第三部分与翻译实践报告撰写直接相关。项目说明主要用于介绍所翻译的文本材料,并对实践报告进行概括性说明。项目说明中的文本描述及任务总结是基于翻译实践的阐述性任务,主要体现的是思维能力层级中较低层面的记忆和理解能力。对于此项任务,只有 27.59%的学生认为比较难。大部分学生认为比较难或者很难的部分为确定合适的翻译理论和撰写文献综述,这两部分更依赖于较高层次思维能力,即分析、评价和创造能力。确定翻译理论时,学生需要在翻译材料及撰写实践报告时进行实践总结,从译文中发现典型的翻译实例,进行归纳、分类,同时梳理、比较学习过的翻译理论,将理论与实践结合起来,从理论角度对翻译实例进行评价性分析,阐明译文的合理性。文献综述时,则需要学生厘清相关翻译理论的基本概念及理论内涵,对翻译理论进行评价性判断,同时对已有相关研究作出评估,并将翻译理论与翻译实践加以整合,针对翻译理论对翻译项目的适用性作出综合性评价。MTI 学生普遍认为撰写项目说明相对简单,而确定合适的翻译理论和撰写文献综述则比较困难,这说明 MTI 学生有一定的记忆和理解能力,但在分析、评价和创造能力这些相对高阶的思维能力方面还有待提高。传统意义的"学习"通常指学习"知识"。英语专业学生在大学里常以学习语言知识、提升语言能力为主,但语言水平的提高并不意味着思维能力的提升。文秋芳等(2010)对比了英语专业和其他文科类专业学生从大学一年级至三年级的思辨水平的发展情况,研究发现,虽然英语专业学生的思维能力在大一和大二期间显著高于其他专业学生,但大学三年间英语专业学生的思维水平发展无显著增长,到三年级时英语专业学生的思维能力与其他专业学生已无显著差异。研究同时指出,英语专业语言学习中缺乏分析、推理及评价性能力训练,因而对思辨能力发展的影响力不强。虽然目前对 MTI 学生的思辨能力尚无相关实证研究,但从他们的翻译实践报告撰写来看,高阶思维能力还有待提升。

此外,本研究发现 MTI 学生在学位论文的学术写作规范掌握方面还有待进一步加强。虽然大部分学生表示已经掌握了翻译实践报告的学术写作规范，但同时也有27.45%的学生表示不确定对学术写作规范的认识是否正确，另外8.83%的同学表示并没有完全了解，特别是有三位学生在问卷中补充说明，指出在遵守学术语言规范、避免使用日常话语方面有一定的困难。这说明MTI学生培养中，仍需对论文写作中的学术规范进行有针对性的具体教学和指导。当学生对学位论文的学术规范缺乏明确或正确的认识，或尚未意识到在这方面的误区或错误，撰写实践报告时，往往会基于平时自我积累的写作经验，从而造成学术写作不规范的现象。

4.2.2 对策

基于对MTI学生的调查结果，我们认为MTI学习过程中还需强化翻译理论学习和应用，在MTI翻译实践报告撰写时，避免出现翻译理论与翻译实践两张皮的情况。虽然翻译实践报告不同于翻译方向的硕士学位论文，无须对翻译理论进行精深研究，但翻译实践报告不是对翻译实践过程的单纯的个人总结和提炼。仲伟合指出，MTI的学位论文应当考核MTI学生运用"所学理论解决实际问题的能力，看其内容是否有新见解，或看其应用价值"(2006：34)。理论解决实际问题的能力首先来自对不同翻译理论的学习，包括学习不同理论的理论视角、基本概念及内涵，明确各理论的特点和异同，进而可以将翻译理论与翻译实践相结合。翻译材料是将翻译理念与翻译实践相结合的过程，有意识地运用所学的翻译理论知识指导具体的翻译实践，对译文中出现的典型例句或难点例句进行标记、分类和归纳，实现理论到实践的转化，在理论与实践相结合的翻译过程中提升翻译能力。撰写MTI翻译实践报告则体现了对翻译实践的反思，学生需要梳理已知翻译理论，总结典型翻译实例，确定契合的翻译理论，并用翻译理论分析相关翻译实例。这样就形成"学习翻译理论—应用翻译理论—反思翻译过程"的有效翻译能力提升链。

此外，MTI人才培养中还需强化对分析、评价和创造等高阶思维能力的培养。虽然语言技能和翻译能力是MTI学生的立足之本，但教学中对高阶思维能力的培养也是重要且必要的部分。《普通高等学校本科外国语言文学类专业教学指南(上)：英语类专业教学指南》(2020)指出翻译专业学生应具有良好的思辨能力。虽然这一要求针对翻译专业的本科学生，《翻硕培养方案》里尚未明确提出思维能力的相关要求，但MTI人才在翻译工作中高阶思维能力的运用必不可少。在翻译实践工作中，职业胜任力和人才的专业性除了对翻译技能的要求外，还体现在思辨能力上。穆雷指出，高水平的职业译员在翻译时，不仅需要精湛的双语语言能力以及双语互译能力，还需要"归纳总结概括提炼能力"(2011:78)。现在学界越来越重视大学生思维能力的培养，研究也发现，主动性培养可以有效提高高阶的思维能力(Miri, 2007)。刘和平和王茜(2015)基于"MTI翻译理论与实务"课程，发现将翻译理论与实践相结合的教学，有助于提高学生的理论与实践结合能力、合理判断与评价能力、综合分析能力、提出问题与解决问题能力和多角度思考能力等。鉴于学生将翻译理论应用于实践能力较弱,教学中可以开展针对性任务式或项目式活动,引导学生对翻译实例进行分析和分类,同时梳理已知翻译理论,提炼理论中的关键信息,以小组合作、分组讨论等方式分析翻译理论与翻译实例的最大契合度,在实践中提升学生理论与实践的结合能力。在 MTI 学生的人才培养过程中,将学生的思维能力培养纳入平时的教学中去,在翻译技能训练和翻译理论教学的同时,使其认识到培养思维能力的重要性、必要性和可能性,引导学生进行思维能力方面的强化训练,有效提升学生高阶思维能力,培养兼具强思维能力的高水平翻译人才。

最后,MTI 人才培养过程中,还可以从日常教学和导师指导两方面入手,强化学术写作规范的培养和实践报告撰写的训练。虽然 MTI 学位属于专业学位,人才培养以专业实践为导向,但不可否认,MTI 学位论文撰写属于专业性写作,需遵照一定的学术写作规范。访谈中有学生表示已经意识到了这方面的问题,表示希望强化相关教学和训练,如提升学术用语意识,避免学术写作口语化。日常教学中,可以将这部分内容纳入专门的课程计划中,在“论文写作”等相关课程中专题介绍、讨论翻译实践报告的写作要求和规范,明确其与非学术性写作的区别,让 MTI 学生在认知层面了解翻译实践报告的写作。同时,将这部分的培养融入各门课的课程内容中,在期末的课程论文写作中,明确学术论文的格式规范,引导学生在写作实践中学习写作规范。同时,导师也需充分发挥对学生实践报告写作的指导作用,在强调报告内容的同时,在写作规范上提出相应的明确规约。这都有助于提高学生的学术规范意识,可以有效避免翻译实践报告写作时出现不必要的学术规范性错误。

5 结语

本研究调查了 MTI 学生翻译实践报告撰写的情况和实际困难,分析、探讨了 MTI 学生在学位论文写作中的问题,并提出了相应的举措。本调查发现,MTI 学生普遍比较认可翻译实践报告这一学位论文模式,认为翻译实践报告有助于他们反思翻译实践,提高翻译技能,翻译理论对翻译实践也有相当的指导意义。翻译实践及实践报告撰写过程都在导师的指导下进行,导师给予了相关建议和指导。但是学生翻译实践报告的撰写过程中也存在一定的困难,集中体现在确定翻译理论和撰写文献综述两个方面。研究还发现,MTI 学生撰写翻译实践报告时存在理论与实践相脱节的现象,同时,在高阶思维能力方面还有待提高,部分学生对实践报告写作要求和规范的掌握也有待加强。基于调查发现,本研究认为可以从加强翻译理论学习及对翻译实践的指导训练,提升 MTI 学生的高阶思维能力,加强 MTI 学位论文写作规范三方面入手,有针对性地强化

MTI 人才培养,助力 MTI 学生写出翻译理论与实践真正契合,内容上有深度、有逻辑,形式上符合写作规范要求的 MTI 学位论文。

参考文献

[1] Anderson, L. W. & D. R. Krathwohl (eds.). 2001. *A Taxonomy for Learning, Teaching, and Assessing: A Revision of Bloom's Taxonomy of Educational Objectives*. New York: Longman.

[2] Bloom, B. S. 1956. *Taxonomy of Educational Objective: The classification of educational goals. Handbook I: Cognitive Domain*. New York: David McKay.

[3] Miri, B., D. Ben-Chaim & J. Zoller. 2007. Purposely teaching for the promotion of higher-order thinking skills: A case of critical thinking. *Research in Science Education*, 37(4): 353 - 369.

[4] 高强,刘振前,2017. MTI 导师学位论文指导信念与实践个案研究:活动理论视角. 外语界,(6): 53 - 61.

[5] 黄朝阳,2010. 加强批判性思辨教育培养创新型人才. 教育研究,31(5):69 - 74.

[6] 教育部高等学校外国语言文学类专业教学指导委员会英语专业教学指导分委员会,2020. 普通高等学校本科外国语言文学类专业教学指南(上):英语类专业教学指南. 北京:外语教学与研究出版社.

[7] 李长栓,2021. 以实践报告展示翻译能力:论翻译硕士专业学位研究生翻译实践报告的写作. 中国翻译,42(2):72 - 79.

[8] 刘和平,王茜,2015. 翻译思辨能力发展特征研究:以 MTI 翻译理论与实务课程为例. 中国翻译,36(4):45 - 50.

[9] 刘小蓉,文军,2016. MTI 学位毕业论文调查:现状与对策. 外语教学,37(2):109 - 112.

[10] 刘熠,刘平,2019. 学生视角下的 MTI 教师理想素质及现状研究. 外语界,(3):85 - 92.

[11] 马会娟,2010. MTI 学位毕业论文写作模式探讨:以北外奥组委翻译班毕业论文撰写为个案. 上海翻译,(2):48 - 52.

[12] 穆雷,2011. 翻译硕士专业学位论文模式探讨. 外语教学理论与实践,(1):77 - 82.

[13] 穆雷,2020. 我国翻译硕士专业学位现状与问题:基于《翻译硕士专业学位发展报告》的分析研究. 中国翻译,41(1):87 - 96.

[14] 穆雷,李雯,2019. 翻译硕士专业学位论文写作模式的再思考:基于 704 篇学位论文的分析. 学位与研究生教育,(11):33 - 39.

[15] 穆雷,杨冬敏,2012. 翻译硕士学位论文评价方式初探. 外语教学,33(4):89 - 93.

[16] 文秋芳,王海妹,王建卿,等,2010. 我国英语专业与其他文科类大学生思辨能力的对比研究. 外语教学与研究,42(5):350 - 355,400.

[17] 张璇,2018. 财经类高校翻译硕士专业毕业生学位论文调研报告. 博士论文,北京:对外经济贸易大学.

[18] 赵巍，2014. MTI 实践报告的问题及对策：基于 133 篇实践报告的调查研究. 解放军外国语学院学报，(3)：111 - 117.

[19] 仲伟合，2006. 翻译专业硕士(MIT)的设置：翻译学学科发展的新方向. 中国翻译，27(1)：32 - 35.

[20] 祝朝伟，2017. 翻译硕士学位论文"翻译作品认证＋总结报告"模式研究. 学位与研究生教育，(4)：49 - 55.

[21] 朱湘军，2019. 翻译硕士(MTI)学位论文之"规"与"范". 上海翻译，(2)：83 - 88，95.

翻译硕士专业学位论文模式及其评价体系研究*

国防科技大学国际关系学院　孔　啸　王一多**

摘　要：目前，翻译实践报告是翻译硕士选择的学位论文主要形式，这一论文形式虽然已经不断探索，但仍存在理念不一致、模式过于相似、理论选用与否有争议、评价标准模糊不确切等诸多问题，对于人才培养提出了巨大的挑战。本文从人才培养目标出发，对翻译实践报告的主要问题进行分析和详述，认为根据培养对象的水平差异和发展方向的不同，设置符合不同要求的论文类型，并且通过给出具体的评价体系观测点，从而解决目前操作性和指导性不强、翻译质量没有衡量标准、培养目标达成度不高等问题。

关键词：翻译硕士专业学位论文分类；翻译硕士专业学位论文评价体系；观测点

Title: A Study of the Model and Evaluation System of Professional Degree of Thesis for Master of Translation and Interpreting(MTI)

Abstract: At present, the translation report is the main form of thesis selected by MTI candidates. Although the writing method of this form has been constantly explored, there are still many problems such as controversial conception, too similar structure, theory adoption, fuzzy evaluation criteria and so on, which pose a huge challenge to talent cultivation. Based on the objective of talent cultivation, this paper analyzes and details the main problems of translation reports, holding that according to the differences in the academic level and development direction of MTI candidates, different types of thesis that meet different requirements should be set up, and the

---

* 本文系湖南省学位与研究生教育改革研究项目“翻译硕士专业学位论文模式及其评价体系研究”（项目编号 2019JGYB020）阶段性成果。

** **作者简介**：孔啸，硕士。研究方向：翻译理论与实践。联系方式：1072488379@qq.com。王一多，副教授，博士。研究方向：术语翻译、翻译批评。联系方式：duoduoyishan6426@sina.com。

specific observation points of the evaluation system should be given so as to obtain operative guidance, evaluate the translation quality and thus achieve till training objective.

Key Words: classification of professional degree of thesis for Master of Translation and Interpretating; evaluation system of professional degree of thesis for Master of Translation and Interpretating; observation point

1 引言

我国的MTI(翻译硕士)专业学位研究生教育始于2007年,主要目标是培养适应全球经济一体化及提高国家国际竞争力的需要,适应国家经济、文化、社会建设需要的“高层次、应用型、专业性”翻译人才。在培养的过程中,学位论文是直接衡量培养质量的环节。根据《翻译硕士专业学位研究生指导性培养方案》,MTI学位论文有四种形式可以选择:1)翻译实习报告,2)翻译实验报告,3)翻译研究论文,4)翻译实践报告。目前,翻译硕士专业学位论文存在形式选择过分单一、模式过于相似、标准不够统一等问题,这些问题都给当前的翻译硕士教学和人才培养提出巨大的挑战和难题。在此背景下,本文通过考察现有的问题,借鉴工程硕士专业学位论文评价体系,力图为翻译硕士专业学位论文提供新的思考和思路以及操作性强的评价标准,从而为翻译硕士专业学位论文的人才培养质量奠定扎实的基础。

2 国内研究现状

关于翻译硕士专业学位论文的研究,国内学者已经主要在以下几个方面进行了探讨。(1)存在的问题。刘小蓉、文军(2016)调查了12所MTI培养学校,对831篇翻译硕士学位毕业论文选题进行了分析,发现存在毕业论文选题过于单一、内容趋同、译文选题难度把握不当等问题。穆雷、李雯(2019)基于对704篇学位论文的分析,认为翻译硕士专业学位论文存在以下问题:选题与培养初衷不符;研究方法重视不够;问题意识不强;论文结论应用价值不高。(2)对已有翻译硕士专业学位的论文模式进行分析和探讨,如穆雷(2011)根据翻译行业的职业特点,借鉴其他专业学位中关于学位论文的要求,并结合翻译行业的实际操作流程,提出将MTI指导性培养大纲规定的三种学位论文方案调整为四种，即重要岗位的实习报告、翻译实践报告、翻译实验报告和翻译调研报告。平洪(2018)详细分析翻译硕士专业学位论文的基本要求和基本形式，针对目前翻译硕士学位论文的突出问题，重点讨论翻译质量、目标外语写作水平、学术视野和理论水平以及学术写作规范四大要素。他指出因尚没有明确的基本规范约束，翻译报告框架化、形式化、无价值的问题越发突出。穆雷、李雯(2019)通过对704篇翻译硕士专业学位论文的分析，发现现阶段对翻译硕士专业学位研究生的学位论文撰写指导工作存在不足。随着语言服务市场的发展，学位论文形式也有待进一步调整，这对学位论文形式、写作模式和评价体系提出了相应的建议。(3)初探翻译硕士专业学位论文评价方式，如柴明熲(2013)等提供了上海市翻译硕士专业学位论文基本要求和评价指标体系；穆雷、杨冬敏、邹兵(2012)在提出翻译硕士学位论文四种写作模式及模板的基础上，尝试构建针对不同写作模式及模板的翻译硕士学位论文评价体系。(4)创新翻译硕士学位论文形式，对于这一问题的探讨和研究对翻译硕士专业学位的人才培养具有重要的指导意义，能够厘清目前所出现的主要问题，并提供指导方案，是提高人才培养质量的关键。陈琳、章艳(2011)探讨了翻译硕士专业学位论文"翻译述评"的写作模式。在原有的论文模式基础上穆雷教授(2011)提出了翻译调研报告。孙三军、任文(2019)提出了课堂案例分析报告、个案研究论文、比较研究论文、翻译技术应用研究论文四种新的模式。

3 目前翻译实践报告存在的问题

目前翻译硕士人才培养已经走过10多年，专业学位研究生论文显然已经取得很大的进展，但仍然有很多共识问题尚待解决：形式选择过分单一，形式过于模式化，很多问题浅尝辄止，难以得到有效的纠正和改善；写作框架内容过于相似，翻译质量没有衡量标准，以及理论在学位论文中的地位和比重没有得到明确等问题。最明显的情况是翻译实践报告这一形式受到广泛的青睐，刘小蓉、文军(2016)曾就12所院校831篇翻译硕士毕业论文进行调查，结果发现：只有0.6%的同学选做翻译实习报告，0.12%的同学选做翻译实验报告，20.33%的同学选做翻译研究论文，78.94%的同学选做翻译实践报告。调查数据本身一方面说明了对翻译实践报告的认同，翻译实践报告可以反映出写作者掌握翻译基础理论和系统知识的程度以及其独立担负口笔译工作的能力。但另一方面，过于单一的形式以及近似的内容使得翻译硕士专业研究生的培养趋于同质化，这对于人才培养提出了一个巨大的难题和挑战。本文对翻译实践报告中的问题进行梳理，如表1所示：

表 1　翻译实践报告存在的问题

问题类型	具体问题
选题	重复、没有代表性
文献综述	有或者没有
原文	难易度缺乏标准
译文质量	没有衡量标准
写作规范	写作框架趋同，没有创新性
理论框架	有或者没有；匹配或者不匹配
解决问题	集中或者全面
翻译模式	没有要求（独立或者 CAT+MT+PE）
评价标准	不统一

选题方面，目前虽然每个学校都要求选用适合自己学校特色的文章，但是很多时候由于学生之间相互借鉴的程度很高，相同类型的实践报告很多，对于论文来说只是问题在重复讨论，并不能进一步将问题深化或者类型化。文献综述方面，有的学校要求必须有文献综述，有的学校则不做要求，进行文献综述的论文也并未达到文献综述的要求，相关文献并未搜集全面，大多数情况只是简单罗列。原文难易度方面，学生所选原文难易度差异很大，有的往往超过了学生可以把握的程度，比如学术论文或者学术书籍，有的又往往选择简单一些的，比如儿童文学。总的来说，对于原文的难易度没有一个可以衡量的标准。译文质量方面，没有明确的衡量标准，主要靠评阅老师评定。对于一篇 1 万字的译文来说，是否应该有统一的标准，出错率是多少，是否达到了所应达到的水平。学生对于自己的译文质量也没有清晰的概念，并不知道自己的译文在哪些地方可以进一步完善，以及是否有译得不妥当的地方。写作规范方面，翻译实践报告一旦形成了固定框架，尤其是现在非常常见的框架，那么学生就极容易选择这样容易模仿和照搬的框架，而较少进行更新和创造。理论指导方面，有的学校要求学生必须运用一个理论来指导翻译实践，有的学校则认为理论可有可无。这样的结果是学生只能根据自己学校的要求去撰写学位论文，但这让其他学校的学生感到很困惑。在使用理论框架的论文里，有些理论出现频率非常高，容易形成固定模式，还有的选用的理论并不适合应用于实践，理论对实践并没有起到应有的指导作用。解决问题方面，翻译实践报告中有的解决的是具体某一个方面的问题，有的则是面面俱到，将所遇到的问题都列出来，从词、句子和篇章三个层面来探讨。翻译模式方面，随着翻译技术方面的发展突飞猛进，运用计算机辅助翻译和机器翻译已经成为很多学生选择的模式，这样的模式对于学生翻译能力的检测或者说衡量也是一个问题，有的学生的翻译能力水平还没有达到机器翻译的水

平，所以运用CAT＋MT＋PE（机辅翻译＋机器翻译＋译后编辑）模式的译文能否反映学生的真实水平仍然存疑。就评价标准来看，从笔者参加的多个学校的匿名评审和论文答辩来看，翻译硕士专业学位论文评价标准并不统一，不像学术论文有一个学界认可的统一标准。对于想撰写不同类型翻译硕士专业学位论文的学生来说，他们找不到指导性的标准。即使是已有的评价标准，也会发现过于笼统，没有太大的指导意义。总的来说，朱梦应（2019）指出，翻译硕士的标准实操性不强，论文的形式还较传统；在学理层面的体系化方面，论文标准较为粗糙。造成这些问题的原因是对专业硕士学位论文形式与标准的认识还较为传统；专业硕士论文形式与标准建设还相对滞后；专业硕士学位论文形式与标准落实还缺少保障。

4 翻译硕士专业学位论文分类

撰写学位论文是一个研究的过程。而研究是知识发现过程，是解释世界、解释现象并提出解决方案的过程。每一项研究都包含四个要素：① 发现问题——是什么？② 辨识问题——是什么样的问题？③ 解释问题——为什么是这样？④ 解决问题——怎么办？专业硕士学位论文“更侧重于基于现实，基于实习、实践，以个案或特定个体为研究对象，以分析现实问题、提出解决方案为目标”（张俊瑞，2022：13）。目前，因为学生主要选择翻译实践报告形式，这样单一的选择不能提供差异性培养，所以探索适合翻译硕士专业的其他论文形式仍然十分必要，尤其是通过撰写学位论文具备发现问题、辨识问题、解释问题和解决问题的能力。

本文认为需要对翻译硕士专业学位论文类型进行分类，而不是列举每一种形式。因为随着时代的变化、现实的需求，会有新的形式出现，那么可以进行类型化设置，参照张乐平等（2014）学者提出的专业学位论文分类的四个标准，同时考虑分类的周延性，专业学位论文分类标准可以明确为五类，即研究性质类（如理论研究、应用研究等）、研究对象类（如政策研究、产品设计等）、研究方法类（如案例研究、调查研究等）、研究结果类（如实施方案、发明专利等）、其他分类（不属于前述分类标准，或不能明确其分类标准的，如研究论文、毕业设计等）。穆雷、李雯（2019）认为分为三类，研究方法类（翻译实践报告、翻译实习报告、翻译调研报告），研究对象类（产品/技术开发/设计报告），研究性质类（专题研究论文）。孙三军、任文（2019）分为翻译实践报告、翻译实习报告、翻译课堂案例分析报告、翻译研究论文（翻译实验报告、翻译调研报告、翻译个案研究、翻译对比研究和翻译技术应用研究）。“多种多样的专业硕士学位论文形式是非常必要的，但是如何对形式进行科学分类也是非常重要的。相关组织和机构提出的学位论文形式有很多种，但是分类标准不统一，不同类别使用了不同的分类方法，有的类别则同时使用

了多种分类方法，这往往会导致学位论文评价的混乱。”（张乐平、温馨、陈小平，2014：79）

从上面的分类来看，这里出现的主要问题是对各种类型的翻译硕士毕业论文还没有非常清晰的认识，根据社会科学研究的方法分类（林聚任，2017；袁方，2013）（见图1），根据资料分析难度，研究方式可以分为三种：

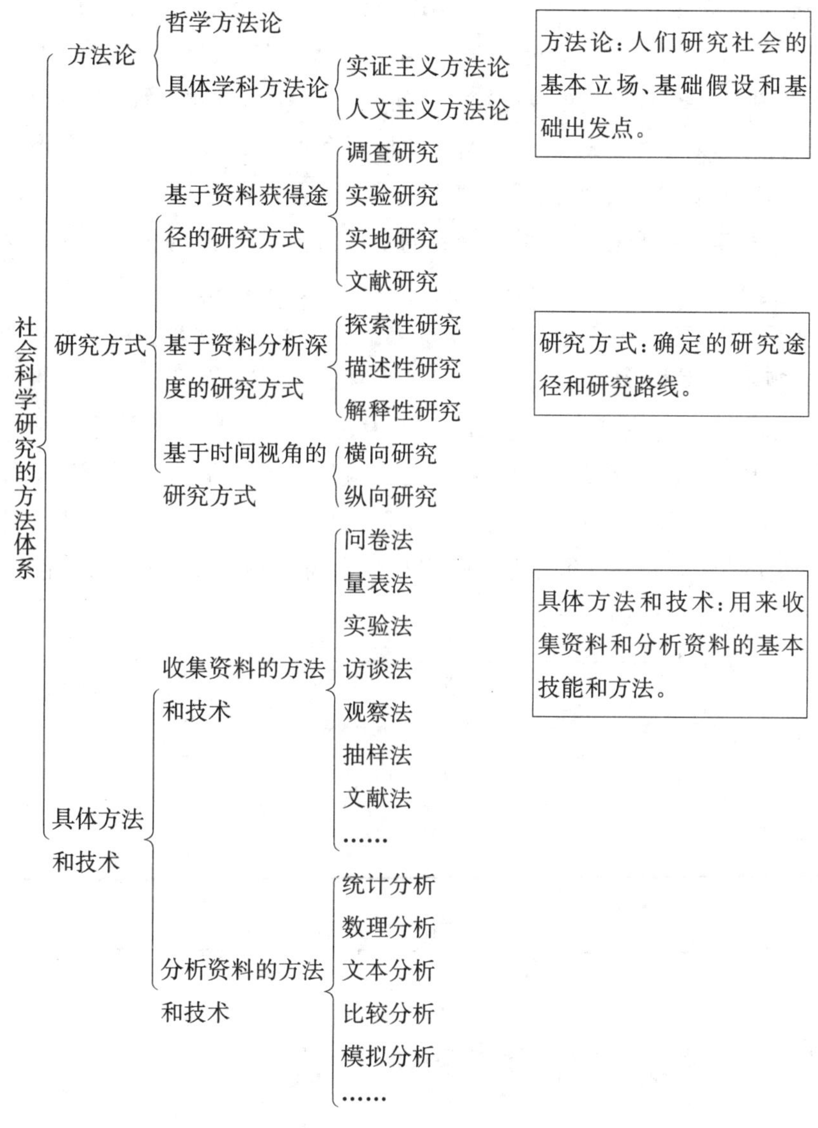

图1　社会科学的研究方法体系

（1）探索性：对问题的初步研究。（2）描述性：对社会现象一般特征和差异状况做出的准确描述。（3）解释性：在描述性研究的基础上，主要是探索背后原因，提示变量的关系。第一层次主要是通过针对具体的翻译问题，来解决翻译水平和质量问题；第二层次主要是运用一定的研究方法描述存在的翻译问题，从而提出解决方案；第三层次是更加深入地发现问题的原因，找到理论支撑。

进行硕士学位论文撰写的时候，论文最好能够从探索性的研究深入解释性的研究。但因为翻译硕士的性质和特点，主要是培养学生的应用能力，再加上对研究方法的训练不够以及时间等原因，所以学生在撰写论文的时候往往并未深入，处于一种浅尝辄止的程度。或者说翻译硕士的学术素养还不足以写出和学术论文相同程度的论文（优秀的学生除外）。此外，从翻译硕士的生源来看，学生的水平差异也比较大，有的学校的学生基础不扎实，确实很难承担起难度比较大的研究。再者，随着翻译博士专业学位也即将落地开始招生，对于翻译硕士来说论文的撰写和所需具备的素养也会产生相应的变化，有的学生需要打下更好的研究基础。所以，翻译硕士专业学位论文需要更加多类型化，由学生依据自己的水平和以后的发展方向选择合适的类型。本文认为在对翻译硕士专业学位论文形式设计进行分类的时候，可以根据研究性质划分为理论研究和应用研究。理论研究是指为了获得关于现象和可观察事实的基本原理的新知识（揭示客观事物的本质、运动规律，获得新发现、新学说）而进行的实验性或理论性研究，它不以任何专门或特定的应用或使用为目的，其成果以科学论文和科学著作为主要形式，用来反映知识的原始创新能力。应用研究则是为获得新知识而进行的创造性的研究，它主要是针对某一特定的实际目的或目标。理论研究为那些以后想继续攻读博士的学生设计，应用研究则应与社会需要相结合。根据这样的分类，将翻译硕士专业学位进行如下分类：

分类	形式（并不限定）
理论研究	翻译研究论文
	专题研究论文
应用研究	产品/技术开发/设计报告
	调研报告
	案例分析（翻译实践报告）

5　学位论文的分类评价体系和评估指标

评估指标是对评估目标所做的一系列具体规定，是把抽象原则的评估目标具体化。建立科学的评估指标体系是开展评估活动的必要前提，而缺乏统一的评估指标势必会导致论文评审中自说自话、相互矛盾的混乱局面，使论文评审失去基本的公平公正。科学的评估指标能准确揭示事物的本质，反映其真实属性。评估指标设计应遵循基本原则，根据翻译硕士学位论文的特点，需要制定出具有以下几个特点的评估指标：(1) 一致性，评估指标是评估目标的具体体现，应与评估目标相一致，MTI 学位论文评估目标是评估学生的翻译实践能力；(2) 可行性，可通过实际观察而获得明确的结论；(3) 独立性，体系内的指标相互独立，不存在重叠关系；(4) 全面性，应全面反映评估的所有目标项；(5) 可比性，评估指标应反映被评估对象的共同属性；(6) 可操作性，评估指标应控制在所有被评估对象的实际范围之内。

不同形式的论文不应有相同的评价标准和评估指标，不同类型的翻译硕士学位论文需要不同的论文评价标准。尤其是对翻译实践报告这一形式，由于翻译实践报告是目前所选用最广泛的类型，更需要进一步规范。翻译实践报告的本意是解决翻译过程中的翻译问题，但是从近年的发展情况来看，鉴于上面所总结存在的一些问题，翻译实践报告越来越难达成自己的设定目标，本文选取了比较有代表性的四种评价指标体系，进行分析。如表 2、表 3、表 4、表 5 所示。

表 2　上海市翻译硕士专业学位论文评价指标体系

评价指标	评价要素	权重
选题	选题来源于翻译实践，具有翻译专项任务特征	15%
创新性	以新的视角探索解决问题的途径与方法	10%
专业性	案例内容、分析及结论能体现相关学科领域的专门知识和专业能力，有严谨的专业规范性；适当的工作量及一定的研究难度	40%
应用性	案例对实践具有实际指导意义	20%
规范性	资料引证、分析、文字、图表的准确和规范，附笔译译文或口译译文	15%
综合评价		

注：评价结论分为优秀、良好、合格、不合格四种。优秀：N 90 ；良好：89—75 ；合格：74—60 ；不合格：W 59。

表 3　国内 A 大学的翻译硕士学位论文评价指标体系

序号	评审内容	评审指标	评价等级			
			优秀	良好	一般	较差
1	选　题	解决工程等实际问题，具有明确的应用背景和应用价值				
2	文献综述	对国内外文献资料的阅读、分析与综述水平				
3	技术难度与工作量	有一定的技术难度和实际工作量				

（续表）

序号	评审内容	评审指标	评价等级			
			优秀	良好	一般	较差
4	设计内容与方法或技术先进性	设计内容合理，设计依据翔实、可靠，设计方法体现一定的先进性或先进技术方法和现代技术手段的运用；新思路、新方法、新工艺、新材料的应用				
5	知识水平或理论水平	综合运用基础理论、专业知识、科学方法和技术手段分析和解决工程实际问题的水平				
6	成果评价及创新性	成果具有新颖性、先进性、实用性；或具有一定经济效益；或有一定的学术贡献和独立见解				
7	论文写作	论文的系统性、逻辑性、图文规范和写作水平				

表 4　国内 B 大学的翻译硕士学位论文评价指标体系

<table>
<tr><td>评价要素</td><td colspan="4">评价内容</td><td>分值</td><td>评分</td></tr>
<tr><td>选题</td><td colspan="4">选题军事特色鲜明或与本校专业密切相关，难度合适。实践报告针对翻译实践的具体问题，具备一定的实用价值和指导性</td><td>10</td><td></td></tr>
<tr><td>理解与表达</td><td colspan="4">译文能够准确理解、表达原文的信息，基本上没有误读、误译和信息遗漏等问题，语言通顺流畅，符合译入语的语言文化特点；能够保证译文中术语使用的准确、专业和统一</td><td>30</td><td></td></tr>
<tr><td>文体</td><td colspan="4">翻译过程中能够准确识别并恰当表达原文的文体特征，译文文体符合译入语的习惯</td><td>10</td><td></td></tr>
<tr><td>工作量</td><td colspan="4">翻译量和实践报告涉及的工作有一定的复杂性和难度，工作量饱满，译文字数不少于 10000 字</td><td>10</td><td></td></tr>
<tr><td>翻译专业素养</td><td colspan="4">实践报告表现出理论联系实际的能力，即恰当使用相关翻译及语言学理论，合理选择翻译策略，分析解决翻译实践中的问题</td><td>10</td><td></td></tr>
<tr><td>写作水平</td><td colspan="4">实践报告表达清晰流畅，结构完整，观点正确，论据充分，具有条理性和逻辑性。表达地道，无语法和拼写错误等问题</td><td>20</td><td></td></tr>
<tr><td>写作规范</td><td colspan="4">严格按照学术规范进行引注和引用，书写格式规范，参考文献适量合理，实践报告字数不少于 5000 字</td><td>10</td><td></td></tr>
<tr><td colspan="5">总分</td><td>100</td><td></td></tr>
<tr><td rowspan="2">综合评价（请打“√”）</td><td>A+
得分≥95 分</td><td>A
85 分≤得分<95 分</td><td>B
75 分≤得分<85 分</td><td>C
60 分≤得分<75 分</td><td colspan="2">D
得分<60 分</td></tr>
<tr><td></td><td></td><td>√</td><td></td><td colspan="2"></td></tr>
</table>

表 5　国内 C 大学的翻译硕士学位论文评价指标体系

评价指标	评价标准		评分
翻译选题 (10 分)	翻译选题的理论及应用价值		
翻译准确性 (40 分)	译文是否准确传达了原文的内容		
译文语言质量 (20 分)	译文语言是否流畅可读,有无明显翻译腔		
翻译报告学术水平 (20 分)	报告分析角度是否合理,观点是否明确,论证是否合理,论据是否充分		
翻译报告写作水平 (10 分)	是否使用了流畅的学术语言,格式是否合乎规范		
整体评价标准	优秀 100—90 分;良好 89—80 分;一般 79—70 分;基本合格 69—60 分;不合格 59 分以下	总分	

经过对以上四种翻译硕士学位论文评价体系对比,可以看出:其一表 2 和表 3 的要求比较宽泛,表 4 和表 5 的比较具体,过于宽泛则无所依据、主观性太强,具体的要求才会让评审老师和学生明显有更清晰的概念、更明确的指导;其二从指标体系上也可以看出有的学校明显更偏重翻译产品的质量,翻译方面的比重占到 60%,根据笔者的评审经验,通常在这样的情况下,译文的翻译质量比较好,出现的问题更多是在写作规范方面,实际上,对于学位论文的要求不仅是提高翻译水平和能力,而且应具备必要的学术素养和写作规范;其三翻译理论是否需要完全回避? 应用可以指导翻译实践的理论也是一种思维的训练,能让学生有更多理性的考量,引导他们进行思考和归纳,更利于学生未来的发展。从整体上看,表 4 的论文评价指标体系的各项指标比较清晰、具体,有明确的指向性,可以提供借鉴。

下面我们还可以比较一下翻译硕士专业学位论文评价体系和工程硕士专业学位论文评价体系,可以发现最大的问题就是翻译硕士专业学位论文的评价体系不是很具体,操作性不高,对于学生的指导性不强。在评价指标和要素方面区分度不高,没有区分出一级指标和二级指标。表 6 为比较受到认可的工程硕士学位论文评价指标体系。

表 6　工程硕士学位论文评价指标体系

一级指标	二级指标	主要观测点	参考权重
选题 (10)	1.1 选题的背景	1) 来源于工程实际 2) 有一定的先进性、新颖性 3) 系所属工程领域的研究范畴	5
	1.2 目的及意义	1) 目的明确 2) 具有必要性 3) 具有应用前景	5

（续表）

一级指标	二级指标	主要观测点	参考权重
内容（50）	2.1 国内外相关研究分析	1）文献资料的全面性、新颖性 2）总结归纳的客观性、正确性	5
	2.2 研发内容的合理性	1）技术原理科学合理 2）产品功能先进、实用 3）分析、计算科学、合理、正确 4）图纸及技术文件等佐证材料齐全	20
	2.3 研发方法的科学性	1）方案科学、可行 2）技术手段先进 3）采用新方法、新工艺、新材料	15
	2.4 工作的难易度及工作量	1）研发工作量饱满 2）研发工作具有一定难度	10
成果（25）	3.1 产品的应用价值	1）产品符合行业规范要求，满足相应的生产工艺和质量标准 2）具有潜在的经济效益或社会效益	10
	3.2 产品的新颖性	1）有新思路或新见解 2）性能先进、有自主关键技术	15
写作（15）	4.1 摘要	1）表述简洁、规范 2）能够反映产品研发的核心内容	4
	4.2 文字论述	1）具有较强的系统性与逻辑性 2）文字表达清晰，图表、公式规范 3）技术文件规范	8
	4.3 参考文献	1）引用文献的真实性、权威性、规范性	3

为了解决前文提到的问题，本文借鉴工程硕士专业学位论文评价指标体系增加了二级指标和主要观测点，就如翻译硕士专业学位授权点评估要求一样，在主要观测点上给出具体的指导，明确所需要达到的要求，对翻译实践报告在以下八个方面——选题、文献综述、原文选择、译文质量、写作规范、理论框架、解决问题和翻译模式——做出具体的要求并体现在评价体系中。在评价体系中不仅有一级指标，还有二级指标以及主要的观测点。如表7所示。

表 7　本文提出的翻译硕士学位论文(翻译实践报告)评价指标体系

一级指标	二级指标	主要观测点	参考权重
选题(10)	1.1 选题的背景	1) 来源于翻译实际 2) 体现某个领域的翻译特点 3) 研究问题系所属翻译领域的研究范畴	5
	1.2 目的及意义	1) 目的明确 2) 具有必要性 3) 具有应用前景	5
内容(50)	2.1 国内外相关研究分析	1) 文献资料的全面性、新颖性 2) 总结归纳的客观性、正确性 3) 是否有文献综述可根据情况	5
	2.2 理论框架	1) 理论适合应用于翻译实践 2) 理论与实践结合紧密 3) 是否使用理论可根据情况	15
	2.3 翻译难点	1) 问题典型 2) 分析合理 3) 能体现相关学科领域的专门知识和专业能力	10
	2.4 原文的难易度及工作量	1) 工作量饱满 2) 原文有一定的难度,能够反映出学生的翻译水平	10
	2.5 翻译模式	1) 独立进行翻译 2) 若采用 CAI+MT+PE 模式,应重点研究译后编辑	10
成果(25)	3.1 译文质量	1) 译文质量良好及以上,并根据国家翻译标准《翻译服务译文质量要求(GB/T 19682—2005)》或者其他翻译标准做出准确衡量 2) 符合翻译行业规范要求	15
	3.2 总结	1) 有新思路或新见解 2) 对实践具有实际指导意义	10
写作(15)	4.1 摘要	1) 表述简洁、规范 2) 能够反映论文的核心内容	4
	4.2 文字论述	1) 具有较强的系统性与逻辑性 2) 文字表达清晰,图表规范 3) 语言流畅,没有语法错误	8
	4.3 参考文献	引用文献的客观性、权威性、可靠性、代表性 符合规范	3

6 结论

本文通过对目前翻译硕士专业学位论文存在的问题进行分析和总结，尤其是对翻译实践报告的问题进行详细论述，指出翻译硕士专业学位论文存在写作要求不够明确、评价指标操作性不强等主要问题。依据社会科学研究方法体系，根据资料分析难度的差异，学生通常更多会选择翻译实践报告。本文认为应根据培养对象的水平差异和发展方向的不同，设置符合不同要求的论文类型，针对不同形式的论文提供不同的评价标准和评估指标；并且以翻译实践报告为例，借鉴工程硕士专业学位论文评价体系，把抽象原则的评估目标具体化，制定了翻译实践报告评价指标体系。这一评价指标体系提供了一级指标、二级指标和更清晰的观测点，学生通过对这些方面的准确把握能够形成清晰的翻译实践报告框架，掌握具体的要求，从而解决目前的操作性和指导性不强、翻译质量没有衡量标准、培养目标达成度不高的问题。

参考文献

[1] 柴明颎，李红玉，2013. 上海市翻译硕士专业学位论文基本要求和评价指标体系. 东方翻译：32 - 34.

[2] 陈朗，徐志萍，2019. 基于 PACTE 翻译能力修正模型的 MTI 学位论文评估方案. 中国外语，(4)：80 - 86.

[3] 何三宁，杨直蓉，2019. MTI 学位论文写作模式与评估模式探索. 外语教学理论与实践，(4)：87 - 92.

[4] 教育部，2011. 关于试行工程硕士不同形式学位论文基本要求及评价指标的通知. www.3ab7a812bc3e42c4adda86559bf8c466.pdf(hnust.edu.cn).

[5] 林聚任，2017. 社会科学研究方法：第三版. 济南：山东人民出版社.

[6] 刘巧玲，2011. 翻译硕士专业学位论文探索：以四川师范大学与广东外语外贸大学为例. 外国语文论丛第 7 辑：224 - 233.

[7] 刘小蓉，文军，2016. MTI 学位毕业论文调查：现状与对策. 外语教学，(2)：109 - 112.

[8] 穆雷，邹兵，2011. 翻译硕士专业学位毕业论文调研与写作探索：以 15 所高校首批 MTI 毕业生学位论文为例. 中国翻译，(5)：40 - 45.

[9] 穆雷，邹兵，杨冬敏，2012. 翻译硕士专业学位论文参考模板探讨. 学位与研究生教育.(4)：24 - 30.

[10] 穆雷，李雯，2019. 翻译硕士专业学位论文写作模式的再思考：基于 704 篇学位论文的分析. 学位与研究生教育：33 - 39.

[11] 平洪,2018.翻译硕士专业学位论文设计与写作.中国翻译,(1):45-50.

[12] 孙三军,任文,2019.翻译硕士学位论文模式探究.中国翻译,(4):82-90.

[13] 袁方,2013.社会研究方法教程:重排本.北京:北京大学出版社.

[14] 张俊瑞,2022.妙笔生花:MPAcc专业学位论文之“道”与“术”财会月刊.(1):12-23.

[15] 张乐平,王艺翔,王应密,等.2014.全日制专业硕士学位论文的理想模式:基于内隐能力、外显效力的分析.研究生教育研究,(3):76-81.

[16] 张乐平,温馨,陈小平,2014.全日制专业硕士学位论文的形式与标准.学位与研究生教育,(5):15-19.

[17] 赵军,朱梦,王子琦,等,2018.多元·标准·和谐:论专业学位论文的形式与规范.学位与研究生教育,(1):25-30.

[18] 朱湘军,2019.翻译硕士(MTI)学位论文之“规”与“范”.上海翻译,(4):83-88.

[19] 朱梦应,2019.我国专业硕士学位论文形式与标准研究.硕士论文,宜昌:三峡大学.

外语学习资源在动机行为与全球胜任力间的调节作用:一项基于上海市27所高校的实证调查*

上海外国语大学　霍　炜　王雪梅**

摘　要:全球胜任力教育的出发点是培养学生的全球胜任力,要求为学生提供充足的外语学习资源,帮助学生在外语实践中拓展全球视野。鉴于此,本研究采用问卷调查法,通过建立分层线性模型的方式对高校外语学习资源在大学生动机行为和全球胜任力之间的调节效应展开验证。研究发现:大学生外语学习动机行为与高校外语学习资源支持均对全球胜任力产生显著影响;学习资源在动机行为与全球胜任力的国际理解力、跨文化交际力、认知分析力之间发挥正向调节作用。本研究可为推进全球胜任力外语教育改革提供理论依据和实践启示。

关键词:动机行为;学习资源;分层线性模型;全球胜任力

Title: The Moderating Effects of Foreign Language Learning Resources on the Relationship Between Motivated Behavior and Global Competence——Evidence From 27 Universities in Shanghai

Abstract: Global competence education bases its starting point on the cultivation of students' global competence which requires sufficient foreign language learning resources to help students expand the global vision through foreign language practicing. Therefore, this study conducts a hierarchical linear model to verify the moderating role of foreign language learning resources support between college

---

* 本文系上海市哲学社会科学规划项目"全球胜任力视域下上海大中小学外语教育规划研究"(编号:2019BYY017)、上海外国语大学高峰学科语言学方向建设项目(编号:41004525/001)的部分成果。

** **作者简介**:霍炜,上海外国语大学英语学院博士生,研究方向为外语教育。联系方式:zb_sydbs@163.com。王雪梅,上海外国语大学教授,博士生导师,研究方向为外语教育与教师专业发展,联系方式:wxm97@126.com。

students' motivated behavior and global competence by means of a large-scale questionnaire survey. The results show that motivated behavior and learning resources have significant and positive effects on global competence; learning resources support moderates the relationships between global understanding and motivated behavior, between cognitive analysis and motivated behavior, and between intercultural communication and motivated behavior, whereas it doesn't moderate the relationships between reflective action and motivated behavior. These findings may provide theoretical reference and practical basis for global competence foreign language teaching reform.

Key Words: Motivated Behavior; Learning Resources; Hierarchical Linear Model; Global Competence

1 引言

当前世界处在一个复杂多元、相互联系且快速变化发展的阶段，新兴的经济、社会、文化、数字、人口、环境和流行病的力量在不断塑造、重构着我们的生活（OECD, 2020）。学生是否具备在多元文化社会中和谐生存、在不断变化的劳动力市场茁壮成长、在真假难辨的网络环境中保持理性、在可持续发展和谋求集体福祉中做出贡献的能力对国家、民族的未来发展具有重要意义（张民选、朱福建，2020），新时代人才培养呼唤全球胜任力教育。与此同时，后疫情时代培养能够积极参与人类命运共同体建设与全球治理事务的全球胜任力人才已成为我国高等外语教育新的价值取向和实践路径坐标，二者有高度内在契合性，高等外语教育应致力于培养学生全球胜任力。

全球化时代的年轻人需要具备全球胜任力，这要以双语甚至多语为基础（梅德明，2018）。语言是了解他者文明的桥梁，大学生能否真正通过语言学习与使用不断丰富对相关地区历史、地理、人文及跨文化、跨疆界等知识的理解，提升自身全球胜任力是当前中国高等外语教育面临的现实问题。此外，作为培养大学生全球胜任力的主阵地，国内高校致力于优化外语学习资源，为学生营造外语学习氛围、提供国际交流实践机会，以此提升学生跨文化交际能力，助其在未来国际竞争中保有优势。鉴于此，本研究重点探讨高校外语学习资源与大学生外语动机行为在全球胜任力培养中的重要作用，旨在厘清三者间的作用关系，为高校全球胜任力人才培养提供一定理论依据与现实启示。

2 文献综述与研究假设

2.1 全球胜任力

自经济合作与发展组织(Organization for Economic Co-operation and Development,OECD)提出全球胜任力(global competence)框架并将其纳入PISA测评以来,“全球胜任力”再次成为国际教育学界热点话题之一。这一概念深深植根于传统跨文化交际教学理念,突出表现在众多学者对全球胜任力概念的不同理解与阐释之中。在已有的以学生跨文化交际和全球型能力教育为主要研究内容的文献中,全球胜任力概念不尽相同(Blumenthal & Groths, 2008; Deardorff, 2011),它以很多术语形式出现,包括跨文化能力(Tompkins et al., 2017)、全球意识(Kurt et al., 2013)、文化敏感(Jackson, 2009)和跨文化意识(Kitsantas, 2004)等,一定程度上造成全球胜任力概念泛化、复杂化,使全球胜任力教育重点不明确,难以施行且效果不佳(Shams & George, 2006)。尽管如此,随着教育实践与研究的深入,学界普遍开始接受全球胜任力“三要素论”,即全球胜任力是知识、技能和态度有机统一体(Hunter et al., 2006)。有学者认为,全球胜任力是个体在多元文化相互联系的世界中生活、交流和工作的综合能力,其中特定知识、技能和态度的提升对个人发展具有重要意义(Kang et al., 2017)。其中,知识指对本土与外国历史、地理、政治和文化相关问题的理解,使人们能够批判和创造性地思考复杂国际问题;技能指在跨文化环境中处理人际交流或信息资源的能力;态度指对文化差异所持的态度和处理差异的意愿(Li, 2013)。不同于“三要素论”纵向结构性划分,PISA从全球胜任力教育的横向要求考虑,将全球胜任力定义为“分析本土、全球和跨文化问题(认知分析力),理解和欣赏他人的观点和世界观(国际理解力),与不同文化背景的人进行开放、得体和有效的互动(跨文化交际力),并能够为集体福祉和可持续发展采取行动(反思行动力)”的能力(OECD, 2017),这四个维度彼此衔接、相互关联,还有较明显的区分度,较为清晰、完整地描述了全球胜任力全貌。

除了概念的探讨,国内外学者就如何培养学生全球胜任力展开一系列理论与实证研究。马乔罗(Machorro, 2009)对学生境外留学项目经历进行分析,提出增强学生全球胜任力的现实路径;李(Li, 2013)对中美学生线上合作学习模式效果展开实验研究,发现该方式对提升学生全球胜任力有明显作用;莫勒和奥斯本(Moeller & Osborn, 2014)则提出在课堂外语学习中提升学生跨文化交际能力的理论框架。可见,已有研究强调语言教育在学生全球胜任力培养中的基础作用,但往往停留在培养路径的理论探讨层面,实证意义上的微观影响因素挖掘尚不充分。

2.2 动机行为

加德纳(Gardner,1985)最初将动机行为视作一个由外语学习欲望、动机强度(或努力)和态度等要素的集合,但随着外语动机理论的发展,目前外语学习研究中的动机行为通常指学习者在目标语言学习中做出选择、努力和坚持的行为(Kormos et al., 2011)。计划行为理论认为,行为动机由个体对社会规范和态度的感知与控制决定,能显著影响个体实际行为取向(Ajzen et al., 2009),现实世界的行为实践往往是认知层面动机信念发挥作用的结果。研究表明,理想与应然自我、融合型与工具型动机、内部与外部动机等各类外语学习动机皆是动机行为重要预测变量(Taguchi et al., 2009; Ghanizadeh & Rostami, 2015),说明动机行为本质上是学习动机的现实表现,更是外语动机强度的权威代表。

在已有全球胜任力研究中,研究者更多地聚焦外语学习动机,对学习者动机行为的关注度不够。例如,有学者通过对结构方程模型的验证发现,外语学习动机在学习者大五人格与全球胜任力间有重要的调节作用(Cao & Meng, 2020),回应了塞曼和山崎(Seman & Yamazaki, 2015)的研究结论,即外语学习动机是学习者全球胜任力显著影响因素。那么,作为与学习动机密切相关的结果变量,实践层面的外语动机行为能否与认知层面的学习动机一样,对学习者全球胜任力产生影响?这一问题尚需进一步探索。

2.3 高校外语学习资源支持

生态系统理论认为,环境是个体发展的第一要素,个体根据外界环境调节自身认知与行为,不仅是受环境影响的对象,也是不断成长着的、动态的、重构环境的实体。外语学习生态系统既包括学生个体学习动机和学习投入,还在很大程度上包括影响这些因素的环境,特别是同伴和学校(束定芳, 2022)。高校外语教育资源丰富度可能直接决定大学生外语动机行为,进而影响其全球胜任力水平。

一方面,高校外语学习资源很可能影响学生动机行为。在二语习得心理和行为研究领域,随着社会文化理论、生态给养理论和生态系统理论等一系列以"环境"为核心理论的兴起,学习资源、教师支持、课堂氛围等变量逐渐受到重视,这些变量能够显著影响外语学习者交际意愿、学习投入等动机行为,拥有良好语言学习环境的学习者更易于提升外语水平(Peng, 2010; Li et al., 2022; Hoi, 2022)。就高校在动机行为中扮演的角色而言,学校教育与课堂环境等人为设定的语言环境是影响二语习得的重要外在因素(文秋芳、王立非, 2004),在我国这样一个缺乏自然外语环境的单语制国家,高校发挥着激活和引导学生运用外语这一重要职能。根据生态给养理论(Van Lier, 2000),高校提供的外语教育资源越充裕,学生"解读"这些资源的机会就越多,通过动机行为获得对语言学习有意义的内容也越多。

另一方面，学校是中国大学生接受全球胜任力教育的主要场域，学校外语学习资源能帮助学生了解国际环境、形成国际理解、培养全球意识，使其具备参与国际竞争、开展国际合作的全球能力。跨文化交际理论(Fisher，1988)认为，个体在不同文化语境中的经验会加速对文化多样性和差异性的感知，有助于沟通技巧和跨文化交流能力提升。PISA2018 报告指出，在学校学习的外语数量、参与跨文化活动与全球性议题教育以及教师对他国文化态度等因素是影响学生全球胜任力的重要变量(张民选、朱福建，2020)。周霞等(2020)的实证调查结果表明，院校层次、教师国际化视野、国际化氛围等是决定大学生全球胜任力的重要变量。漆泰岳等(2020)认为，不同层次高校全球胜任力培养水平有差异，体现在高层次院校学生得益于联合培养、公派留学项目等支持，能获得更多国际实践锻炼平台，这些资源的倾斜让学生全球胜任力发展得更好。此外，师资力量作为高校学习资源的重要组成部分，在全球胜任力教育中发挥的作用受到研究者关注，肯定了教师作为学校资源在全球胜任力教育中的突出地位(Li，2013；Slapac，2021)。因此，外语学习资源支持很可能是促进大学生全球胜任力提升的重要因素。

2.4 研究假设

可见，尽管外语是公认的全球胜任力教育基本组成部分且外语动机行为是促进全球胜任力提升的基本前提和途径，但外语教育领域针对二者关系进行的研究较少。前人研究更多停留在外语动机的认知层面，受其主导的动机行为作为与全球胜任力更近的因素值得进一步探讨。其次，大学生全球胜任力的培养与外语动机离不开学习资源支持。作为大学生生态系统中观位面的一个重要变量，高校外语学习资源很可能与动机行为交互，对全球胜任力产生影响。然而，还未有研究从学习资源差异视角对动机行为与全球胜任力的关系进行深入论证，大规模的实证研究尤其匮乏。鉴此，本研究基于对上海市 27 所高校学生的问卷调查对以下假设展开验证。

假设 1：动机行为能对全球胜任力产生显著影响。

假设 2：外语学习资源能对全球胜任力产生显著影响。

假设 3：外语学习资源显著调节动机行为与全球胜任力间的关系。

3 研究设计

3.1 数据来源

本研究数据来源于研究者所在团队的科研项目，该项目以大样本随机抽样方式发放问卷，主要调查上海市大学生全球胜任力现状。根据分层线性模型样本量要求

(Kreft,1995),本研究从每所高校随机抽取30个以上样本作为研究对象,最终共调查27所高校1527个样本。研究对象中男性506人(33%)、女性1021人(67%),本科生1162人(76.1%)、硕士生319人(20.9%)、博士生46人(3%)。

3.2 研究工具

调查问卷分为三部分:第一部分调查研究对象基本信息;第二部分为全球胜任力量表,该量表在借鉴PISA2018全球胜任力评测量表(Global Competence Aptitude Assessment,GCAA)基础上由研究者根据大学生实际情况改编而来,包含国际理解力、反思行动力、跨文化交际力、认知分析力四个子维度;第三部分是对大学生动机行为与其所在高校外语学习资源相关情况的调查,此问卷由研究团队自主编制,包括"学校所提供的国际交流合作机会符合我的期待""我会使用外语与外国朋友进行交流"等问题,外语学习资源量表Rwg(j)大于0.7,说明可以将其整合为群组变量。第二、三部分量表采用李克特5级评分方式对各条目重要性进行评判,选项从1到5分别代表"非常不同意"到"非常同意",可靠性分析显示问卷克隆巴赫系数较高,各维度CFA验证性因子分析指标均达到拟合标准(见表1),问卷信效度良好。

表1 问卷信效度检验

问卷名称	Cronbach's α	CFA拟合度指标				
		GFI	*AGFI*	*IFI*	*CFI*	*TLI*
全球胜任力	0.96	0.99	0.95	0.99	0.99	0.97
外语学习资源	0.75	0.99	0.99	0.99	0.99	0.99
动机行为	0.70	0.96	0.91	0.94	0.94	0.90
参考临界值	⩾0.7	⩾0.9	⩾0.9	⩾0.9	⩾0.9	⩾0.9

3.3 数据分析

根据假设,本研究提出分层线性概念模型图(图1)。其中,外语动机行为是前因变量,学习资源是调节变量,全球胜任力四维度分别为结果变量。由于模型中全球胜任力四维度受到动机行为和学习资源两个层次因素的共同影响,且学生个体层次变量嵌套于学校层次变量中,本研究使用分层线性回归分析将学生层次回归方程的截距与斜率设定为学校层次变量的函数,将随机效果与固定效果同时纳入考察范围,并以全球胜任力四个维度作为结果变量依次进入模型检验,以HLM软件处理分层嵌套数据。

首先,使用空模型计算组内一致性系数,检验结果表明以国际理解力、反思行动力、跨文化交际力、认知分析力为因变量模型的ICC(1)系数分别为0.112、0.093、0.121、0.095,表明四个维度可解释变异分别有11.2%、9.3%、12.1%、9.5%来自高校外语学

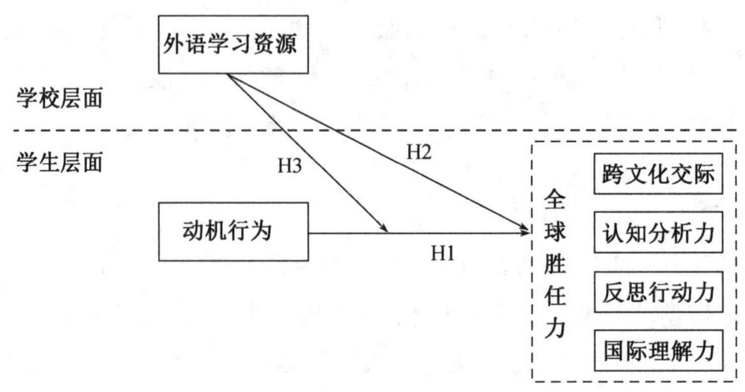

图 1 分层线性回归概念模型

习资源差异，根据效应量水平标准(Cohen，1989)，这些系数属于中度关联范围，组间一致性系数 ICC(2)分别为 0.868、0.833、0.876、0.854，分层线性回归分析适用于本研究。其次，在随机系数回归模型中纳入学生层面的动机行为变量，考察动机行为对全球胜任力的影响。再次，使用截距模型考察学校层次学习资源对全球胜任力的影响。最后，在以上三种模型基础上继续考察学校层面变量是否对学生层面自变量与四个维度之间的斜率产生影响，从而得到四组斜率预测模型，即全模型，模型验证结果见表 2。

表 2 全球胜任力分层线性回归分析表

因变量	自变量	效应类型	空模型	随机系数回归模型	截距模型	全模型
国际理解力	动机行为	固定效应		0.20**		
	外语学习资源				0.95**	
	交互项					0.43*
	σ^2	随机效应	0.24	0.21	0.24	0.21
认知分析力	动机行为	固定效应		0.24**		
	外语学习资源				0.97**	
	交互项					0.24*
	σ^2	随机效应	0.26	0.22	0.26	0.22
反思行动力	动机行为	固定效应		0.33**		
	外语学习资源				0.89**	
	交互项					0.23
	σ^2	随机效应	0.29	0.23	0.29	0.22
跨文化交际力	动机行为	固定效应		0.17**		
	外语学习资源				1.07**	
	交互项					0.37*
	σ^2	随机效应	0.29	0.27	0.29	0.27

注：* $p<0.05$；** $p<0.01$

4 结果与讨论

4.1 动机行为对全球胜任力的影响

在学生个体层面，研究发现外语动机行为对全球胜任力四个维度均产生直接正向影响（β=0.20、0.24、0.17、0.33，$p<0.01$），学生动机行为越频繁，全球胜任力越强，说明外语实践过程是全球胜任力的培养过程，假设 1 成立。这一结论验证了前人研究发现，外语学习动机与动机行为皆对全球胜任力产生作用（Cao & Meng，2020），有以下三点原因促成这一结论。

第一，理解、分析本土和全球问题的能力是全球胜任力的重要基础，包括思维和认识两个方面。一方面，一个民族的语言承载着该民族的文化传统和思维方式，学习和运用不同语言不仅能满足交际需要，还有助于了解不同地区人民生活方式、思维方式和文化传统，理解不同文化差异性和人类多元思维模式，客观理性地看待世界（梅德明，2018）。思维通过语言形式呈现，进而集中体现文化心理特征，语言使用是锻炼思维、增强认知分析力的重要手段。另一方面，学生具备全球胜任力不仅表现在其外语能力和语言知识，更重要的是能在语言使用中不断增强对外国文化蕴含的价值观、信仰、习俗和行为的国际理解力（Seman & Yamazaki，2015）。动机行为是获取全球媒体信息的有效途径，外语使用熟练程度代表学生对全球议题的了解程度，投入时间和精力查找阅读英文材料、观看英文节目或与英语母语者进行交谈等有利于学生拓宽了解外国文化、历史和传统知识的信息渠道，从而对其跨文化情感、行为和认知产生影响。第二，跨文化交际力是全球胜任力的必要前提，要求学生在理解他人看法基础上进行得体有效的互动交流。学生在外语使用中直接或间接地与他人交换思想能激发其探索不同观念差异来源的动机，进而在坚定自身文化身份的同时尊重他国文化和价值观。跨文化交际发生于一定物理空间中，“得体”要求学生懂得交流的文化规范，外语实践有助于学生在实际跨文化交际中总结经验、提高交际能力，并为未来交际做好准备。第三，为国家和人类命运共同体的发展采取实际行动是全球胜任力外在体现与最终结果，要求学生积极承担责任并“采取行动”“做出反应”“发出声音”。外语动机行为频繁的学生更易于达到反思性行动要求，他们在外语实践中锻炼动手能力，并不断进行反思，改进实践。

4.2 外语学习资源对全球胜任力的影响

在学校组织层面，结果表明高校外语学习资源越丰富，学生全球胜任力越强（β=

0.95、0.97、1.07、0.89，$p<0.01$)，这一结论与漆泰岳等(2020)相一致，研究假设 2 成立。全球胜任力与其他核心素养一样，可通过适当途径、依托适当方法习得，即通过外语课程设置、教学实践和方案化培养来提升。当前国内全球胜任力教育在很大程度上依附于外语教育，具备全球胜任力人才的培养离不开各类外语学习资源支持，这要求高校不仅要提供多元语言实践平台与文化学习环境，还要着力完善多语种课程、师资、国际交流等各方面资源。

一方面，外语学习资源投入高的院校，其外语师资队伍势必呈现出全球性、多样性与跨学科特征。只有在全球文化认知扎实的基础上才能建造和重塑个人的身份大厦(库玛，2017)，对全球问题有精准认知的外语教师更能培养出具有全球视野与国际理解的语言学习者。在优秀师资队伍支持下，外语课程也必将展现地方性与全球性双重意义，让学生产生深度自我文化认同与其他文化理解，在文化比较中识别地方与全球连接的关系，具备专业知识和跨学科素养。另一方面，国际化学习和境外交流机会能让学生站在不同国家角度考量，使用外语进行交流，解读多元文化内容，帮助他们在"第一人称"视角下理解外国与中国文化交会点，进而获得实践活动平台，拓展国际视野，锻炼事物分析能力，提升跨文化交际水平。

4.3 外语学习资源的调节作用

从跨层次调节作用来看，外语学习资源正向促进动机行为与国际理解力、认知分析力和跨文化交际力间的关系($\beta=0.43$、0.24、0.37，$p<0.05$)。换言之，外语学习资源支持力度越大的学生动机行为对这三种能力的正向影响越强烈。以国际理解力全模型为例，低学习资源(M－1SD)和高学习资源(M＋1SD)下的外语动机行为对国际理解的斜率分别为 1.59 与 1.67(见图 2)，斜率值呈上升趋势，说明研究假设 3 部分成立，学习资源与动机行为在高校全球胜任力教育中扮演重要交互角色，二者共生共长。根据资源保存理论(Hobfoll，2001；Brotheridge & Lee，2002)，充足资源支持是动机行为实现的前提，高校作为组织型资源支持系统，可以源源不断地为学生补充缺失资源。例如，舒适的学习环境能给学生心理与生理双重满足，使其满怀信心和热情地参与外语实践，提升各种能力。因此，随着时间推移，能持续获得各类资源的学生更能保持动机，而资源有限的学生易于陷入胜任力停滞状态。

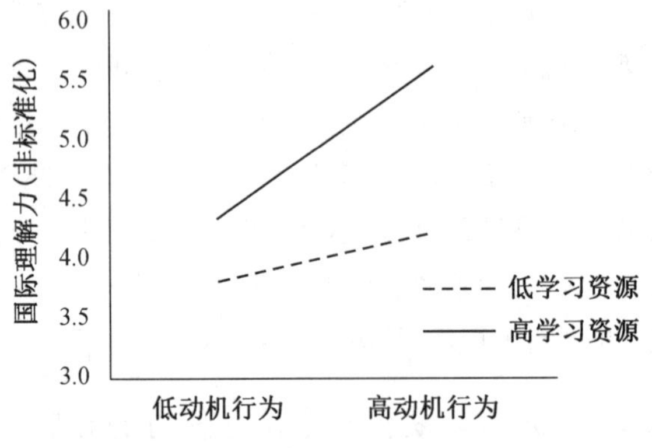

图 2 国际理解力调节效应分解图

外语学习资源在动机行为与国

际理解力间发挥调节作用。多元化课程、多模态教材与教师全球意识是重要的外语学习资源，学生通过解读这些资源获得有意义的内容（Van Lier，2000）。具体而言，多元化课程让学生接触到不同文化和观点，增强外语动机与行为，帮助他们更深入地认识、理解世界；多模态教学资源不仅为学生提供不同主题和文化背景语言学习材料，还能通过视频、录音和在线交互工具等媒介，结合视觉、听觉和动觉学习模式传达复杂文化概念，从而创造动态和多样化的学习体验，帮助学生内化所学知识；教师全球意识也会影响学生学习动机，教师个人家国情怀、移民态度和对全球议题的热情能促使学生对他国语言和文化进行更深层次的欣赏和理解。因此，外语学习资源为学习者提供了理解全球语言和文化的必要支持，调节学生国际理解型动机行为。

外语学习资源在动机行为与认知分析力间发挥调节作用，表明掌握丰富学习资源的学生更能在强烈外语学习动机驱使下参与批判性思维训练，从而提升认知分析力。首先，专业语言课程资源所蕴含的语言语体分析、整合和评价等高阶思维训练有助于提升整体认知分析能力，学生不仅需要掌握词汇、句法等知识，还要能将这些知识结合具体语境进行运用，实现有效沟通。其次，丰富的课程与教材资源为学生提供接触不同文化和观点的机会，能让学生在跨文化比较中批判思考复杂文化问题（张红玲、吴诗沁，2022）。此外，外语学习通常涉及各类信息资源的使用，要求学生具备相应多媒体素养，即有效识别、获取、分析和批判地评价信息化学习资源并创造新资源。最后，优秀外语教师、课程有助于增强学生元认知意识与自我调节能力，对认知分析能力的发展至关重要（谷欣颖、李辉、刘雨田，2012）。例如，外语教师需不断为学生提供反馈和指导，帮助学生调用元认知策略反思学习方法、监控和调节学习行为，从而挖掘学习潜能、发展认知分析力。总之，外语课程、教材、教师、信息化素养等多方面资源有助于促进学生认知分析型动机行为，增强全球胜任力。

外语学习资源在动机行为与跨文化交际力间发挥调节作用。众所周知，由学校、教师主导的第一、第二课堂跨文化交际教学与活动是中国大学生进行外语实践应用的首要场域。语言环境能为学生提供最纯粹的外语教学辅助功能，高校目标语环境的创设能增强学生学习动机（韩松立，2010；沈燕，2015）。此外，高水平教师往往能在综合课堂教学内容基础上做好师生角色转变，科学有效地为学生创设跨文化交际情境，以便学生将听说读写等知识加以内化、巩固，教师跨文化敏感度和跨文化交际能力在学生的跨文化交际能力培养过程中发挥重要作用（Nieto & Booth 2010）。当然，要让学生在校期间获得足够机会进行有效交流，仅凭有限时间的课堂外语应用效果十分有限，因此课内、课外学习资源的整合十分必要。学习资源丰富的高校往往能在第二外语课堂建设上投入更多，包括英语角、英语文学知识比赛、英文辩论赛等活动，切实让学生感受外语氛围，增强学生跨文化意识，并赋予他们跨文化交流体验，满足学生成长需要。

需要注意的是，学习资源并没有调节外语动机行为与反思行动力间的关系（$\beta=$

0.23,p=0.11>0.05)。究其原因,国际理解力、跨文化交际力、认知分析力属于将个体外语能力作为必要条件的全球胜任力类型,而反思行动力突出结果导向特征,要求个体积极采取现实行动,对全球或跨文化问题做出反应并发出声音。因此,相较于其他三种能力,反思行动力是更高阶的变量,该能力的增强依赖学生现实所处语境,要求学生走出国门进行实践。对我国大学生来说,反思性行动在很大程度上存在于母语环境,汉语在反思行动力的培养中充当主要角色。动机行为对反思行动力的强化首先要求个体到真实外语环境中去,且环境要具备激发学生付诸胜任力行动的客观条件。然而,国内高校在真实外语语境的创设中面临很大困难,具备满足学生基本外语实践要求的高校较少,这方面资源的不足导致反思行动力无法随着外语动机行为的增强而增强,这与反思行动力本身的特性有关。虽然动机行为和学习资源未发生交互作用,但作为两个独立变量,它们对反思行动力的促进作用是显著的。

4.4 研究启示

对高校而言,要牢牢抓住中国积极参与全球治理和发起全球议题的契机,面向"一带一路"倡议和人类命运共同体理念培养具备全球胜任力的人才。全球胜任力教育出发点是提升全球胜任能力,最终实际落脚点应该是以学校为主体的全方位提升(徐辉、陈琴,2020)。本研究对高校外语教育视角下大学生全球胜任力培养提出以下启示。

在学生个体层面,鼓励学生围绕全球胜任力进行语言实践是推进全球胜任力教育的主要手段。语言是跨文化交流的工具,外语动机行为频繁的学生全球胜任力指数表现更好。首先,帮助大学生增强动机行为意图,可以充分利用学生对互联网信息化技术的兴趣,通过线上协作学习等方式为学生改善学习体验,帮助学生在共同体学习中形成主观规范效应,促进学生主动性外语学习投入,也可通过提升学生外语学习感性认识和理性策略增强他们对动机行为的自主控制力。其次,开展多语教育能帮助学生在相互联系的世界中茁壮成长。针对目前我国大学生参加外语教学课堂活动多,参与具身体验活动少的问题,应鼓励学生主动在课外多语实践中增强语言能力,从而提升全球胜任力。最后,全球胜任力教育并不完全等同于外语教育,还要求学生具备跨学科素养,包括跨专业、跨文化、跨领域知识、技能与能力。因此,大学生应主动涉猎专业课程外的其他相关学科知识,如国际政治、国际法、国际贸易等,增强综合能力,成为复合型人才。

在学校组织层面,要逐步确立师资、课程、专业相融通的全球胜任力培养模式。在师资上,提升外语教师全球胜任力教学意识与能力是全球胜任力教育的关键环节,外语教师凭借其所教知识具有跨文化特性的优势,站在全球胜任力教育最前沿。教师应切实提升自身全球胜任力水平和对全球胜任力的理解,他们设计、组织、开展、评价教学活动的能力对学生全球胜任力发展具有重要影响。在课程上,推进全球胜任力融合课程项目建设是拓展全球胜任力教育的良好途径,要将全球态度、知识和技能融入日常每门课程中。全球胜任力教育主题丰富，多学科特征明显，因此无须通过专门课程实施，高校可以依托自身学科优势，开展具有院校特色的全球胜任力融合课程项目。OECD也倡导各国将全球性议题和跨文化学习主题整合进学科课程和活动中，以免给学生造成额外学习负担。在专业设置上，培养具备全球胜任力的人才要求高校打破学科壁垒，彰显跨学科特色，设置微专业、辅修专业、双学位等，以培养"一精多会、一专多能"的高素质复合型国际化人才。

5 结语

本研究借助分层线性模型探讨大学生外语动机行为、全球胜任力与高校外语学习资源间的相互作用机制，并得出一些启示。研究发现：动机行为与学习资源同时对全球胜任力产生显著影响；学习资源在动机行为与国际理解力、跨文化交际力和认知分析力之间发挥调节作用。为同时将随机和固定效果纳入考察范围，本研究采用问卷调查的横向研究模式，基于观察变量将数据进行分层分析，因而无法对个体发展连续性、代际效应等方面展开探究。未来研究者或可采用结构方程建模方式进行潜变量研究，对研究结论进行验证，也可采用纵向研究模式，加入结构化访谈等定性研究，从学习者角度对研究结果进行分析。

参考文献

[1] Ajzen, I., C. Czasch & M. G. Flood. 2009. From intentions to behavior: Implementation intention, commitment, and conscientiousness. *Journal of Applied Social Psychology*, 39(6): 1356 - 1372.

[2] Brotheridge, C. & R. T. Lee. 2002. Testing a conservation of resources model of the dynamics of emotional labor. *Journal of Occupational Health Psychology*, 7(1): 57 - 67.

[3] Blumenthal, P. & U. Grothus. 2008. Developing global competence in engineering students: U. S. and German approaches. *OnlineJournal for Global Engineering Education*, 3: 1 - 12.

[4] Cao, C. & Q. Meng. 2020. Exploring personality traits as predictors of English achievement and global competence among Chinese university students: English learning motivation as the moderator. *Learning and Individual Differences*, 77(6): 101814.

[5] Deardorff, D. K. 2011. Assessing intercultural competence. *New Directions for Institutional Research*, 149: 65 - 79.

[6] Fisher, G. 1988. *Mindsets: The Role of Culture and Perception in International Relations*. Yarmouth, ME: International Press.

[7] Ghanizadeh, A. & S. Rostami. 2015. A Dörnyei-inspired study on second language motivation:

A cross-comparison analysis in public and private contexts. *Psychological Studies*, 60(3): 292 - 301.

[8] Hobfoll, S. E. 2001. The influence of culture, community, and the nested-self in the stress process: Advancing conservation of resources theory. *Applied Psychology*, 50(3): 337 - 421.

[9] Hoi, V. N. 2022. A synergetic perspective on students' perception of classroom environment, expectancy value belief, and engagement in an EFL context. *Language Teaching Research*, 13621688221075781.

[10] Hunter, B., G. P. White & G. Godbey. 2006. What does it mean to be globally competent? *Journal of Studies in International Education*, 10(3): 267 - 285.

[11] Jackson, J. 2009. Intercultural learning on short-term sojourns. *Intercultural Education*, 21 (supl): s59 - s71.

[12] Kang, J. H., S. Y. Kim., S. Jang & A. Koh. 2017. Cancollege students' global competence be enhanced in the classroom? The impact of cross and inter-cultural online projects. *Innovations in Education and Teaching International*, 55(6): 683 - 693.

[13] Kitsantas, A. 2004. Studying abroad: The role of college students' goals on the development of cross cultural skills and global understanding. *College Student Journal*, 38(3): 441 - 452.

[14] Kormos, J., T. Kiddle & K. Csizér. 2011. Systems of goals, attitudes, and self-related beliefs in second-language-learning motivation. *Applied Linguistics*, 32(5): 495 - 516.

[15] Kreft, I. 1995. Hierarchical linear-models: Problems and prospects. *Journal of Educational and Behavioral Statistics*, 20(2): 109 - 113.

[16] Kurt, M. R., N. H. Olitsky & P. Geis. 2013. Assessing global awareness over short-term study abroad sequence: A factor analysis. *Frontiers: The Interdisciplinary Journal of Study Abroad*, 23(1): 22 - 41.

[17] Li, C., J. M. Dewaele., M. Pawlak & M. Kruk. 2022. Classroom environment and willingness to communicate in English: The mediating role of emotions experienced by university students in China. *Language Teaching Research*, 13621688221111623.

[18] Li, Y. 2013. Cultivating student global competence: A pilot experimental study. *Decision Sciences Journal of Innovative Education*, 11(1): 125 - 143.

[19] Machorro, K. R. 2009. The quest for global competence: Effects of study abroad literature on Oregon State University students. Doctoral Dissertation, Oregon State University, Corvallis.

[20] Moeller, A. J. & S. R. F. Osborn. 2014. A pragmatist perspective on building intercultural communicative competency: From theory to classroom practice. *Foreign Language Annals*, 47 (4): 669 - 683.

[21] Nieto, C. & M. Z. Booth. 2010. Cultural competence: Its influence on the teaching and learning of international students. *Journal of Studies in International Education*, 14(4): 406 - 425.

[22] OECD. 2017. PISA global competence framework: Preparing our youth for an inclusive and sustainable world. https://www.oecd.org/pisa/Handbook-PISA-2018-Global-Competence.

[23] OECD. 2020. PISA 2018 results(Volume VI)：Are students ready to thrive in an interconnected world? *https://doi.org/*10.1787/*d*5*f*68679-*en*.

[24] Peng, J. E. & L. Woodrow. 2010. Willingness to communicate in English: A model in the Chinese EFL classroom context. *Language learning*, 60(4): 834 - 876.

[25] Semaan, G. & K. Yamazaki. 2015. The relationship between global competence and language learning motivation: An empirical study in critical language classrooms. *Foreign Language Annals*, 48(3): 511 - 520.

[26] Shams, A. & C. George. 2006. Global competency: An interdisciplinary approach. *Academic Exchange Quarterly*, 10(4): 249 - 256.

[27] Slapac, A. 2021. Advancing students' global competency through English language learning in Romania: An exploratory qualitative case study of four English language teachers. *Journal of Research in Childhood Education*, 35(2): 231 - 247.

[28] Taguchi, T., M. Magid & M. Papi. 2009. The L2 motivational self system among Japanese, Chinese and Iranian learners of English: A comparative study. In Z. Dörnyei& E. Ushioda (eds.). *Motivation, Language Identity and the L2 Self*. Bristol: Multilingual Matters, 66 - 97.

[29] Tompkins, A., T. Cook, E. Miller &L. A. LePeau. 2017. Gender influences on students' study abroad participation and intercultural competence. *Journal of Student Affairs Research and Practice*, 54(2): 204 - 216.

[30] Van Lier, L. 2000. From input to affordance: Social-interactive learning form an ecological perspective. In J. P. Lantolf (eds.). *Sociocultural Theory and Second Language Learning*. Oxford: Oxford University Press, 245 - 259.

[31] 谷欣颖，李辉，刘雨田，2012. 元认知策略与学习者自主性的研究. 中国成人教育，(11): 100 - 102.

[32] 韩松立，2010. 动机、输入与环境：丹麦英语教育成功的基石. 山东外语教学，(1): 42 - 46.

[33] 库玛，2017. 文化全球化与语言教育. 邵滨，译. 北京：北京语言大学出版社.

[34] 梅德明，2018. 新时代外语教育应助力构建“人类命运共同体”. http://dzb.whb.cn/html/2018-02/09/content_636018.html.

[35] 漆泰岳，周先礼，闫月勤，2020. 工科高校学生全球胜任力培养观察与发现：基于 24 所高水平工科高校的调查. 云南农业大学学报(社会科学)，14(6): 127 - 134.

[36] 沈燕，2015. 社会环境之于外语教学与学习. 外语学刊，(3): 125 - 129.

[37] 束定芳，2022. 语言、外语学习与外语教育生态系统. 当代外语研究，(1): 5 - 6, 11.

[38] 文秋芳，王立非，2004. 二语习得研究方法 35 年：回顾与思考. 外国语(上海外国语大学学报)，27(4): 18 - 25.

[39] 徐辉，陈琴，2020. 人类命运共同体视域下全球胜任力教育的价值取向与实践路径. 比较教育研究，42(7): 3 - 11.

[40] 张红玲，吴诗沁，2022. 外语教育中的跨文化能力教学参考框架研制. 外语界，(5): 2 - 11.

[41] 张民选，朱福建，2020. 国际视野下的学生全球胜任力：现状、影响及培养策略：基于 PISA 2018 全球胜任力测评结果的分析. 开放教育研究，26(6)：4－16，28.

[42] 周霞，要攀攀，黄维，2020. 大学生全球胜任力及影响因素的实证研究. 湖南科技学院学报，(4)：60－66.

书面语句法复杂度与写作任务复杂度及其评分的关联性研究*

浙江大学外国语学院　滑郁文　李媛**

摘　要：本研究以同一年120篇不同任务类型的德语专业四级考试作文为研究对象，探究中国德语专业大学生书面语句法复杂度与写作任务复杂度及其评分的关联性。研究基于罗宾逊的任务分类框架，选取陆小飞二语句法复杂度分析器的14项指标测量句法复杂度，结果表明，随着任务复杂度增加，德语学习者书面语句法复杂度总体呈现下降的趋势，这可能与写作任务的输入差异、体裁差异、学生的写作经验差异及考试文化语境有关。研究还发现，平均T单位长度和每个T单位中的复杂名词性短语数量这两个指标可以较好反映德语学习者写作质量，这与二语句法复杂化途径有关。研究结果对中国德语教学与测试有一定启发。

关键词：句法复杂度；任务复杂度；写作成绩；德语书面语

Title: A Study on the Correlation of Students' Written Syntactic Complexity with the Complexity and Performance of Writing Tasks and Their Scoring

Abstract: Based on 120 essays with two different task types from Chinese students majoring in the German language in the PGG (Prüfung für das Germanistik-Grundstudium) of the same year, this study investigates the correlation of the students' written syntactic complexity with the complexity and performance of writing tasks and their scoring. This study, based on Robinson's Triadic Componential

---

* 本研究为国家社会科学基金一般项目"中国德语学习者语料库建设与德语语言能力发展研究"(20BYY103)的阶段性成果。

** **作者简介**：滑郁文，浙江大学外国语学院外国语言文学专业博士生，研究方向：二语习得、测试、外语教师研究。联系方式：12105027@zju.edu.cn。李媛，浙江大学教授、博士生导师，研究方向：外语教育、二语习得、语料库语言学。联系方式：liyuan1972@zju.edu.cn。

Framework, and the 14 indicators from L2CSA, analyzes the syntactic complexity of the students' essays. The findings show there is a general decline in the students' syntactic complexity as the complexity of writing tasks increases, which may be accounted for by the differences of writing tasks in language input and genre, the difference in students' writing experience, and the exam cultural context. This study also finds the average T-unit length and the number of complex noun phrases per T-unit are two effective indicators of the writing performance of Chinese students majoring in the German language, which is related to the ways to make L2 syntax more complex. The findings are of some implications to the teaching and testing of the German language in China.

Key Words: Syntactic Complexity; Task Complexity; Writing Performance; Written German

1 引言

书面语产出作为语言产出的重要方面，其水平是衡量外语学习者综合语言能力的重要指标之一。在书面表达中，外语学习者需要具有高度准确性和逻辑性，积极运用词汇及语法等多项相关知识，因此关于外语学习者的书面语写作研究始终受到外语学界的关注。学者们(如 Corbeil, 2000; Ruiz-Funes, 2014; 刘兵、王弈凯、Zhang Jun Laurence, 2017)常以复杂度、准确度和流利度作为衡量书面语产出水平的指标，其中复杂度由词汇复杂度和句法复杂度构成，是中国学生书面语产出的两大关键语言指标(白云、韩佶颖、王俊菊, 2022)。句法复杂度(Syntactic Complexity)是语言输出中语言形式的变化范围和复杂化程度(Wolfe-Quintero, et al., 1998; Ortega, 2003; Norris & Ortega, 2009; Lu, 2011; Ortega, 2012)，能较好反映出学习者复杂句法结构的习得情况，是衡量学习者语言水平、目的语熟练程度的重要指标之一，在二语习得及二语测试领域均具有重要价值，也是教材编写、语言测试、阅读分级与文本改编中首要考虑因素之一(吴继峰、陆小飞，2021:122)，从而成为国内外二语习得研究领域的焦点之一(Ishikawa, 1995; Lu, 2011; Bulté & Housen, 2014; 雷蕾，2017；郑咏滟、冯予力，2017)。

近几年，句法复杂度也成为任务复杂度相关研究中的高频关键词(孙帆帆、宋迁、陈颖, 2020:34)。任务复杂度关注的是任务认知方面的难度和复杂度，指的是任务结构对外语学习者所产生的记忆、注意、推理及信息处理等要求(Robinson, 2011)。目前针对任务复杂度的认知影响主要有两大理论假说:斯凯恩(Skehan, 1998/2014)的“有限注意力假说”(Limited Attention Capacity)或“竞争假说”(Trade-off Hypothesis)和罗宾逊(Robinson, 2001/2011)的“认知假说”(Cognition Hypothesis)。现有文献多以“竞争假说”或“认知假说”为理论依托,通过测量不同任务复杂度的写作任务下外语学习者写作的句法复杂度表现,探究写作任务复杂度对句法复杂度的影响(如 Foster & Skehan, 1996; Ruiz-Funes, 2014; Yang, et al., 2015;刘兵、王奕凯、Zhang Jun Laurence, 2017;张煜杰、蒋景阳, 2020)。尽管国内外有关任务复杂度的研究与日俱增,但现有实证研究对于任务复杂度与句法复杂度的关系尚未形成一致的结论。此外,研究大多只关注到任务复杂度的某个影响因素与写作质量的关系,且多数研究只选择少数几项指标测量句法复杂度,导致研究结果呈现的可能只是该维度的某个侧面,并不能全面反映书面语句法复杂度的总体情况。因此,任务复杂度与句法复杂度的关系究竟如何,还需要结合更为全面的句法复杂度测量指标进行研究。

从研究对象来看,现有研究多以英语、汉语为语料基础,尚少见对德语学习者的研究,书面语句法复杂度指标对中国德语学习者写作成绩的预测效果如何还需要进一步验证。此外,现有研究多以学生课堂作文作为研究语料,较少关注学生在考试环境下的书面语产出,因此探讨中国德语学习者考试作文句法复杂度与写作成绩的关系,对进一步细化德语句法复杂度测量指标,优化考试命题及课堂教学具有重要意义。

2 研究设计

2.1 研究问题及研究对象

本文将探讨以下两个问题:

1. 不同任务复杂度的写作任务下,中国德语学习者的书面语句法复杂度是否存在显著差异?

2. 中国德语学习者的写作成绩与其书面语句法复杂度的各项指标是否存在相关关系?如存在,是怎样的相关关系?

经德语专业四级考试中心同意,本研究基于 2009 年德语专业四级考试作文的语料,以随机抽样的方式共选取两个不同的作文任务(分别为题 A 读后续写以及题 B 图表描述,具体作文题目要求见附录)中的低分段 6～9 分、高分段 12～15 分各 30 篇,共 120 篇,形成本研究的语料库,具体如表 1 所示。

表 1　本研究选用的语料

分数	一座奇怪的房子 (读后续写)(A)	信贷消费 (图表描述)(B)	总数
12～15	30(组 1)	30(组 2)	60
6～9	30(组 3)	30(组 4)	60
总数	60	60	120

德语专业四级考试(简称 PGG)依据《高等学校德语专业基础阶段教学大纲》和《高等学校德语专业基础阶段考试大纲》,于 2003 年起在全国统一举行,是针对全国高校德语专业基础阶段的学生进行的语言水平测试(孔德明、刘玲玉、常晅,2014:20),参与者涉及全国所有高校德语专业大二年级学生,覆盖面广、权威性高,能够较为客观地反映中国高校德语专业学生的语言水平。本研究选择 2009 年德语专业四级考试作文的原因是,在这一年有两个写作任务且两者具有一定的任务复杂度差异,这样可以避免因参与考试的学生来自不同年份而对研究产生其他的可能性干扰。采用 6～9 分以及 12～15 分来对学生作文进行分组①,是参考了德语专业四级考试书面表达的评价标准:12.5 分及以上为优秀作文,8 分及以下为不合格作文(孔德明、刘玲玉、常晅,2014:23)。选取高低分段的学生作文能更好地考察拥有不同写作能力的学生句法复杂度的差异,也避免了过低分作文出现的未完成作文等因素对句法复杂度结果产生的影响,既保证又尽可能控制了学生的平均写作水平。

2.2　任务复杂度分析

任务复杂度与语言复杂度关系的相关研究主要以斯凯恩(Skehan,1996/1998/2011)的"竞争假说"和罗宾逊(Robinson,2001/2005/2011)的"认知假说"为理论指导。罗宾逊(Robinson,2011)将影响任务复杂度的因素分为资源消耗(resource-dispersing)、资源指引(resource-directing)两个维度,并认为不同维度的因素变化会对写作任务复杂度及写作产出质量产生不同的影响。利用这一框架,学者可以将任务的体裁、主题等非量化属性转换为任务复杂度进行考察,使写作任务具有可比性,为教学与考试中写作任务设计和任务顺序设计提供一定的依据(Robinson,2011;刘兵、王奕凯、Zhang Jun Laurence,2017),因此当前学界较多使用这个框架来分析写作任务复杂度(Ruiz-Funes,2014;Yang,et al.,2015;张煜杰、蒋景阳,2020)。

本研究根据罗宾逊(Robinson,2011)的"任务分类框架"(Triadic Componential Framework),关注影响任务复杂度的先验知识、任务个数、现在和此处及因果推理等因

① 读后续写作文得分在 12.5～15 分段的考生人数不足 30 人,因此本文将高分段设定为 12～15 分,相应地将低分段扩展为 6～9 分。

素，分析两个写作任务的任务复杂度，并将其分为高、低两个水平(见表 2)。

表 2 任务复杂度分析

任务类型	主题	文本类型	资源消耗		资源指引		任务复杂度
			先验知识	单个任务	现在和此处	无因果推理要求	
题 A 读后续写	奇幻经历	记叙	—	—	—	—	高
题 B 图表描述	经济社会生活	说明	+	+	+	+	低

注：+表示有，—表示没有或几乎没有

从资源消耗维度来看，首先，读后续写作文的主题是一次奇幻经历，而图表描述的主题是关于经济社会生活的消费问题。考生在学习中对德国的消费情况会有一定的了解，而奇幻经历在现实生活中并不存在，因此考生们对这个任务并无先验知识，而必须依靠自己的想象力完成任务。其次，图表描述只需描述所呈现的图表，而读后续写需要考生先阅读试题所给文本，再完成作文。资源指引维度，读后续写要求考生运用过去时写作，图表描述只需用现在时。同时，描述图表对考生因果推理要求不高，而要完成读后续写任务，考生需思考题目中的开头与上下文逻辑，故事发展也需要一定的因果推理要求。由此可见，题目读后续写的任务复杂度高于图表描述。

2.3 句法复杂度测量指标

陆小飞(Lu, 2010: 479)基于奥特加(Ortega, 2003)和沃夫-坤脱罗等人(Wolfe-Quintero, et al., 1998)的研究结果，研发了包括 5 个维度共 14 个测量指标的二语句法复杂度分析器(L2SCA)，该测量体系中的指标较为系统和全面，且在许多英语相关的实证研究中得到应用，并被证实能够较好地反映英语产出的句法复杂度。与之相对，德语的句法复杂度相关研究不足，还没有合适的测量指标，因此，本研究采用陆小飞的句法复杂度测量体系(陆小飞、许琪，2016: 413)。

表 3 L2SCA 句法复杂度测量指标

维度	指标
单位长度	1) 平均子句长度(MLC)
	2) 平均句子长度(MLS)
	3) 平均 T 单位长度(MLT)
句子复杂度	每个句子中的子句数量(C/S)

（续表）

维度	指标
从属子句使用量	1）每个 T 单位中的子句数量（C/T）
	2）复杂 T 单位比率（即每个 T 单位中的复杂 T 单位数量）（CT/T）
	3）从属子句比率（即每个子句中的从属子句数量）（DC/C）
	4）每个 T 单位中的从属子句数量（DC/T）
并列结构使用量	1）每个子句中的并列短语数量（CP/C）
	2）每个 T 单位中的并列短语数量（CP/T）
	3）并列句比率（即每个句子中的 T 单位数量）（T/S）
特定短语结构	1）每个子句中的复杂名词性短语（CN/C）
	2）每个 T 单位中的复杂名词性短语数量（CN/T）
	3）每个 T 单位中的动词短语数量（VP/T）

2.4 数据分析

二语句法复杂度分析器只适用于英语文本的自动标注和分析，因此本研究采用手动的方法对研究所用语料进行了标注，并由他人完成校对工作。研究使用统计分析工具 SPSS26.0 对不同任务复杂度下的书面语句法复杂度进行分析，将任务复杂度作为自变量，设定高、低两个水平，句法复杂度的 14 种产出指标为因变量，使用曼-惠特尼 U 检验不同作文的任务复杂度对德语专业学生作文句法复杂度的影响，并且使用斯皮尔曼相关性分析对句法复杂度与作文的分数的相关性进行分析，接着对部分与作文分数高相关的指标进行回归分析，最后还对二语句法复杂度 14 个指标及写作成绩进行了多元回归分析，统计显著水平设定在 0.05。

3 数据结果

3.1 句法复杂度与任务复杂度的关系

表 4 曼-惠特尼 U 检验结果显示，任务复杂度对句法复杂度的多项指标有显著影响，在产出单位长度、句子复杂度、从属子句使用量、并列结构使用量、特定短语结构这 5 个维度中均有体现。除了 CT/T（复杂 T 单位比率）、DC/T（每个 T 单位中的从属子句数量）、VP/T（每个 T 单位中的动词短语数量）等 3 个指标（p 分别为 0.789、0.972 及 0.694，均大于 0.05），其余 11 项句法复杂度指标均在不同的任务复杂度的写作任务

中呈现显著差异($p<0.05$)。而统计结果表明,题 B 的写作句法复杂度在产出单位长度、复杂名词结构使用数量、并列结构使用数量等多维度都显著高于题 A($p<0.05$),仅在每个句子中的 C/T(子句数量)、C/T(每个 T 单位中的子句数量)两个指标上,题 A 的句法复杂度显著高于题 B($p<0.05$)。

表 4　句法复杂度曼-惠特尼 U 检验

	题 A				题 B	
	M	SD	M	SD	Mean Difference	p
MLC	5.940	1.372	8.772	2.156	−2.833*	0.000
MLS	9.961	3.279	14.460	3.870	−4.499*	0.000
MLT	8.265	1.813	13.540	2.986	−5.274*	0.000
C/S	1.047	0.618	0.739	0.418	0.308*	0.002
C/T	0.841	0.436	0.673	0.339	0.168*	0.025
CT/T	0.260	0.156	0.243	0.130	0.017	0.789
DC/C	0.364	0.144	0.435	0.160	−0.071*	0.004
DC/T	0.311	0.197	0.307	0.185	0.004	0.972
CP/C	0.219	0.220	0.425	0.271	−0.207*	0.000
CP/T	0.137	0.085	0.264	0.167	−0.127*	0.000
T/S	1.1981	0.250	1.240	1.377	−0.042*	0.000
CN/C	0.414	0.236	1.537	1.103	−1.124*	0.000
CN/T	0.362	0.302	0.853	0.338	−0.491*	0.000
VP/T	1.111	0.621	1.272	0.307	−0.161	0.694

注:* 在 0.05 水平上有显著意义

由此可见,书面语句法复杂度与任务复杂度的关系在不同维度有不同的表现。但总体来说,在任务复杂度较低的写作任务中,德语学习者的书面语句法复杂度呈现更高的水平,只有在子句数量相关的两项指标上呈现较低的水平,即随着任务复杂度的提高,学生作文的句法复杂度总体呈现下降的趋势。

3.2　句法复杂度与写作成绩的关系

首先,对题 A 读后续写句法复杂度指标与写作成绩进行斯皮尔曼相关分析,14 项指标中共有 10 项指标,即产出单位长度的 3 项指标、句子复杂度的 1 项指标、从属子句的 3 项指标、并列结构的 1 项指标及特定短语结构中的 2 项指标与写作成绩显著相关,其中,相关性较高的指标有 VP/T(每个 T 单位中的动词短语数量)、CN/T(每个 T 单位中的复杂名词性短语数量）、MLT（平均 T 单位长度）、MLC（平均子句长度），相关性分别达到 0.629，0.477，0.487 和 0.408，但是 DC/C（从属子句比率）、CP/C（每个子句中的并列短语数量）及 T/S（并列句比率）和 CN/C（每个子句中的复杂名词性短语数量）4 项指标与写作成绩不显著相关。

产出单位长度中的 MLS（平均句子长度）和 MLT（平均 T 单位长度）2 项指标彼此之间存在高相关，相关性达到 0.837，即存在多重共线性的可能。所以笔者选择其中与写作成绩相关性最高的指标——MLT（平均 T 单位长度），将 MLT（平均 T 单位长度）、CN/T（每个 T 单位中的复杂名词性短语数量）及 VP/T（每个 T 单位中的动词短语数量）3 项指标分别作为自变量，将写作成绩作为因变量进行回归分析，结果见表 5。

表 5　题 A 读后续写回归分析结果

Model	Variable added	R	R^2	Adjusted R^2	Std. Error of the Estimate
1	MLT	0.368a	0.136	0.121	2.479
1	CN/T	0.348a	0.121	0.106	2.499
1	VP/T	0.629a	0.395	0.385	2.073

MLT（平均 T 单位长度）与写作成绩的回归分析结果显示，$R=0.368$，$R^2=0.136$，$F=9.096$，$p=0.004<0.005$，MLT 可以解释读后续写写作成绩总变异的 13.6%①；CN/T（每个 T 单位中的复杂名词性短语数量）与写作成绩的回归分析结果显示，$R=0.348$，$R^2=0.121$，$F=8.014$，$p=0.006>0.005$，CN/T 无法解释读后续写写作成绩的变异；VP/T（每个 T 单位中的动词短语数量）与写作成绩的回归分析结果显示，$R=0.629$，$R^2=0.395$，$F=37.884$，$p=0.000<0.005$，VP/T 可以解释读后续写写作成绩总变异的 39.5%。综上所述，读后续写中的 VP/T 对写作成绩的预测效果较好。

其次，题 B 图表描述与写作成绩的相关结果显示：产出单位长度维度的 3 项指标、复杂名词结构的 2 项指标以及 CP/T（每个 T 单位中的并列短语数量）与写作成绩显著相关，其中 MLT（平均 T 单位长度）与 CN/T（每个 T 单位中的复杂名词性短语数量）2 项指标与写作成绩的相关性较高，分别为 0.536 和 0.545，但其余 8 项指标与写作成绩均不显著相关。

由此可知，MLT（平均 T 单位长度）及 CN/T（每个 T 单位中的复杂名词性短语数量）与题 B 图表描述写作成绩的相关性最高，故我们将这两个作为自变量，将写作成绩作为因变量进行回归分析，结果见表 6。

① R^2 系数是结果与预测变量之间相关系数的平方，R^2 系数越高，回归模型对预测结果的可解释程度越好。

表 6　题 B 图表描述回归分析结果

Model	Variable added	R	R^2	Adjusted R^2	Std. Error of the Estimate
1	MLT	0.540a	0.291	0.279	2.423
1	CN/T	0.593a	0.352	0.340	2.318

MLT(平均 T 单位长度)与题 B 图表描述写作成绩的回归分析结果显示，$R=0.540$，$R^2=0.291$，$F=23.817$，$p=0.000<0.005$，MLT 可以解释图表描述写作成绩总变异的 29.1%；CN/T(每个 T 单位中的复杂名词性短语数量)与图表描述写作成绩的回归分析结果显示，$R=0.593$，$R^2=0.352$，$F=31.445$，$p=0.000<0.005$，CN/T 可以解释图表描述写作成绩总变异的 35.2%。

由此可见，在读后续写和图表描述这两种不同的写作任务中，产出单位长度维度下的 3 个指标以及 CP/T(每个 T 单位中的并列短语数量)和 CN/T(每个 T 单位中的复杂名词性短语数量)与写作成绩均显著相关，但与写作成绩相关的指标在不同写作类型下有所不同。而 MLT、CN/T 可以对写作成绩进行较为有效的预测。

最后，为了探究句法复杂度总体对写作评分的影响，笔者还对句法复杂度各项指标及读后续写、图表写作成绩分别进行了多元回归分析。

表 7　题 A 读后续写多元回归分析结果

Model	R	R^2	Adjusted R^2	Std. Error of the Estimate
1	0.797a	0.635	0.518	1.80593

结果显示(表 7)，$R=0.797$，$R^2=0.635$，$F=6.457$，$p=0.000<0.005$，即二语句法复杂度 14 个指标能预测读后续写作成绩总变异的 63.5%。

表 8　题 B 图表描述多元回归分析结果

Model	R	R^2	Adjusted R^2	Std. Error of the Estimate
1	0.719a	0.517	0.367	2.2706

由表 8 可知，$R=0.719$，$R^2=0.517$，$F=3.443$，$p=0.001<0.005$，即二语句法复杂度 14 个指标能预测图表描述写作成绩总变异的 51.7%。

4 对句法复杂度与任务复杂度和写作评分关系的讨论

本研究考察了写作任务复杂度与德语学习者书面语句法复杂度的关系和句法复杂度与德语学习者写作质量的关联性，结果发现：任务复杂度差异会对句法复杂度产生影响；另外，句法复杂度分别能预测读后续写和图表描述作文的写作质量 63.5%和 51.8%的差异。MLT(平均 T 单位长度)和 CN/T(每个 T 单位中的复杂名词性短语数量)是影响写作质量的主要因素。

4.1 句法复杂度与任务复杂度的关系

数据结果显示，不同任务复杂度的写作任务句法复杂度在不同方面有不同的差异，为何会造成这些差异呢？接下来本文将尝试对两者句法复杂度差异的原因进行讨论。

第一，句法复杂度与体裁有关。由表 4 可得，任务复杂度不同的写作任务下，句法复杂度的单位长度维度中的三个指标始终存在显著差异。在完成图表描述时，学生能够产出比读后续写更长的句子单位，即随着任务复杂度增加，句子单位长度反而减少，这虽然与刘兵等人(2017)的研究结论不同，但也符合其对学术文本复杂度的相关解释，即记叙文更多体现口语特点，学生文本句法复杂度更低，而偏向学术文体的议论文、说明文写作中，学生文本句法复杂度提高，这也契合比贝尔、格雷(Biber & Gray, 2015)在研究中关于学术文本复杂度特点的讨论，即学术文本单句信息量更高，句法复杂度更高。张丽丽、刘海涛(2021)的研究也表明体裁因素对学习者句法复杂度有显著影响。本研究所选择的读后续写尽管拥有更高的任务复杂度，但就体裁而言，该任务为记叙文，考生的文本更多体现口语的特点，而图表描述作为说明文更偏向于学术文体，考生在写作时会相应产出更长的句法结构，单句信息量也会有所增加，句法复杂度相应提高(刘兵、王奕凯、Zhang Jun Laurence, 2017:110)。在不同任务的写作中，学生会相应选择不同特点的句子结构。为了更加生动形象地记叙一段经历，在完成题 A 读后续写时，学生会使用更多的独立子句，以适应偏向口语的任务特点。而且通过观察语料也可看出，许多读后续写中包含口语的描写，更多体现了口语的风格，学生使用更多的独立子句而非从属子句，从而也造成读后续写在与子句数量的两个相关指标上复杂度显著高于题 B 图表描述。

第二，句法复杂度还与不同任务的输入差异有关，不同的任务给学生的信息不同，不同的输入信息也会影响写作的句法复杂度。U 检验结果显示，题 B 图表描述的复杂名词短语相关指标复杂度显著高于题 A 读后续写，这与两个题目的已知信息差异有关。读后续写中所提供阅读的题目只有一小段，其中可被学生在作文写作中作为参考的复杂句法结构较少，仅有的几句引入句也无法在作文中进行模仿使用，而图表描述的题目的引入部分提供了更多的可利用的信息资源，如题目中的“kurzfristige/mittelfristige/langfristige Kredite，die steigende Tendenz der Konsumentenkredite”（短期/中期/长期的信贷，消费信贷的增长趋势）等词汇在作文中的简单重复使用可明显提高其复杂名词短语结构的使用量，从而提高句法复杂度。而且，即便学生对题目的引入部分理解不充分，他们也可以模仿使用图表描述引入部分的复杂句子结构，如“Immer mehr Leute nehmen einen Konsumentenkredit auf，um sich einen Luxusartikel wie z. B. Autos，Möbel usw. anzuschaffen”这一句中包含了不定式结构、可分动词结构、并列结构等多种复杂表达，或“Das folgende Schaubild zeigt die steigende Tendenz der Konsumentenkredite im Zeitraum von 1970 bis 1988 und die Kreditarten 1988 in Deutschland”这一句中包含了复杂名词结构、并列结构等复杂表达，这些句子对学生来说都是现成的复杂例句，这些例句对于其作文中的复杂句法结构的产出有一定帮助。

第三，句法复杂度的差异与学生对两种任务类型的熟悉度以及日常训练差异有关。雷蕾（2017）和杨慧（2019）的研究均揭示，学生写作句法复杂度与学生的写作经验有关。德语教材和多本四级备考书中均出现图表描述写作任务，学生对图表描述类型的作文更为熟悉，通过日常的写作训练，学生还可以背诵图表描述相关的固定句型和结构，从而在考试中产出具有更高的句法复杂度的作文，这点可从学生图表描述作文中产出的大量高度相似的句子看出，而读后续写的任务类型在日常教学中缺乏训练，并且没有可以模仿照搬的句式，反映的是学生真实的语言水平，因此句法复杂度相对较低。

最后，句法复杂度的差异还与考试这一特殊文化语境相关。根据德语专业四级考试作文项目评分标准（孔德明、刘玲玉、常晅，2014：23），四级作文评分标准比较注重文章的内容和语言准确性，对句法复杂度几乎没有提及。因此，在考试这一特殊的情境中，为了避免因语法、词汇错误在考试中失分，学生只有在保证语言准确度的前提下，才会考虑提高句法和词汇复杂度（靳红玉等，2020）。面对复杂度更高的读后续写任务时，学生可能会对语言准确度的关注程度相对较高，对句法复杂度的关注度更低，这种写作策略也体现了德语学习者的“保守”态度（Skehan & Foster，2001：191）。

综上，在分析任务复杂度与句法复杂度的关系时，我们还需综合考虑任务的输入差异、作文体裁等其他因素对句法复杂度可能产生的影响。此外，当前的德语专业四级考试作文项目评分标准对学生考试写作也会产生反拨作用。

4.2 句法复杂度与写作成绩的关系

数据显示，14 项二语句法复杂度指标均能较好地反映学生写作质量且可以对写作成绩进行较为有效的预测。其中，反映句长的指标，如平均 T 单位长度以及复杂名词短语相关的指标与写作成绩的相关关系与此前多项研究结论一致（Lu，2011；张丽丽，2016；吴继峰、陆小飞，2021；张晓鹏、李雯雯，2022），可见，句长和复杂名词短语指标对写作质量的影响并不是德语作为二语的特殊现象，而是具有跨语言性。这一关联在英语和汉语二语习得研究及本研究的德语二语习得中均得到证实，这可能与句子复杂化途径有关（吴继峰、陆小飞，2021：127），具体而言是从句结构和名词修饰结构的使用。

分析发现，高分作文包含较多从句结构，这些种类多样、内容复杂的从句丰富了学习者的写作表达，提高了学生的写作质量。如例句 1 在描写图表趋势时使用了主语从句，显然增加了该 T 单位的长度。例句 2 类似的描写使用了简单句，T 单位长度较小。

1. Auffällig ist, in den Zeiträumen von 1973 bis 1976 und von 1985 bis 1988 ist die Anzahl sehr schnell gestiegen.（很显然，1973 年到 1976 年数字上升得很快。）（09006ZW003，14 分）
2. Vom Jahr 1970 bis 1973 steigt die Konsumentenkredite langsam.（1970 年到 1973 年消费信贷增长很慢。）（09055ZW013，8 分）

名词修饰成分的增加也是句子复杂化的重要途径。一方面，带有修饰成分的名词结构在德语中出现较多，这些修饰成分种类众多，包括形容词前置修饰名词、介宾短语后置修饰名词、二格名词修饰名词、关系从句修饰名词等，因此修饰语的数量和质量会在较大程度上影响句法的复杂度，从而影响作文的质量。

在低分段的作文中，学习者通常使用单一的形容词前置修饰名词结构，且使用频率不高，如低分作文 09004ZW032（8.5 分）中出现了“das dunkle Haus”（漆黑的房子）、“ein erschrecklicher Lärm”（一种吓人的声音）。高分作文中名词结构种类、数量更多，如高分作文 09002ZW033（14 分）中使用了形容词前置修饰名词“ein mutiges Mädchen”（一个勇敢的女孩）、二格后置修饰名词 “der Besitzer des Hauses”（房子的主人）、介宾短语后置修饰名词“das Leben ohne seine Frau”（没有妻子的生活）以及关系从句修饰名词“... ein Geheimnis, das in diesem Haus steckte”（隐藏在这个房子里的一个秘密），这体现了学习者复杂句法结构掌握程度的不同，反映了其写作质量的差异。

总之，德语句子复杂化的重要路径包括从句的使用和名词修饰成分的增加，从句的增加一定程度上能够反映德语学习者对复杂句子结构的掌握能力的提高，从句的增加和名词修饰成分增加也会导致平均 T 单位长度的增加，因此平均 T 单位长度和复杂名词结构数量会在很大程度上影响作文质量，能较好体现学习者写作水平。

5 结论与展望

本研究以 2009 年德语专业四级考试作文为基础建立语料库，探究了不同复杂度的任务及写作成绩与写作产出的句法复杂度各项指标之间的关系。研究发现，任务复杂度提高时，学习者的书面语句法复杂度反而有所降低，这与部分现有研究的结论不一致（刘兵、王奕凯、Zhang Jun Laurence，2017；张煜杰、蒋景阳，2020），这可能与作文的体裁差异、任务的输入差异、学生的输入差异以及考试文化语境等有关，因此写作任务复杂度对句法复杂度影响的判断可能还需考虑上述因素。

另外，本研究验证了写作成绩与句法复杂度的部分指标存在正相关关系，且综合来看，二语句法复杂度指标均能一定程度预测学生写作成绩的变异，陆小飞所选取的二语句法复杂度指标体系对德语写作质量有一定的预测效果，并且平均 T 单位长度可以分别解释读后续写和图表描述写作成绩总变异的 13.6%及 29.1%，每 T 单位复杂名词短语数量可以分别解释图表描述写作成绩和读后续写写作成绩总变异的 35.2%和 39.5%。但是，考虑到德语动词短语结构包括可分动词结构、情态动词、从句尾语序等不同类型，这些不同的类型也体现了不同的句法复杂度，如果将复杂动词结构指标的种类进一步细化，将会更好地适应德语的句法特点。

本研究给中国德语教学与测试带来的启示是，考试的作文题目设计应注意任务的输入对学生写作产出的影响，尽量提供两个具有相近任务复杂度、相近的输入内容的写作任务，尽量避免由此产生的对学生写作产出质量的影响。日常教学中应重视复杂名词结构层面和产出 T 单位长度层面的练习，尤其是增加复杂名词短语的教学与积累，提高对较长复杂短语和从句的训练，提升学生对复杂短语和复杂句子结构的认识。通过改变教学和练习的重点，提升学生复杂名词结构和长难句的产出能力，从而提升写作质量和水平。

参考文献

[1] Bulté, B. & A. Housen. 2014. Conceptualizing and measuring short-term changes in L2 writing complexity. *Journal of Second Language Writing*, 26: 42 - 65.

[2] Corbeil, G. 2000. Exploring the effects of first-and second-language proficiency on summarizing French as a second language. *Canadian Journal of Applied Linguistics*, 3(1 - 2): 35 - 62.

[3] Foster, P. & P. Skehan. 1996. The influence of planning and task type on second language performance. *Studies in Second Language Acquisition*, 18(3): 299 - 323.

[4] Ishikawa, S. 1995. Objective measurement of low-proficiency EFL narrative writing. *Journal of Second Language Writing*, 4(1): 51 - 69.

[5] Lu, X. 2010. Automatic analysis of syntactic complexity in second language writing. *International Journal of Corpus Linguistics*, 15(4): 474 - 496.

[6] Lu, X. 2011. A corpus-based evaluation of syntactic complexity measures as indices of college-level ESL writers' language development. *TESOL Quarterly*, 45(1): 36 - 62.

[7] Norris, J. M. & L. Ortega. 2009. Towards an organic approach to investigating CAF in instructed SLA: The case of complexity. *Applied Linguistics*, 30(4): 555 - 578.

[8] Ortega, L. 2003. Syntactic complexity measures and their relationship to L2 proficiency: A research synthesis of college - level L2 writing. *Applied Linguistics*, 24(4): 492 - 518.

[9] Ortega, L. 2012. Interlanguage complexity. *Linguistic Complexity: Second Language Acquisition, Indigenization, Contact*, 13: 127.

[10] Robinson, P. 2001. Task complexity, task difficulty, and task production: Exploring interactions in a componential framework. *Applied Linguistics*, 22(1): 27 - 57.

[11] Robinson, P. 2005. Cognitive complexity and task sequencing: Studies in a componential framework for second language task design. *International Review of Applied Linguistics in Language Teaching*, 43(1): 1 - 32.

[12] Robinson, P. (eds.). 2011. *Second Language Task Complexity: Researching the Cognition Hypothesis of Language Learning and Performance*. Amsterdam: John Benjamins Publishing.

[13] Ruiz-Funes, M. 2014. Task complexity and linguistic performance in advanced college-level foreign language writing. *Task-based Language Learning: Insights from and for L2 Writing*, 163 - 192.

[14] Skehan, P. 1996. A framework for the implementation of task-based instruction. *Applied Linguistics* 17(1): 38 - 62.

[15] Skehan, P. 1998. *A Cognitive Approach to Language Learning*. Oxford: Oxford University Press.

[16] Skehan, P. & P. Foster. 2001. Cognition and tasks. *Cognition and Second Language Instruction*, 183 - 205.

[17] Skehan, P. 2011. *Researching Tasks: Performance, Assessing and Pedagogy*. Shanghai: Shanghai Foreign Language Education Press.

[18] Skehan, P. 2014. Processing perspectives on task performance. *Processing Perspectives on Task Performance*, 1 - 278.

[19] Wolfe-Quintero, K., Inagaki, S. & H. Kim. 1998. *Second Language Development in Writing: Measures of Fluency, Accuracy and Complexity*. Hawaii: Hawaii University Press.

[20] Yang, W., Lu, X. & S. C. Weigle. 2015. Different topics, different discourse: Relationships among writing topic, measures of syntactic complexity, and Judgements of writing quality. *Journal of Second Language Writing*, 28: 53 - 67.

[21] 白云，韩佶颖，王俊菊，2022. 反馈方式对二语写作语言复杂度的影响. 外语教学理论与实践，(1)：111-121.

[22] 靳红玉 ，王同顺，于翠红，2020. 二语写作任务复杂度的效度验证. 现代外语，43(1)：81-93.

[23] 孔德明，刘玲玉，常晅，2014. 高校德语专业四级考试十年回顾总结与成绩分析. 外语测试与教学，2014(2)：20-31，41.

[24] 雷蕾，2017. 中国英语学习者学术写作句法复杂度研究. 解放军外国语学院学报，40(5)：1-10，159.

[25] 刘兵，王奕凯，Zhang Jun Laurence，2017. 任务类型对在线英语写作任务准备和产出的影响. 现代外语，40(1)：102-113，147.

[26] 陆小飞，许琪，2016. 二语句法复杂度分析器及其在二语写作研究中的应用. 外语教学与研究(外国语文双月刊)，48(3)：409-420.

[27] 全国高等学校德语专业四级考试中心，2009. 全国高等学校德语专业四级考试样题集(上、下). 北京：外语教学与研究出版社.

[28] 孙帆帆，宋迁，陈颖，2020. 国外任务复杂度研究可视化分析(1999—2019). 中国外语研究，7(1)：30-40，121.

[29] 吴继峰，陆小飞，2021. 不同颗粒度句法复杂度指标与写作质量关系对比研究. 语言文字应用，2021(1)：121-131.

[30] 杨慧，2019. 二语写作学习者语法敏感度、句法复杂度和写作质量的相关性研究. 硕士论文，南京：东南大学.

[31] 张丽丽，2016. 中国 EFL 学习者句法复杂度测量研究. 贵州大学学报(社会科学版)，34(5)：143-148.

[32] 张丽丽，刘海涛，2021. 体裁对中级英语水平学习者句法复杂度及作文整体质量打分的影响(英文). *Chinese Journal of Applied Linguistics*，44(4)：451-469，589.

[33] 张晓鹏，李雯雯，2022. 句法复杂度对中国大学生英语说明文写作质量的预测效应. 现代外语，45(3)：331-343.

[34] 张煜杰，蒋景阳，2020. 任务复杂度对二语写作复杂度和准确度的影响. 西安外国语大学学报，28(4)：49-54.

[35] 郑咏滟，冯予力，2017. 学习者句法与词汇复杂性发展的动态系统研究. 现代外语，40(1)：57-68，146.

附录 1:2009 年德语专业四级考试书面表达题目要求及翻译

„Schriftlicher Ausdruck (15P) (40 Minuten)

Schreiben Sie einen Text zu einem der folgenden Themen. Ihr Text sollte mindestens 120 Wörter umfassen.

书面表达(15 分)(40 分钟)

请您写一篇关于下列主题的作文。您的作文必须不少于 120 词。

A. Im Folgenden ist der Anfang einer Geschichte. Erzählen Sie bitte die Geschichte zu Ende.

下面是一个故事的开头,请把故事补充到结束。

Ein merkwürdiges Haus

Nicht weit von unserem Dorf war ein Wald, in dem ein altes verfallenes Haus stand. Ich spielte oft mit anderen Kindern in diesem Wald, aber in das Haus gingen wir nie, denn es sah nicht gemütlich aus. Wir waren schon mit dem Wald zufrieden, in dem wir schaukelten, wir liefen und Blindekuh spielten.

An einem späten Nachmittag im Sommer spielten wir wieder Blindekuh. ...

一座奇特的房子

离我们村子不远的地方是一片森林,那里有一座破旧的房子。我经常和其他孩子在这片森林里玩耍,但我们从来没有进过房子,因为它看起来并不舒适。我们对森林已经很满意了,我们在那荡秋千、跑步、玩捉迷藏。

夏天的一个午后,我们又玩起了捉迷藏的游戏……

B. Beschreiben Sie bitte das folgende Schaubild.

请您描述下面这个图表。

Immer mehr Leute nehmen einen Konsumentenkredit auf, um sich einen Luxusartikel wie z. B. Autos, Möbel, Musikanlagen usw. anzuschaffen. Das folgende Schaubild zeigt die steigende Tendenz der Konsumentenkredite im Zeitraum von 1970 bis 1988 und die Kreditarten 1988 in Deutschland.

越来越多的人通过消费贷款来购买奢侈品,如汽车、家具、音乐设备等。下图显示了 1970 年至 1988 年期间德国消费者贷款的增长趋势以及 1988 年的贷款类型。

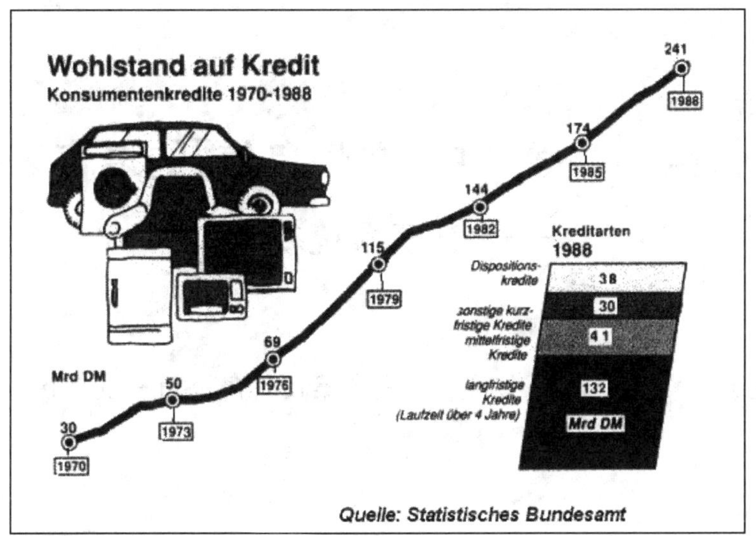
Wohlstand auf Kredit
Konsumentenkredite 1970-1988
Mrd DM
30
1970
50
1973
69
1976
115
1979
144
1982
174
1985
241
1988
Kreditarten
1988
Dispositions-
kredite
38
sonstige kurz-
fristige Kredite
30
mittelfristige
Kredite
41
langfristige
Kredite
(Laufzeit über 4 Jahre)
132
Mrd DM
Quelle: Statistisches Bundesamt

中国文化类英语教材中“文化自信”的语言表征研究
——态度系统视角*

东北师范大学　仇云龙　中国第一汽车集团有限公司研发总院　王一然**

摘　要:本研究聚焦中国文化类英语教材中“文化自信”的语言表征问题,借助评价理论中的态度系统对《中国文化概况》(修订版)中的态度资源进行研究,分析教材中体现“文化自信”的态度资源类型、分布及使用特征。研究发现,态度系统中的各类子资源均用于表征“文化自信”,其中“鉴赏”资源占比最高。用作各类资源的词汇多使用比较级和最高级的形式,用作“鉴赏”资源、“情感”资源、“判断”资源的词汇亦具有典型性;此类词汇还常与表达区域范围或与他国比较之类的语言形式并用,协同表征“文化自信”。本研究有助于挖掘中国文化类英语教材中态度资源表征“文化自信”的方式,为教师的高效教学和学生的深度学习提供支撑。

关键词:中国文化;英语教材;文化自信;语言表征;态度系统

Title: A Study of the Linguistic Representation of “Cultural Confidence” in English Textbooks on Chinese Culture: A perspective of Attitude System

Abstract: This study focuses on the linguistic representation of “cultural confidence” in English textbooks on Chinese culture. It is intended to investigate the types, distribution and usage characteristics of the attitude resources representing “cultural confidence” in *A Glimpse of Chinese Culture (Revised Version)* in light of the attitude system of Appraisal Theory. It is found that all types of attitude

---

* 本文系2020年度中国外语教材研究专项课题“《中国文化概况》教材中的文化自信研究:评价理论视角”和2022年度吉林省高等教育教学改革研究课题“中国文化概要(英语)课程产出导向教学研究”的研究成果。

** **作者简介**:仇云龙,东北师范大学副教授,研究方向为语用学、教育语言学、翻译。联系方式:chouyl726@nenu.edu.cn。王一然,中国第一汽车集团有限公司研发总院,技术创新管理部科技期刊编辑,研究方向为教育语言学。联系方式:1056101001@qq.com。

resources are used to represent “cultural confidence”, among which “appreciation” resources account for the highest proportion. Most of the resources are used in comparative and superlative forms and the words used as “appreciation” resources, “affect” resources and “judgment” resources are typical ones. In addition, such words are often jointly used to represent “cultural confidence” with the linguistic forms used for delimiting regional scope or comparing with other countries. This study helps to explore the ways in which attitude resources represent “cultural confidence” in English textbooks on Chinese culture and facilitate teachers' efficient teaching and students' in-depth learning.

Key Words: Chinese Culture; English Textbooks; Cultural Confidence; Linguistic Representation; Attitude System

1 引言

习近平总书记在全国思想政治工作会议上指出:“教材建设是育人育才的重要依托。建设什么样的教材体系,核心教材传授什么内容、倡导什么价值,体现国家意志,是国家事权。”(中国编辑学会,2018:356)因此,“一个国家使用什么教材,反映并决定着其人才培养指向”(曾天山,2017:18)。“英语教材既是传播英语语言知识的媒介,同时也是进行思想政治教育的重要载体”(吴驰、杨蕴恬,2018:12)。学者们针对各个学段的英语教材开展了研究。针对基础教育阶段教材的研究主要包括对英语教材建设的回顾、对英语教学的思考、对教材编写及评价提出建议等(吴驰、杨蕴恬,2018;刘道义、郑旺全,2018)。针对高校英语教材的研究主要包括教材的编写、教材的评估、教材语言研究、教学与教材等方面(卢海燕,2013),涉及的教材类型主要包括大学综合英语教材、翻译教材、专门用途英语教材、视听教材、中国文化类教材等(杨港、陈坚林,2013)。近年来,对高校英语教材的研究更加注重教材的价值引领作用(孙有中,2020)和德育功能发挥(王守仁,2021)。从研究数量上看,大多数研究是针对大学综合英语教材展开的,主要原因是此类教材应用较为广泛,种类也比较多。针对其他种类教材的研究也在持续增多,其中一类便是中国文化类英语教材。此类教材受到持续关注,一个重要原因在于它是用英语讲好中国故事的素材来源,同时也是增强文化自信的重要载体。“文化自信,是一个国家、一个民族、一个政党对自身文化价值的充分肯定,对自身文化生命力的坚定信念”(云杉,2010:4)。它既应该包括对自身文化的高度认同,也应该包括对其他文化的兼容并蓄(刘林涛,2016)。“中国特色社会主义文化,源自于中华民族五千多年文明历史所孕育的中华优秀传统文化,熔铸于党领导人民在革命、建设、改革中创造的革命文化和社会主义先进文化,植根于中国特色社会主义伟大实践”(习近平,2017)。目前针对中国文化类英语教材的研究包括对该类教材编写现状的分析(杨港、陈坚林,2013;杨琪,2020;王守仁,2021),对几种教材编写理念、章节结构与内容、模态运用等方面进行的对比分析(朱锡明,2019);对教材主体内容、词汇翻译、读者体验、编写成员等进行多维研究(肖安法,2018)。

中国文化类英语教材先行研究对教材中体现的文化自信主题聚焦不够。文化自信既靠内容呈现(张虹、于睿,2020),也靠语言表征。功能的实现离不开语言(Halliday,2000;Halliday & Christian, 2004),呈现教材中语言资源的样态,挖掘其承载的意义有助于教师的有效教学和学生的深度学习。因而,从语言学视角出发,对中国文化类英语教材进行探究,将有助于揭示文化自信等深层意义的语言表征方式。在文本或日常表达中,语言体现着态度(Martin & White, 2005)。文化自信便是一种态度,态度资源是文化自信的重要载体;故而,挖掘态度资源的使用样态和使用特征有助于呈现文化自信的语言表征方式。鉴于此,本文将从评价理论的态度系统入手,以《中国文化概况》(修订版)中的态度资源为语料,分析教材中表征文化自信的态度资源有何类型、如何分布、怎样使用。

2 理论基础

态度系统是评价理论的核心,“说话者或作者对态度资源的选择不是任意的”(徐珺、夏蓉,2013:17),因为“形式是意义的体现”(黄国文,1998:9),态度资源的功能就在于可以帮助人们传递超越语言本身的含义。态度资源包括“情感”(Affect)、“判断”(Judgment)和“鉴赏”(Appreciation)三类子资源(Martin & White, 2005)。“情感指面对事物的各种情绪,即我们感到高兴或不高兴,自信或焦虑,感兴趣或无聊”(Martin & White, 2005: 42),具体分为“(不)倾向”(Dis/Inclination)、“(不)开心”(Un/Happiness)、“(不)安全”(In/Security)、“(不)满意”(Dis/Satisfaction)(Martin & White,2005:51)。“判断指对行为的评价”(Martin & White,2005:42),分为“社会评判”(Social Esteem)和“社会约束”(Social Sanction)。在“社会评判”维度中,它涉及“行为规范”(Normality)、“做事才干”(Capacity)和“坚忍不拔”(Tenacity);在“社会约束”维度上,它强调“真实”(Veracity)和“得体”(Propriety)(Martin & White: 2005:52-53; 王振华,2001)。“鉴赏指对事物的评价”,具体包括对其“反应”(Reaction)、“构成”(Composition)和“价值”(Valuation)的评价(Martin & White, 2005: 56)。本文将以态度系统为理论基础，探究教材中态度资源的类型、分布，并分析其体现文化自信的方式。

3 研究方法

本文的研究对象取自2015年出版的《中国文化概况》(修订版)，该教材以英文介绍中华文化。该教材曾被评为国家级“十一五”规划教材，教材分为12章，主要包括哲学与宗教、文学、艺术、教育、科技、体育、节日、饮食、服饰、建筑、旅游城市、世界遗产，在中国文化概论类英语课程中使用广泛。

本研究借助UAM Corpus Tool 3.0语料库工具。该工具集建库、检索和统计功能于一体，常被用于功能语言学的研究当中，涉及评价理论的研究占据一定比例。该工具需要将完整的理论框架输入系统，并将适用于该框架的文本导入，使用者可以根据需要在文本中标注与理论框架各层级相对应的内容，随后系统可以自动统计各层级对应的内容的数量。本研究所依据的评价理论具备成熟的理论框架，将教材文本置于该框架下，UAM Corpus Tool 3.0可以帮助统计文本中态度资源的类型及分布情况，这些数据也为后续词汇特征的分析奠定了基础。本研究操作步骤如下：首先，将态度系统框架导入UAM Corpus Tool 3.0；其次，将《中国文化概况》(修订版)中的12个单元的文本扫描成txt.格式并核对拼写，无误后将其导入系统中；再次，逐一打开文本并标注全部的态度资源；最后，依据文化自信的内涵，统计出体现文化自信的语言所包含的各类态度资源。

4 研究结果

本部分将对教材中态度资源的类型、分布及使用特征依次分述。

4.1 态度资源的类型及分布

通过人工识别及软件计数，本研究共获得89个表征文化自信的态度资源。态度资源的三类子资源均在教材中出现，其中“鉴赏”资源55个，“情感”资源17个，“判断”资源17个。三类资源的分布情况符合目前中国文化类英语教材的定位。此类教材在中国文化类英语课程中使用，课程旨在以英语为媒介加深学生对中华文化相关要素的了解，并在跨文化交际过程中对其进行有效传播。现存中国文化类教材多以信息呈现为主，从文本类型上，属于信息型文本(Newmark，2001)。信息型文本主要是对事物的介绍和评价,因而,与对事物的“鉴赏”相比,对人“情感”“判断”相关资源的使用较少。

4.1.1 “鉴赏”资源

在55个“鉴赏”资源中,表达“价值”的资源有48个;表达“反应”的资源有6个,其中包括5个表示“质量”的资源和1个表示“影响”的资源;表达“构成”的资源有1个,具体表示“平衡”。“价值”资源占比高,主要是因为,文化自信从本质上是对文化价值的肯定(云杉,2010)。各类“鉴赏”资源使用情况举例如下:

1)“价值”:They are among the botanically *richest* sites in the world outside the tropical rainforests(Chapter 12).此句所在章节的主题为世界遗产,描述的是四川大熊猫圣地卧龙山、四姑娘山、夹金山,“richest”一词代表该遗址是世界上除热带雨林以外植物最丰富的地点,突出该地珍贵的生物学“价值”。

2)“反应”(质量):In the Yuan dynasty, Italian traveler Marco Polo(1254 - 1324) was impressed by the *beauty* of Hangzhou and lauded it as “the most *beautiful* and *elegant* city in the world”(Chapter 11). 此句所在章节的主题为旅游城市,“beauty”“beautiful”和“elegant”体现了杭州这一城市“美丽”“优雅”的特质,从侧面反映出外国友人对我国城市的喜爱。

3)“反应”(影响):Mount Huangshan has distinctive scenes respectively in spring, summer, autumn, and winter, which earns it the name “Earthly *Fairyland*” (Chapter 12).此句所在章节的主题为旅游城市,它描绘了黄山景色给人带来的感受。这种感受在“Fairyland”一词中得以体现,那就是,人在其中,仿佛置身仙境,这表达了对我国山川美景的歌颂。

4)“构成”(平衡):The buildings are *harmonious* in color and style, thus gaining the name *of* “*Gallery of World Architecture*”(Chapter 11).此句所在章节的主题为旅游城市,它介绍了上海的著名景点外滩,“harmonious”指涉色彩和风格搭配的和谐,和谐表征平衡,彰显我国建筑的特点。

4.1.2 “情感”资源

在17个“情感”资源中,表达“倾向”的资源有9个;表达“开心”的资源有4个,其中表示“欢乐”和“喜爱”的资源各2个;表达“安全”的资源共2个,分别具体表示“自信”和“信任”;表达“满意”的资源共2个,分别表示“感兴趣”和“愉悦”。在情感诉诸方面,表达“倾向”的资源兼具趋近特征和隐含特征,在对事物评价时可以呈现共识、产生共情,促进文化自信内化于心。中国文化类英语课程是开展课程思政教学的典型课程,其使用的教材应有助于课程思政溶盐于水、润物无声育人方式的实现,在教材中较多使用表达"倾向"的资源，有利于提升课程思政内容供给的感知力。各类"情感"资源使用情况举例如下：

5) "倾向"(渴望)：The fate of Kunqu Opera has also *attracted* worldwide attention (Chapter 3). 此句所在章节的主题为艺术，在叙述昆曲吸引世界人民关注之时，使用了"attract"一词，表达了一定的倾向性，即世界人民倾向于关注昆曲并被其吸引，渴望靠近和了解昆曲，从侧面体现了我国传统艺术的感染力。

6) "开心"(欢乐)：The *friendly* exchange between the table tennis players of the two countries opened the door to *warmer* relations between the Chinese and American nations, and became known as "Ping-Pong Diplomacy"(Chapter 6). 此句所在章节的主题为体育，它交代了乒乓球对于中美关系的重要性，两国关系通过该运动进一步推进，"friendly"和"warmer"表达了国与国之间的亲近关系，洋溢着祥和喜乐的情绪，体现出我国的外交智慧。

7) "开心"(喜爱)：On the other hand, as a traditional Chinese art, calligraphy also found *favor* in the neighboring countries from the early times (Chapter 3). 此句所在章节的主题为艺术，"favor"的使用体现出中国书法一直受邻国喜爱的事实，彰显了书法这一文化瑰宝在国际上的受欢迎程度和影响力，从侧面反映了中国传统艺术的魅力。

8) "安全"(自信)：The influence of Confucianism is so predominant(显著的) that the word "Confucian" can directly *represent* traditional Chinese life and culture (Chapter 1). 此句所在章节的主题为哲学与宗教，它高度概括了儒家思想对于中国文化的影响，"represent"一词展示了对儒家思想的崇敬，同时传递了我国对于这一伟大思想传承的自信和骄傲。

9) "安全"(信任)：Moreover, since 2012, Chinese government has been encouraging qualified TCM institutions and enterprises to set up overseas branches by establishing joint ventures with foreign companies, with 10 TCM institutions *expected* to establish such branches by 2015 in Southeast Asia, Europe, North America and the Middle East(Chapter 5). 此句所在章节的主题为科技，TCM(Traditional Chinese Medicine)，即中药，是我国医学成就的集中体现，在世界医学发展史中具有极高地位。此句中使用的"expected"既表达了其他国家对中药治疗的期待和对我国传统医学的信任，也从侧面反映了中药的神奇疗效。

10) "满意"(感兴趣)：Millions of visitors from all over the world come to these Buddhist mountains every year for sightseeing or to gain an *understanding*

of Chinese culture (Chapter 1). 此句所在章节的主题为哲学与宗教，它讲述了世界各地游客到我国佛教名山游览的情形，"understanding"表达了外国友人对于中国山川的欣赏兴趣，也从侧面体现了我国大好河山背后的文化魅力。

11) "满意"(愉悦)：Moreover, foreign audiences eulogize the art form as mythical and *engrossing* (Chapter 3). 此句所在章节的主题为艺术，外国观众称赞中国杂技为神奇的、引人入胜的艺术形式，"engrossing"表达了我国传统艺术精彩纷呈的特点，给人以愉悦的观赏体验。

4.1.3 "判断"资源

17个"判断"资源均为表达"社会评判"的资源，包括"做事才干"和"行为规范"两类，"坚忍不拔"未出现。文中体现"做事才干"的资源出现16次，具体而言，在体育主题中出现10次，科技主题中出现5次，教育主题中出现1次。体现"行为规范"的资源在体育主题中出现1次。"判断"资源是对人行为的评价，故而其出现的单元主题较为集中。表达"做事才干"的资源占比高，有助于体现国人实施某种行为具备的能力或取得的成就，呈现的是达到的水平或产生的结果。而"坚忍不拔"是对人性格或做事过程的描述，与现存中国文化类英语教材中的内容安排和叙事重点兼容度低。各类"判断"资源使用情况举例如下：

12) "社会评判"(做事才干)：At the 2008 Beijing Olympics and 2012 London Olympics, China *won all possible* gold medals (Chapter 6). 此句所在章节的主题为体育，在奥林匹克运动会这一世界顶尖的竞技活动中，"won all possible"说明我国运动员具有高超的竞技水平，这一骄人成绩证明了我国体育事业的蓬勃发展。

13) "社会评判"(行为规范)：At the spectacular opening ceremony of the 11th Asian Games, the *sheer* magnificence of the *tai chi chuan* performance given by 1,400 players from China and Japan created a great sensation(轰动)(Chapter 6). 此句所在章节的主题为体育，该句中"sheer"描述的是第十一届亚运会上中、日两国表演者进行的太极拳表演，其壮观程度超越常规，展现了中华传统体育的魅力。

4.2 态度资源的使用特征

教材中体现"文化自信"的态度资源，在使用特征上可以从词汇和语境两个角度进行分析。词汇本身可以传递出对中华文化的赞美，是表达态度的关键；但语言的整体表达不仅需要词汇，词汇所处的语言语境也协力促进了文化自信意义的生成。下文将结合具体例证阐述这些特征。

4.2.1 词汇角度

本研究语料中出现了“鉴赏”资源、“判断”资源及“情感”资源，各类资源在词汇使用特征上有同有异，下面将进行分述。

从同的方面看，词汇使用中较多使用形容词比较级、最高级，如 earlier、richest 等等，举例如下：

1) It was about 400 years *earlier* than Europe's(Chapter 5). 此句所在章节的主题为科技，它陈述了我国四大发明之一的活字印刷术产生的时间，通过“earlier”体现了我国古代在该领域领先于欧洲国家的事实。

2) Moreover, it may also harbor the *richest* biodiversity among the temperate areas of the world (Chapter 12). 此句所在章节的主题为世界遗产，“richest”一词既客观呈现了我国生物多样性的现状，又体现出我国积极践行的人与自然和谐共处发展理念收到了良好成效，表达了对我国生态发展状态的自信。

从异的方面看，“鉴赏”“情感”和“判断”三类资源本身也从不同方式表征了“文化自信”，下面将分别结合具体语例进行分析。

“鉴赏”资源主要包括 important、successful、valuable 等形容词和用在比喻修辞中的名词。现举例说明如下：

3) These four inventions have become *important* symbols of China's *important* role in the world's civilization(Chapter 5). 此句所在章节的主题为科技，通过使用“important”言说了四大发明在中国科技史中的贡献，中国在世界文明史中的地位。

4) Chinese acrobats have been *successful* in many international competitions over the years and China is playing a dominating part in acrobatics(Chapter 3). 此句所在章节的主题为艺术，杂技是我国的艺术瑰宝，用“successful”体现我国杂技运动员在国际比赛中的杰出表现，通过与他国杂技运动员比较的方式表明我国在杂技方面的发展水平。

5) The ancient Chinese had brought many other *valuable* inventions to mankind such as fireworks, silk, porcelain, and the abacus (Chapter 5). 此句所在章节的主题为科技，“valuable”的使用彰显了我国古代发明所具有的独特价值，体现了这些发明对人类历史的杰出贡献。

6) Printing, known as “*mother* of civilization”(Chapter 5). 此句所在章节的主题为科技，其中的名词“mother”是比喻用法，修辞手法的运用凸显了印刷术在世界文明史中的基础性地位，体现了我国所发明的印刷术在人类文明传播过程中发挥的重要作用。

“情感”资源主要包括“积极的”“具有倾向性的”表达“喜爱”“信任”的词汇，例如 attract，embrace，favorite 等，该类词汇可以使读者产生共情，在了解中国文化的同时产生更加深沉的文化自信。现举例说明如下：

7) The fate of Kunqu Opera has also *attracted* worldwide attention (Chapter 3)。此句所在章节的主题为艺术，在提及昆曲吸引世界人民关注时，使用了“attract”一词，该词表达了一定的倾向性，即世界人民倾向于关注昆曲并被其吸引，表达了世界人民对昆曲的喜爱。

8) Confucianism is not confined to（局限于）China. Neighboring countries such as Japan and Vietnam also *embrace*（信奉）Confucianism in their national life and culture (Chapter 1). 此句所在章节的主题为哲学与宗教，它介绍了儒家思想在日本及越南的受众程度，“embrace”带有主动拥抱的情感色彩，表达了日、越等邻国民众对儒家思想的尊崇。

9) Now more and more people in the “Circle of Chinese Language Learning（汉学圈）” regard it as one of their *favorite* arts and pastimes (Chapter 3). 此句所在章节主题为艺术，它讲述了中国书法在汉学圈的地位，通过“favorite”一词体现出汉学圈民众对书法的喜爱。

“判断”资源主要包括序数词、break、leader 等等。现举例说明如下：

10) He became the *sixth* man in the world who ran under 13 seconds for the event and the *first* man in China who got an Olympic gold medal in a track and field event(Chapter 6). 此句所在章节主题为体育，它介绍了中国运动员刘翔在奥运会上的精彩表现，通过 sixth 和 first 两个序数词将刘翔的优异战绩体现出来，表达了对中国运动员运动水平的赞美。

11) He *broke* the record of the men’s 1500 meters freestyle(Chapter 6). 此句所在章节主题为体育，它介绍了我国游泳健将孙杨在亚运会中打破世界纪录的事迹，“broke”的使用展现了运动员杰出的运动能力。

12) China thus became a world *leader* in this research field(Chapter 5). 此句所在章节主题为科技，它介绍了中国科学院生物化学研究所与其他研究所一起合成的结晶牛胰岛素，使用“leader”一词体现了我国在该领域的领跑地位。

4.2.2 语境角度

对于词汇使用特征的探索离不开语境，词汇选择与语境要素相互顺应，生成意义(Verschueren, 1999)，本研究主要聚焦态度资源所在语句中的语言语境要素。本研究中表征文化自信的态度资源通常与以下语言形式共同使用，如“in the world”“in both China and abroad”“throughout many countries”“before western”等，现举例说明如下：

13) In the Yuan dynasty, Italian traveler Marco Polo (1254 - 1324) was impressed by the beauty of Hangzhou and lauded it as “the most beautiful and elegant city *in the world*” (Chapter 11). 此句介绍了我国著名旅游城市杭州，通过引用意大利知名旅行家马可·波罗的评价来体现旅行者对它的印象。该句在使用形容词“beautiful”“elegant”最高级的同时又使用了“in the world”表明了范围，体现出这座城市在世人心中的分量。

14) It is widely accepted that the best of each of these items is represented by the Hu brush(湖笔), Hui ink stick(徽墨), Xuan paper(宣纸), and Duan ink slab(端砚), all being highly valued *in both China and abroad* (Chapter 3). 此句介绍了古代书法的传统用具文房四宝。该句在使用“valued”一词的同时又用“in both China and abroad”表明了范围，凸显出笔、墨、纸、砚在国内外都享有盛誉。

15) This book has been translated into various languages and circulated (流传) *throughout many countries* (Chapter 5). 此句介绍了中国古代医学名著《本草纲目》。该句使用“circulated”，表明该书广为流传；同时又用“throughout many countries”说明该书已扬名海外。

16) *Before Western medicine came to China*, TCM had been the major guarantee for people's health for about 5,000 years(Chapter 5). 此句介绍了中药的历史和功效。该句使用“major guarantee”反映了中药的有效性，同时又用“*Before Western medicine came to China*”说明在西药传入我国以前，中药已经发挥了稳定的诊治效果，强化了中药与西药相比的独到之处和经过时间检验的稳定功效。

5 结论

本文从评价理论框架下的态度系统出发，借助UAM Corpus Tool 3.0，以典型中国文化类英语教材为例，呈现了教材中表征文化自信的态度资源，分析了态度资源的使用特征。结果显示，“鉴赏”“情感”“判断”三类态度资源在教材中均有出现，其中“鉴赏”资源最多，“情感”资源和“判断”资源较少。就三类态度资源的使用特征而言，总体上倾向于使用比较级和最高级的词汇来表达核心态度；不同类别的态度资源亦呈现各自的特征。“鉴赏”资源多体现为价值评判类词汇；“情感”资源多体现为具有倾向性的、积极情绪类的词汇；“判断”资源多体现为评价能力的词汇。文化自信的表征不仅仅由词汇本身完成，其所在的语言语境也发挥着协同作用，这些词汇常与表示区域范围或与他国比较之类的语言形式并用。通过对中国文化类英语教材中态度资源使用情况的挖掘，可以呈现教材中词汇使用助推文化自信意义生成的方式，为教师的高效教学和学生的深度学习提供支撑。同时，中国文化类英语教材编写者也构建了中国故事讲述者的语用身份(陈新仁，2018)，通过态度资源的选择和使用，努力为学习者文化自信的树立提供话语供给。

参考文献

[1] Halliday, M. A. K. 2000. *An Introduction to Functional Grammar* (*2nd edition*). London: Edward Arnold.

[2] Halliday, M. A. K. & M. Christian. 2004. *An Introduction to Functional Grammar* (*3rd edition*). London: Hodder Arnold.

[3] Martin, J. R. & P. R. R. White. 2005. *The Language of Evaluation: Appraisal in English*. London: Palgrave Macmillan.

[4] Newmark, P. 2001. *Approaches to Translation*. Shanghai: Shanghai Foreign Language Education Press.

[5] Verschueren, J. 1999. *Understanding Pragmatics*. London: Edward Arnold.

[6] 陈新仁，2018. 语用身份论：如何用身份话语做事. 北京：北京师范大学出版社.

[7] 黄国文，1998. 形式是意义的体现：功能句法的特点之一. 外语与外语教学，(9)：4－7，57.

[8] 刘道义，郑旺全，2018. 改革开放40年中国基础英语教育发展报告. 课程. 教材. 教法，(12)：12－20.

[9] 刘林涛，2016. 文化自信的概念、本质特征及其当代价值. 思想教育研究，(4)：21－24.

[10] 卢海燕，2013. 近25年国内大学英语教材研究评述. 中国教育学刊，(S1)：65－67.

[11] 孙有中,2020. 课程思政视角下的高校外语教材设计. 外语电化教学,(6):46-51.

[12] 吴驰,杨蕴恬,2018. 我国中小学英语教材建设 40 年. 课程. 教材. 教法,(9):8-13.

[13] 王守仁,2021. 论"明明德"于外语课程:兼谈《新时代明德大学英语》教材编写. 中国外语,(2):4-9.

[14] 王振华,2001. 评价系统及其运作:系统功能语言学的新发展. 外国语(上海外国语大学学报),(6):13-20.

[15] 肖安法,2018. 多维视角下中国文化英语教材建设研究. 武汉交通职业学院学报,(4):51-55.

[16] 习近平,2017. 决胜全面建成小康社会夺取新时代中国特色社会主义伟大胜利:在中国共产党第十九次全国代表大会上的报告. 北京:人民出版社.

[17] 徐珺,夏蓉,2013. 评价理论视域中的英汉商务语篇对比研究. 外语教学,(3):16-21.

[18] 杨港,陈坚林,2013. 2000 年以来高校英语教材研究的现状与思考. 外语与外语教学,(2):16-19.

[19] 杨琪,2020. 从"中国文化失语症"反思英语专业类中国文化相关教材出版现状. 传播与版权,(7):183-184,196.

[20] 云杉,2010. 文化自信:传承、开放与超越. 理论学习,(10):4-7.

[21] 曾天山,2017. 我国教材建设的实践历程和发展经验. 课程. 教材. 教法,(12):17-23.

[22] 张虹,于睿,2020. 大学英语教材中华文化呈现研究. 外语教育研究前沿,(3):42-48.

[23] 中国编辑学会编,2018. 提升编辑素质 增强文化自信:中国编辑学会第 18 届年会获奖论文(2017). 北京:人民出版社.

[24] 朱锡明,2019. 三部中国文化类英语教材的对比研究. 和田师范专科学校学报,(5):45-48.

翻译与跨文化研究

外交笔谈：汉字文化圈国家外交话语叙事模式的历史考证与当代价值*

郑州大学中国外交话语研究院　杨明星

郑州升达经贸管理学院外国语学院　刘林君**

摘　要：汉语在古代和近代东亚诸国对外关系史上曾长期扮演着国际通用语的角色，而“外交笔谈”则是汉字文化圈内各国之间普遍采取的一种以汉字为媒的书面交流方式，因其在表达思想和情感上的独特优势而被外交官和文人所青睐，逐渐发展成为一种成熟的外交话语传播模式。本文采用外交话语学、历史学、国际关系学、叙事学和汉学等跨学科视角，结合外交笔谈文献资料，对外交笔谈的历史起源、发展脉络、文体特征和话语功能等进行系统研究。外交笔谈的千年兴衰史也是对世界话语力量格局演变史和中国古代外交话语发展历程的真实写照。研究外交笔谈对推动汉语国际传播和中华文化走出去，构建中国特色大国外交话语体系和亚洲命运共同体具有重要意义。

关键词：外交笔谈；外交话语学；汉语国际传播；亚洲命运共同体

---

* 基金项目：国家社科基金重大项目“中国特色大国外交的话语构建、翻译与传播研究”（编号：17ZDA318）、国家社科基金专项“马克思主义中国化时代化外交话语体系研究”（22VRC013）河南省高等教育教学改革研究与实践省级重点项目（研究生教育）“‘外交话语学’学科体系构建与本—硕—博贯通式人才培养创新研究”（2021SJGLX020Y）和河南省新文科改革研究与实践项目“新兴文科‘外交话语学’的跨学科构建与国际化人才培养创新与实践”（2021 JG LX016）的阶段性成果。本文通讯作者为刘林君。特别鸣谢王连旺副教授对此论文修改的建议和帮助。

** **作者简介**：杨明星，国家社科基金重大项目首席专家，河南省高校人文社科重点研究基地郑州大学中国外交话语研究院院长，郑州大学外国语与国际关系学院副院长、二级教授、博士生导师，研究方向：外交话语学研究，联系方式：staryang66@ aliyun. com。刘林君，郑州升达经贸管理学院外国语学院/郑州大学中国外交话语研究院助理研究员。研究方向：外交话语。联系方式：1157042654@qq. com。

Title: Diplomatic Brush Conversation: Historical Research and Contemporary Value of the Narrative Mode of Diplomatic Discourse in the Chinese-character Cultural Circle

Abstract: Chinese has long played the role of international lingua franca in ancient and modern history of foreign relations in East Asian countries. "Diplomatic Brush Conversation"(DBC) is a written communication method that uses Chinese characters as a medium, and it was generally adopted among countries in the Chinese-character Cultural Circle. Due to its unique advantages in expressing thoughts and emotions, it was favored by diplomats and literati, and gradually developed into a mature communication model of diplomatic discourse. This paper employs the interdisciplinary perspectives of diplomatic discoursology, history, international relations, narratology and Sinology, combined with the documents and materials of DBC, to conduct a systematic study on the historical origins, development trajectory, stylistic characteristics and discourse functions of DBC. The rise and fall of DBC in history shows the evolution of the power structure of world discourse and the development process of ancient Chinese diplomatic discourse. The study of DBC is of great significance to the international communication of Chinese language and the promotion of Chinese culture, as well as the construction of a diplomatic discourse system with Chinese characteristics and an Asian community with a shared future.

Key Words: Diplomatic Brush Conversation, Diplomatic Discoursology, international communication of Chinese, an Asian Community with a Shared Future

1 引言

“外交笔谈”是古代东亚汉字文化圈国家间兴起的一种特殊的外交话语模式，是指使节或政客之间以汉语书面语言对话交谈两国关系的跨国交流方式。自汉唐以来，中国所创造的灿烂的文化以其强大的辐射力和吸引力，全面而深刻地影响着朝鲜、日本、琉球、越南等国家或地区的文化与社会发展，由此形成了以汉字和儒学为载体的“汉字文化圈”(聂友军，2018:28)。在“汉字文化圈”内，各国文人所操言语虽不相同，但由于长期受到汉字典籍和汉文化的浸润，国家间均可以通过书写汉语进行交流，这种“以笔代舌”的交流方式被称为“笔谈”，是古代东亚地区出现的一种独特的语言文化景观。外交笔谈主要集中在中朝、中日、中越以及朝日之间，目前整理查实的笔谈文件超过1万件，内容包含政治外交、经济贸易及风俗文艺等方面(王勇，2018:242)。根据笔谈者身份和笔谈目的，可以将笔谈分为外交笔谈、文人笔谈和漂流民笔谈(张伯伟，2016:307)。由于古代外交官多属熟悉汉文化并能够熟练运用汉字的文人，因此外交笔谈也属于文人笔谈的范畴。这类外交笔谈原始文献遗存丰厚，具有重要的研究价值。在古代东亚各国对外交往中，"外交笔谈"作为一种高层次、高效率的书面会话方式，在传播外交政策立场、提升国家间友好关系方面发挥了不可替代的作用。

进入21世纪，中日韩越学者对笔谈文献进行了系统整理、编译和研究，取得了丰硕成果，代表性著述有《东亚笔谈文献研究丛书》(王勇)、《想象异域——读李朝朝鲜汉文燕行文献札记》(葛兆光)、《越南汉文燕行文献集成》(葛兆光)、《燕行录千种解题》(漆永祥)、《清代首届驻日公使官员的笔谈资料》(刘雨珍)、《燕行录全集》(林基中)、《朝鲜燕行使与朝鲜通讯使》(夫马进)以及《从"笔谈外交"到"以史为鉴"》(伊原泽周)等。一些具有创新意义的理论观点，如"无声的对话""文化间的比赛""不在场的在场者"等受到汉学界的广泛关注。以上外交笔谈研究成果为我们呈现了一幅跨越时空的情景会话图谱，堪称中国特色外交文化遗产，成为中国外交话语体系的重要组成部分。

2 外交笔谈的历史动因与发展脉络

外交笔谈作为一种在特定政治和文化语境中所形成的外交话语现象，在东亚各国间漫长的对外交往史中扮演了举足轻重的角色，是东亚外交话语体系构建的重要载体。以下将从三个方面进行论述：

2.1 外交笔谈的类型区分

外交笔谈从内容上来看可分为："散文外交笔谈"和"诗赋外交笔谈"两种类型。散文"外交笔谈"是指双方外交官针对两国关系和外交事务进行对话、磋商和谈判，在辞章往来间表达各自的见解与立场。如光绪八年(1882年)五月，越南派遣陪臣翰林侍讲学士阮籍到粤会晤招商局总办唐廷庚，商讨抵御法国侵略事宜。为了保密起见，他们进入密室进行笔谈，部分内容如下：

> 阮云：事情甚迫，下国王甚忧闷，满朝臣子望天朝拯救，如婴儿之望父母。贵大人为下国办漕，岂忍隔膜相看？
>
> 职道云：此事所关甚大，非由大皇帝定断，谁敢做主？(郭廷以 & 王聿均，1962:273)

所谓“诗赋外交笔谈”是指双方外交官通过诗赋酬唱表达邦交情谊和外交理念，还指通过对诗比赋展示本国的文化底蕴。1761 年，越南著名学者黎贵惇与朝鲜使臣洪启禧在北京会面，黎贵惇赠诗云“瀛涯各一方，齐趋象阙拜天王”。双方笔谈以汉语对诗的形式进行，通过以诗会友表达两国人民千里相会的喜悦（复旦大学文史研究院 & 越南汉喃研究院，2010“第四册”：65）。1878 年，日方政府官员宫岛在家宴请清廷驻日公使何如璋和参赞黄遵宪，并请日本文人作陪。宫岛赋诗曰：“心有灵犀一点通，舌难传语意何穷。交情犹幸深如海，满堂德熏君子风。”黄遵宪立即挥笔奉和一首：“舌难传语笔能通，笔舌澜翻意未穷。不作佉卢蟹行字，一堂酬唱喜同风。”（王勇，2015：113）双方虽语音不通，但通过笔谈对诗，表达了对两国关系的良好祝愿。

2.2 外交笔谈现象产生的历史背景

外交笔谈成为可能至少取决于以下两个前提条件：一是汉字在东亚地区的传播和盛行，这意味着汉字和汉文化从中原王朝传向周边国家和地区，并且周边民族已经能够熟练使用汉字；二是东亚朝贡体系的形成，这意味着各国之间的使节往来成为惯例（王勇，2018：245）。

2.2.1 汉字在中国周边国家的传播

中国同朝鲜半岛山水相连，因此汉字传入时间较早。自公元前 1046 年，原为商朝太师的箕子带领着族人东迁朝鲜并建立“箕子王朝”后，汉字就已经开始在朝鲜半岛传播（董明，2002：7）。两汉时期，一些生活在朝鲜半岛的土著民众逐渐掌握了汉语、汉字。据《三国史记》记载，公元 8 世纪中期，新罗仿唐制创办大学监，根据所学中国典籍的多寡来录用官吏（金富轼，2003：134），这对汉字在朝鲜半岛的传播和使用起到了重大推动作用。到了宋朝，半岛进入高丽王朝时代，精通汉文与儒家经典的汉学家人数大增，汉字和汉文学知识得到大幅度普及。及至李成桂建立李氏朝鲜之时，对汉文的掌握和运用成为统治者、士大夫阶层和读书人身份的象征（黄卓明，2013：1）。

日本人最早通过朝鲜半岛与中国进行交往。据《日本书纪》记载，汉字早在公元 200 年由朝鲜半岛传入日本（舍人亲王，2019：118）。隋唐两代是中日交流的黄金时期，日本多次派遣使团和留学僧来到中原求取佛法，学习中华先进的文化和政治制度。经过一段时间的学习和消化，日本许多文人墨客通晓汉字，将之作为对外交流媒介。604 年，日本圣德太子以汉字颁布《宪法十七条》，这是汉字成为日本政府公文用字的标志文件（陆锡兴，2018：486）。公元 645 年，日本进行大化改新，决定仿照唐朝律令制度正式使用汉字文言，此后日本使用汉字编写史书。712 年，日本第一部国史《古事记》全部用汉字书写（陆晓光，2002：92）。到了宋代，随着大量汉文典籍传入日本，出现了用汉字写成的《万叶集》《源氏物语》等文字著作。明清之际，汉学功底在日本被视为个人修养的评价标准，即便在表音符号片假名、平假名出现以后，汉字的正统地位依然根深蒂固（刘志刚,2020:86)。

早在秦始皇南征百越时,汉语言和文字已经开始在越南北部和中部传播。公元前111年,汉武帝平定南越,设立九郡进行治理,为汉字的进一步传播创造了良好的环境。唐王朝在安南实施与全国基本相同的文教制度和人才选拔政策,这对安南人学习汉语起到促进作用,推动了汉字在安南的传播(董明,2002:247)。到了宋代,越南虽脱离了中原王朝的直接管辖,成为宋王朝的藩属国,但宋越两国使节往来依然密切,无论是宋朝发往交趾的"诏书",还是交趾回禀的"奏章"和"表文",均用汉字写成,汉语便是越南官方文字。

2.2.2 亚洲朝贡体系的形成

自秦汉以来,东亚逐步发展出一种向心式的区域性政治体系,并延续到近代西方列强角逐东亚时代的到来。在以大中华为中心的等级秩序下,其参与者包括朝鲜半岛、越南、琉球、日本等。对此,学界以"朝贡外交""宗藩体系""华夷秩序""天朝礼制秩序"等一系列概念加以概括(陈拯,2020:135)。东亚的这种册封与朝贡体制为外交笔谈的出现提供了政治基础。

外交笔谈集中发生在东亚、东南亚各藩属国的使节按例向中原王朝朝贡之际。朝贡制度中的使臣发挥着诸如稳定双边关系、收集外交和时政信息、商定贸易规则、推动知识和文化交流等各种职能(Kang,2010:56)。来自朝鲜、越南、琉球和日本的使节在进京朝贡的路途中要与各地方官员以笔交谈。如越南北使黎贵惇在与朝鲜使节笔谈交流后这样描述道:"朝鲜使臣文雅可敬。我大越使臣去往北京朝贡时常遇朝鲜使臣,其守信,习礼、乐、诗、书。凡此皆为他人所膺服。"(Kelley,2005:189-190)古代日本虽和中原王朝有大海相隔,但长期处于东亚朝贡体系之中,使得中日交流十分频繁。史料中可以查阅到日本遣唐使及入宋留学僧与唐宋官民进行笔谈的简短记录,如宋史记载,"奝然善隶书,而不通华言,问其风土,但书以对"(脱脱,1977:14131)。近代以来,随着东亚传统朝贡秩序的瓦解和东亚各国对本民族语言文化的发展,这种依赖汉字进行交流的外交笔谈逐渐成为历史。

2.3 外交笔谈的发展阶段

外交笔谈的发展可以分为起源、兴起和衰落三个阶段。

2.3.1 外交笔谈的起源

古代东亚地区的跨国外交笔谈究竟最早始于何时目前还没有定论,但从各类史料记载中可以推断,以笔谈进行外交活动在唐代已经出现。早在日本遣使入唐之时,就有关于日本使节与朝廷文人进行笔谈的片段记载。唐代圆仁的《入唐求法巡礼行记》、宋代成寻的《参天台五台山记》以及明代策彦周良的《初度集》与《再度集》等中日史料,均涉及数量可观的笔谈资料(王勇,2015:154)。在宋代,每有日僧来访,宋朝皇帝往往视同使节,向他们询问日本的情况,如日僧奝然、寂照来宋,开展了日本多元多头政府默许下的"民间外交"和"间接外交"(郝祥满,2007:155)。

2.3.2 外交笔谈的兴起

目前保留下来的外交笔谈文献多集中于明清两代。在宋末以及明末汉族政权被推翻之际,大量汉民迁入越南、朝鲜甚至日本等地,这些移民熟悉汉文化并能熟练使用汉字,不少出任番邦使节。外交笔谈盛行还得益于朝鲜和越南在明清时期与中原王朝建立起了相对稳定的宗藩关系,同时日本和朝鲜也在万历朝鲜战争后恢复了外交往来。这一时期,朝鲜不仅向中原王朝派遣燕行使,同时还向日本派遣通信使以发展对日关系。特别是晚清时期,东亚传统政治文化格局由于西方势力的介入而发生深刻变化,来自越南和朝鲜的燕行使节不再是严格履行朝贡与请封的使命,而更多的是打探消息和商讨两国关系。

值得注意的是,1871 年中日签订《修好条规》后,日本获得了与中国平等的外交地位,此后便频繁选派使节访问或常驻中国。但时隔不久,日本侵占台湾、灭琉球,进而干涉朝鲜事务导致中日关系恶化,清政府被迫考虑派遣外交官驻日问题。1877 年,中国首任驻日使团到达东京,在芝山使馆内常与日本政教名流进行笔谈交流以及诗歌唱和,借此传达清政府的外交立场。这些笔谈资料相继编辑成书,如《大河内文书》《黄遵宪与日本友人笔谈遗稿》以及《黎庶昌笔谈》等。

2.3.3 外交笔谈的衰落

外交笔谈走向衰落皆因东亚和东南亚地区国际关系和语言政策变动所致。1871 年,中日签订《修好条规》标志着东亚国际关系从"朝贡体系"转型为"条约体系"(王勇,2023:123)。1884 年,法国政府强迫越南阮氏王朝签署《巴德诺条约》,越南正式承认法国对其的殖民统治,使得中越之间维系了千年之久的宗藩关系走向终结。法国对越殖民统治伊始便开展了扫除汉字运动。到了 20 世纪 40 年代,在民族主义运动的推动下,胡志明政府发布使用汉字就视同叛国的政令。自此,中越之间以汉字为媒介的外交笔谈逐渐没落。

同样,1894 年中日甲午战争后,清政府被迫在《马关条约》中正式承认朝鲜"独立",中朝宗藩关系由此终结。在日本取代中国统治朝鲜期间,汉字、汉文化一度受到排挤。中朝外交笔谈虽延续到 20 世纪早期,如被誉为韩国国父的金九曾在 1933 年与蒋介石在南京有过一次单独的笔谈,但整体上已走向衰亡。1948 年,大韩民国正式颁布了废除汉字的《韩文专用法案》(金九,2006:223)。近代东亚国际政治格局的巨变使得原本受到推崇的汉字和汉文化遭到排挤,一度长期盛行于汉字文化圈内的外交笔谈逐渐退出了历史舞台。

3 作为“无声对话”的外交笔谈——一种特殊的外交话语叙事模式

外交笔谈是一种以文传意的外交视觉叙事交流方式，因此与一般的书信交流和现代外交文书有较大的差异。外交笔谈虽是双方面对面对话，兼具会话情景和肢体语言，但并非口舌交谈，而是一种无声的对话。目前流传下来的外交笔谈文献是对当时笔谈双方心理活动和会谈语料的真实再现。这种运用于外交场合中的汉文笔谈是一种特殊的外交话语表达方式，具有突出的文体特征和话语功能。

3.1 外交笔谈的文体特征

3.1.1 政治敏感性

外交笔谈作为汉字文化圈内国家间政治交往的媒介和渠道，涉及国际关系和外交政策，具有极强的政治敏感性。光绪四年(1878)，首任驻日公使何如璋就日本企图吞并琉球之事派遣参赞黄遵宪与沈文荧特去拜访久病初愈的宫岛。当时笔谈气氛甚为紧张，寒暄之后，沈文荧直入主题挥笔陈诉道，“因日本要施行‘废琉置县’，我众人皆准备动身回国”，以此暗示琉球问题的严重性。接着又直言诉斥日本外务省“装聋作哑，不论理之曲直”，最后表明立场写道：“球为我藩，欺球即欺我。虽与贵邦和好，其势不能得也。即贵邦已取其地，亦必力图返其地、立其君而后安。”(刘雨珍，2010：474)通过此次笔谈，沈文荧准确清晰地传递了清政府坚决反对日本吞并琉球的外交立场。

3.1.2 文体复合性

外交笔谈在文体上属于一种口语化的文言文，即在语言风格上兼具书面语与口头语特征。同时，外交笔谈作为一种特殊复合性文体既是对话又是语篇，有时又是诗赋，不仅是涉及严肃政治问题的外交语言，而且具有浓厚的文学气息。如冈千仞在《芝山一笑》中所言，“凡舌所欲言，出以笔墨，纵横自在，不穷其说则不止”(刘雨珍，2010：625)。此外，此类外交会谈文本是双方冷静思考后的严肃书写和准确记载，可以有逻辑、系统地构建敏感话题的核心话语(李旼静，2019：18)，这是笔谈有效传达外交理念的优势所在。1879年3月2日，驻日公使馆随员沈文荧在与日本政府官僚宫岛诚一郎的笔谈中，书文述理，充分发挥出了外交笔谈的文体优势。笔谈内容摘录如下(刘雨珍，2010：476)：

梅史(沈文荧)：若能开悟贵邦政府，以继好息民，则仆辈亦愿出力。不然恐数万生灵不免锋镝也。凡事当理论。譬如我与阁下交，阁下有一仆，而我夺之。阁下笑我婉告，而我答曰："君不必问。"阁下能忍乎？一家尚不可，何况贵邦堂堂之国？若平心与公使商之，则必有理可说也。

宫岛：近善和语，诚妙。

沈文荧以笔为刃，就琉球归属问题与宫岛展开辩论，言之有理有据，宫岛只得拜服。笔谈虽然不及口谈快捷、简便，但在表达外交立场时规整严谨，更具有思想性和共情性。

3.1.3 文化融通性

外交笔谈需要会话双方亲临现场，同席而坐，以面对面的方式书文以谈，虽静默无声，但又可畅所欲言。1771年，日本负责外交事务的新井白石拜会朝鲜通讯使赵泰意，虽然双方有翻译陪侍，但赵泰亿"取纸笔书示"曰："笔端自有舌，可以通辞，何必借译。"借助翻译的官方交谈，会因拘泥于礼节而不能畅所欲言（王勇，2018：252）。但在笔谈时，双方同处在一种文化语境而无须通过翻译，有利于营造亲切融洽的交流氛围，增进认同感，从而使沟通顺利进行。正如刘雨珍（2010：702）所言，由于同受汉文化的浸润，双方在笔话之间自然有种新交似旧情的感觉。

宪曰：朝廷与贵国休戚相关，忧乐与共。近来时势，泰西诸国日见凌逼，我两国尤宜益加亲密。仆辈居东三年，与异类相酬酢，今得高轩之来，真不啻他乡逢故人，快慰莫可言。

宏曰：敝邦于中朝，义同内服。近日外事纷云，蕲望更切，他乡故人之谕，实获我心。

这段外交笔谈发生于清驻日参赞官黄遵宪与朝鲜修信使金宏集之间。1880年，东亚局势突变，日本侵吞琉球后，又通过《江华条约》打开朝鲜国门。中朝使臣在东京相会，一句"他乡逢故人，快慰莫可言"道出了中朝两国上千年来文化融通、休戚与共的亲密关系。朝方金宏集"闻"后即刻产生共鸣，挥笔写下"他乡故人之谕，实获我心"。正是由于这种文化融通性，外交笔谈成为维系东亚文化圈内各国家间外交关系的重要媒介。

3.2 外交笔谈的话语叙事模式

成功的外交笔谈需要双方以真诚严谨的态度和相互尊重的理念去营造和谐的沟通氛围。一般的文人笔谈具有即兴特征，笔谈内容自由、形式不限，但外交笔谈往往涉及严肃的政治和国际关系话题，笔谈者需要借助这一特殊话语形式达到传递政治思想、完成外交使命等目的。因此，笔谈双方需要把握好沟通的言辞和节奏，并有意识地采取一些言语策略来获得最佳书面沟通效果。如在《热河日记》中，朝鲜朴趾源便提到他与中

国文人士大夫笔谈时的态度和策略(朴趾源,1997:218):

> 余在热河,与中州士大夫游者多矣。寻常谈讨,虽日知其所不识,而至若时政之得失,民情之向背,无术而可识。……故将要得其欢心,必曲赞大国之声教,先安其心,勤示中外之一体,务远其嫌,一则寄意礼乐,自附典雅,一则扬乾历代,毋逼近境,逊志愿学,导之纵谈,阳若未晓,使郁其心,则眉睫之间,诚伪可见,谈笑之际,情实可探。此余所以略得其影响于纸墨之外也。

朴趾源(1737—1805)是18世纪朝鲜后期的实学家、文学家、哲学家。乾隆四十五年(1780),朴趾源随堂兄朴明源所率领的使团前往热河祝贺乾隆寿辰,详细记录了其在游历期间的见闻,后整理成《热河日记》一书。朴趾源在谈到有关"时政得失"和"民心向背"的话题时,清朝的文人士子往往讳莫如深,而致使"无术而可识",此时便需要采取迂回、委婉的话语策略。首先通过恭维对方来拉近情感距离,然后再以谦谦求学的态度引出话题,诱导对方吐露心迹,同时还要时刻注意观察对方的神情和动作,从笔谈之外的情境中获取对方内心的真实想法。

此外,外交笔谈并不是简单的一问一答,而是一种思想碰撞、身心多维、双向互动的情景会话。笔谈者会在文字之外,通过肢体动作、面部表情以及眼神交流揣摩对方的心理变化。在进行口头交流的时候,语音和语调都会对话语的意义产生影响,而这类副语言在笔谈中的呈现方式迥然不同,挥笔书写的神情、速度和字样能在不同程度上反映出笔谈者的态度。如1879年8月4日清驻日参赞沈文荧与宫岛的笔谈内容就十分耐人寻味(刘雨珍,2019:489):

> 梅史:今观贵邦操练兵卒,颇善学西法,虽然兵饷诚少,非吾国之敌也。余在军中十年,能识吾国之兵气。今贵邦杂兵十万,国内必生变,一败之后,政府当梦始醒,而后修睦,未为晚也。
>
> 宫岛:贵邦若果帅三军而来,则如仆与君等富士绝项,而应瞰两军战斗之状,亦是暑中之一大壮观也。
>
> 梅史:俄国有贤且知己者,顷知敝邦之不可侮,返还伊黎。(按:"犁"之笔误)……贵政府不之察而傲慢无礼以对,遇我不可言知,所以治国之道也。

这段笔谈语料有助于分析和判定笔谈的心理、气氛和效果。沈文荧义正词严地指出清日交恶之利害,而宫岛的对答却颇可玩味,没有任何争论,但字里行间却暗含不屑和嘲讽。

总体而言,在外交语境下,笔话交流与口头交流的不同之处在于发话方可以借助于文字更加灵活、有效地构建话语内容和叙事方式，而受话方则要根据文字内容并结合发话方的面部神情和肢体动作来准确领会发话方的意图。因此，外交笔谈在本质上就是一种特殊的外交话语方式，也是一种多模态的外交话语叙事言语行为。以下为外交笔谈叙事模式图。

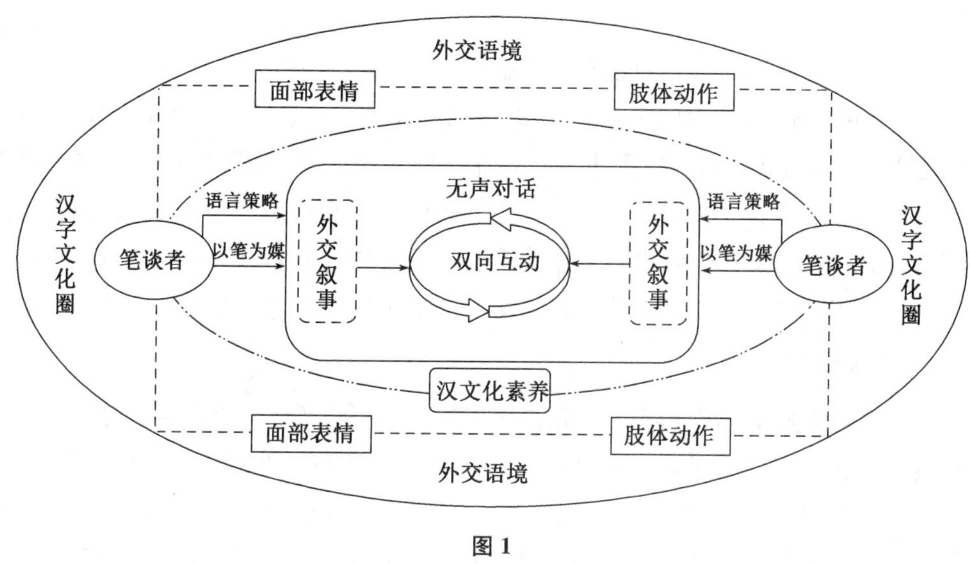

图 1

3.3 外交笔谈的话语功能

外交笔谈作为汉字文化圈各国间重要的政治交流手段，在历史上为推动中日韩越等国之间外交叙事活动发挥了重要作用，主要表现在以下几个方面。

3.3.1 增进友好关系

在汉字文化圈内，中原王朝的官员与来自周边藩属国的使者相互笔谈问政，在增进对彼此间国事、官制、科举、社会风俗等方面了解的同时，也加强了国家间政治关系。光绪九年(1883 年)，越南嗣德帝派遣范慎通和阮述赴华，李鸿章在天津接见范慎通一行。双方的笔谈内容如下(郭廷以、王聿均，1962：713)：

李：国王好否？来书亦云有病，究系何病？

范：下国国王仰托天朝庇好，惟年来多事，积忧成病，如咳嗽、眩晕等症。

李：法国与越立约几次，每次系在何年？

范：壬戌年曾立一次，至甲戌年再立新约，其旧约废。

李：属邦与他国立约必应报知天朝，如朝鲜与日本约，则具约本呈礼部转奏；现与美、英、德各国议约，皆中朝核准，由本大臣派员前往会议，故约内条款有利无损。汝国擅自与法立约，先未呈明天朝，后又未专使申报，显违属邦体例，今隔十年，始咨呈约稿，于事何济？

范：壬戌之年，既急于求安，与彼立约，又蒙天朝大体，略而不问，致又因循办过，觉来甚属径（按：轻）率。至如法人所谓下国违约，均无事实，惟他恃强织说，以寻兵衅，致上诉天朝，析为排解。

当时的越南国穷兵弱，面对法国的坚船利炮，社稷危如累卵，国王忧闷成疾。与之前的藩属国朝贡不同，越南此次遣使来华首在促成李鸿章与法国驻华公使宝海谈判，加强中越之间的政治联系，以求共同抗法。清末局势动荡，外有列强环伺，内有农民起义运动，中越外交联系时常中断。此次越南使节来华，李鸿章也急于了解越南近况，亲自与使者笔谈。清政府虽内外交困，但在政治上并不愿放弃对越南的宗主权，故李鸿章在笔谈中言明“属邦与他国立约必应报知天朝”，以此重申两国的政治关系。

3.3.2 了解国际局势

无论是朝鲜派往中国的燕行使，还是后来朝日之间的通信使以及清末越南北上的如清使，他们在完成外交使命的同时，还承担着搜集情报的重要职能。自朝日两国恢复正常邦交以来，朝鲜王朝派去的通信使便成为日本探听和了解大清帝国的重要渠道。如朝鲜纯祖十一年（1811 年），日本的外使接待官林述斋曾与朝鲜通信使金履乔有过这样一次笔谈（王连旺，2018：80）：

林述斋：清朝自入唐山来，康熙、乾隆享国久，版图辟，富强之业，前古希比，及嘉庆主嗣立，今已十余年，寂不闻声息，行中诸公定有观风燕台，得其要领者，不吝一及。

正使（金履乔）：我国之于清人，使行使来，而俺等未尝有是役，要领有难强说，鄙行文士中熟人有往来者，而亦不过游戏玩赏而归耳。

林述斋：仆每云，朱明于贵国信为有大造，而不得已于清国，亦时势之使然也。意今日燕台之德，比之故明，孰厚孰薄？坦怀商量。

正使：我国与清人交好，即是古圣人以小事大之义。使臣家与清人有嫌，故未尝充燕台使役。所以不欲详言。我国绅家中不可作贵国通信之使者，亦多有之耳。

林氏笔谈中提到“今已十余年，寂不闻声息”，是想借朝鲜信使之笔，打探有关清朝情报。可信使并不愿把清朝情报透露给日本，于是虚言以对：“鄙行文士中熟人有往来者，而亦不过游戏玩赏而归耳。”但林氏显然不肯放弃，又换言问之：“意今日燕台之德，比之故明，孰厚孰薄？”又怕信使推辞不答，故又恳请“坦怀商量”。由此可见，日方在这次外交笔谈中带有明显的政治企图，绝非出于和平友好目的。

3.3.3 宣示外交立场

比起借助于译员通辞的口头交流，外交笔谈更能清晰准确地传达外交立场。1876年日本通过《江华条约》打开了进入朝鲜的大门之后，美国插手朝鲜半岛事务的意图日益强烈。1880年4月，美国政府指派海军准将薛斐尔筹办朝鲜事宜。李鸿章也正有意促使朝鲜与美国签订条约，闻此消息后，随即邀请薛斐尔来华并许诺帮助斡旋此事。1881年，朝鲜高宗派遣金允植作为朝鲜领选使率团前往中国，与以李鸿章为代表的中国洋务派人士多次进行笔谈。金允植说道："今次美国事郡敝邦通洋之创例也。为国论携贰纵不能止彼之行，实难派使迎来。既经许好之后议约通商诸般事务，一听中朝处分。"（金允植，1958：44）笔谈中所言的"议约通商诸般事务，一听中朝处分"清晰地表明了朝鲜王朝遵循"事大"原则和积极维护中朝之间宗藩关系的外交立场。

3.3.4 提升国家形象

在以中原王朝为中心的华夷礼治体系下，作为藩属国的越南、朝鲜和琉球等国与中国保持着一定的封贡关系。各国使臣因岁贡、请封、奏事、朝贺等原因来到中原相聚。在共同尊崇儒学的基础上，虽言语有殊，但同书汉文，笔谈成为各国使节之间交流沟通的主要方式。正因如此，各藩国在遴选使臣时都会以通晓汉文化、才识渊博、能言善辩为标准。在嘉庆十四年（1809年），阮有慎等北使燕京，越南阮朝嘉隆帝嘱咐道："尔等将命出使，当慎乃辞令以重国体。"（许文堂、谢奇懿，2000：67）提升国体须依靠良好外交辞令，这里的外交辞令既指笔谈的问答，又指赋诗唱和甚至作对子，使臣的笔谈表现攸关国家形象。越南北使李文馥曾与琉球使者相遇笔谈，李文馥对琉球使者的言语表达有过这样的评论："笔谈间，字画亦楷正，惟辞语颇涩，殊令人不甚畅。"[复旦大学文史研究院 & 越南汉喃研究院，2010(12)：265]一个"涩"字体现出李文馥对琉球使臣汉语水平不高的轻视。李文馥还在诗文中说道，"所见何如昔所闻，重洋梦醒各天云"，他认为越南与琉球"礼文同一脉"，但在与使者笔谈后叹言其"笔墨逊三分"，琉球国的形象在他心中大打折扣。之后李文馥在《夷辩》一文中还对琉球的国家形象进行抨击，将琉球人的头饰讽如"妇人"，将服饰贬作"蛮习"，潜意识中批评其自甘蛮化[复旦大学文史研究院 & 越南汉喃研究院，2010(12)：265]。这一点从侧面反映出越南使臣自视与中华同源的文化优越感，以及对自己汉文化素养的自信，这使得越南使臣在宗藩体制下积极维护国家形象。

4 外交笔谈对中华文化传播和文明交流互鉴的启示

2017年，联合国教科文组织将以笔谈资料为主的《朝鲜通信使相关记录》列入《世界记忆名录》。这些弥足珍贵的历史文献和记忆华章，为推动亚洲文明交流互鉴和东亚新型国际关系实践创新提供了经典素材和历史借鉴。

根据“外交话语学”的学科原理和框架(杨明星,2021:1),外交笔谈文献中的对话语料和诗文唱和涉及“外交语言学”“外交翻译学”“外交传播学”“外交文学”“外交诗学”“外交叙事学”以及“区域国别外交话语研究”等多个学科方向,是研究东亚地区外交话语实践、国家形象塑造以及话语权生成机制的宝贵史料。可从以上几个维度对外交笔谈进行深入研究和系统阐释。笔谈文献本身就是一个个生动的外交故事,蕴含着东亚国家间成功的话语实践和深邃的外交智慧,可为我国构建融通中外的话语体系和讲好中国外交故事提供借鉴。

从整个东亚的角度来说,汉文笔谈是东亚国家分享共同历史与文化符号的有力证明,展现了统一文明体系下地区内部深刻复杂的价值认同与情感记忆。构建以亚洲价值观为共同思想基础的亚洲命运共同体虽非易事,但并不是空中楼阁。习近平总书记指出:“要加强世界上不同国家、不同民族、不同文化的交流互鉴,夯实共建亚洲命运共同体、人类命运共同体的人文基础。”(李忠发、熊争艳、丁小溪,2019)因此,要从东亚历史经验中挖掘积极有利因素,弥合区域内国家间的疏离与不信任。如外交笔谈这样的域外汉籍文献,蕴含着文化通融下“丝路精神”的价值观念和思维方式,与西方中心主义和极端民族主义叙事迥然不同。建立亚洲共同体需要区域国家间凝聚共识,充分协商,从共同的历史经验中寻找情感共鸣,包容互鉴。

古代东亚因汉字相连,文人墨客因笔谈结缘。外交笔谈的长期盛行得益于汉唐以来汉字和中华文化在周边国家的广泛影响和传播。一方面汉唐恢宏的文化气象促使周边国家主动学习汉字和汉文化,另一方面还要归功于当时专业的汉语国际教育制度和优越的对外教学条件。在唐代,来自新罗和日本的留学生到达长安后,被统一安排进入国子监系统学习汉语和汉文化,与中央官学的中土学子享受同等待遇,且学习期间的各项费用均由鸿胪寺支给(王溥,1991:668)。目前中国倡导的“人类命运共同体”理念和“全球文明倡议”为汉语语言文化在“一带一路”沿线国家乃至全球的传播提供了千载难逢的机遇。“一带一路”倡议不仅赋予汉语国际传播以新动力,同时也赋予汉语国际传播以新内涵(王建勤,2016:35)。

语言具有情感性,最理想的是直接用双方的通用语或官方语言进行交际,这样可以更好地促进往来、密切关系(陆俭明,2017:101)。“一带一路”倡议的实施需要语言先行(李宇明,2015),没有语言互通,难以实现政策沟通、设施联通、贸易畅通、资金融通,遑论民心相通。在东亚文化圈,外交笔谈中的诗文辞赋常常能传递出友谊长久、共谋福祉的良好愿望,不失为一种有效的国际话语权建设路径。因此,新时代国际中文教育还要关注汉语书面语教学,为沿线各国培养能熟练使用汉字、了解汉文化的高端人才。在当下汉语与汉文化对外传播中,要立足国际经济互联互通和世界文明交流互鉴之大势,从历史文化遗产中汲取宝贵经验,探索我国文化软实力和国际形象提升的有效路径。

5 结语

外交笔谈作为古代和近代东亚地区和平外交实践的重要媒介，系特定历史条件下的外交文学文化的产物，是中国特色外交实践中一种独特的语言现象和叙事方式。应在“外交话语学”，特别是“外交文学”和“外交叙事学”的学科框架下（杨明星、赵玉倩，2021：1），全面推进外交笔谈历史文献的整理、考证和研究，这对构建新时代中国特色大国外交话语体系和亚洲命运共同体具有重要借鉴意义。

为增强亚洲文明交流互鉴、中华文明影响力以及全球文明倡议的传播力，应认真思考外交笔谈在现代语境下的创新发展和传承延伸，呼唤汉字作为东亚乃至国际通用语的回归。随着“一带一路”倡议的实施，汉字文化圈迎来了快速复兴的历史契机，汉字和汉文化将在民心相通与和平共处方面发挥重要作用。国际中文教育应当担负起汉语推广和传播中国文化的使命，使汉语成为亚洲各国人民增信释疑的桥梁和纽带。目前，由中国引领的东亚发展模式日益兴盛，但与之相适应的话语体系和叙事方式还不匹配，需要学界对中国传统文化和亚洲文明进行创造性转化和创新性发展，不断弘扬丝路精神和亚洲价值观，加快构建亚洲命运共同体以及人类命运共同体。

参考文献

[1] Kang, David. 2010. *East Asia Before the West: Five Centuries of Trade and Tribute*. New York: Columbia University Press.

[2] Liam, Kelley. 2005. *Beyond the Bronze Pillars*. Hawai'i: University of Hawai'i Press.

[3] 金富轼，孙文范校勘，2003. 三国史记. 长春：吉林大学出版社.

[4] 金九. 宣德五 & 张明惠，译. 白凡逸志. 2006. 重庆：重庆出版社.

[5] 金允植，1958. 国史编幕委员会编阴晴史（上）. 京畿道果川市.

[6] 舍人亲王，2019. 日本书纪. 成都：四川人民出版社.

[7] 陈拯，2020. 无问西东：古代东亚秩序研究的自我束缚与解脱. 外交评论，37(6)：130 - 154，8.

[8] 董明，2002. 古代汉语汉字对外传播史. 北京：中国大百科全书出版社.

[9] 复旦大学文史研究院 & 汉喃研究院合编，2010. 越南汉文燕行文献集成. 上海：复旦大学出版社.

[10] 郭廷以 & 王聿均，1962：中法越南交涉档. 台北：“中央研究院”近代史研究所.

[11] 郝祥满，2007. 另眼看中日关系史. 武汉：湖北人民出版社.

[12] 黄卓明，2013. 朝鲜时代汉字学文献研究. 上海：上海古籍出版社.

[13] 李忠发，熊争艳，丁小溪，2019. 习近平出席亚洲文明对话大会开幕式并发表主旨演讲. [2023 - 02 - 25]https://www.gov.cn/xinwen/2019 - 05/15/content_5391897.htm.

[14] 李旼静,2019. 朴趾源《热河日记》的"笔谈"研究. 博士论文,济南:山东大学.
[15] 李宇明,2015."一带一路"需要语言铺路. 人民日报,09-22(007).
[16] 刘雨珍,2010. 清代首届驻日公使馆员的笔谈资料. 天津:天津人民出版社.
[17] 刘雨珍,2019. 中日文学与文化交流史研究. 南京:江苏人民出版社.
[18] 刘志刚,2020. 汉字文化圈的历史演变及其当代价值. 云南师范大学学报,18(6):84-89.
[19] 陆俭明,2017."一带一路"建设与汉语教学. 汉语应用语言学研究,(1):97-104.
[20] 陆锡兴,2018. 汉字传播史. 北京:商务印书馆.
[21] 陆晓光,2002. 汉字传入日本与日本文字之起源与形成. 华东师范大学学报,34(4):88-97,127.
[22] 聂友军,陈小法,刘阳,等,2018. 东亚语言与文化. 杭州:浙江工商大学出版社.
[23] 朴趾源,朱瑞平校点,1997. 热河日记. 上海:上海书店出版社.
[24] 脱脱,1977. 宋史. 北京:中华书局.
[25] 王建勤,2016."一带一路"与汉语传播:历史思考、现实机遇与战略规划". 语言战略研究,1(2):33-38.
[26] 王连旺,2018. 朝鲜通信使笔谈文献研究. 上海:上海交通大学出版社.
[27] 王溥,1991. 唐会要. 上海:上海古籍出版社.
[28] 王勇,2018. 东亚文化环流十讲. 上海:上海交通大学出版社
[29] 王勇,2023. 19世纪初东亚话语体系刍议:基于《使琉球记》《琉馆笔谈》《燕台再游录》的考察. 河南大学学报,63(2):123-128,156.
[30] 许文堂,谢奇懿,2000. 大南实录清越关系史料汇编. 台北:台北出版社,"中央研究院"东南亚区域研究计划.
[31] 杨明星,赵玉倩,2021. 中国共产党外交叙事的百年演进与历史经验. 国际观察,(6):1-26.
[32] 杨明星,2021. 新文科时代外交话语学科构建与外语学科转型发展. 中国外语,18(4):1,8-11.
[33] 张伯伟,2016. 东亚文人笔谈研究的回顾与展望. 人文中国学报,(1):305-333.

以逗代步还是以顿代步?
——与王东风教授商榷英诗汉译的方法*

莆田学院/华侨大学外国语学院　马婷婷　侯国金**

摘　要:王东风教授提出采用"以逗代步"和"以平仄代抑扬"的方法翻译英诗抑扬格格律诗,以取代"以顿代步",从而实现节奏和声律的等效。其译观不乏创新性及合理性,但是:1)"以顿代步"可以再现原诗节奏感;2)汉语声调的变化并非仅以平仄为基础。本研究以关联理论为指导,通过探讨节奏等效和汉语声调的本质回应上述二观,然后阐明汉语语法及平仄系统的嬗变,从而明确目标语为汉语的读者其认知语境的变化。最后通过比勘几个译法,重审"以顿代步"的合理性及其改进空间。

关键词:格律诗;王东风;以顿代步;以逗代步;以平仄代抑扬

Title: *Dou* or *Dun* for Foot? A Dialogue with Professor Wang Dongfeng About Chinese Translation of English Poetry

Abstract: Professor Wang Dongfeng forwards "*dou* for foot" and "*ping-ze* or flat-sharp for iamb" as new methods of translating metrical English poetry (mainly iambic verse), to replace "*dun* for foot", for a prosodic equivalence (in rhythm). Reasonably innovative as it seems, this paper holds 1) that "*dun* for foot" can reproduce the original rhythm; 2) that the changes of Chinese tones rest not merely on *ping-ze*. In light of Relevance Theory, we illuminate the essence of equivalence in rhythm and the essence of Chinese tones to respond to these two points, followed by study of

* 本研究是国家社科项目"新时代国家治理'中国方案'的话语建构与对外传播模式研究"(21BYY091)的中期成果。

** **作者简介**:马婷婷,莆田学院/华侨大学外国语学院研究助理。研究方向为语用学界面研究如语用翻译学和语用修辞学。联系方式:2190339126@qq.com。侯国金,莆田学院/华侨大学外国语学院二级教授,研究方向为语用学界面研究如认知语用学、语用翻译学和语用修辞学。联系方式:nationelf@126.com。

evolution of Chinese grammar and the Chinese *ping-ze* system to discover how the cognitive context alters with the target-language (Chinese) readers. Finally we compare various versions and discover the rationality of "*dun* for foot"(revisited) for improvement.

Key Words: Metrical Poetry; Wang Dongfeng; *Dun* for Foot; *Dou* for Foot; *Ping-ze* or Flat-sharp for Iamb

1 引言

王东风(2014)指出英诗汉译历经三阶段的发展,即本土化阶段、自由化阶段和"以顿代步"阶段,但译文始终未体现原文由音步建构的节奏感,因而与原诗仍有距离,所以他主张用"二字逗"来译英语格律诗的双声音步,并依此法重译了拜伦的名诗《希腊之群岛》("The Isles of Greece")。学界不乏赞同者,如张广奎、邓婕(2018)。随后,王东风(2019, 2022)基于"以逗代步"提出,既然英诗多体现为抑扬,汉语多体现为平仄,不妨以平仄代抑扬。新观是对旧观的补充,对译者要求也更高了:注重炼字之功和调动声调资源之功。虽说受益,但笔者发现王东风(主要是 2014,2019①)的立论存在些许问题:只有将忽二忽三的"顿"换成"二字逗",音步之间的"时值"才能相等。英语格律诗由音步建构的节奏感才能在译诗中再现?平仄律是构成声调变化的必要条件?

王文取缔"以顿代步"主要因为:1) 虽然顿数与原诗音步数相等,但每"顿"音节数忽二忽三,与原诗每"步"等长的"时值"不对等;2) "以顿代步"(甚至"以逗代步")无法充分再现原诗整齐的抑扬声调。本文认同"以顿代步"很难再现原诗每一音步的音节数,但不认同"顿"无法再现"步"所建构的节奏感;本文完全认同第二点,但不认为平仄是构成汉语声调变化的必要条件。

为此,本文基于关联理论,首先探讨节奏等效的本质和汉语声调的本质,然后阐明汉语语法及平仄系统的嬗变,以明确目标语汉语读者的认知语境变化,进而重审"以顿代步"在节奏迻译层面的合理性及其改进空间。

---

① 商榷讨论未涉及最新的王东风(2022),它与王东风(2014,2019)的诗学观点大致相同。

2 理论模式:关联理论

关联理论来源于格赖斯(Grice)的会话含义,由斯珀伯和威尔逊(Sperber & Wilson)首创,采用一种集代码模式和推理模式于一体的明示—推理模式。“听者对话语的理解过程是明示推理过程”(侯国金,2014: 63)。关联理论包含两条原则:认知关联原则,“人的认知倾向于与最大关联相吻合”;交际关联原则,“每一个明示交际行为都预设了自身的最佳关联性”(Sperber & Wilson,1995/2001:260 - 266;Huang,2007:182 - 183)。交际双方追求最佳关联,而非最大关联。评判关联(度)的标准是语效和心力,“语效越大,越关联;心力越大,越不关联”(侯国金,2020:42)。交际活动假设:(1) 言者的明示刺激足够关联,值得受众付出加工心力;(2) 明示刺激与言者的能力和偏爱相一致(Sperber & Wilson,1995/2001:270);(3) 受众根据明示信息及其相关认知语境信息(逻辑信息、百科信息、词语信息),进行有效的语境假设以推导所隐交际意图,从而攫取语境效果。

翻译作为一种跨文化、跨语言的交际活动,自然可用关联理论解释。格特(Gutt,1991:100)首次将关联理论运用于翻译研究,认为“译文应该是同原文释义相似的接受话语语段”,是“语际解释活动”,“最佳关联性是译者力争达到的目标,也是翻译研究的原则标准”。这场“语际解释活动”涉及原文作者、译者、译文读者,以及两次动态明示—推理过程。作为原文信息接受者和新信息发出者的译者,其职责是帮助译文读者找到双语语境间的最佳关联(张新红、何自然,2001:289)。从读者角度考量,最佳关联的译文应满足两个条件:(1) 译文与原文关联性体现的层次要对应,即尽量再现源文本由词语构成的各种关系网,使译本产生足够的语境效果;(2) 译文读者在阅读译文时所付出的认知心力应与原文读者所付出的认知心力(基本)一致。

3 汉语诗歌的四个本质问题

在商榷王文和比对若干诗歌译法前,有必要阐述汉诗(含原诗/译诗)节奏的本质、声调的本质和汉语语法的嬗变、汉语平仄律的嬗变。

3.1 关于汉诗节奏及节奏等效

“步”是割裂语义的节奏单位,“顿”“逗”则是兼顾语音及意义的节奏单位(张军,2014:117;查建明,2017:54),因此“步”与“顿、逗”在形式与功能上不对等。但论诗歌节奏的本质，即"一些在时间上相等或近乎相等的单位的有规律地进行"，"这些单位这般进行着所生的效果韵文学名之曰'rhythm'，而每一个这样的单位则可叫作'foot'（根据此字在希腊韵文学内的原意可译为'音步'）"（孙大雨，2007:82）。"节奏等效"产生的必要条件为：译诗每行顿数与原诗音步数相等，每音步的"时值"（近乎）相等。至于声律，如英语的重轻缀音（即抑扬格）与汉语的平仄只是使拍子和音步显得段落分明的工具（同上：86），是构成节奏的充分非必要条件（喻云根、辛献云，1999:49）。因此，在英语格律诗汉译时，要使译诗再现原诗节奏，首先应保证译诗每行节拍数与原诗相等，其次最好保证每节拍两个音节。假如某节拍音节数略多/略少（超额或欠额者多为虚词、助词等非实意词，即轻声词），那么该节拍的时长也就不会过分伸缩，因为英汉语言虽然每个音节所占时长较为固定，但它们都是语调语言，每个音节的发音长短受情感意义的影响，可灵活调节，且每节拍中个别音节的促读、展缓（pause）应计入单位时间内。

"以顿代步"以二字尺与三字尺为主，这主要是闻一多在深入思考中国古典诗歌与现代汉语白话诗歌之间的关系，整合西方格律诗审美资源的基础上得出的结论。他认为"在英诗里，一个浮音（unaccented syllable）同一个切音（accented syllable）[①]即可构成一个音尺，而在中诗里，音尺实为逗……中国诗不论古近体，五言则前两字一逗，末三字一逗；七言则前四字每两字一逗，末三字一逗"（闻一多，1989:154-155）。但在格律诗翻译实践中，因同时考虑到现代汉语的发展，他的译文有时辅以少量的一字尺与四字尺，如例（2）中他对《希腊之群岛》首节的翻译。

（1）The Isles | of Greece, | the Isles | of Greece!
Where burn | ing Sap | pho loved | and sung,
Where grew | the arts | of war | and peace,
Where De | los rose, | and Phoe | bus sprung!
Eter | nal sum | mer gilds | them yet,
But all, | except | their sun, | is set.

（2）"以顿代步"的译本1（闻一多，1927）
希腊之 | 群岛，| 希腊之 | 群岛！
你们那儿 | 莎浮 | 唱过 | 爱情的歌，
那儿 | 萌芽了 | 武术 | 和文教，
突兴了 | 菲巴，| 还崛起了 | 德罗！
如今 | 夏日 | 给你们 | 镀着 | 金光，
恐怕什么 | 都堕落了，| 除却 | 太阳？

---

① 原文英文标注首字母为大写，为统一全文标注格式，此处改为小写。

仅就节奏而言，原文每节六行，每行四步，译文相当。此外，笔者对该译文作出如此划分不是无据可依的：根据节奏等效本质，预设译文与原文每行节拍数相等，又根据译文的意义与情感，判断每节拍中每个音节的发音长短，从而作出较主观的划分，最后，反复朗诵，判断每节拍间"时值"是否会产生相当的心理效应。这也恰恰说明划分"以顿代步"译文的节拍时，既有客观因素又有主观因素，甚至主客观因素彼此交融，如划分闻一多的译文时，名词、动词、代词如"希腊、萌芽、你们"等的时长相对较长，助词如"之、的、了"的时长略短。不过，这仅仅是一种可供参考的判断依据，并非固定不变的。如第二行第一节拍"你们那儿"有四个音节，地点代词"那儿"所用时长应该很短，吟诵时几乎轻轻滑过，重点突出"你们"这一人称代词，但在第三行第一节拍中，地点代词"那儿"由于再次出现，且成为作者重点强调之处，相较于第一处的"那儿"情感更为浓烈，所以在朗诵"儿"时要将音调拖长，延长时长。这样看似四个音节构成的节拍，也可以和其他两个音节或三个音节构成的时长大致相等。从另一个角度看，正是由于每节拍的音节数不定，读者才会产生一种新鲜感，这何尝不是格律诗汉译的意外收获呢？

以上分析说明"顿"亦是译者按格律规约所译，并不是"自然的音组"，译诗也并非"以自然来对应原文的非自然"（王东风，2014：931）[①]。事实上，每"顿"的音节数是译者精心锤炼的结果，所以译文才有了人工的格律与整齐的形式。而这种节奏与诗行的均齐正是闻一多反对"自然音组"的产物，"自然界的格律不圆满的时候多，所以必须艺术来补充它"（闻一多，1993：138），这里的"艺术"包括"顿"的安排。

3.2 关于汉语声调及声调等效

王东风（2014：933）认为抑扬与平仄的音响效果不同：抑扬重轻重，平仄重错综。但他还认为英语和汉语的声律均为二分制：非抑即扬，非平即仄。可是汉语声调的错综不全在平仄之上。

汉语四声调并非像英语那般呈现为单一的重轻缀音，就构成汉语声调的本质而言，争议由来已久。明朝学者顾炎武、近代学者钱玄同等以长短为标准；《康熙字典》以轻重为标准，其四声歌诀为："平声平道莫低昂，上声高呼猛烈强，去声分明哀远道，入声短促急收藏"，似在说明"平去较轻，上入较重。"（朱光潜，1984：165）赵元任、刘复等发现四声也有高低之别。刘复曾指出"所听见的各声的区别，只是高低起落的区别"（转引同上：163）。王力（2001：5）认为"语音的高低、升降、长短构成了汉语的声调，而高低、升降则是主要因素"。而朱光潜（1984：161－162）指出"每声在时间上都是绵延的，同是一声或是先高后低，先轻后重，或高低轻重成不规则的波纹，我们不能很单纯地拿高低轻重来形容它"。目前学界多将声调看作声音长短、高低、轻重的综合（李飞跃，2016：69）。在

① 这个"自然"是"自然的音组"，指过度散漫、无格无律、近乎说话的自由诗（胡适，2000：147）。

判断汉语声调时，也多提倡以字声为基础，结合句篇的“情感容载特质和潜势”（刘宓庆、章艳，2016：101）自行组成声音的高低、轻重、长短等节奏。事实上，在皆平或皆仄的古典诗歌中，如“梨花｜梅花｜参差开”七字皆平，诗歌调的错综也未受影响，吟诵中仍呈抑扬顿挫的节奏感。近体诗每逗内两个音节即便都为“平平”或“仄仄”，也会因语调轻重、长短、高低的弹性形成音差（吴为善，2005：90－91）。因此汉语声调的错综不全在平仄，正如朱光潜（1984：128）所言，“声音受意义影响，它的长短、高低、轻重等分别跟着诗中所写的情趣走，原来不是一套死板公式”。可以说，平仄只是汉语诗歌形成音差的充分条件，而非必要条件。

综上，英语格律诗汉译中，节奏等效的本质并非迫使译文中每一节拍的音节数对应原文的音节数，汉语诗歌音差的形成也并非全在平仄。在保证译文每行总的节拍数与原文相等的前提下，某一节拍中多一两个或者少一两个音节并不会影响这个节拍的时长，也不会严重影响诗歌的节奏感（等效）。

3.3 关于汉语语法的嬗变

自五四运动以来，翻译作为新文学运动中的一块基石，成为推动白话文运动的重要手段。在五四运动先驱者看来，要创造一种新文学，就要废除古旧的、呆板的文言形式，创造一种活的文学，而要有活的文学就“必须用白话做文学的工具”（胡适，2000：148），以语言的解放启迪民智，用来做“新思想新精神的运输品”（同上）。于是，诗人译者通过“翻译文学”的形式，将传统文学体系中所缺乏的一系列外国文学形式引入本民族文化（Even-Zohar，2000：193）。在此过程中因“受西方语法的浸染，现代汉语一改古典汉语的超语法超逻辑的特性，而趋向接受语义逻辑的支配，这样，为适应现代语法逻辑严密的要求和出于单一明了、不生歧义的语义目的，现代汉语在句子结构上远较古典汉语复杂，增加了较多人称代词、连词和一些表示关系性、分析性的文字等”（张桃洲，2002：170），其表达也更像“用于铺陈和叙述要求更加细腻逼真的小说”（陈历明，2012：78）。不妨比较闻一多、卞之琳的《希腊之群岛》首节译法：

（3）“以顿代步”的译本2（卞之琳，1996：137）

希腊｜群岛啊，｜希腊｜群岛！
从前有｜火热的｜萨福｜唱情歌，
从前长｜文治｜武功的｜花草，
涌出过｜德罗斯，｜跳出过｜阿波罗！
夏天｜来镀金，｜还长久｜灿烂——
除了｜太阳，｜什么都｜落了山！

二译逻辑严谨,语义通达:如闻一多用介词"之"模仿 of,用人称代词"你们"(拟人化手法)指代复数的 the Isles(群岛),以过去的"过、了"再现 loved、sung、grew、rose、sprung,而卞之琳除了这些过去的表达,还用了时间状语"从前",且用语气助词"啊"模仿原诗强烈的情感。可见二译增添了不少多音节词和虚词。不可否认,二译的某些音步还可收缩,而不失原文的语义逻辑及诗性形态(poetology)。笔者在二者及王教授译法之基础上,以"以顿代步"重译:

(4)"以顿代步"的译本 3(笔者改译)
希腊之|群岛,|希腊之|群岛!
从前|火热|莎浮|唱情歌,
从前|萌芽了|武术|和文教,
突兴过|菲巴,|崛起过|德罗!
长夏|灿灿,|群岛|煌煌,
什么都|坠落了,|除却|太阳!

进而比对例(5)和(6)(笔者添加数字以标识声调):

(5)"以逗代步"的译法(王东风,2019:76)
希(1)腊(4)|群(2)岛(3),|希(1)腊(4)|群(2)岛(3)!
萨(4)福(2)|如(2)火(3)|歌(1)美(3)|情(2)浓(2),
文(2)治(4)|卓(2)越(4)|兵(1)法(3)|精(1)妙(4),
提(2)洛(4)|昂(2)立(4)|飞(1)布(4)|神(2)勇(3)!
长(2)夏(4)|无(2)尽(4)|群(2)岛(3)|煌(2)煌(2),
万(4)般(1)|皆(1)沦(2)|仅(3)余(2)|残(2)阳(2)。
(6)"以平仄代抑扬"的译法(王东风,2019:76-77)
希(1)腊(4)|群(2)岛(3),|希(1)腊(4)|群(2)岛(3)!
莎(1)馥(4)|如(2)火(3)|歌(1)美(3)|情(2)重(4),
文(2)治(4)|卓(2)越(4)|兵(1)法(3)|精(1)妙(4),
提(2)洛(4)|昂(2)立(4)|飞(1)布(4)|神(2)勇(3)!
长(2)夏(4)|无(2)尽(4)|群(2)岛(3)|如(2)曜(4),
浮(2)世(4)|沉(2)堕(4)|残(2)日(4)|高(1)照(4)。

王教授在"以逗代步"译文基础上稍改,将原来为一、二或三、四声的音步换为前者与后者的任意对立,如"情浓、情重"与"皆沦、沉堕"。再参考王教授其他译诗(如《希腊之群岛》的最后一节和狄金森的《狂夜——狂夜!》("Wild Nights — Wild Nights!"),

笔者发现王教授将现代汉语的一、二声视为“平”，三、四声视为“仄”。虽然王译极尽近古汉语之优势，以“二字逗”再现“二音节”，并试图用“平仄”再现“抑扬”，却无法充分体现英语格律诗语言组织内部的多层级性，包括严谨的语法规则性及从句法结构到篇章结构有条不紊的组织性，也就失去了句法上严密的关联性。

3.4 关于汉诗平仄律的嬗变

中国诗歌平仄律的“形成—确立—基本废除”耗时悠久，一不小心会犯“以古律今”之错(丁邦新，1998：65)。从关联角度看，王文的平仄划分标准忽略了现代汉语平仄的复杂性，属于悬垂式平仄观，失之于历时/历史(社会)之关联。平仄律并不意味着各历史时期平仄系统雷同，相反，平仄律的形成经历了“中古汉语—近古汉语—现代汉语”的演变。中古汉诗不拘平仄，不限格律，从对字声差异规律的自觉追求慢慢过渡到对四声范畴内的音声对立追求，后者可能是四声的一分为二，也可能是一声与其他三声的对立(李飞跃，2015：137)，其语言形态多以单音节词为主，算平仄律初始阶段。平仄律规范于近古汉语时期，以对粘法则的确立为第二阶段(同上：140)，强调平仄的相生、相对、相粘，但也有“一三五不论，二四六分明”之说。此阶段的语言形态多为双音节。如果说中古汉语的四声分为平上去入，近古汉语中平声则演变为阴平和阳平，入声分派到其他三声，但这种平仄的规范是建立在韵书基础上的，如在《切韵》基础上编纂的《唐韵》为唐人作诗、参加科举考试制定了平仄的统一标准。到了现代汉语，“源于古平声的一、二声和源于古仄声的三、四声并不构成平仄对立关系”(邓国栋，1997：15)，也即，古汉语的阳平变为现代汉语的仄声，后者的平仄中的一些仄声(如第三声)在一定的语音环境中会产生“仄声平化”；古汉语的入声在现代汉语中又分派到其他三声。此外，现代汉语有了作为仄声的轻声，但受前一个音节的影响也会发生平化现象(同上：16)。那么，如何区分现代汉语的平仄呢？邓国栋(同上)根据平仄的本质(即平声调型平直，仄声调型倾斜)，将普通话的第一声看作平声，其余皆为仄声，还根据调值差异将“仄声平化”分为四小类。

以上论述以普通话四声的演变为前提，各方言的四声演变则更复杂。根据3.2节，四声的判断标准应以字声为基础，同时综合考量诗歌的意义与情感，自行组成字声的长短、高低、轻重节奏。以此为标准再度衡量王文“以平仄代抑扬”所译《希腊之群岛》首节，不难看出像“歌美”(情重)、“兵法”(精妙)等前两个音节均可看作平声，因为：(1) 根据“仄声平化”的第一类，“第三声(214)在非三声前应读作低平调(211或11)”(李飞跃，2015：154)；(2) 根据情感变化，前两个音节较之后两个音节发音更轻①。其他如“群

① 此处仅依据字声的轻重即平轻仄重来判断。也有平重仄轻之说，那么前两个音节可看作仄声，后两个音节可归为平声。还可根据字声的长短、高低等判断(李飞跃，2016：71－72)。但无论如何，此处的平仄分类有待商榷。

岛""神勇"究竟归为"平仄"还是"仄仄"仍有待商榷,但明确的是,这些词语因高低、长短、轻重有异可构成音差。

概言之,平仄的划分标准随着时代的变迁不断变化,现代汉语的四声调绝非完全等同于中古汉语与近古汉语的四声调。古人区分平仄有韵书可依,而对于今人,平仄的区分实属不易。或许可以裁定新韵以合今律,但学界并无共识,加上字声随句篇、意义、情感而变化,即便有韵可依,也非亘古不变。因此,笔者认为英语格律诗汉译时不必拘泥"以平仄代抑扬"。既然每个汉字都有声调,组成语篇时又都有高低、轻重、长短之别,自然可形成音差,故音差的形成不一定以平仄为刚性的区分标准。

4 译法比勘

前一章节的讨论可帮助译者明确现代汉语语言环境及平仄系统接受环境的变化,从而推断出译文读者的认知关联期待。在分析讨论哪种译法可以实现最佳关联之前,不妨将上述五个译文的形式特征与原诗进行较为全面的比较,如表 1 所示。

表 1　五个译本形式特征与原诗的对比

	源文本	"以顿代步"译本 1	"以顿代步"译本 2	"以顿代步"译本 3	"以逗代步"译本	"以平仄代抑扬"译本
对称	√	√	√	√	√	√
押韵	ABABCC	ABABCC	ABABCC	ABABCC	ABABCC	ABABAA
排列是否有序	√	√	√	√	√	√
每行总音节数	8	10、12、10、11、11、12 不等	9、11、10、12、10、10 不等	10、9、10、10、8、10 不等	8	8
每节拍音节数	2	2、3、4 不等	2、3 不等	2、3 不等	2	2
每节拍声律	抑扬	不拘(音差错落)	不拘(音差错落)	不拘(音差错落)	不拘(音差错落)	平仄判断有待商榷(音差错落)
是否直译	—	√	√	√	√	√

五个译本都在不同程度上体现了原诗诗意美，且与原诗格式对称、韵脚基本相同①、诗行排列一致。差别在于："以顿代步"三译本每行音节数参差不齐，而"以逗代步""以平仄代抑扬"的译本追求声律的等效。那么就节奏和声律而言，哪个译本实现了最佳关联？作为听话人/读者的译者在第一轮明示—推理过程中，须根据原格律诗提供的语境信息（社会背景、创作背景、上下文背景等）、语言刺激（重轻缀音交错排列）及音节关联（每个音节都与别的音节构成语音关系）推断出作者的（诗学）交际意图。具体而言，原诗每行八音节，分四节拍，每节拍利用英语的声律特点（重轻缀音）和语法规范形成节奏，不仅体现英诗的内在律动，更是通过节奏的理性安排传达强烈的情感，让读者充分感受到作者为自由而战的呐喊。作为作者/交际者的译者进入第二轮明示—推理过程，要保证译文产生足够的语境效果，还要让读者不耗费额外心力。因此，译者须与作者、读者不断展开"对话"，并对诸多因素考之量之，或取或舍，具体包括：(1) 识别作者的（诗学）交际意图，在译文中重构该语音关系网；(2) 了解现代汉语平仄系统，翻译时"灵活平仄"。

上文三种译法均旨在重构原诗隐含的语音关系，各有优缺点：(1) "以顿代步"译法再现原诗理性美及节奏特点时，无法在很大程度上重现原诗由重轻缀音建构的语音关系，却可重现原诗由音步建构的语音关系；(2) "以逗代步"译法虽然再现了每音步的音节数，却可能无法重现原诗由重轻缀音建构的语音关系，同时罔顾了现代汉语的接受环境及原诗的语法规范，但该译不会耗费读者额外的心力；(3) "以平仄代抑扬"译法旨在再现原诗声律系统，却忽略了平仄系统接受语境的变化，不仅导致译者在翻译过程中难以拿捏某个/些字词的平仄声调，同时也会让读者投资不必要的心力：相较于英语的重轻缀音一目了然的明示刺激，汉语平仄声调的判断则暂无可靠标准。概言之，王文的"以逗代步""以平仄代抑扬"译法虽旨在发挥汉语声调的最大优势，重现原格律诗由重轻缀音建构的隐含语音关系网，实现强关联，却未注意到其在现代语言认知语境下并非最佳关联。相反，"以顿代步"译法虽未重现重轻缀音建构的隐含语音关系网，却重现了音步建构的隐含语音关系网，语音关联性虽相对较弱，但在该认知语境下却是弱关联的最佳关联。

综上，三种译法都有短板，但从关联角度看，"以顿代步"译法更为合理，理由如下。(1) 英诗的重轻缀音也罢，汉译的"顿、逗"也罢，无非是划分音步的工具，于节奏的构成只是充分非必要条件。原诗与译诗每行音步数大致相当便可算善译。"以顿代步"可重构原诗由音步组成的语音关系，虽为弱关联，却再现了作者的（诗学）交际意图，帮助读者读到节奏美和叙事美。(2) "以顿代步"充分考虑了汉语平仄律的嬗变和现状，读者无须投入过多心力就可获得相当于原文的语效。当然，"以顿代步"译法在保证韵

① 十三韵辙中，"e"与"uo"同属"梭波"辙，因此译本 1、2、3 的二、四行押韵。

律、格式、诗行排列与原诗对应的基础上，应控制好音节数，最好以二、三音节词语为主，少用或尽量不用一、四音节词语。在二音节之外若多出一个音节，最好是助词类虚词。闻一多及卞之琳的“以顿代步”译法之所以遭到诟病，实因某些三音节或四音节非虚而实，徒添拥堵：如闻一多的“如今夏日”“恐怕什么”，卞之琳的“德罗斯”“阿波罗”。笔者综合各译之所长，以“以顿代步”重译此节，一是重审“以顿代步”的合理性，二是探究其改进的可能性。

事实上，“以顿代步”译法虽能消解由重轻缀音构成的音差，且某节拍音节数可能无法与原诗保持一致，但从译文读者立场观之，这种音步上的均齐、音节上的参差、声调上的音差，基本上再现了原诗的音韵美(主要是节奏美)，而每节拍音节数与声调稍有灵动，也算得上契合霍普金斯(1844—1889)所言之“跳跃的节奏”(Hopkins，1918：1)的诗歌理念，自然也符合读者的诗学认知和文学关联期待。

5　结语

诗不仅仅是“艺术把一种情趣寄托在一个意象里”(朱光潜，1984：61)的内在直觉表现，同时也是一种“以趋近音乐为旨归”(Pater，1888：135)的外在直观表现，所以诗歌是包含韵律、节奏、声律，或唱或吟都朗朗上口的一种时间艺术形式。故将英语格律诗翻译成汉语时，不宜如“五四运动”先驱者那般译为完全口语化的白话诗，但也不能过犹不及，完全使之整齐划一。“以顿代步”译法，在不变中(音步、音长)“迁就”变化(每节拍音节数、声律)，可能更符合英诗汉译中节奏之规律，也更为译文读者所接受，而这可能正是以闻一多为代表的新月派诗人译者不断寻求的艺术底色或初衷。

本文无意否定王教授的高论。英诗汉译的声律等效一直是学界未涉之“异乡”，而王文让我们受益匪浅。但瑜不掩瑕，斗胆商榷，实为请教。本文以语用学的关联理论为指南，通过探讨节奏等效本质及汉语声调本质指出了王文立论的欠合理处。窃以为，节奏等效的本质是译诗与原诗每行的节拍总数相当，且做到以双音节和三音节为主，尽量不用一、四音节，以便使每行每节拍的“时值”(近乎)相当。另外，平仄律并非形成音差的必要条件。然后通过阐明汉语语法及平仄系统的嬗变，明确了目标语为汉语的读者其认知语境的变化。最后通过比勘几个译法，重审了“以顿代步”的合理性及其改进余地。囿于篇幅，加上王文主要以《希腊之群岛》首节的不同译本为主要分析对象，故本文在此基础上提出了自己的诗学观点，并据此提供了译文，而未触及或比堪其他诗节或其他诗歌及其译法。

参考文献

[1] Even-Zohar, I. 2000. The position of translated literature within the literature polysystem. In L. Venuti (ed.). *The Translation Studies Reader*. London: Routledge, 191 - 196.

[2] Gutt, E.-A. 1991. *Translation and Relevance: Cognition and Context*. Oxford: Blackwell.

[3] Huang, Y. 2007. *Pragmatics*. Oxford: Oxford University Press.

[4] Hopkins, G. M. 1918. Preface. In R. Bridges (ed.). *Poems of Gerard Manley Hopkins*. London: Humphrey Milford, 1 - 6.

[5] Pater, W. 1888. *The Renaissance: Studies in Art and Poetry*. London: Macmillan.

[6] Sperber, D. & D. Wilson. 1995/2001. *Relevance: Communication and Cognition*. Oxford: Blackwell. 北京：外语教学与研究出版社.

[7] 卞之琳，1996. 英国诗选：莎士比亚至奥顿. 北京：商务印书馆.

[8] 查建明，2017. “以顿代步”:似是而非的英诗汉译格律移植策略. 宜春学院学报，(4)：54 - 58.

[9] 陈历明，2012. 重审中国古典诗歌的翻译. 解放军外国语学院学报，(4)：75 - 81,128.

[10] 丁邦新，1998. 平仄新考. 丁邦新，丁邦新语言学论文集. 北京：商务印书馆，64 - 82.

[11] 邓国栋，1997. “平仄”今说. 咸阳师专学报，(5)：14 - 17.

[12] 侯国金，2014. 语用学精要：语用能力对阵语用失误. 北京：中国出版集团.

[13] 侯国金，2020. 语用翻译学：寓意言谈翻译研究. 北京：北京大学出版社.

[14] 胡适，2000. 尝试集. 北京：人民文学出版社，135 - 149.

[15] 李飞跃，2016. 中国古典诗歌平仄律的本质与功能. 北京大学学报(哲社版)，(3)：64 - 74.

[16] 李飞跃，2015. 中国古典诗歌平仄的形成与嬗变. 中国社会科学，(3)：136 - 157,208.

[17] 刘宓庆，章艳，2016. 翻译美学教程. 北京：中译出版社.

[18] 孙大雨，2007. 论音组:莎译导言之一. 海岸编，中西诗歌翻译百年论集. 上海：上海外语教育出版社，75 - 92.

[19] 王东风，2014. 以逗代步找回丢失的节奏:从 *The Isles of Greece* 重译看英诗格律可译性理据. 外语教学与研究，46(6)：927 - 938,961.

[20] 王东风，2019. 以平仄代抑扬找回遗落的音美：英诗汉译声律对策研究. 外国语，(1)：72 - 110.

[21] 王东风，2022. 论“以平仄代抑扬”的可行性：再译《西风颂》. 中国翻译，(4)：82 - 91,191.

[22] 王力，2001. 诗词格律. 北京：中华书局.

[23] 闻一多，1927. 希腊之群岛. 时事新报・文艺周刊，1927 - 11 - 19.

[24] 闻一多，1989. 律诗底研究. 孙敦恒编，闻一多集外集. 北京：教育科学出版社，139 - 172.

[25] 闻一多，1993. 诗的格律. 孙党伯，袁謇正编，闻一多全集:第二卷. 武汉：湖北人民出版社，137 - 144.

[26] 吴为善，2005. 平仄律、轻重音和汉语节律结构中“弱重位”的确认. 语言研究，(3)：90 - 94.

[27] 喻云根，辛献云，1999. “以顿代步”能否再现原诗的节奏感. 外语研究，(1)：47 - 50.

[28] 张广奎，邓婕，2018. “以逗代步”：王东风的翻译诗学研究. 外语研究，(1)：65 - 69.

[29] 张军，2014. “以顿代步”的理论商榷:莎剧诗体汉译两个片段的形式比较. 西安外国语大学学

报，(2)：116－119.

[30] 朱光潜，1984. 诗论. 北京：生活·读书·新知三联书店.

[31] 张新红，何自然，2001. 语用翻译：语用学理论在翻译中的应用. 现代外语，(3)：285－293.

[32] 张桃洲，2002. 现代汉语的诗性空间:论 20 世纪中国新诗语言问题. 中国社会科学,(5)：164－174.

“中非命运共同体”话语中的概念隐喻及其翻译策略研究

——以《新时代的中非合作》白皮书为例 *

曲阜师范大学　聂新艳**

摘　要:“中非命运共同体”话语中含有大量概念隐喻,是国家话语体系建设的重要组成部分。对其话语中的隐喻进行准确解读及采用适当的翻译策略,有助于准确、高效传播其话语理念,也有助于中华优秀语言及文化的对外传播。本文基于概念隐喻理论,以《新时代的中非合作》白皮书及其英文译本为例,系统分析“中非命运共同体”话语中的隐喻,梳理其中隐喻的类型和投射机制,并探讨了其隐喻翻译的策略以及影响因素。“中非命运共同体”话语中隐喻的翻译策略,从翻译过程所涉及的客观因素维度来看,主要有语境因素和语言因素。

关键词:中非命运共同体;话语;概念隐喻;翻译策略

Title: On Conceptual Metaphor and its Translation Strategies of China-Africa Community of Shared Future Discourse: With Evidence from the White Paper *China and Africa in the New Era*

Abstract: Metaphor is widely employed in the China-Africa Community of Shared Future Discourse and therefore essential to national discourse. Accurate interpretation and appropriate translation strategies are conducive to the accurate and efficient communication of its discourse concepts, and of China's excellent language and

---

* 本文系国家社科基金项目“马克思唯物史观视域下的乡村治理现代化研究”(16BKS027)阶段性成果。

** **作者简介:**聂新艳,副教授。研究方向为认知语言学、政治话语分析与翻译等。联系方式:nxyqf@126.com。

culture. Based on conceptual metaphor, with evidence from the White Paper *China and Africa in the New Era*, this paper identifies the types and mapping mechanism of conceptual metaphors, exploring the translation strategies and the factors involved. In the English version of the White Paper, translation strategies of metaphors are influenced by contextual factors and language factors.

Key Words: China-Africa Community of Shared Future; Discourse; Conceptual Metaphor; Translation Strategy

1 引言

“中非命运共同体”理念来源于“人类命运共同体”理念。“构建人类命运共同体”是习近平外交思想的顶层设计，是旨在解决当今世界和平与发展问题所提出的中国智慧。针对不同国家或地区的情况，习近平总书记 2013 年 3 月又提出了“中非命运共同体”。“中非命运共同体”是对中非过去及当前友好关系的真实写照，同时它也为中国与其他国家和地区之间的关系发展树立了榜样(余涛、张宏明，2021:42)。

“中非命运共同体”话语的建构及翻译研究聚焦话语与“中非命运共同体”的互动关系，强调“中非命运共同体”理念在话语中的动态建构与传播，从而促进该理念的国际传播。从话语涉及的内容来看，“中非命运共同体”话语属于政治话语。莱柯夫和约翰逊(Lakoff & Johnson，1980:159)曾指出，“隐喻在构建社会现实和政治现实中起着重要作用”。就政治话语中的隐喻，许多学者展开了系列研究。从研究内容看，文旭(2014:11－16,76)从宏观角度，基于认知语言学的概念隐喻理论，研究了政治话语中政治隐喻及其背后的意识形态。也有学者从微观角度分析特定政治话语中的隐喻，如张丽、汪少华(2021:31－39)，文秋芳(2017:1－6)。但对“人类命运共同体”话语的隐喻研究并不多见，主要有李雪、张鑫(2021:117－123)就该话题的隐喻架构进行了研究。文秋芳(2017:1－6)分析了“人类命运共同体”话语中的拟人隐喻。而对有重要现实意义的“中非命运共同体”话语中的隐喻及其翻译研究尚未展开。

要促进“中非命运共同体”理念准确生动地在世界范围内传播，对该话语的认知建构、话语翻译策略的研究都是必不可少的。恰当、得体地解读、翻译其话语中的隐喻，既是国家话语体系建设及翻译实践工作中的热点之一，也是讲好中国故事、传播好中国声音的重要抓手，关系到国家话语体系建设和国际话语权的提升。有鉴于此，本文尝试从概念隐喻视角来系统分析“中非命运共同体”话语——《新时代的中非合作》白皮书及其英文版本，梳理其中隐喻的类型和投射机制，并探讨其隐喻翻译策略以及策略选择的影响因素，以期探索其认知建构及翻译机制，也促进人们对“中非命运共同体”话语及理念的理解与国际传播。

2 理论依据、研究现状

2.1 理论依据

隐喻这一概念，最初被视为一种修辞手段。后来，莱柯夫和约翰逊（Lakoff & Johnson，1980）于1980年出版的专著*Metaphors We Live By*中进一步提出了概念隐喻理论。该理论认为概念隐喻不仅是一种修辞手段，还是人类一种普遍的思维方式，在日常话语中普遍存在。隐喻本质就是人们借助日常生活中相对具体、熟悉的概念去感知和理解另一种比较抽象的概念。在讨论隐喻机制时，莱柯夫采用“映射”（Mapping）这一概念来解释概念隐喻中源域到目标域之间的转换，即隐喻是基于人类一定的认知经验，将源域的概念映射到目标域的概念上；隐喻得以产生的基础在于源域和目标域之间存在一定的相似性（Lakoff & Johnson，1980）。

2.2 政治话语中的隐喻及其翻译研究现状

概念隐喻理论加深了对隐喻本质的理解，也使得隐喻研究不断拓展，从早期隐喻本体认知机制的研究逐渐发生社会转向，成为研究话语，特别是研究政治话语的重要理论依据。事实上，政治的世界纷繁复杂，在认知上及感知上都远离人们的日常体验（Thompson，1996：185）。因此，为了拉近政治与民众之间的距离，政治家们通常喜欢借助隐喻，通过人们易懂的、具体的概念来映射复杂、抽象的政治主张，从而生动有力地传播其政治立场和观点，实现其激励或说服的目的。莱柯夫（Lakoff，1996）开创性地运用概念隐喻理论来分析美国两党政治，由此带动了政治话语隐喻研究的热潮。莱柯夫（Lakoff，2002）又出版了*Moral Politics：How Liberals and Conservatives Think*，这是在政治话语隐喻研究方面比较成熟的一本著作，指出政治话语使用隐喻可以增强话语的说服力和影响力。为探究语篇中运用隐喻体现意识形态的现象，查特里斯-布莱克（Charteris-Black，2004）结合批评认知语言学、语料库语言学和语用学等学科的研究方法，基于费尔克拉夫（Fairclough，1995）的批评话语分析三维分析框架，提出了批评隐喻分析法的三个步骤：(1) 隐喻识别；(2) 隐喻描述；(3) 隐喻阐释。查特里斯-布莱克（Charteris-Black，2004）还用批评隐喻分析法（Critical Metaphor Analysis，简称CMA）就概念隐喻做了进一步研究，并详细分析了概念隐喻在政治话语等话语中的应用。国内学者也就政治话语中的隐喻从宏观、微观层面进行了研究。文旭(2014:11-16,76)从基于"意象图式"的隐喻及基于"文化模型"的隐喻入手,探讨通过政治隐喻来揭示政党的意识形态。张丽、汪少华(2021:31-39)分析了习近平总书记在博鳌亚洲论坛2018年年会所做的开幕演讲中的隐喻、架构等现象。文秋芳(2017:1-6)结合认知语言学和功能语言学,分析了"人类命运共同体"话语中的拟人隐喻。

而在隐喻翻译方面研究,国内外也有诸多学者进行了探讨。彼得·纽马克(Peter Newmark, 2001)提出七种隐喻翻译方法,主要有喻体意象再现、喻体意象替换、隐喻转换为明喻、隐喻省略等。克里斯蒂娜·舍夫纳(Christina Schäffner,2004)指出四种隐喻翻译的方法,即采用对应的喻体,给喻体添加注释,去除喻体意象,添加新喻体。杨明星、赵玉倩(2020:151-159,190)就外交隐喻,提出了"政治等效 + 意象再现"的翻译策略,如意象保留译法、意象转换译法、意象舍弃译法和意象增补译法。

本文以概念隐喻翻译为出发点,研究国家话语中最近关注度较高的"中非命运共同体"话语文本,通过对其话语原文及英语译本的隐喻差异比较,分析其翻译策略,以及策略选择的影响因素,旨在深入研究隐喻翻译的规律及动因,同时也为中国国家话语的对外传播提供抓手。

3 语料选取与数据收集

3.1 语料选取

本文选取的语料为《新时代的中非合作》白皮书,其中文版本来自国务院新闻办公室2021年11月26日发表的《新时代的中非合作》白皮书(中国政府网,2021-11-26)),英文版本来自中国政府网官网(中国政府网,2021-11-26)。选取原因有二。一是该白皮书中,善于利用概念隐喻化抽象的政治理念为人们比较熟悉的实物或概念如俗语、典故等,从而高效、准确传达"中非命运共同体"的理念。二是该白皮书发布意义重大。该白皮书是中国政府发布的首部全面介绍中国与非洲合作的白皮书,也是十八大以来第一部介绍中国与世界某一地区合作成果的白皮书。白皮书系统总结了中非合作重大成果,展现中非合作广阔前景,将中非关系提升为全面战略合作伙伴关系,携手打造中非命运共同体,为推动构建人类命运共同体树立了时代榜样。

因而,以该白皮书及其英文版本为例,考察话语如何通过隐喻及其翻译,将"中非命运共同体"理念传达给世界,促进不同国家、地区交流互鉴,促进人类命运共同体的构建,有重要的现实意义。

3.2 隐喻识别与数据统计

本文采用普拉格勒贾兹团队(Pragglejaz, 2007)开发的隐喻识别程序 MIP(Metaphor identification procedure)。首先,分析词汇单元的语境意义;其次,确定该词汇单元的基本意义;然后,将语境意义与基本意义进行对比,如果可以同时满足两个条件:(1) 语境意义与基本意义有反差,(2) 语境意义与基本意义对比之后可以理解,那么判断该词汇单元为隐喻。本研究从《白皮书》中文版 19468 字的语料中识别出的隐喻,根据其源域进行归纳和分类,识别出拟人隐喻、建筑隐喻、旅程隐喻、战争隐喻、植物隐喻、水流隐喻、自然隐喻、家庭隐喻、艺术隐喻、器具隐喻、棋局隐喻、动物隐喻等 12 种主要类型。在此基础上,又根据查特里斯-布莱克(Charteris-Black)提出的理论,采用"源域共鸣值"这一概念来计算特定概念隐喻源域出现的频率。源域共鸣值的计算公式是,源域共鸣值 = ∑关键词类型×∑出现次数。公式中,"∑关键词类型"指某一源域类型下隐喻关键词类型的总数,"∑出现次数"指特定类别中所有隐喻关键词出现的次数总和。表 1 报告了隐喻的关键词类型总数、关键词出现次数总数和源域共鸣值。

表 1 《新时代的中非合作》白皮书隐喻关键词总数、出现次数和源域共鸣值统计表

隐喻类型	隐喻关键词	关键词类型总数	关键词出现次数总数	源域共鸣值
拟人隐喻	合作、共同体、守望相助、相互尊重、互信、互帮互助、互鉴、并肩、患难与共、血脉、血液、携手、同呼吸、共命运、同心相向、张开怀抱、面临、面对、倡导者、实践者	20	314	6280
建筑隐喻	推动、建设、基础、建立、构建、共建、基本、巩固、建成、动力、基石、共筑	12	184	2208
旅程隐喻	深化、出发点、进入、道路、目标、深入、跨越、走向、前进、里程碑、共赢之路、路径、友谊之路、合作之路、和平之路、繁荣之路、开放之路、绿色之路、创新之路、文明之路、十字路口、登高望远、起点、新征程、向着、进程、快车、搭乘、走出来、走出了、迈入、迈上、新台阶、前行、落脚点、必由之路、丝绸之路、新阶段	38	100	3800
战争隐喻	维护、抗疫、战略、共赢、挑战、捍卫、战胜、战斗、你输我赢、零和游戏、进军	11	78	858
植物隐喻	落实、成果、树立、绿色、繁荣、厚植、根基、根源、枝繁叶茂、参天大树、投之以桃、报之以李	12	51	612
水流隐喻	交流、风雨同舟、行稳致远、源远流长、浇灌、汲取	6	39	234
自然隐喻	峰会、公有"云"、云上大讲堂	3	30	90

（续表）

隐喻类型	隐喻关键词	关键词类型总数	关键词出现次数总数	源域共鸣值
家庭隐喻	伙伴、兄弟、朋友、一家亲、大家庭	5	24	120
艺术隐喻	艺术、谱写、篇章、唱响、强音、描绘	6	7	42
器具隐喻	情感纽带、注入、交织共振、大舞台、竞技场、清谈馆、打造、铸就	8	10	80
棋局隐喻	变局	1	2	2
动物隐喻	龙头	1	1	1
总计		123	840	14327

4 《新时代的中非合作》白皮书中概念隐喻的主要类型及投射机制

从表1可以看出，该白皮书中运用最多的隐喻类型是拟人隐喻，在该话语构建中占重要地位。使用较多的其他隐喻类型为建筑隐喻、旅程隐喻、战争隐喻和植物隐喻，再其次是水流隐喻、自然隐喻、家庭隐喻等。这几种主要隐喻的表现形式和映射过程如下。

4.1 拟人隐喻

拟人隐喻是本体隐喻中最为普遍的一种。源域是指具体的、有思考能力的人类。这里“人”的概念，可以指人类本身，如血肉、骨骼等生理结构，也可指人的思想、言语以及行为等。拟人隐喻的采用，原因在于它可以帮受众激活已有具身体验，来理解本体，即政治话语中的某些抽象特征。白皮书中典型的拟人隐喻有：

例1　相似的历史遭遇、共同的历史使命把中国和非洲紧紧联系在一起，中非从来就是命运共同体。（中国政府网，2021-11-26）

例2　中国人民始终同非洲人民同呼吸、共命运，同心相向、守望相助，走出了一条特色鲜明的合作共赢之路。（中国政府网，2021-11-26）

例1、例2中，通过“命运共同体”这一概念隐喻，用来映射中国与非洲很久以来，就因相同的历史而彼此间休戚相关，友谊源远流长。在2015年和2018年中非合作论坛上，习近平主席同非方的领导人共同决定，将中非之间的关系提升为全面战略合作伙伴关系，携手打造责任共担、合作共赢、幸福共享、文化共兴、安全共筑、和谐共生的中非命运共同体，此举开启了中非关系的新时代，引领中非合作达到了前所未有的新高度(国新网，2021-11-29)。

4.2 建筑隐喻

建筑主要包括各种建筑物，如房屋、桥梁等，还包括建筑物的局部，如地基、门、墙等。国家发展与建筑物建设的共性在于：二者的建成都需要坚实的基础及稳固的框架；建筑设计需要工程师，建筑落成需要劳动者的持续参与。同理，国家发展也需要全社会的共同付出。因此，政治话语中，建筑隐喻将建筑物本体或建筑建成中的有关概念映射到国家稳定或发展上。白皮书中出现的典型建筑隐喻有：

> 例3　同非洲国家携手<u>共建</u>“一带一路”，<u>构建</u>更加紧密的中非命运共同体，更好造福中非人民，为<u>建设</u>持久和平、共同繁荣的世界，<u>构建</u>人类命运共同体作出新的更大贡献。(中国政府网，2021-11-26)

例3中，“中非命运共同体”被看作一项建筑工程，用劳动者参与建设建筑这一关系来映射中国与非洲共建人类命运共同体这一行为。“命运共同体”要求中非相互理解、相互支持，只有这样才能更好地团结一致，从而建立更加公正合理的国际政治经济新秩序。武涛认为，“中非命运共同体”的构建离不开双方的携手合作，可以通过“中非合作论坛的平台机制”“‘一带一路’框架下的合作”“全方位、多层次、立体化的合作体系”等三个路径来实现(武涛，2021)。

4.3 旅程隐喻

旅程包括几个基本要素，如出发点、路途、终点等，是一种非常有效的源域。旅程隐喻在政治话语中也频繁出现，用上述人类位移的具体阶段来映射抽象事件的发展或政治概念的开端、经过、结果等。白皮书中的旅程隐喻如下：

> 例4　中非双方将以高质量共建“一带一路”为抓手……深化中非各领域务实合作，把“一带一路”建设成为中非之间的<u>和平之路、繁荣之路、开放之路、绿色之路、创新之路和文明之路</u>，共筑“新时代中非命运共同体”。(中国政府网，2021-11-26)

例4中用旅行中的“和平之路、繁荣之路、开放之路、绿色之路、创新之路和文明之路”映射中国与非洲的合作共建，全方位的，科学的，符合中国与非洲政治、经济、文化、安全等各方面发展需求的合作共赢关系。政治上，相互理解、相互支持，经济上加强交流、互通有无，文化上取长补短、相互借鉴，安全上彼此依靠、相互支援，从而进一步实现"中非命运共同体"(余涛、张宏明，2021)。

4.4 战争隐喻

战争一般指的是几个国家、地区或集团为了政治、经济利益而进行的激烈冲突和斗争，特点是长期性和艰难性。国家的建设和发展，就如同进行战争，需要足够的重视、充足的准备和长期艰苦的努力，才有可能取得胜利。战争隐喻能够帮助受众体会政治话语中关于国家改革开放等进程中面临的困境，以及为之付出的巨大努力。白皮书中比较典型的战争隐喻有：

例5 双方将坚定不移深化传统友好，坚定不移推进互利合作，坚定不移维护共同利益，继续发挥中非合作论坛引领作用，推动"一带一路"建设走实走深，不断推动中非全面战略合作伙伴关系向更高层次、更广领域发展。(中国政府网，2021－11－26)

例5中，将中非合作映射为一项长久的具有战略意义的战争，因此将在时间上，以及合作的广度上，进行各种努力，争取战斗的胜利。凸显了党和国家对此的高度重视、做出的艰苦努力和战胜困难的决心，以及对合作顺利之光明前景的信心。

4.5 植物隐喻

植物的生长过程有生根发芽、茁壮生长和开花结果。这与事物、事件发生、发展、产生结果的过程有类似之处。因此，此处可以用来映射"中非命运共同体"最初确立、稳固发展、最终实现。白皮书出的举例如下：

例6 经过几十年辛勤浇灌，中非合作枝繁叶茂，成长为参天大树，任何力量都无法撼动。(中国政府网，2021－11－26)

在该例中，用植物的生长阶段及状态"枝繁叶茂""参天大树"来映射中非关系发展取得的成果及所处的关系阶段，即，在全球治理的背景下，在中非双方的共同努力下，已经取得了令人瞩目的成绩。白皮书着重介绍了在元首外交引领下，中非之间，政治互信持续加深，经济合作持续增长，社会、人文合作蓬勃开展，和平安全领域合作开展，中非合作展现了广阔的发展前景。"中非命运共同体"是对中非以前和现在友好关系的真实写照。

4.6 家庭隐喻

家庭、友谊隐喻是指将家庭、友情概念作为源域来映射涉及的事件主体间的关系。如：

例 7 新中国成立以来，无论国际风云如何变幻，中国和非洲国家始终是风雨同舟的好朋友、休戚与共的好伙伴、肝胆相照的好兄弟。（中国政府网，2021-11-26）

在此例中，“好朋友”“好伙伴”“好兄弟”用来映射中非之间的亲密关系。中非之间一直相互扶持、相互支撑。进入21世纪后，中非之间已互为重要的贸易伙伴国、全天候的“伙伴”或朋友等。中非在各个方面，平等、互信、互惠、交流互鉴、互帮互助，如同好朋友、好伙伴、好兄弟。

通过以上分析，可以看出，六种主要隐喻的共性特征、源域都是人们熟知的具体概念和事物，其被用来作隐喻，从而高效准确传达抽象的政治理念。

5 《新时代的中非合作》白皮书隐喻英译策略

政治话语是国家政治立场、意识形态和内政外交思想的话语表达。随着当今中国国际地位的不断提升，政治话语的翻译和对外传播现已成为讲好中国故事、传播好中国声音的重要抓手和路径。

现有隐喻翻译研究中，关注核心是源语与译文中隐喻的存在以及对应与否的处理。就此，笔者认为，隐喻的翻译可以从这两类上加以明晰：(1)原文中有隐喻，译文中也出现隐喻；(2)原文中有隐喻，译文中没有出现隐喻。第一类中，翻译方法可以进一步具体为喻体对等、喻体替换、喻体迁移，第二类中采用了喻体舍弃。这几种隐喻翻译方法，在白皮书中的体现举例如下。

5.1 喻体对等

人类在发展历史过程中，对于外部世界有着相近的经历及认知，这种认知的相近体现在语言上，即相近的语言表达形式，因此，不同国家、民族可能会有相近的隐喻表达形式，采用相同的喻体。因此可以将源语隐喻喻体直接翻译为目标语对等的喻体，简单快捷，易于译者表达及读者接受。例如：

例 8　发展同非洲国家的团结合作是中国对外政策的重要基石(中国政府网，2021-11-26)

Developing solidarity and cooperation with African countries has been the cornerstone of China's foreign policy(中国政府网-英文版，2021-11-26)

例 9　中非关系的根基和血脉在人民(中国政府网，2021-11-26)

China-Africa friendship has its roots and lifeblood in the people(中国政府网-英文版，2021-11-26)

例 8 中，英汉语中，都常将国家发展及其外交等事务赋予建筑的隐喻，因而翻译时，直接将"基石"翻译成英语中对应的自然隐喻的喻体"cornerstone"。例 9 中，可以看出，英汉语中，都将植物隐喻"根基""root"指事物的渊源和根本，因而进行对等喻体的翻译。

5.2　喻体替换

源语与目标语两种语言文化之间存在多种差异，因此对于两种语言之间喻体不同的隐喻，译者在翻译过程中可以进行喻体替换，即根据目标语语言特征对原文中的喻体进行适当调整，或者直接用目标语的喻体替换原文中的喻体，以便于国外受众理解和接受。

例 10　2019 年，"伊代"飓风席卷东南部非洲。(中国政府网，2021-11-26)

In 2019, cyclone Idai swept across Southeast Africa. (中国政府网-英文版，2021-11-26)

例 11　中非友好关系经历半个多世纪的风雨考验(中国政府网，2021-11-26)

Friendly relations between the PRC and Africa have endured through more than half a century and withstood the test of time. (中国政府网-英文版，2021-11-26)

例 10 中，原文用了"席卷"这一隐喻，用来形容飓风威力之大，属工具隐喻，非常形象。但该隐喻采用的喻体，在目标语中非常陌生，因而替换成了"swept"这一隐喻，也属工具隐喻，意为"横扫"整个涉及地区。喻体在目标语中比较常见，因而替换后同样可以达到与原文类似的效果。

例 11 中，原文用了"风雨考验"，用"风雨"这一自然隐喻，来指各种困难。而在目标语中，该喻体的使用较少，因而替换成了"test of time"，用时间隐喻来指各种考验之长久，同样可以凸显考验之巨大。

5.3 喻体迁移

喻体迁移是指将源语喻体迁移到目标语中。这样目标语受众既可以接收原文传达的信息，同时，还可从中了解源语表达所体现的民族文化信息。因此，如源语中隐喻带有鲜明文化特色而目标语中又没有对应喻体的情况下，可以考虑采用喻体迁移来进行翻译。白皮书中采用的此类翻译策略，既利于目标语读者的理解，又有助于促进汉语语言文化的宣传与传播。例如：

例 12　这些原则符合中国"己所不欲，勿施于人"的传统理念，契合非洲国家的根本利益和国际关系的基本准则。（中国政府网，2021－11－26）

The approach is in line with the traditional Chinese philosophy, "Do not do to others what you do not want others to do to you." It also corresponds to the fundamental interests of African countries and the basic norms of international relations.（中国政府网-英文版，2021－11－26）

"己所不欲，勿施于人"出自孔子《论语·卫灵公》："子曰：'其恕乎！己所不欲，勿施于人。'"意思是"自己不愿意的，不要施加给别人"。此处，用来喻指中非合作中所遵循的基本准则，即中国在对非合作中始终践行"四个坚持"和"五不"原则，"四个坚持"，即坚持真诚友好、平等相待，坚持义利相兼、以义为先，坚持发展为民、务实高效，坚持开放包容、兼收并蓄。"五不"原则，即中国不干预非洲国家探索符合国情的发展道路，不干涉非洲内政，不把自己的意志强加于人，不在对非援助中附加任何政治条件，不在对非投资融资中谋取政治私利。

5.4 喻体舍弃

在人类文明中，人们经常会有相近的认知，由此会有相近的概念隐喻。但不同国家、民族还有其各自的社会文化、历史传统，因而在对隐喻的理解上也会有所不同。有些情况下，源域中有隐喻，而目标语中没有隐喻。这种情况下，可以根据具体情况舍弃原文的隐喻。这种舍弃的前提是目标语受众不容易接受源域喻体，而且喻体舍弃后，不影响所要传递的信息。

例 13　"投之以桃，报之以李"。中国先后在 40 多个受灾非洲国家实施粮食、供水、妇幼、教育等民生项目。（中国政府网，2021－11－26）

In return, China has carried out programs in fields such as food, water supply, women and children's health, and education in 40-plus disaster-stricken

African countries.(中国政府网-英文版,2021-11-26)

本例中,"投之以桃,报之以李",出自《诗经·大雅·抑》,意思是他把桃子送给我,我以李子回赠他。隐喻意义为知恩图报,也隐喻相互赠答,礼尚往来。这一表达方式,出自中国古典文学作品,而不被目标语受众所熟知。因此翻译时舍弃原有隐喻,直接将其喻义"in return"翻译出来,以便于目标语受众理解。

6 《新时代的中非合作》白皮书隐喻英译策略的选择因素

在《新时代的中非合作》白皮书的隐喻翻译中,可以看出,对喻体的不同处理,实际上受到诸多因素的影响。一方面,从翻译文本的参与主体维度上看,既要考虑到源语主体一方的社会文化背景、语言习惯及政治表达需求,还要考虑译文受众一方的接受度。翻译同时要服务好两个主人。翻译的这种使命,是两种文化不同造成的自然结果(黄友义,2015:7)。另一方面,从翻译过程所涉及的客观因素维度来看,笔者认为,主要有语境因素和语言因素。具体分析如下。

6.1 语境因素

这里的语境指的是社会文化语境,也包括话语传播意图。

6.1.1 隐喻的翻译要考虑文化历史、社会传统等语境因素

翻译是文化层面上的意义交流和传播,必须充分考虑源语和目标语的文化历史、社会传统等语境因素。有的隐喻译文表面语义似乎与原文相同,但因社会、文化传统等的不同而具有不同的所指或联想意义、情感意义等。因此翻译这类隐喻时,要尽可能以恰当的文本来阐释、传播原文内涵。比如,我们比较习惯使用军事化的语言。如,在不同领域里都会有"一场攻坚战",而一项工程的收尾也经常被描述为"一场决战"。在中文里,这样的语句有着强大的力量,非常能鼓舞"士气"和"斗志",但翻译成外文就要注意调整,多用一些平实的语句,少一些"火药味",因为翻译的任务是沟通,而不是误导(黄友义,2004:27)。根据这条原则,白皮书中提到战争的词语,在翻译时,进行了喻体舍弃。如:

例 14 中非人民凝聚团结之力,能够<u>战胜</u>艰难险阻,铸就美好未来。(中国政府网,2021-11-26)

The solidarity between the Chinese and African peoples enables them to <u>overcome</u> difficulties and obstacles and build a bright future.(中国政府网-英文

版，2021－11－26）

此例中，中文里，“战胜”“艰难险阻”，是非常普遍的搭配，指付出很多努力，克服困难阻碍。但出于在译文中弱化“战争”气氛的考虑，对喻体进行舍弃，而改用平实的表述方法“overcome”。

由以上讨论可以看出，隐喻翻译方法的选择有其特定的社会认知语境的参与，这与杨明星、杨玉倩（2020：151－159，190）提出的几种隐喻分类相吻合。基于隐喻的体验性，M. B. Dagut（1976：29）认为隐喻可分为“共享隐喻”（shared metaphor）和“非共享隐喻”（non-shared metaphor）两种。在此基础上，杨明星、杨玉倩根据意象的性质，将外交隐喻分为融通式、冲突式、陌生式三个主要类型（2020：151－159，190）。由此，可以推论，翻译时采用喻体对等，源于人类相似的社会、文化上的共性，即融通式隐喻；而采用喻体迁移、喻体更换，大多源于人类社会、文化上的差异，即冲突式隐喻；而采用喻体舍弃，也是源于人类社会、文化上的差异，尤其是源语中的隐喻在目标语中的缺失，即陌生式隐喻。

6.1.2 隐喻的翻译还要考虑话语传播意图

译者在翻译话语隐喻时，不仅要充分考虑源语和目标语在社会、文化、语言系统之间的差异，还要考虑话语特有的政治意图以及对外传播中国智慧和中华文化思想精髓的意图，并据此采取合适的翻译策略。如：

例15　这些原则符合中国“己所不欲，勿施于人”的传统理念……是中非团结合作的本质特征，对国际合作具有重要借鉴意义。（中国政府网，2021－11－26）

The approach is in line with the traditional Chinese philosophy, “Do not do to others what you do not want others to do to you.” ... It is a hallmark of China-Africa solidarity and cooperation and can serve as a useful reference for international cooperation with Africa.（中国政府网-英文版，2021－11－26）

该例中，用俗语“己所不欲，勿施于人”这一中国传统理念喻指中非团结合作时遵循的基本原则，简洁明了。此外，该俗语出自中国儒学经典，具有典型的中华文化特色，有较高的对外传播价值。因此，翻译为目标语时，保留了该俗语的隐喻表达，将源语隐喻迁移到目标语中，目标语读者既可以接收到原文信息，同时还可以更好地了解源语语言形式和特点，更直接感受源语民族文化特色，从而有利于中华文化的对外传播。

6.2 语言因素

指在语言层面，翻译要符合目标语读者的语言表达习惯。

在概念隐喻翻译的过程中,英汉语言系统的不同也会影响具体翻译策略的选择。英语的构形规约和传意方法之间的表达关系是以形式制约意义,即形合。而汉语的构形规约和传意方法之间的表达关系是意定形随,即意合。这一语言系统上的差异会导致某些概念隐喻在翻译过程中被省略掉。英语在表意方面更加注重形式,多使用介词等虚词;而汉语,不太重视形式,表意上多使用反复、并列、排比等手段。因而,翻译概念隐喻的过程中,有一部分概念隐喻被弱化甚至被省略。

例 16　在实现经济发展和民族振兴的道路上互帮互助,不断拓展合作新领域。(中国政府网,2021 - 11 - 26)

In pursuing economic development and national rejuvenation, both sides have been helping the other and increasing the scope of cooperation.(中国政府网-英文版,2021 - 11 - 26)

例 16 中的汉语原文在第一个小句中,使用了旅行隐喻。将"经济发展和民族振兴"的历程看作一段旅行。在这段旅程中,中非携手,相互帮助,共同发展。使用旅行隐喻,突出强调了中非合作的历史由来已久,而且还会一直继续。中国是最大的发展中国家,非洲是发展中国家最集中的大陆,两者基于相似的历史遭遇、共同的奋斗历程、一致的发展任务,而紧密联系在一起(国新网,2021 - 11 - 29)。从句法层面看,该句前半部分结构是汉语中常见的偏正结构,"在实现经济发展和民族振兴的道路上"是比较复杂的地点状语的隐喻。英语译文也充分考虑到了其形合的特点,翻译时将其简化为一个介词加分词结构"in pursuing",舍弃了旅程隐喻后,整句简洁流畅,易于理解和接受。

总之,翻译是一项跨文化的信息交流活动,语境因素、语言因素这两大因素共同作用,影响了译者如何选择具体策略翻译概念隐喻。孙宁(2020:23)认为,从本质上讲,政治话语用于"传播政治理念,表达政治诉求,维护国家利益"。这类话语既要准确表达国家政治理念,又要充分发挥语言的交际功能,即传播扩大中国影响,提升中国形象,从而更好地维护国家的正当权益。因此,在翻译"中非命运共同体"这类政治话语中的隐喻时,要力求保证译文的准确性和可读性,既要全面、精准传递原文信息,又要紧扣受众的语言及思维习惯,使译文更易于被理解和接受。

7　结语

本文采用认知语言学中的概念隐喻理论,以《新时代的中非合作》白皮书及其英文译本为例,系统分析了"中非命运共同体"话语中的隐喻,梳理其中隐喻的类型和投射机制，并探讨了其隐喻翻译的策略以及影响因素。研究发现，该白皮书中运用最多的隐喻类型是拟人隐喻，在该话语构建中占重要地位。使用较多的其他隐喻类型为建筑隐喻、旅程隐喻、战争隐喻、植物隐喻、水流隐喻、自然隐喻、家庭隐喻等。就白皮书中隐喻的翻译策略，现有英文译本中采用了喻体对等、喻体替换、喻体迁移、喻体舍弃这几种翻译方法。《新时代的中非合作》白皮书的隐喻翻译策略中，对喻体的不同处理，受到诸多因素的影响。既要考虑到源语主体一方的社会文化背景、语言习惯及政治表达需求，还要考虑译文受众一方的接受度。从翻译过程所涉及的客观因素维度来看，笔者认为，主要有语境因素、语言因素。采用适当的隐喻翻译策略，有助于准确、高效跨文化传播"中非命运共同体"话语中的政治理念，提高中国国际话语权，也有助于中华优秀语言及文化的对外传播。

参考文献

[1] Charteris-Black, J. 2004. *Corpus Approaches to Critical Metaphor Analysis*. New York: Palgrave Macmillan.

[2] Dagut, M. B. 1976. Can Metaphor Be Translated? *Babel*, 22(1): 21 – 33.

[3] Fairclough, N. 1995. *Critical Discourse Analysis: The Critical Study of Language*. London: Longman.

[4] Lakoff, G. & Johnson, M. 1980. *Metaphors we live by*. Chicago: University of Chicago Press.

[5] Lakoff, G. 1996. *Moral Politics: What Conservatives Know that Liberals Don't*. Chicago: University of Chicago Press.

[6] Lakoff, G. 2002. *Moral Politics: How Liberals and Conservatives Think*. Chicago: University of Chicago Press.

[7] Newmark, P. 2001. *Approaches to Translation*. Shanghai: Shanghai Foreign Language Education Press.

[8] Pragglejaz Group. 2007. MIP: A Method for Identifying Metaphorically Used Words in Discourse, Metaphor and Symbol. *Metaphor and Symbol*, 22(1): 1 – 39.

[9] Thompson, S. 1996. Politics Without Metaphor is Like a Fish Without Water. In J. S. Mio & A. N. Katz (eds.). *Metaphor: Implications and Applications*. Mahwah, NJ: Lawrence Erlbaum.

[10] Schäffner, C. 2004. Metaphor and Translation: Some Implications of a Cognitive approach. *Journal of Pragmatics*, 36(7): 1253 – 1269.

[11] 国新网. 2021 – 11 – 29. 国新办举行新闻发布会介绍和解读《新时代的中非合作》白皮书. http://www.scio.gov.cn/34473/34474/Document/1716884/1716884.htm.

[12] 黄友义. 2004. 坚持"外宣三贴近"原则，处理好外宣翻译中的难点问题. 中国翻译. 25(6): 27 – 28.

[13] 黄友义. 2015. 中国站到了国际舞台中央，我们如何翻译. 中国翻译，36(5)：5－7.

[14] 李雪，张鑫. 2021. “人类命运共同体”话语的隐喻架构研究. 华北理工大学学报(社会科学版)，21(5)：117－123.

[15] 孙宁. 2020. 习近平外交话语特点及英译策略分析：以《论坚持推动构建人类命运共同体》为例. 外语与翻译，27(1)：21－25.

[16] 文秋芳. 2017. 拟人隐喻“人类命运共同体”的概念、人际和语篇功能：评析习近平第70届联合国大会一般性辩论中的演讲. 外语学刊，(3)：1－6.

[17] 文旭. 2014. 政治话语与政治隐喻. 当代外语研究，(9)：11－16，76.

[18] 武涛. 2020. 中非命运共同体：理论内涵、实践路径与时代意义. 长春理工大学学报(社会科学版)，33(4)：26－32.

[19] 杨明星，赵玉倩. 2020. “政治等效＋”框架下中国特色外交隐喻翻译策略研究. 中国翻译，41(1)：151－159，190.

[20] 余涛，张宏明. 2021. 全球治理背景下的中非命运共同体研究. 河南师范大学学报(哲学社会科学版)，48(4)：38－45.

[21] 张丽，汪少华. 2021. 习近平博鳌亚洲论坛2018年年会开幕演讲的认知语用阐释. 山东外语教学，42(1)：31－39.

[22] 中国政府网. 2021－11－26. 新时代的中非合作. http://www.gov.cn/zhengce/2021-11/26/content_5653540.htm.

[23] 中国政府网(英文版). 2021－11－26. China and Africa in the New Era: A Partnership of Equals. http://english.www.gov.cn/archive/whitepaper/202111/26/content_WS61a07968c6d0df57f98e5990.html.

外国文学

论狄更斯对劳森的创作影响*

朱安春　张加生**

摘　要:澳大利亚现实主义文学先驱、民族文学奠基人亨利·劳森将狄更斯看作他文学生涯中的"父亲形象"。文章从狄更斯和劳森相似的童年苦难经历、狄更斯对劳森现实主义创作影响以及狄更斯与劳森的民族理想三方面展开研究,论文认为,劳森童年作家梦想、现实主义创作理念以及作为作家的民族忧思都表明狄更斯对他创作生涯无处不在的影响。

关键词:亨利·劳森;查尔斯·狄更斯;童年经历;现实主义;民族想象

Title: A Study of Dickens' Literary Influences on Henry Lawson

Abstract: Henry Lawon, the Australian classic writer, in his *A Fragment of Autobiography* states clearly that his literary career is much influenced by Charles Dickens and that he regards Dickens as his literary father. The main argument of the paper is that Charles Dickens's influences on Henry Lawson's writing career is salient and omnipresent. Based on this, this paper attempts to analyze in details the three aspects where Dickens has exerted his influences on Lawson, that is, Lawson's similar tragic childhood with Charles Dickens encouraged him to be a literary giant like Dickens, so he constructed his Australian imagination with Dickensian realist style.

Key Words: Henry Lawson; Charles Dickens; Childhood, Realist Writings; National Construction

* 本文系2022国家社会科学基金一般项目"澳大利亚百年建国文学的丛林书写研究"(22BWW042)的阶段性成果。

** **作者简介**:朱安春,江苏警官学院,副教授,研究方向为英美文学。通讯作者:张加生,博士(后),扬州大学特聘教授。研究方向:英美澳文学、中澳比较文学。联系方式:474068769@qq.com。

1 引言

澳大利亚作为英联邦成员国，且一直以来作为英国殖民地和罪犯流放地，其文学深受英国文学传统影响。英国批判现实主义文学大师查尔斯·狄更斯(Charles Dickens, 1812—1870)的作品在世界范围内拥有大量读者，更是对澳大利亚文学产生了难以估量的影响。一定程度上，狄更斯的作品甚至改变了澳大利亚人看待他们自己和城市的方式，成为澳大利亚人民认识、体察与宗主国英格兰关系的纽带。亨利·劳森(Henry Lawson, 1867—1922)是澳大利亚现实主义和民族主义文学奠基人，在诗歌和短篇小说领域都取得了不俗成就，为澳大利亚文学走向世界做出了卓越贡献。他毕生围绕澳大利亚独特的丛林环境与丛林人生活，以令人心酸的幽默再现了澳大利亚民族主义时期丛林生活风貌，反映了澳大利亚独特的本土文化特色，奠定了他在澳大利亚文学史上的经典作家地位。

劳森的文学生涯以及卓越的文学成就与狄更斯对他的影响密不可分。正如劳森在《自传片段》中所说"我喜欢读狄更斯。最初读的是从马奇艺术学校找来的《老古玩店》。我一遍又一遍地读狄更斯的作品，现在也依然随时在读……狄更斯在我脑中一直鲜活地存在着，一直与我同在"(Cronin, 1984:18)。格尔森(Stanley Gerson)更是直言"劳森的卓越观察能力、创作天赋，他对身处苦难和压迫中的人民的同情，对逆境中的幽默的使用及其对人性的关爱，都有着狄更斯的风格"(1972:75)。这并不奇怪，因为劳森在诗歌《我与狄更斯》("With Dickens")中几乎将狄更斯所有小说(除了《巴纳比·拉奇》与《德路德迷案》)中的主要人物都融进了诗行中，以诗歌形式再加工了他们有血有肉的形象，足见他对狄更斯及其作品的喜爱程度。此外，劳森还深受狄更斯现实主义创作思想影响，希望通过文学创作表达自己的社会愿景，表达他对社会底层劳苦大众的同情，最终达到改造社会，建设更好民族的目的。本文拟从狄更斯和劳森的苦难童年经历、狄更斯对劳森的现实主义创作影响与狄更斯对劳森的民族理想影响三方面剖析狄更斯对劳森文学创作的全面影响。

2 "狄更斯式"童年书写

对于作家而言，他们充满童趣和纯情的童年经历弥足珍贵，不少伟大作家都将艰辛的童年经历看成生命的宝贵馈赠，因为这是他们取之不尽、用之不竭的创作源泉。在弗洛伊德看来，"视象记忆实乃婴儿期回忆所保有的特色……我的脑海里只有最早期的童年记忆是形象的:它们形朔出幕幕景象,有如戏剧演出时的剧照"(弗洛伊德 1986:44)。在谈及作家需经过怎样的历练才能成为最优秀的作家时,海明威也指出"一个不幸的童年生活"。这对于狄更斯和劳森而言,可谓切中肯綮。

我们知道,狄更斯的童年经历非常不幸。他交织着美好与梦魇的不幸童年使得他对儿童的关注贯穿了整个创作生涯。他从那些终日流浪街头、无家可归,尤其是露宿伦敦大街小巷的孩子身上看到了自己的童年。1822 年底,狄更斯一家迁居伦敦,父母亲试办了一所私立学校,1824 年,父亲因无力偿还债务被捕入狱,一家人除了当时年仅十一岁的狄更斯,都住进了监狱。这次家庭变故让狄更斯自小便体验到了穷人阶层生活的贫困与凄惨。在皮鞋油作坊当学徒时,他曾被雇主放在橱窗里当众表演操作,任人围观,这严重挫伤了他的自尊心,这段经历也给他留下了难以磨灭的创伤记忆。因而,在他最具自传色彩的小说《大卫·科坡菲尔》(*David Copperfield*)中,科坡菲尔"对着光亮检查瓶子,剔出有毛病的,将完好的洗刷干净。空瓶子洗完,便给装酒的瓶子贴标签,或配塞子,或在塞子上加封印,或将完工的瓶子装箱"(狄更斯,2000:158)就是他在皮鞋油作坊做学徒的经历,可谓是艺术化了的狄更斯。为此有评论指出:"狄更斯是描写儿童生活最杰出的作家。"(蒋承勇,郑达华,1995:71)狄更斯自身不幸童年经历以及他对儿童形象的塑造对劳森有着显而易见的影响。

首先,劳森与狄更斯相似的不幸童年成为后者创作的强大内驱力。劳森出生在新南威尔士州一个偏远的丛林山区,父母因为性格不合,常年争吵,"家庭生活对我而言,无比痛苦"(Cronin,1984:21),造成了他敏感、内向的性格,"难过之时,我只能抱着狗的颈圈,将脸埋在它的皮毛里大哭"(Cronin,1984:21);由于家境贫困,他十三岁便跟随父亲在新南威尔士各个金矿谋生,过着颠沛流离的生活,独自面对着一个动荡、可怕、没有安全感的世界。在生活困难的条件下,劳森仍然在母亲的带领下,读了不少文学作品,其中就包括查尔斯·狄更斯的全部作品,狄更斯笔下丰富多彩、形态各异但个个艰辛的儿童形象激发了劳森对儿童形象的塑造。如劳森根据自己的童工经历创作了"阿维系列"故事,揭露了城市资本家为了榨取最大利润,拼命压榨童工的残酷现实。"阿维"系列的《阿维·阿斯频纳尔的闹钟》《吊唁》《两童工》有着与狄更斯《大卫·科坡菲尔》相似的明显自传印记。劳森曾在《自传片段》中坦承:"我们住在菲利普街,我在锡纸的托盘上放了一个闹钟,用来叫醒我,我从十四岁开始就失聪。那个闹钟后来折磨了我多年。这就是《阿维·阿斯皮纳尔的闹钟》的故事素材。"(Roderick, 1972:204)在《格兰德尔兄弟公司的两个孩子》中,劳森则从孩子天真无邪的视角对城市资本主义不择手段剥削童工的罪恶行径作了深刻揭露与批判,"他的老板是一名汽车涂装的分包商,他总是试图在钟声响起之前大约五或十分钟为男孩找到二十分钟的活儿。他雇用童工,因为他们比成年人便宜,而且他们可以在地板下,用罐子和刷子,做所有'涂底和油漆卡车'的工作"(Roderick, 1972:109),这其实就是劳森在悉尼一家油坊厂的工作经历。故事中，比尔对阿维充满侠义心肠的热心相助更是反映了孩子内心的纯朴与善良，与工厂老板残忍无情、贪婪成性形成了鲜明对比，这是狄更斯《大卫·科波菲尔》中孩子无论经历怎样的挫折与打击，依然积极向上，永葆善良的道德情感在劳森身上的重现。

其次，童年双耳失聪加剧了本就敏感内向的劳森的童年不幸。九岁半聋，十四岁全聋成了毕生笼罩在劳森心头的一块“乌云”，也是他走上创作生涯的一个因素（Cronin，1984：11）。雪上加霜的是，他最喜欢的一个妹妹内蒂，在八个月的时候不幸夭折。家中唯一长得粉嘟嘟、有着一双可爱的蓝眼睛的内蒂，在劳森看来，是被黑暗笼罩着的家庭中唯一一个有着与众不同的气质的小女孩儿，是唯一可以与他心意相通的人，是“唯一能够将他从孤独、敏感和害羞中解救出来的人”（Prout，1963：34），然而，这个能拯救他的妹妹，却过早地离开了他，给他本就悲伤的童年增添了更多的哀伤。因而，劳森不仅与童年的狄更斯一样，性格敏感内向，而且与狄更斯一样，自小便“在孤独中形成了爱观察、勤思考”（Gerson，1972：76）的习惯。

此外，狄更斯将自身辛酸而凄惨的童年经历融入小说的创作实践影响了劳森的创作生涯。1892 年之前，劳森主要以悉尼城市为背景，塑造了许多一如狄更斯笔下的伦敦城市儿童的形象，也就是约翰·麦多克（John Maddocks）指出的“狄更斯对劳森的创作想象力和风格影响非常明显，尤其是他早期城市生活的描写”（1978：42），这里早期城市生活的描写就是指劳森在悉尼街头寻求工作，在工厂谋生的时候，对城市资本主义下底层儿童生活的关注；1892 年之后，劳森虽然转而以荒野、孤寂、干旱、怪诞的丛林环境为背景进行创作，他后来还是再写过城市主题的故事，并且“经常谈及狄更斯及其作品中的人物”（Maddocks，1978：42），表明狄更斯对劳森创作的持续影响。在丛林书写中，劳森同样塑造了不少丛林儿童形象。这些儿童形象往往都是在丛林艰辛中历经苦难，依旧保持纯朴善良、积极勇敢的孩子，与狄更斯《雾都孤儿》（*Oliver Twist*）中的儿童主人公奥利弗·退斯特颇为相似。如劳森的第一篇短篇小说《他父亲的伙伴》（“His Father's Mate”）便讲述了一个心地善良、乖巧懂事的丛林孩子“小岛儿”的悲惨故事。故事中，关于可怜的小岛儿的葬礼的独白式描写，令人无比动容，“有着典型的狄更斯风格”（Kiernan，1984：iv）。再如《赶羊人的妻子》中几个性格鲜明的孩子，在贫困、悲苦中过着凄惨生活的几个孩子尽管生活在澳大利亚恶劣与可怖的丛林环境中，常年面临着洪灾、旱灾、疯牛病、蛇虫的威胁，不过他们与退斯特一样，历经社会各种苦难与打击，无论生活如何困苦与艰难，始终保持着善良淳朴、积极向上的良好品质，对未来充满向往和希望，有着与狄更斯相似的通过道德情感教化，达到社会改良的现实主义创作思想。

3 “狄更斯式”现实主义书写

狄更斯堪称英国文学史上批判现实主义的创始人和最伟大的现实主义作家。他的作品揭露社会的黑暗，揭示贫穷人的疾苦，批判“英国资本主义社会的邪恶，如债务人的监狱、惨淡的孤儿院、工厂的孩子、社会的贫困和剥削等”(Gagnier, 2013: 87)。十九世纪初期，英国资本主义社会的快速繁荣之后遭遇了发展瓶颈，各种社会思潮不断涌动，经济危机随时爆发。狄更斯的作品以此为背景，以现实主义手法刻画城市最底层民众的凄惨生活，揭露城市资本主义的罪恶。狄更斯对“伦敦街头巷尾底层民众困苦生活的描述就如一个特派通讯员一样精准，客观……这种拍照式、照镜子似的白描手法，使得狄更斯现实主义小说中的人物形象都有一种‘以小见大’的功能”(张加生，2017:34)。狄更斯对英国统治阶级和资本主义制度的邪恶与虚伪深恶痛绝，对狡诈、贪婪的资本家进行了最为深刻和无情的揭露；与此同时，他的小说普遍以社会底层人物的艰辛生活现实为书写对象，使得小说具有底层命运共同体意义，成为推动社会变革的伟大作家。

狄更斯的现实主义创作理念深刻影响了劳森的创作，劳森对作品的后期修改更是遵循着狄更斯的现实主义手法。在狄更斯的影响下，劳森主张用自己的眼睛观察澳大利亚丛林人生活日常，用朴实无华的语言记录丛林人的生活点滴，真实再现澳大利亚丛林人勤劳勇敢、不畏艰辛的生活态度。劳森反对以浪漫主义手法书写澳大利亚丛林，反对把地狱般的澳大利亚丛林美化成风光浪漫的异国天堂，而是坚持以狄更斯式的现实主义书写再现澳大利亚丛林人的艰辛生活现实，以“为那些失落的心灵做点什么”(Roderick，1972:24)，沿袭狄更斯“那种将日常生活中的细小事件‘略加选择地’如实记录下来，让人有一种在读新闻报纸的感觉”(张加生，2017:34)的现实主义创作手法。

劳森的丛林作品以真实著称，他本人也以此为荣，这是因为劳森从狄更斯的作品中获得了“描写和记录普通人生活的创作动力”(Maddocks，1978:42)。狄更斯的现实主义创作对劳森影响之深以至让他萌生了要成为澳大利亚狄更斯的梦想，并立志“将狄更斯对英国社会现实的描写转化成自己对澳大利亚现实的描写”(Pons, 1984:259)。正如他自己所言：

> 我的理想在于不加任何修饰地如实描写澳大利亚，如实描写澳大利亚的发展变化，如实描绘出澳大利亚人的过去生活，从而建构出澳大利亚美好、崇高的未来。这些如实描写旨在展示澳大利亚早期丛林人人性中最好、最崇高的一面，这样人人都将深爱这个民族，对人性之善怀有崇高的信念，我也将如实描写社会丑恶，展现人性最糟糕的一面，如贫穷、奢侈、痛苦、挥霍等，从而让人厌恶这将人变得贪婪自

私的社会制度。(Roderick,1972: 37)

在狄更斯的影响下,劳森的丛林现实主义书写不仅用客观的笔触描摹澳大利亚底层民众的生存抗争,深刻揭示底层人民谋生过程中的挣扎、彷徨与无奈;还以简洁、洗练的笔触对丛林人生活细节进行快速素描,用独具澳大利亚特色的幽默和语言展现丛林人追求独立、自由的爽朗性格,正如有评论所说,"没有哪个诗人像劳森那样,'举起镜子映照澳大利亚到处干旱的丛林环境',他的勇敢突破、忠实生活原貌和对传统文学的蔑视,颠覆了将丛林作为浪漫之地的书写范式,让我们得以一睹澳大利亚历史上真实的一页"(Roderick, 1972:39),也就是他在给《公报》(*Bulletin*)的一封信中所说"我只写自己所看到的事情或自己所经历的事情,其他的我都不写。我在痛苦中坚持写,我敢说,我写的每一行字都是真实的、准确的"(See Lee, 2004:28)。劳森"着力真实再现丛林人不畏艰辛、开拓荒野的抗争精神;着力刻画丛林人患难与共、互助互惠的丛林情谊;着力颂扬丛林人不畏强权、反抗权威的丛林正义;着力渲染丛林人抵制城市庸俗、虚伪的生活态度"(张加生,2017:54),处处展现狄更斯现实主义创作对他的影响。劳森自身的丛林生活体验以及他对丛林人生活的细察让他得以管窥社会等级森严的压迫感和丛林人所受到的不公对待,从而借助现实主义书写表达丛林人对公正、平等、自由的渴望。如劳森最为著名的早期诗歌《大街上的面容》("Faces in the Street")就惟妙惟肖地再现了城市底层民众"为了生活,无比憔悴"的面庞,表达了诗人对底层民众生活遭遇的同情和对公正、平等、自由的渴望,揭露了城市资本主义的贪婪、残酷与无情,具有狄更斯式的批判现实主义效果。诗中:

日头西沉下的少数脸庞啊,
那是依然在劳作者的面庞
街头有一两个陌生人,
拖着疲乏的步伐
讲述着城市失业者的辛酸故事,
四处漂泊,四处漂泊
那毫无生机的步伐啊
我的心儿为之悲痛!(Cronin, 1984a:49)。

一个个"饥饿、憔悴的面容"正是劳森在悉尼街头看到的穷人和失业者的真实景象,这些终日愁眉苦脸的憔悴面容反映了他们每日劳作,却食不果腹的现实。另外,与狄更斯对伦敦肮脏、丑陋、邪恶描写相似,劳森的《阿维·阿斯皮纳尔的闹钟》中阿维的悲惨命运揭示了悉尼资本家对童工的无情剥削和残忍压榨,批判了城市资本主义唯利是图、贪婪成性的本质。由此观之,狄更斯对劳森的现实主义创作影响见微知著,当然,劳森在他的《自传片段》中明确表达他对狄更斯的深爱有加,他在《悬赏公告》(“Wanted by the Police”,1907)一文中,更是直接引用了狄更斯在《英格兰历史》中的一段,表明劳森对狄更斯作品阅读的深入与广泛,对狄更斯小说情节的烂熟于心也一定意义上激发了劳森的现实主义创作灵感。

劳森的丛林现实主义创作素材一方面来自他自身的丛林体验以及他对丛林人生活细致的体察,另一方面,劳森的现实主义创作动力与灵感源自狄更斯的批判现实主义创作理念,因而他在描写丛林人艰辛凄惨生活现实的同时,还揭露和批判了澳大利亚社会阶层对抗、贫富不均现象,表达他对穷苦人凄惨命运同情的同时,还有着摆脱英国殖民统治,建构一个自由、公正、平等、独立的崭新澳大利亚民族的理想,劳森的民族理想同样显示出狄更斯维护大英帝国荣光的帝国思想影响。

4 “狄更斯式”民族书写

十八世纪中叶以来,在英国工业革命和资本主义全球化的大背景下,不少作家有了民族以及民族共同体的萌芽意识。十九世纪中叶,英国产业革命已经完成,资本原始积累财富越来越多,整个国家经济飞速发展,与此同时,英国资产阶级和无产阶级的矛盾却越来越尖锐。维多利亚女王不希望国家离心离德局面的出现,于是不断采取措施来激发英国人维护和捍卫英国的威望与荣耀,这些措施包括加大主流媒体宣传,强化皇室威仪,将英国女王“视同为英格兰的象征,以此来团结各个阶级和各个(联邦)地区”(Lucas, 1987:65),彰显英国的民族之威。

在此背景下,狄更斯的早期幽默作品《匹克威克外传》(*The Pickwick Papers*, 1837)便描绘了伦敦富丽堂皇、壮观威严的城市建筑,将伦敦描绘为活力四射、经济活动繁荣发达的商业中心,不仅是大英帝国的心脏,也是狄更斯心目中的世界中心。需要指出的是,狄更斯的小说尽管揭穿了英国社会制度黑暗丑陋的一面,但这些影射,一定程度上,掩盖了当时英国为了维护大英帝国尤其是伦敦帝国中心所采取的措施,但深入文本,我们可以发现狄更斯对大英帝国荣耀的维护之心。狄更斯在《小杜丽》(*Little Dorrit*)中对英国官僚制度大张挞伐之前,英国政府颁布的《诺斯科特-特里维廉报告》就针对英国政务人员提出了不少改革举措;英国的监狱制度改革也在《大卫·科坡菲尔》之前有所开展,当然这在一定程度上,归功于狄更斯的《雾都孤儿》。在《大卫·科坡菲尔》连载完次年,也就是 1851 年,英国万国博览会举行,向全世界展现了工业、军事、经济等都位于世界顶尖水平的英国的荣耀。随后,狄更斯的《荒凉山庄》(*Bleak House*, 1853)揭示了维多利亚人民为了维护大不列颠民族荣誉的不懈努力,以此彰显大英帝国的强大号召力、吸引力与辐射力，以维护帝国荣耀。《艰难时世》(*Hard Times*，1854)通过描写工业革命后英国资本主义的内部矛盾，聚焦教育家葛擂更与银行家庞德贝为了扩张家族资本的“功利哲学”，围绕资本家与工人的阶级冲突，传递出帝国中心的维护最终必须依靠人民群众的朴素正义观和真挚的情感力量，而非工业革命催生的钢筋混凝土般的“坚硬事实”，更无法依赖强制性的规训去驯服，表达了狄更斯试图维护英国民族荣耀的个人理念。他主张以公民朴素情感文化塑造民族文化，以绅士形象塑造民众榜样，并以此汇聚民众力量，维护大英帝国的四海威望。在狄更斯看来，那些最默默无闻的芸芸众生，尤其是广大底层贫民阶层，他们为了生活、为了生计表现出的生机与活力，展现的坚韧与勇敢，流露出的“朴素情感”才是维护英国永葆荣光的根本。

狄更斯的伟大之处在于他持续关注社会底层民众凄惨生活，揭露英国工业革命对淳朴乡村生活的侵蚀，批判人性在金钱、权力与欲望面前的丑陋与虚伪，旨在通过揭示社会黑暗推动社会变革，最终维护大英帝国民族的长盛不衰。任何民族的辉煌与荣耀本质上都离不开金字塔塔基“沉默的大多数”的民众智慧的贡献。社会底层民众在谋生存、求发展过程中展现的惊人生命力与勃勃生机，他们默默无闻努力抗争是社会和历史进步的最大力量，构成了更为稳固、更为牢靠的民族基础。

十九世纪末，澳大利亚民族主义运动风起云涌，如何摆脱英国殖民统治，成立独立的澳大利亚是劳森创作的主要社会历史语境。殖民主义时期，在澳大利亚大陆生存的欧洲殖民者或来自世界各地的殖民拓荒者把自己视作这片土地的旁观者，他们的“放逐流亡”心态和对母国的眷恋依赖使得他们总是渴望回归遥远的“旧世界”，从没想过在这里建立一个独立的新的民族。十九世纪末，英国殖民者与澳大利亚各殖民州的政治分歧使得澳大利亚人意识到“澳大利亚英国人”与“英伦英国人”的区别，认识到大英帝国从来不会顾及澳大利亚民众的利益，这极大地伤害了澳大利亚人的感情，激发了他们的民族独立意识，澳大利亚民族主义运动应运而生。

世纪交替，澳大利亚民族独立思潮在澳大利亚大陆逐渐兴起，劳森的第一首诗歌《共和国之歌》(“The Song of the Republic”)就是在此语境下创作的。诗歌充满了青春、热血和激情，号召澳大利亚人民奋起反抗英国殖民统治，建立新的属于他们自己的独立民族：

> 南方的男儿们，快快醒来，快快起来！
> 南方的男儿们，奋起吧！
> 这是属于你们的蔚蓝天空
> 驱逐旧世界所有错误、冤屈和谎言，
> 将这片地狱打造成天堂
> 这本就属于你们。(Cronin，1984a：39)

可以说，劳森的创作生涯便是从宣传民族独立、激励澳大利亚民众的民族意识开始的。《共和国之歌》之后，他又以《大街上的面容》（“Faces in the Street”）、《共和国先驱者》（“Republic Pioneers”）等诗篇持续激励澳大利亚人民奋起反抗英国殖民压迫，建立独立的澳大利亚民族。因此，“自劳森而始，澳大利亚才产生具有自己民族特点的文学”（黄源深，1997：90），也就是说，劳森的作品不仅描写了十九世纪八九十年代那个充满焦虑、传奇和民族风云的社会现实，还表达了他对澳大利亚民族未来的构想。

劳森毕生围绕丛林环境塑造了不少英雄式的丛林人形象，展现了澳大利亚独特的丛林地域与文化特性，建构了有别于宗主国英国的澳大利亚性。他以独具澳大利亚特色的丛林人形象，激励着澳大利亚人的民族意识，通过展现丛林人自由、独立、民主的生活方式号召澳大利亚民众摆脱宗主国“母国”情结，建立属于澳大利亚人自己的澳大利亚。在诗歌《行无定踪的澳大利亚人的自由》（“Freedom on the Wallaby”，1891）中，劳森大声疾呼：

> （所以）我们必须高举起义军的旗帜，
> 就像我们的先辈那样；
> 我们必须高唱反抗之歌
> 加入反抗大军的合唱。
> 我们会让暴君们感到刺痛，
> 感到窒息；
> 如果鲜血弄脏了篱笆条！
> 这一切，错不在我们！（Cronin，1984：146）

诚然，劳森以丛林书写“理想化丛林”（Pons，1984：147），宣扬丛林人的民主、独立、平等和自由，并将其理想化为澳大利亚民族的核心气质，究其本源，就是劳森的丛林书写有着他关于澳大利亚民族丛林共同体的想象，丛林书写是劳森表达他澳大利亚民族理想或者说参与澳大利亚政治建构的一种方式，其中他对丛林伙伴情谊的真情追忆更是表达了他的澳大利亚民族建构中以“忠贞互助，永不背弃”的伙伴情谊为核心价值观的丛林理想。劳森的丛林书写既是对丛林神话的理想构建，也是对澳大利亚丛林传统的再现，表达了他一心渴望恢复“正在失去的丛林乐园”（Pons，1984：147）的怀旧情感，正如菲利普斯所说，“如果深入劳森的文本，你就会越来越确信他不仅仅是在客观描述新南威尔士平原，而且是将他的心灵内景投射到丛林书写中”（Phillips，1965：9），也就是说，他的丛林书写深深融入了他个人对丛林传统、丛林文化和丛林气质的怀旧。劳森曾在《红土地上的英雄》（“The Hero of Redclay”，1899）中自信地表明自己的作家前景：“总有一天，澳大利亚作家会横空出世，让批评家和读者看到一个狄更斯、卡莱尔与萨克雷合而为一的作家，对民主的澳大利亚——这样一个殖民定居者的地方进行如实表征。”(Cronin，1984a：603)。从中，我们既可以管窥狄更斯对劳森的影响，也能看到劳森丛林书写的深厚民族理想。

劳森的丛林书写着力表现了澳大利亚不同于英国的地域与文化特性，宣扬澳大利亚丛林人独立、民主和自由的生活方式，倡导丛林伙伴情谊，并将其建构为澳大利亚民族精神的核心，为建立“澳大利亚人的澳大利亚”呐喊发声。正如狄更斯聚焦伦敦底层市民的现实主义书写有着维护大英帝国荣光的民族情怀一样，劳森的丛林书写同样有着鲜明的澳大利亚民族指向，他通过刻画丛林人艰辛恶劣的生存环境，聚焦丛林人生活的窘迫与辛酸，真实地再现了澳大利亚人在荒野孤寂的丛林中披荆斩棘，开辟出一个完全不同于宗主国英国的崭新民族的精神风貌。

5　结论

在狄更斯童年相似经历的激励下，在狄更斯作品的鼓舞下，劳森以狄更斯为榜样，以自己的童年经历为素材，创作了不少以儿童为主人公的故事；并且他坚持用狄更斯式的现实主义手法再现澳大利亚底层丛林人的艰辛生活，将朴素情感文化内嵌入澳大利亚丛林文化，借此汇聚丛林人力量，凝聚丛林人智慧，从而建构澳大利亚民族理想的丛林共同体。劳森围绕澳大利亚丛林建构澳大利亚民族精神与文化的民族意识，奠定了劳森澳大利亚民族主义文学奠基人的作家地位，这背后无不显示出他的“文学之父”查尔斯·狄更斯如影随形的存在和对他无处不在的影响。

参考文献

[1] Cronin, Leonard. (ed.), *A Camp-fire Yarn: Henry Lawson Complete Works*, 1885—1900. Sydney: Lansdowne, 1984.

[2] Gagnier, Regenia. 2013. The Global Circulation of Charles Dickens's Novel. *Literature Compass* 10(1): 82 - 95.

[3] Gerson, Stanley. 1972. A Great Australian Dickensian. *Dickensian* 68: 74 - 89.

[4] Kiernan, Brian. "Introduction." PP: i - ix. In Cronin, Leonard. (ed.), *A Camp-fire Yarn: Henry Lawson Complete Works, 1885—1900*. Sydney: Lansdowne, 1984.

[5] Lee, Christopher. 2004. *City Bushman: Henry Lawson and Australian Imagination*. Curtin: Fremantle Arts Centre Press.

[6] Maddocks, John. 1978. Dickens and Lawson. *Quadrant* 22(2): 42 - 46.

[7] Phillips, A. A. 1965. Henry Lawson Revisited. *Meanjin Quarterly* 24(1): 4 - 17.

[8] Pons, Xavier. 1984. *Out of Eden: Henry Lawson's Life and Works: A Psychoanalytic View*. North Ryde: Sirius Books.

[9] Prout, Denton. 1963. *Henry Lawson: The Grey Dreamer*. Adelaide: Rigby.

[10] Roderick, Colin. 1972. *Henry Lawson Autobiographical and Other Writings, 1887—1922*. Sydney: Angus and Robertson.

[11] 查尔斯・狄更斯,2000,大卫・科波菲尔.李彭恩,译.北京:北京燕山出版社.

[12] 西格蒙德・弗洛伊德,1986.日常生活的心理奥秘.林克明,译.兰州:甘肃人民出版社.

[13] 黄源深,1997.澳大利亚文学史.上海:上海外语教育出版社.

[14] 蒋承勇,郑达华,1995.狄更斯的心理原型与小说的童话模式.杭州师范学院学报,17(1):69-73

[15] 张加生,2017.澳大利亚丛林现实主义小说研究.南京:南京大学出版社.

近五十年法国儿童文学中女孩形象研究*

北京语言大学　刘宇宁　刘贻丹**

摘　要:近50年以来,法国儿童文学题材得以不断丰富,其中的女孩形象尤为值得关注,它不仅能映射社会结构的变化也能体现思想观念的发展。女孩形象的塑造承载着成人的价值观,与当代女性主义运动的浪潮彼此呼应,与各历史时期的女性境遇息息相关。从两性对立造成的"假小子"形象,到多愁善感的传统女孩形象,再到理性看待女性特质的新世纪女孩形象,这些应运而生的文学形象,经由儿童文学的教育功能,对各时期女性的自我发展产生了重要影响。

关键词:法国儿童文学;女孩形象;女性境遇

Title: A Study on the Image of Girls in French Children's Literature in the Last Fifty Years

Abstract: In the last 50 years, French children's literature has been enriched by a variety of themes, among which the image of the girl is particularly noteworthy, which can not only reflect the changes in social structure but also reflect the development of ideas and concepts. The portrayal of girls carries adult values, echoes the waves of contemporary feminist movements and is relevant to the situation of women in all historical periods. From the image of the "tomboy" caused by the gender dichotomy, to the traditional image of the sentimental girl, and the image of the girl in the new century with a rational view of femininity, these literary images have

---

* 本文系国家社科基金重大项目"《世界儿童文学百科全书》翻译及儿童文学批评史研究"(项目编号:19ZDA297)的阶段性成果。

** **作者简介:**刘宇宁,北京语言大学外国语学部副教授。研究方向:法国文学和中法比较文学。联系方式:camilleliu0528@aliyun.com。刘贻丹,北京语言大学外国语学部博士生。研究方向:英美文学、外国儿童文学。联系方式:yidanliu_blcu@outlook.com。

emerged as an important influence on the development of women in all periods through the educational function of children's literature.

Key Words: French Children's Literature; Girls' Image; Women's Situation

1 引言

对于儿童文学的源起和界定，国内外学者已有诸多论述，作品的目标受众是否为儿童，成为定义现代儿童文学的重要标准，综合各方家观点，再结合当代西方文论普遍重视读者作用的倾向，我们认为从广义角度来理解儿童文学或更具说服力，“凡是儿童喜欢并且能够欣然接受的一切优秀文学作品都可以看作广义的儿童文学”（舒伟，2015：10）。从这一定义出发，儿童文学的最早形式可追溯到中世纪以古典作品和寓言为主的儿童读物，而“现代意义上的儿童文学起源于英国”（张生珍，刘晓书，2020：126），1744年，第一家专营童书的纽伯瑞出版社在英国诞生，标志着儿童文学真正成为一种独立的文学形态。

法国儿童文学从作品数量上看虽不及隔海相望的英国，但其儿童文学创作的历史与现状依然能体现法国文学的个性以及法国社会的时代特征。“儿童文学既是集体记忆的丰富宝库，也是社会文化变化的强大引擎，而文化变革在今天比以往任何时候都更为重要”（张生珍，2021：118）。20世纪以来，法国儿童文学的发展走向成熟，除了探险、侦探、奇幻和历史等常见题材，还出现了主人公和受众均为女孩的系列童书①。这些女孩形象的出现或许并非出于偶然，与当下社会中的女性境遇应存在着一定程度的内在联系。一种文学形象的出现和变迁往往不能仅从文本角度进行解释，还需要结合文学作品的时代语境来考量。

1968年之后，随着法国“五月风暴”的平息，社会文化层面发生了深刻的革命，僵化的社会关系和传统的权威遭到质疑和摒弃，女性主义运动取得了一系列胜利，文学领域的新理论和新批评不断涌现，呼应着思想革命的召唤。儿童文学是成人写给孩子的文字，其中或多或少都隐含着教育目的，反映着成人的意识形态，寄托着他们对儿童的希冀。儿童文学与普通意义上的文学同根同源，“西方儿童文学理论研究几乎是与文艺理论、文化研究的最新潮流形成良性互动的”（谭旭东，2016：12），因此，当代西方文论的基

① 如米兰（Milan）出版社的“朱莉小说”（Les romans de Julie）系列和玛尼亚尔（Magnard）出版社的“奇怪女孩”（Drôles de filles）系列，主题多涉及家庭关系和青春期情感问题等。

本要义同样适用于儿童文学研究。

儿童文学中的女孩形象承载着一定社会文化背景下的意识形态，儿童小说相较于绘本等童书更能多维度地传达价值观，并能更细致入微地反映儿童心理。在西方儿童文学批评长期遵循的教育/娱乐二分法的基本范式中，小说人物形象的文学教育功能更为突出。由此，本文将以面向中小学生的法国儿童小说为主要研究对象，结合近 50 年法国社会历史语境的变迁，分析各历史阶段作品中女孩形象的特点，探讨这些形象的生成机制，其映射出的女性境遇以及对儿童教育所产生的影响。

2 两性对立和"假小子"形象

日本学者上笙一郎认为，真正意义上的法国儿童文学创作肇始于 17 世纪的佩罗(Charles Perrault, 1628—1703)童话(蒋风，2012:42)。佩罗将流行于贵族沙龙的那些口口相传的民间故事进行了系统的文字整理和书写，他的《鹅妈妈故事集:过去的故事》(*Contes de ma mèrel'Oye*, *ou Histoires du temps passé*, 1697)成为几百年来法国和世界各国儿童的共同记忆。佩罗笔下的睡美人、小红帽和灰姑娘也已成为儿童文学中的经典女性形象。直到 18 世纪，儿童文学中的女性形象依然以仙女、公主和懵懂善良的姑娘为主，这一方面迎合了孩子对童话世界的幻想和憧憬，另一方面也延续了儿童文学的教育功能，用以进行道德和行为规范的训诫。在男性本位的文学创作中，虽有诗意和爱情的美化，女孩形象依然是按照男性主观意识而塑造出的被动、处于从属地位的客体。

19 世纪，法国经济技术的发展和文学样式的丰富促进了儿童文学出版业的空前繁荣。(Brown, 2011: 1-2)阿歇特(Hachette)出版社的"玫瑰丛书"(Bibliothèque rose)中收录了塞居尔伯爵夫人(Comtesse de Ségur, 1799—1847)的代表作品，如《苏菲的不幸》(*Les Malheurs de Sophie*, 1858)和《模范小女孩》(*Les Petites Filles modèles*, 1858)等。这位俄裔法国作家塑造的小女孩形象令人耳目一新，她们有的活泼调皮，有的腼腆孤僻，但都在分享童年、共同成长的过程中收获了快乐和友情。19 世纪末，随着法国公立学校的发展，女孩受教育的机会增加(Di Cecco, 2009: 10)，使得这些作品中的女孩形象更加深入人心。

20 世纪的两次世界大战让很多女性走出家门代替了男性的工作，同时也激发了她们对公民权利的诉求，而直到 1944 年法国女性获得选举权和被选举权时，这场斗争才终于取得了阶段性胜利，也就是现代法国女性主义运动的第一次浪潮。自此，女性主义运动形成的巨大潮涌不断冲击着陈旧的意识形态，推动着思想界的革命和社会文化的发展，儿童文学也不可避免地受到相应影响。关于女性主义运动和儿童文学的关系，美国学者特瑞兹(Roberta Seelinger Trites)在《唤醒睡美人:儿童小说中的女性主义声音》(*Waking Sleeping Beauty: Feminist Voices in Children's Nouvels*)一书中断言:"没有任何有组织的社会运动像女性主义那样对儿童文学产生了如此重大的影响。自从20世纪60年代妇女运动兴起,许多以英文出版的儿童小说反映了这一运动的目标。"(特瑞兹, 2010: 1)这一论断不仅针对英语儿童文学作品,也同样适用于法国儿童文学的语境。

20世纪60—70年代,法国的女性主义运动发展迅速,也是儿童文学发生决定性转变的时期。"这种转变明显受到当时的政治社会事件的影响,其中包括女性主义运动的第二次浪潮"(Di Cecco, 2015)。波伏娃在《第二性》中指出,对于男性而言,女性是"附属的人,是同主要者相对立的次要者。他是主体,是绝对,而她则是他者"(波伏娃, 1998:4-5)。法语中"人"(homme)这个词是阳(男)性的,女性只有相对于男性而言才得以存在,如果没有男性的决定,女性便什么也不是。觉悟到这些问题的女性开始追求自身的解放,并要求在社会、政治和经济层面实现与男性的平等权利。在文艺理论领域,以福柯、德里达为代表的后结构主义思想家对传统的夫权中心主义和西方的语言文化霸权进行了彻底的解构和颠覆,男性的统治地位受到了强烈质疑,促使女性在家庭生活和私人空间中也要求得到与丈夫相同的权利和地位。在女性主义第二次浪潮的影响下,文学作品中的两性关系多以对立的形式出现,性别之战的意味十分明显。

体现在儿童文学创作中,首先可以发现作品主题和受众出现了分化:以历险、运动和科幻为主题的作品主要面向男孩;而面向女孩的作品常涉及女性境遇以及女性特质(féminité)和女性主义(féminisme)之间的冲突等。如果对作品中的人物形象加以分析,我们不难发现,这些女孩其实并不具备典型的女性化特征,行事风格更像男孩。她们往往以独立自主的形象示人,试图寻找自我,在现代社会中通过一切途径实现自我的全面发展。如《一位吉卜赛姑娘的漫长旅途》(*La Longue Route d'une Zingarina*, 1978)中,15岁的斯黛丽娜(Stellina)为摆脱包办婚姻而离开家庭和部族。再如《食人族的锅》(*La Marmite des cannibales*, 1979)中的弗蕾德丽可(Frédérique),在非洲的长途旅行中,目睹一些游客污染环境、破坏文物、浪费资源,她深深地感受到他们的丑恶,认为他们应该遭受惩罚。这些女主人公都离开家庭远游四方,遇到任何困难都决不退缩,最终通过个人努力实现了人生理想。她们的成功经历其实十分男性化,被塑造成了人们常说的"假小子"。其中最典型的是"玫瑰丛书"推出的超级女英雄形象——芳朵梅特(Fantômette),乔治·肖莱(Georges Chaulet)创作的系列小说从1961年到2011年共出版了52册,并被搬上银幕,成为脍炙人口的儿童文学作品。女主人公弗朗索瓦兹(Françoise)白天是一名学生,晚上则化身正义的使者挫败阴谋、惩戒犯罪。芳朵梅特精通多门外语和唇语,她虽不具备超能力,但聪颖过人,擅长各类体育运动并精通武术,她的英雄行为颠覆了以男性为主导的冒险叙事,取代男性成为社会秩序的维护者。

这些女孩形象的生成反映出女性主体意识的觉醒和对菲勒斯中心主义的对抗和消解，这一思潮的出现与20世纪下半叶法国经济的高速发展和女性境况的改善有直接关联。战后的法国社会发生了一系列结构性的深层次变化，1945年—1975年间，经济发展实现飞跃，富裕的消费社会已经形成，这段时期被称为“辉煌三十年”(les Trente Glorieuses)。法国从一个以农业为主的国家，蜕变成一个现代的后工业国家。城市工人阶层迅速衰落，工薪雇员、公务员、教师和中层管理人员成为劳动人口的主要组成部分。物质生活的极大丰富却让消费者在享受繁荣的同时感到迷惑和痛苦，无论是阿兰·罗布-格里耶(Alain Robbe-Grillet)的《橡皮》(*Les Gommes*，1953)和《窥视者》(*Le Voyeur*，1955)，还是乔治·佩雷克(Georges Perec)的《物》(*Les Choses*，1965)都反思了物的充盈带给人的异化以及物的世界对人的支配。

经济发展的同时，女性主义运动也取得了诸多胜利，妇女权利大大增加，她们可自主决定外出工作并开立银行账户(1965年)，自由使用避孕药品(1967年)，享有与丈夫同等的监护权(1970年)等，而最重要的成果则是自愿终止妊娠的合法化(1975年)。在教育公平问题上，代表着法国精英教育的大学校(grande école)也在20世纪70年代开始招收女性大学生，政治生活也向她们打开了大门，这一系列的社会变革催生了新一代的年轻女性，法律赋予了她们与男性平等的基本权利。不过，女性地位提高的表现形式往往局限在效仿男性或代替男性的模式中，反映在儿童文学上，传统小说中的家庭模式发生了改变，母亲外出工作，独自抚养儿女的单亲家庭渐渐成为这类文学作品的标配，意味着女性可以取代男性的社会和家庭角色。因此，这一时期的儿童文学作品映照出处于社会转型中的女孩们追求自我、与社会抗争的精神状态。她们想和男性一样掌握自己的命运，希望在职业、爱情、社会生活、政治生活和家庭生活等各个方面证明自己的价值。

3 失业威胁与传统女孩形象的回潮

20世纪80年代中后期，法国社会进入了一个新的历史时期，“辉煌三十年”带来的繁荣发展渐渐放缓，失业问题已经显现。人们渐渐意识到这并不是一个暂时现象，而是一个将要一直存在，波及各个社会阶层，并对社会、政治、家庭生活产生影响的顽疾，它不仅会改变人们的行为，而且还将破坏社会的平衡。而面临失业威胁时，女性在职场的劣势更加明显，尤其是在兼职领域。为养育年幼的孩子并照顾家庭，当时绝大部分法国女性选择时间相对灵活的兼职工作。不仅如此，相同教育背景下，女性并未享有与男性平等的工作机会，同工不同酬的现象一直存在，女性收入低于男性约27%(Montardre，2005：63)。

由于充分就业的形势一去不复返，通过文学作品劝说女性回归家庭的社会需要十分迫切。这样一来，儿童文学成为特定社会环境中宣传“理想身份”的载体。20 世纪 70 年代的小说展现的是得到解放的年轻女孩形象，她们关心自己未来的职业发展，因为当时的社会经济环境为她们提供了各种可能，而到了 20 世纪 90 年代，文学作品中反映出的典型形象自然要符合当时的社会期待。从 1992 年的数字来看，无论是中层管理者还是普通雇员，女性失业率是男性的两倍（La Découverte，1992：58）。与这一现实相呼应，法国儿童小说作品中鲜少看到女性人物对自己的职业前景进行思考，女孩形象的特点往往是奋斗目标不明确、前途渺茫，或是特别注重外表和他者（即男性）的看法，时常多愁善感，陷入感情问题的困扰。

《穿袜子的爱情》(*L'amour en chaussettes*，1999)是儿童文学作家古都尔(Gudule)较受关注的一部小说。初中女生戴尔菲娜(Delphine)被自己的美术老师莱特利耶先生(M. Letellier)深深吸引，见到他会不由得“屏住呼吸，被一道火热的闪电击穿”(Gudule，2006：12)。戴尔菲娜对两人的关系充满不切实际的幻想，直到老师向她表明他们之间绝无可能，她才伤心不已地认清了现实。此时，戴尔菲娜也渐渐意识到自己对同龄男孩阿尔蒂尔(Arthur)的好感，并与之交往。戴尔菲娜的经历是一些情窦初开的女孩的写照，因此在青少年中引起了很多共鸣。此类儿童文学作品的盛行会将女孩的关注重点转向家庭、情感和外貌，回归两性关系的讨论。与 20 世纪 70 年代的“假小子”形象截然相反，这些女孩形象更接近传统观念中的女性特质，如敏感、羞怯、爱幻想、感情用事等。

除了情感问题，另有一类作品通过反映代际矛盾，传递出女性应照顾家庭、关爱子女的社会观念，事业心强的女性甚至会受到指责。如安娜·卡莉芙(Anne Calife)的小说《生死饥饿》(*Meurs la faim*，1999)中，女主人公莫德(Maud)的父母都是大学教师，父亲对她漠不关心，母亲则是一位强势的女权主义者，看似关心女儿，其实却并不真正了解她的需求。无论在学校还是家中，莫德都感到非常孤独，并患上了严重的饮食紊乱症，不断感到饥饿，因此过度进食，导致发胖，便愈发变得自我封闭。莫德的病症其实是她对父母的心理需求无法得到满足的一种外在体现。通过莫德的痛苦，小说也间接表达了对她母亲的批判，将其描述成一个冷漠、刻板的女权主义者和对孩子缺乏关爱的不称职母亲。在很多儿童文学中，女主人公的母亲如若是职业女性，往往呈现出负面形象，女孩们普遍认为自己的母亲应该多花时间和心思来洗衣做饭，而不是在事业和家庭之间左右为难。

批评家杰奎琳·罗斯(Jacqueline Rose)曾在《彼得·潘案例，或论儿童虚构文学的不可能性》(*The Case of Peter Pan, or The Impossibility of Children's Fiction*，1984)一书中提出，在儿童文学的语境里，作家实际在代表儿童进行各种文学表述，因成人身份与儿童身份之间不可消除的隔阂，这种“不可能”实现的表述实际是成人对儿童观念的代言和挪用。在儿童形象的塑造上，也并非儿童第一，形象第二，而是为了某种形象的需要才有了最适合的儿童代表。（赵霞，2022：101－102）在女性职业生涯充满不确定性的时期，法国儿童文学作品中的一些女孩形象表现出脆弱无助、寻求保护的特点，反映出女性需依附于男性生存的境遇，也是男性希望女性淡出职场，重返家庭的文学表述。

鉴于儿童文学具有广泛的教育功能，能够传递和灌输理想形象以及行为规范，所以，这些作品中渲染的传统女性价值观很容易在不知不觉中被读者所接受，小说中的情境、人物类型、语言和词汇等，都具有一定的指导意义，年轻读者都会予以吸收和内化。小说不是现实世界的复制品，而是促使人们对世界进行解读，阅读过程对读者的影响力是不容忽视的。埃柯（Umberto Eco）和万森·茹弗（Vincent Jouve）都曾指出读者和叙事者之间存在一种信任关系，“读者会相信小说中发生的事情……他信赖某种权威机制”（Jouve，1998：202）。由此可见，读者在阅读时会进入小说的世界，将小说人物当作这个世界中真实存在的人。而文本阅读经历也会在现实生活中有所延伸，未成年读者更容易混淆小说人物和现实中的人，将虚构世界作为现实世界的替代物。女孩自然而然会对小说中的女主人公产生强烈的代入感，尤其当她们在现实世界又能看到同类的榜样时，这些固有的女性形象会给读者带来一些负面的影响并会一直伴随她们成长，进而影响其世界观和社会化过程。当女孩在进行职业选择时，虽然面对很多可能性却依然会倾向一些符合传统观念中“女性化”的工作，某种意义上说其实是主动选择了社会性上的从属地位，而放弃了多样化的职业选择，这阻碍了她们潜力的发挥。

4 质疑女性特质单一化的新世纪女孩形象

21世纪女性主义运动的诉求已经不再是改善女性的社会地位或争取政治权利，因为从立法和社会制度层面来看，这些要求大都得以实现。今天所谓的“第三次浪潮”抑或是“后女性主义”思潮，其实与20世纪60—70年代的第二次浪潮密不可分，当代女性主义依然谴责将妇女物质化的倾向，关注性别歧视引发的社会问题。波伏娃的论著唤起了女性对自身地位和两性之间不平等的认识，继她之后的法国女性主义三位重要代表伊里加蕾（Luce Irigaray）、西苏（Hélène Cixous）和克里斯蒂娃（Julia Kristeva）接受了来自精神分析、解构主义和语言学的影响，虽有各自的理论建树，但都不约而同地主张破除二元对立，维护两性差异，通过建立女性话语体系来摆脱从属地位。

伊里加蕾指出：“性别平等并不意味着消除性别特征，而意味着尊重性别差异。”（刘岩，2013：94）克里斯蒂娃主张女人要充分认识自身的独特性，认为母爱是女性特质的决定因素，同时也是发挥女性创造力的源泉（Van der Poel，1992：232）。高宣扬认为，20

世纪 80 年代至今，以克里斯蒂娃为代表的女性主义思想跳出了传统的形而上学模式，超越了男女对立和“性别之战”的局限。（高宣扬，2009：10）。克里斯蒂娃的理论是女权主义和女性特质的统一，倡导承认和尊重女性化的特点而不是让女性变得男性化以对抗男性统治话语。

在法国儿童文学的传统中，理性主义文化影响深远，“它不仅构成了法兰西民族的认识论、知识观以及基本价值观，也影响了法国文学包括儿童文学的基本艺术特色和精神”（方卫平，2015：3）。早在 18 世纪的著名童话《美女与野兽》（*La Belle et la bête*，1757）中，作者勒普兰斯·德博蒙夫人（Madame Le Prince De Beaumont，1711—1776）就提出了对外在美和心灵美的哲学思考。在《书，儿童与成人》（*Les livres，les enfants et les hommes*，1932）一书中，法国儿童文学评论家保罗·阿扎尔（Paul Hazard）指出，女性在法兰西文明和法国儿童文学中占据了至关重要的地位，而对童话女性人物的审美标准从来都不是单一的，“无数的公主、芬内特、格丽西亚斯、金发美女、弗蕾丽娜、黛茜蕾……美貌是不够的，她们还必须聪慧明智；就是世界上最美貌的女子，如果她缺少智慧的话，她是不会令人喜欢的”（阿扎尔，2014:154）。

然而在当今的社会文化中，女性特质常常被片面解读为美丽和性感，这种俗见依然使女性受到束缚并承受较大的精神压力。如若考察今天广受推崇的理想女性形象，不难发现美貌已经成为一个重要标准，在时尚广告的影响下，在医疗美容技术发展的推动下，女性越发关注自己是否符合社会（即男性）的审美标准，更有人不遗余力地改变自己以接近那个并不存在的“理想形象”。一些文学作品的思想导向只涉及个人感情生活，仿佛这是她们唯一的价值所在，而对职业发展、社会责任、个性权利等话题却往往避而不谈。这一现实引起了新一代女性主义者的关注，她们反对过分强调外表并将之作为界定女性特质的重要标准，这也是 21 世纪青少年小说中体现的女性主义斗争的一个重要方面（Di Cecco，2015）。

在阿涅丝·德萨尔特（Agnès Desarthe）的小说《世上最美的女孩》（*La plus belle fille du monde*，2009）中，作者通过叙事者桑德拉（Sandra）的视角，体现了外表给不同年龄女性带来的压力。首先根据桑德拉对其女权主义单身母亲的观察，她一边像男人一样吸烟喝酒讲粗话，一边化妆打扮，期待别人赞美她的外貌。“为了漂亮她已筋疲力尽，但她却不得不这么做，这是她的巨大负担。”（Desarthe，2009：8）女中学生桑德拉本来觉得自己外形尚可，也不认为自己是以貌取人的肤浅之辈，但班里新来了一位近乎完美的女孩时，她的内心还是不可避免地被震动和扰乱：

> 自从丽乌巴·高戈尔进入我们的生活以来，我们都感觉自己走样了。我觉得自己的鼻子硕大无比，脸上坑坑洼洼，膝盖极其粗壮，双手弯曲变形。甚至连指甲都让自己恶心。似乎我们感到自己又肮脏又一无是处。我们看到了年轻姑娘的理

想样貌，而且显而易见，我们当中的每一个人都与之相去甚远。(Desarthe，2009：27)

作者借桑德拉的经历和思考来向儿童读者说明，对外貌的重视是一种社会建构的结果，一方面源自对男权的顺从，另一方面也来自美容和时尚业的广告宣传。出于市场战略的需要，时尚品牌竭力打造所谓的"理想形象"，并通过各种媒体不断灌输给儿童，而且目标受众有不断低龄化的趋势。这一意识形态不仅塑造了女孩的思想，甚至也固化了男孩对理想女孩的想象，进而成为全社会的思维定式。玛丽·黛普勒珊(Marie Desplechin)在小说《美女阿黛尔》(*La belle Adèle*，2010)中指出，青少年群体追求外在美的倾向已十分严重："初中生总在被[同学]品头论足，无论服装、讲话方式、走路姿势还是坐相，各个方面都要被人评判。"(Desplechin，2010：31)主人公阿黛尔讲述她在学校里的际遇："所有不随大流的人都不受青睐。[……]比如说我，不太像个女孩，穿衣服也不讲究，这是两大缺点。"(Desplechin，2010：66)对于阿黛尔的女同学们来说，青少年时期就像一场选美比赛，她们在挑选服装和化妆上花费了巨大的精力，虽然很多女孩并不情愿参与其中，但为了表现得"正常"却不得不随波逐流。两位女性作家通过各自的作品意欲说明外在美的价值被过分夸大，同时作家也鼓励女孩们拒绝接受这种对女性特质的片面定义。

《儿童文学与社会进步》(*Littérature enfantine et progrès social*，1977)的作者拉乌尔·杜波瓦(Raoul Dubois)曾言："同任何教育行动一样，儿童文学发挥了两种功能：一是再现它所处的社会，二是质疑这个社会。"(引自 Montardre：71)由此意义而言，儿童文学可以被看作一种介入文学，少年儿童处于语言、智力和感情发展尚不成熟的生理阶段，并不完全具备正确理解现实世界的能力，因此儿童文学作品是成人向儿童传递思想和经验的重要途径，作品所体现的观点或塑造的形象都会对少年儿童产生重要影响。"后女性主义"不再强调男女对立的二元论，也不再局限于解放女性，崇拜女性，或是赞美女性的目标，而是对女性特质进行全面、动态的考量和诘问。可见，承认性别差异，接纳多元化的开放态度，是当今女性主义发展的大致趋势，也是影响儿童文学创作的思想源泉之一。

5 结语

综观半个多世纪以来的法国儿童文学作品，题材已极大丰富，作品内容更加切近社会现实，侧重体现思想观念，崇尚批判精神，这是法国文学理性主义传统的延续。审视儿童文学中女孩形象的演变，能在一定程度上映射当代法国的社会结构变化和女性境遇的起伏，并有助于理解和把握这些文学形象所承载的性别观和儿童观。

当代法国儿童文学作品中的男孩和女孩形象仍明显存在社会化的性别区分，并形成了一些刻板印象。女孩的优点通常体现为美貌和顺从，而男孩的优点则是智慧和勇敢。因此，男孩往往得到冒险和成就事业的鼓励，而女孩则经常接受取悦他人和照顾家庭的劝诫。虽然在女性主义运动发展的巅峰时期，出现了不少“离经叛道”的女孩形象，但其实作品只是赋予这些女孩以男孩的特征，反之，女性的优点和价值却从未体现在男性人物身上。这些区别和分化形成的意识形态会一直延续到儿童读者的成年时期，进而左右他们的学业和职业选择，并最终导致经济条件、社会地位和家庭分工的不平等。

米歇尔·布托（Michel Butor）曾言："研究任何作家、读者，也就是我们所有人，其童年时期所读的书籍是最根本的[参考]。"（Butor，1968：260）可见童年时的阅读对于思想的发展具有决定性意义。少年儿童代表着未来和希望，儿童文学一直是各国在不同历史时期按照自身需要来选择的教育手段之一。成人作者将自己的经历和观点通过作品传递给读者，儿童阅读的过程就是学习的过程，也是他们逐渐适应现实并进入成人世界的必由之路。当前的法国儿童文学作品正承担着这一重要的教育使命，在女孩形象的塑造上不断尝试融合女性特质和女性主义，平衡二者的张力以探索新世纪女性成长和发展的合理路径，也为各国的儿童文学创作提供了借鉴。

参考文献

[1] Brown，P. 2011. *A Critical History of French Children's Literature*. New York：Routledge.

[2] Butor，M. 1968. Lectures de l'Enfance. *Répertoire* Ⅲ，Paris：Seuil.

[3] Desarthe，A. 2009. *La plus belle fille du monde*. Paris：L'École des loisirs.

[4] Desplechin，M. 2010. *La belle Adèle*. Paris：Gallimard Jeunesse.

[5] Di Cecco，D. 2009. *Portraits de jeunes filles. L'adolescence féminine dans les littératures et les cinémas français et francophones*. Paris：L'Harmattan.

[6] Di Cecco，D. 2015. Que reste-t-il des idéologies féministes dans le roman pour adolescentes? In G. Béhotéguy，Ch. Connan-Pintando & G. Plissonneau（eds.）. *Idéologie（s）et roman pour la jeunesse au XXIe siècle*[en ligne]. Bordeaux：Presses Universitaires de Bordeaux，157 - 166.

[7] Gudule. 2006. *L'amour en chaussettes*. Paris：Thierry Magnier.

[8] Jouve，V. 1998. *L'effet-personnage dans le roman*. Paris：Presses Universitaires de France.

[9] La Découverte. 1992. *L'État de la France*. Paris：La Découverte.

[10] Montardre，H. 2005. L'Image des petites filles dans la littérature de jeunesse：Quel projet éducatif pour notre société ? *L'Esprit Créateur*，45(4)：60 - 72.

[11] Van der Poel，I. 1992. *Une révolution de la pensée：maoïsme et féminisme à travers* Tel Quel，Les Temps modernes et Esprit. Amsterdam：Rodopi.

[12] 阿扎尔，2014. 书，儿童与成人. 梅思繁，译. 长沙：湖南少年儿童出版社.
[13] 波伏娃，1998. 第二性. 陶铁柱，译. 北京：中国书籍出版社.
[14] 方卫平，2015. 法国儿童文学史论. 长沙：湖南少年儿童出版社.
[15] 高宣扬，2009. 论克里斯蒂娃的新女性主义. 同济大学学报(社会科学版)，20(3)：9 - 18.
[16] 蒋风，2012. 外国儿童文学教程. 杭州：浙江大学出版社.
[17] 刘岩，2013. 性别主体与差异伦理：露丝·伊里加蕾访谈录. 文艺研究，(6)：90 - 97.
[18] 舒伟，2015. 英国儿童文学简史. 长沙：湖南少年儿童出版社.
[19] 谭旭东，2016. 西方儿童文学理论谫议. 文艺评论，(4)：9 - 12.
[20] 特瑞兹，2010. 唤醒睡美人：儿童小说中的女性主义声音. 李丽，译. 合肥：安徽少年儿童出版社.
[21] 张生珍，刘晓书，2020. 英国儿童文学中的国家想象. 中文学术前沿，(1)：126 - 131.
[22] 张生珍，2021. 这里有三百年世界儿童文学史. 博览群书，(6)：115 - 118.
[23] 赵霞，2022. 从“可知的儿童”到“难解的童年”：论儿童问题与当代西方儿童文学理论批评的演进. 文艺理论研究，42(2)：97 - 108.

基于国家理性的规训与暴力
——解读菲利普·罗斯的《愤怒》*

吉林大学　朴　玉　李　莹**

摘　要：菲利普·罗斯在他的新世纪小说《愤怒》中关注美国历史，以其文学创作参与到对于20世纪50年代初美国政治、文化、社会等问题的探讨。作品通过描写一个普通青年短暂的人生经历，揭示了国家理性如何以不同形式介入家庭、学校、战场等交往空间，使得青年人不得不承受来自各方的压力，甚至在例外状态之下，被形塑为牲人，失去了年轻的生命。罗斯关于国家意志和个人存在之间矛盾的阐释，体现出他对于普通人生存困境及其悲剧命运的伦理关怀。

关键词：菲利普·罗斯；《愤怒》；国家理性；规训；暴力

Title: Approaching the Discipline and Violence Based on the Reason of State in Philip Roth's *Indignation*

Abstract: *Indignation*, one of Philip Roth's representative works in the post 9/11 era, is mainly focused on the consideration of American history and participates in the exploration of political, cultural, and social issues in the early 1950s. By describing the short life experience of an ordinary young man, the work reveals that Reason of State intervenes in different forms of communication spaces such as family, school, and battlefield, so that young people have to bear pressure from all sides, and even under the State of Exception, they are shaped into Homor Sacer, losing their young lives. Roth's interpretation of the contradiction between national will and

---

* 本文系国家社科基金项目"新世纪美国小说的国家认同研究"(18BWW060)的阶段性成果。

** **作者简介**：朴玉，吉林大学公共外语教育学院教授、博士生导师。研究方向为当代英美文学。联系方式：piaoyu@jlu. edu. cn。李莹，吉林大学公共外语教育学院博士研究生。研究方向为英美文学。联系方式：li_ying20@mails. jlu. edu. cn。

personal existence reflects his ethical concern for the survival difficulties and tragic fate of ordinary people.

Key Words: Philip Roth; *Indignation*; Reason of State; Discipline; Violence

菲利普·罗斯(Philip Roth,1933—2018)在其新世纪文学创作中,并没有像德里罗、厄普代克、福尔等作家那样,以见证式书写呈现“9·11”恐怖袭击等灾难景观,而是将场景置换于某一特定历史空间,将人们面对战争、瘟疫等重大事件的不确定性提升为对于普通人悲剧性命运的思考。《愤怒》就是这样一部作品。罗斯虚构了一个20世纪50年代初的故事:马科斯是一个年仅19岁的优秀学生,他为了摆脱父亲管教,从纽瓦克转学到瓦恩斯堡大学,最终因“不服管教”被赶出校园,并且命丧朝鲜战场。学术界主要从两个方面对这部作品的历史书写展开讨论:一方面,有学者挖掘作品中变幻莫测的历史对普通人的影响,揭示美国社会组织及其文化、经济和政治制度给普通人造成的痛苦和伤害(Shipe, 2018: 1;Aldama, 2011:205);另一方面,有论者探讨罗斯如何叙述青年人在追求理想过程中所遭遇的困境和重压之下的焦虑(Yoo, 2018: 213;Aarons, 2012:6)。这两种解读都看到普通人在特定历史语境中受制于外界所引发的生存困境,看似契合罗斯创作主旨,“再现了那些规约如何使一个优秀学生产生罪恶感,并以马科斯在监管下的冒险展现他所处的时代”(Roth,2008:“interview”),但是都没有上升到国家政治层面,论及国家权力的驱动力量。事实上,任何不顾危险的个人行为都受制于所处时代,为社会制度所操控,而这些操控力量的背后都是国家理性,这只“看不见的手”。所谓国家理性(Reason of State,或译为“国家理由”),指的是统治者以国家利益的名义而采取的措施或手段,它尤为侧重国家权力机器为了维护和巩固其统治而行使操控手段的理据。在特定历史语境中,国家意志对于人们日常生活的粗暴介入,使得任何个人行为都不可避免地受制于规训与暴力。马基雅维利(Niccolo Machiavelli)是第一位系统阐释国家理性的政治哲学家,他主要从谏言君主角度论及施政原则,强调国家治理应该以统治者个人利益为驱动,甚至指出,“一位君主不能够实践那些被认为是好人应做的事情,因为他要保持国家,常常不得不背信弃义,不讲仁慈,悖乎人道,违反神道”(1985: 85);可见,马氏所倡导的国家理性完全以君主利益为导向,至于臣民安危,不在其考量视域之内。福柯对于现代国家理性的研究颇为全面,他在《安全、领土、居民》《生命政治的诞生》等一系列论著中都论述了国家理性,并认为国家理性体现在管理艺术、政治实践等方面,“以一种更强迫、更突出、更细小、更微妙的方式进行管制”(福柯, 2011:43)。福柯的研究揭示了现代国家在构建和维系秩序方面的高效实用性,即国家权力的运作机制被复刻到各个管理层级,延伸至日常生活领域。福柯强调,现代国家将符合道德规范的公民视为建构和维系秩序的基本要素，并借助国家权力机器，向公民灌输民族概念，引导他们将国家理性转化为国民理性，以实现对于国家政治的高度认同。综上可见，任何关于国家理性的探讨，都涉及国家意志与个人利益的关系问题，这一点在战争、灾难等特殊历史情境中尤为突出。及至罗斯，他在作品中通过一个青年人的短暂人生经历，揭示国家理性以不同样态介入家庭、学校、战场等权力交往空间，引发国家意志与个人存在之间的矛盾冲突，导致普通人遭遇生存困境及其悲剧下场，为文学言说新世纪创伤性历史事件开辟了新视野。

1　国家意志：介入家庭权力关系冲突

先从罗斯的创作动机说起。罗斯在访谈中谈道，他看到关于伊拉克战争中阵亡士兵的报道，动容于为国捐躯的年轻人，于是创作了这部小说（Roth，2008："interview"）。罗斯显然将伊拉克战争与朝鲜战争并置，凸显历史的重复性。罗斯所提及的战况报道，在日常生活中并不少见，它们旨在凝聚国民认同，属于政治景观之列。然而，在这些宏大叙事的背后，众多无名士兵的真情实感却被湮没，无人顾及。出于对逝去生命的惋惜，罗斯想象那些士兵的内心世界，并将故事背景转移到社会环境更为复杂的朝鲜战争时期。他还特意采用第一人称回忆视角，旨在更充分地表达思想和情感。这种回忆，不仅仅是个人记忆，还包含着集体记忆和社会框架的元素（Halbwachs，1980：69）。因此，主人公马科斯的回顾，不但包括对于自我与社会关系的审视，而且还展现国家意志如何介入家庭成员关系建构中。

由于马科斯是在吗啡作用下进行的人生回忆，他对自己的认知就难免主观，为此，罗斯不但记录马科斯的自我评价，还特意转述他人评语，以帮助读者形成对于“我”的全面认识。马科斯开篇将自己描述为“谨慎、有责任感、勤奋而用功，只和最正派的女孩约会，是个热衷辩论的辩手和学校棒球队能攻善守的内野手”（罗斯，2020：3）。马科斯对于自己的评价是积极而正面的，这和邻居对他的评价相一致，而母亲也向别人夸赞马科斯是“乖儿子”“好学生”。诸如此类褒奖，表明马科斯被家庭、社区所认可，而“谨慎、有责任感、勤奋而用功”的品格也契合美国新教思想，因为他在父亲小店铺打工的经历，堪称新教代表人物本杰明·富兰克林的翻版。富兰克林在他的《自传》中列举了 13 种美德，其中，“克制、勤俭、谦虚”被马克斯·韦伯（Max Weber）视为现代资本主义精神的理想范式（ideal type）。总之，马科斯遵循理性公民所崇尚的基本原则，并具备资本主义制度所需要的品质。正是基于来自外界的认可，马科斯对于未来充满希望，并希望“成为一个有文化、成熟、自立的成年人”（罗斯，2020：17），这是他心目中的理想自我（ideal self）。

然而，如果主人公被描述得过于完美、过于符合美国传统价值观，反而会凸显其人生的悲剧性，并预示他在实现理想的道路上必将遭遇变数。马科斯设定的理想自我是行为主体基于个人意志对于理想状态的表征。它不是一个静止、稳定的结果，而是一个动态、建构的过程。马科斯对于理想自我的设定中包含对自由的渴望，这种自由是一种不受限制、无拘无束的生活状态，并与来自父亲的限制相冲突。在作品中，父亲一改宽容的态度，要求马科斯必须按时回家，否则就将他锁在门外，并大声训斥道，"你在哪里？你为什么不回家？你出门的话，我怎么知道你人在哪里？你是一个有着大好前程的少年，我怎么知道你没有去那些让你没命的地方？"（罗斯，2020：6）其实，任何人情绪的变化都由其自身或者外在因素所驱动。父亲歇斯底里的状态主要来自时局影响。在现代社会里，每个家庭成员都是社会活动参与者，因而家庭内部的交流和沟通也带有社会属性。马科斯所处的20世纪50年代，姑且不论关于国家政策的报道如何借助媒体在社会上广泛传播，就其父亲所操持的肉铺而言，它就是一个公共交往空间。在这个空间里，国家政策和社会消息都成为人们的谈资。人们无法预测朝鲜战争将持续多久，更不知道国家将会派多少年轻人奔赴战场，这种不确定性化作对于时局的恐惧和不安全感，使得父亲唯恐失去儿子。因此，国家意志是一种隐性暴力，它介入家庭生活，影响父子关系。在这种背景之下，马科斯所追求的自由，俨然是对父亲的叛逆。

马科斯虽然渴望自由，但他对自由的理解并不全面。在与人论辩时，他常常引用罗素的观点，甚至承认"在高中当辩论队长的时候，背诵过罗素的大段文章内容"（罗斯，2020：76）。马科斯所背诵的内容来自罗素的《自由之路》（*Proposed Road to Freedom*，1918）。在这本书中，罗素指出，虽然来自自然和社会的强权会阻碍一个人的行动，但是他可以在思想上、志向上保持独立，进而摆脱来自同伴和身体的约束，获得向死而生的自由（罗素，1996：15）。然而，马科斯将自由简单地理解为对生命的狂放张扬，却忽略了罗素接下来所补充的内容："人们应该为了获得内心的自由，做出伟大的克制。"（罗素，1996：16）罗素所理解的"自由人"是一种克制内敛的精神状态，即通过心灵的内省，摆脱外界的束缚和专制。马科斯将个人自由绝对化，认为出走、离家是摆脱羁绊，获得自由的唯一方式，却忽略了国家意志对于个人自由的制衡，更谈不上依据时局变化做出适当的调整。因此，马科斯其实需要更加全面地考虑到自由的多重维度和复杂性，包括自我克制的精神状态和国家对于个人自由的制衡等问题。

像马科斯这样的年轻人，在每一个时代都很常见。马科斯既有传统价值观所倡导的优秀品质，也有着对于自由的渴望和探求，并希望成为生活中的强者，表达自己的独立和个性。然而，他却只能以非暴力手段表达自己的反抗，比如想办法逃离纽瓦克或初到瓦恩斯堡时保持沉默。这种反抗只能算作斯科特（James C. Scott）所定义的"弱者的反抗"（1985：XV）。而在福柯看来，冒险看似是一种对个性的记载，并非真正意义上的反抗。从史诗到小说，从高贵的行为到隐秘的特立独行，从漫长的背井离乡到对童年的内心探索，所有这些都被冒险记录下来，反映了一个规训社会的形成(福柯，2003:217)。因此，每个人都不是真空中的个体。马科斯只是从一个狭小空间逃逸到一个更大的规训世界。

2 国家政策:参与学校权力规训机制

其实，罗斯将“朝鲜战争”这段“被遗忘的战争”重新拉回人们的视野，是因为人们对于过去是健忘的，恰如人们很快就会将“9·11”忘掉一样。为此，罗斯通过文学想象，将那个压抑的时代表现出来，以唤起人们对于历史的回忆和反思。瓦恩斯堡并不是真实地名，它最早出现在舍伍德·安德森(Sherwood Anderson)的小说中，喻指密闭压抑之地，契合美国中部偏僻小镇的大学氛围。瓦恩斯堡大学作为国家权力的重要组成机构，对学生进行监视、干预、评估、调节和矫正。而所有举措，都以当时的国家利益为导向，培养学生树立“为国捐躯”的臣民意识(许小亮，2015:69)，并将这种精神暴力贯穿于教学、管理和文化建设等方面。

瓦恩斯堡大学旨在培养学生的公民服务意识，充分体现出国家政策与学校教育的共谋关系。当时，美国政府的至高目标是巩固其绝对霸权地位，这就需要美国在朝鲜战争和冷战中都赢得胜利，并对年轻人提出不同层次的要求，毕竟他们是取胜的决定性因素之一。在朝鲜战争中，适龄、健康的年轻人是肉搏战的主力军；至于冷战，它需要年轻人具备智力素质，在科技、太空等方面与苏联展开竞争。为此，政府从国家法律层面确保不同人才的储备:1951年，美国国会通过《全民军训和服役法》，将男子征兵最低年龄调整为18.5岁，服役期限延迟至两年；同年，为了防止苏联的扩张，保存国家智力资源，美国政府通过《学生延缓兵役政策》，规定某些专业学生以及成绩优秀的在校学生可以延期服兵役(Flynn, 1988: 369-370)。这样一来，年轻的生命，被蒙上更多政治色彩，而大学也有充分理由，挟国家安全之名，布控治理环境，将学生打造成合格的资源储备。

由此，学校制定各种行为规范和处罚机制，以强化学习者的共同体意识。在瓦恩斯堡大学，这些规范既有法律明文规定，也包括经年形成的校本传统，其中最为典型的就是要求学生“必须在毕业之前参加40次的礼拜，并有专人记录每个人的出勤次数”(罗斯, 2020:79)。对于无神论者马科斯来讲，这一规定是无法忍受的，毕竟美国政府长期以来始终鼓吹宗教信仰自由。但倘若我们从宗教规训和国家权力之间的关系角度来看，就可以厘清学校如此规定的“合理性”。如果将美国国家领导权视为盎格鲁-撒克逊群体依靠自己的实力而获得的，其国家政治制度必然带有鲜明的盎格鲁-撒克逊印迹，基督教在美国社会的核心地位也被确立起来。因此，纵然权力运作过程隐藏着诸多不合理性，但是只要这种宗教规则背后是至高无上的国家正义，就会被人们接受。马科斯的个人意志和国家理性之间的关系就变得更为复杂，而他后来花钱请人替他去礼拜的行为，不啻于对于国家意志的抵抗。

这样一来，每个人都被要求服从于集体意志，而任何违反规定的行为都被视为越界。这也可以解释为什么马科斯仅仅因为两次主动调换宿舍，就被教导主任训斥，“我所担心的是你缺乏住在瓦恩斯堡的社交技巧；我所担心的是你与别人的孤立；我所担心的是你无法很好地融入瓦恩斯堡团体中”（罗斯，2020：107）。在这里，排比句式的使用意在强化语言暴力，渲染马科斯“错误”的严重性，而一系列“担心”的背后是训诫者对于马科斯“原子式”个人主义的批判。齐美尔（Georg Simmel）曾经指出，现代社会最深层次的问题就在于个人在社会压力、传统习惯、生活方式等方面保持个人独立和个性的需求（2001：186）。对于教导主任来讲，如果年轻人过于强调自我和个性，就会导致个人与集体、个人与国家之间的疏离，与国家所需要的精神面貌相悖。马科斯所展演的是游离于瓦恩斯堡共同体之外的“漫步者”形象，而这种散漫必然使他成为被教化的对象。

作品将那个时代的国家意志以法律条款、政策规定等形式表现出来，展现国家意志对于青年学生的操控。瓦恩斯堡大学是一个规训社会的缩影，每个部门、每个人都各司其职，促成国家权力机器的高效运转，并将权力用于对学生进行职业化、专业化，甚至军事化的动员和塑造。在校园里，每个人的一举一动都被掌控，即使马科斯这个“独来独往的新来者”也受到兄弟会的注意。众多逼视的目光交织汇聚成一张监视之网，使得马科斯无法挣脱。在这种情境之下，马科斯的个人空间就被国家所掌控，他成为一个无法主宰自己命运的存在。自“9·11”事件之后，美国政府以国家安全为名，颁布了包括《爱国者法案》在内的一系列法规，导致普通美国人因各种莫须有的原因被盘查、被监视。作品中的马科斯所面临的情况与现实中美国人的遭遇别无二致。罗斯通过虚构瓦恩斯堡大学，再现了后“9·11”时代的美国社会生活。

3　国家正义：操控普通公民生命权利

综上可见，诸如马科斯这样的年轻人展现出生命国家化的政治属性。在福柯看来，各个机构的管理者往往通过监视、等级、审查、诉状等系统来形成工作的纪律/惩戒技术，以保证个人肉体的空间分布，并进行分类和组织，强化人们的有用性（福柯，2010：228）。这种有用性是一种普遍意义上的工具性，即“有用，即好的和合理的”，它渗透到日常管理中，以求效益最大化。在瓦恩斯堡，“有用性”体现为一切管理手段都围绕备战展开。为了保证国民拥有健康的体魄，校方组织学生参与军事训练；为了培养学生的团队精神和纪律意识，教导主任格外强化学校球队建设；甚至在礼拜的时候，校方也常常邀请学校教员或当地的法官、州议院的议员宣讲，以强化道德教育的周期性和持续性。

所有的一切都是为了“我们”这一整体生命更强壮，协调一致，因为在战争等例外状态中，任何暴力行为都被赋予行为合理性，甚至道德正义性。

卡尔·施密特（Carl Schmitt）在《政治神学》（*Political Theology: Four Chapters on the Concept of Sovereignty*）中提出“例外状态”这一概念，他特别强调，掌权者才是能够决定“例外”的人。掌权者可以通过将法律悬置，将生命还原为初始结构状态，这一情境设置的前提是国家确立一种“假想的或政治的围攻状态，以对立于军事的围攻”（2005:5）。阿甘本在谈到生命政治观的时候，强调这种“例外”不仅适用于紧急情况或戒严状况，还可运用于一般情况。在他看来，例外状态不仅是一种结构形态，还是一种叙事话语，它渲染的是有别于常态的政治氛围，将人们拉拽到高度紧张的非日常生活语境中（阿甘本，2015: 4-5）。在小说中，校长不断重现美国在朝鲜战争和冷战这两个战场的作战景观，譬如“美国第一骑兵师、第三步兵师，和我在一战时参加的老部队，第二十五步兵师，连同我们的英国盟军和韩国盟军，在老秃山地区向前推进了一小步……”他还提道，“在一九五一年，苏联爆炸了两颗原子弹……我们的国家正极有可能面临一场不可想象的、与苏联的核战争”（罗斯，2020:166-168）。在校长的表述中，美国正处于战时紧急状态。在这种特殊情境之下，国家权力就可以撤回对于法律保障和法律权利的保护，马科斯等人就同时处于法律之内和之外，成为赤裸的生命，只能“彻底地被捕获、被征用、被控制”（阿甘本，2016:29）。由此，美国自建国以来所宣扬的民主、自由的价值观，让渡给以国家理性为借口的例外规则，而原本被视为神圣而不可侵犯的生命，也就有可能转化为最卑贱的生命，也就是阿甘本所说的“牲人”，而被如此命名的原因，就在于他们成为被文化/政治共同体所排斥的对象。教导主任显然有充分理由将马科斯他者化为“牲人”。马科斯在和教导主任进行争辩的时候，引述罗素的《为什么我不是基督徒》支持自己的观点。马科斯挑战学校的权威，并指出“看不出学校有什么权力，可以强迫学生去聆听一个牧师布道，不管他信仰什么，哪怕只是一次，或强迫我去聆听祈求基督神灵的基督教赞美诗”（罗斯，2020:76）。在教导主任看来，像马科斯这样的不服管教者，不仅不利于学校的管理，而且会扰乱学校的秩序。因此，他甚至从道德层面对马科斯进行宣判，将马科斯归为与罗素一样的“道德败坏者”，从而将马科斯排除在正常社会生活之外。

可见，在例外状态之下，以学校为代表的国家权力机构通过国民教育，培养符合国家需要的“有用的人”，其逻辑进路的驱动力是工具理性。在韦伯看来，工具理性强调的是通过对外界事物的情况和他人的期待，并以实现预期目的为前提，做出合乎理性的权衡，以使得行动效果最大化（1997:56-57）。国家理性属于工具理性范畴，它将每一个具体国民纳入国家机器统辖视域中，保证每一个人都被打磨成可以组装进高速运转的国家机器中的一个零件。那些不符合要求的，则被弃之不用，甚至以某种方式处理掉。因此，看似独具个性的生命也就被建构成具有政治色彩的存在。一个人越想要规避控制，躲避风险和死亡，就越受制于生命权力，就越容易被纳入生命权力的掌控之中，成为赤裸的生命。

由此，作品中反复出现的杀鸡意象就有了深刻的寓意，并与主人公的命运形成呼应。“在吗啡的作用下”部分，马科斯不断回忆父亲杀鸡景象，“拎起来整只鸡，把它翻过身，不但拔鸡毛，还要在屁股上开个口，伸手进去，抓住内脏，把它们拉出来”（罗斯，2020：30）。动物处于人的操控之下，无法主宰自己的生死，这种境遇俨然无助的牲人，使得回忆者内心恐惧，唯恐自己落得如此下场。杀戮景观在“脱离苦难”部分得到呼应：“马科斯从没有被那么多血包围过，切开他身体的那柄钢刀，和他们在店里为顾客切肉配肉用的刀一样锋利……脑、肾、肺、心——每样器官不久停止运转。”（罗斯，2020：171）在强大的权力机器面前，既然马科斯不服管教，索性就被移作他用。他被从社会肌体中剥离出来，还原为赤裸生命，送到战场，直接下降为被征用的对象，任人宰割。这也体现出在例外状态下，国家理性在处理国家与个人关系问题上所表现出积极和消极的两种倾向（高宣扬，2007：68），而无论是以健康之身从事有效活动，还是做出牺牲，献出生命，全凭国家意志，个人无从选择。

尽管小说主要围绕马科斯被隔离、弃置、征用的人生故事展开叙事，但他并不是唯一牲人。书中还描写了其他年轻人的悲剧故事：奥菲利亚，因为自杀未遂被送进疯人院；压抑许久的男生们因为参与“抢内裤”事件而被开除……罗斯想要表明的是，例外状态，无人例外，恰如作品中人物所言，“历史不是背景，历史是舞台，人人都在舞台之上”（罗斯，2020：168）。回到小说的创作动机，我们可以看到，那些参与伊拉克战争、阿富汗战争的年轻人和马科斯别无两样：他们都处于生命中最好的季节，都有着自己的追求，然而却被淹没在历史的洪流中，沦为缄默的牺牲者。罗斯想要通过小说展现这些年轻人被置于社会边缘的境遇和无奈，探究战争对年轻人的摧残和破坏，以及他们所承受的心理和生理上的创伤。

罗斯在时隔五十年之后“重访”朝鲜战争，探讨青年知识分子在国家理性与个人理想的冲突中的焦灼和无奈。在“9·11”事件之后，当一个公民被怀疑与恐怖活动有染，抑或与穆斯林身份、信仰有某种关联时，就会被质疑，被疏离，被隔绝于正常生活之外。因此，一旦以国家理性之名，将例外状态常态化，每个人就会身不由己，脆弱不堪，恰如小说中马科斯一家的悲惨命运一样：丧子心痛的父亲，悲愤而死；唯留母亲，孑然终老，虽近百岁高龄，但依然沉浸于创伤记忆中，一直盼儿归家……罗斯通过对马科斯一家的想象性书写，体现了对于社会问题的深刻洞察和对于社会弱势群体的伦理关怀。

参考文献

[1] Aarons, V. 2012. Where is Philip Roth now? *Studies in American Jewish Literature*, 31(1): 6-10.

[2] Aldama, F. L. 2011. Putting a finger on that hollow emptiness in Roth's *Indignation*. *Philip Roth Studies*, 7(2): 205-217.

[3] George, Q. F. 1988. The draft and college deferments during Korean War. *The Historian: A Journal of History*, 50(3): 369-385.

[4] Halbwachs, M. 1980. *The Collective Memory*. Francis J. Ditter, Jr., trans. New York: Harper Colophon Books.

[5] Roth, P. 2008. An Interview with James Mustich, *Indignation*. 03 Nov. http://bnreview.barnesandnoble.com/t5/Interview/Philip-Roth-Indignation/ba-p/714.

[6] Schmitt, C. 2005. *Political Theology: Four Chapters on the Concept of Sovereignty*. Chicago: University of Chicago Press.

[7] Scott, J. C. 1985. *Weapons of the Weak*. New Haven and London: Yale University Press.

[8] Shipe, M. 2018. After the fall: The terror of history in Philip Roth's *Indignation*. *Philip Roth Studies*, 14(1): 1.

[9] Yoo, J. E. 2018. Remembering the "forgotten war" after 9/11: Indignation and home. *Orbis Litterarum*, 3: 213-224.

[10] 菲利普·罗斯,2020. 愤怒. 张芸,译. 上海:上海译文出版社.

[11] 高宣扬,2007. 论福柯对国家理性的批判. 求是学刊,(6): 67-74.

[12] 吉奥乔·阿甘本,2015. 例外状态. 薛熙平,译. 西安:西北大学出版社.

[13] 吉奥乔·阿甘本,2016. 神圣人:至高权力与赤裸生命. 吴冠军,译. 北京:中央编译出版社.

[14] 罗素,1996. 罗素文集. 王正平等,译. 北京:改革出版社.

[15] 马基雅维利,1985. 君主论. 潘汉典,译. 北京:商务印书馆.

[16] 马克斯·韦伯,1997. 经济与社会. 林荣远,译. 北京:商务印书馆.

[17] 米歇尔·福柯,2003. 规训与惩罚. 刘北成,杨远婴,译. 北京:生活·读书·新知三联书店.

[18] 米歇尔·福柯,2010. 必须保卫社会. 钱翰,译. 上海:上海人民出版社.

[19] 米歇尔·福柯,2011. 生命政治的诞生. 莫伟民,译. 上海:上海人民出版社.

[20] 齐奥尔格·齐美尔,2001. 时尚的哲学. 费勇,译. 北京:文化艺术出版社.

[21] 许小亮,2015. 从国家理性到公共理性:康德政治哲学的革命. 学术月刊,(3): 62-73.

“简单化”的灾难:菲利普·罗斯《复仇女神》的悲剧伦理解读

南京大学外国语学院　陈丽羽*

摘　要:菲利普·罗斯的封笔之作《复仇女神》以深沉而神秘的笔触书写了瘟疫带给人的悲剧宿命。小说中,瘟疫灾害成为“外在偶然性”的象征,不仅带来混乱与失序,而且将人与不可捉摸的“运气”联系起来。本文从努斯鲍姆伦理批评的视角出发,将本书解读为一部伦理悲剧,探究小说如何塑造了瘟疫中充满冲突的复杂伦理情境,以及主人公巴基如何在将自身的价值承诺结构“简单化”的行动——具体表现为不合理的自我归罪和情感压抑——中走向悲剧性堕落。罗斯通过描画漠视“运气”的“自足”伦理观和对“道德完美”的热衷酿成的悲剧引导读者关注灾难中人所面临的“悲剧冲突”,以及人的局限性与依赖性,反思了具有单一价值特征的“个人英雄主义”,彰显了其作为严肃作家的人文主义思想特征。

关键词:《复仇女神》;菲利普·罗斯;伦理;简单化;悲剧冲突;运气

Title: The Disaster of “Simplification”: Ethics of Tragedy in *Nemesis* by Philip Roth

Abstract: Philip Roth, in his last work *Nemesis*, portrays with a profound and mysterious stroke the tragic fate that befalls the epidemic victims. In the novel, the epidemic disaster, as a symbol of “external contingency”, not only brings turmoil and disorder, but also connects human beings with the unpredictable “luck.” Delving into the novel from the perspective of Martha Nussbaum's ethical criticism, this essay interprets it as an ethic tragedy, and investigates how the novel portrays the

---

* **作者简介:**陈丽羽,南京大学外国语学院博士研究生,研究方向为美国文学。联系方式:cly19941010@163.com

complicated ethical situations full of conflicts in the epidemic, and how the protagonist Bucky Cantor is led to a tragic fall in his action of "simplifying" diverse values, more specifically, his unreasonable self-imputation and repression of emotions. By delineating the tragedy induced by the ethical perception of "self-sufficiency" which neglects "luck" and the passion for moral perfection, Roth reminds his readers of the "tragic conflict" people may encounter in disasters and the limitation and dependence shared by human beings, so as to reflect on the "individual heroism" which worships a single value, displaying his ideas of humanism as a serious writer.

Key Words: *Nemesis*; Philip Roth; Ethics; Simplification; Tragic Conflict; Luck

1 引言

菲利普·罗斯(Philip Roth,1933—2018)发表于 2010 年的小说《复仇女神》(*Nemesis*)是其封笔之作。罗斯的晚期创作开始"浸透在疾病和死亡"中,直面人生终点"这一不可逃避的结局"(Royal, 2004: 118),本书也聚焦于瘟疫书写,展现疫病带给人类的悲剧宿命。小说虚构了 1944 年夏天袭击纽瓦克地区的脊髓灰质炎症瘟疫(poliomyelitis),讲述了一名犹太教师巴基·坎托(Bucky Cantor)的人生被瘟疫带来的变故彻底击溃的故事。目前国内外研究者主要从影响和比较研究、原型批评和叙事分析对小说文本进行解读。其中,主人公的悲剧性堕落及其原因成为研究者关注的焦点。有论者认为小说展现的是"祸从天降的无奈"和"庸人自扰的悲哀"的双重悲剧(黄淑芳,2015:82);维多利亚·阿伦(Victoria Aarons)认为,小说展现了自我重塑的悲剧性不可能;詹诺普洛(Zina Giannopoulou)的研究则指出,本书和索福克勒斯的戏剧一样强调了人对理想不懈的追求,以及这种理想最终摧毁人的过程,巴基和俄狄浦斯一样都有精神盲目和傲慢的缺点,拒绝接受自身的限制。可见,许多研究都注意到小说的悲剧性是由"命运"和主人公的性格缺陷所推动的,却忽视了小说中的伦理情境,以及主人公的悲剧与其伦理观之间的关系。美国著名伦理批评家玛莎·努斯鲍姆(Martha Nussbaum)通过考察古希腊哲学和文学作品对"运气"与好的人类生活之关系的探究,以揭示人类生活的脆弱性及其伦理含义。她关注人在具体的、复杂的、特殊的伦理情境中的"悲剧冲突"(Tragic Conflict),发展了一种悲剧伦理美学。本文拟从努斯鲍姆伦理批评的视角出发,将主人公的悲剧解读为一种伦理悲剧,认为他的"悲剧"发端于一种伦理冲突的情境,而后在他简化自身价值承诺结构的行动中走向高潮,这种"简单化"体现了主人公对绝对"自足"和"道德完美"的热衷，具体表现为两个方面——一方面是漠视"运气"所导致的错位的"罪感"；另一方面是情感压抑造成的克己主义式的自我孤立。罗斯正是通过描画这种绝对"自足"的伦理观酿成的悲剧引导读者关注灾难情境中人的局限性与依赖性，从而重新审视自我膨胀的"个人英雄主义"伦理观。

2 瘟疫中的伦理选择：从"悲剧冲突"到"简单化"

在《复仇女神》中，罗斯仍将故事设置在新泽西州纽瓦克(Newark)这一"文学故乡"，以1944年夏天进入诺曼底战役阶段的第二次世界大战与袭击纽瓦克的脊髓灰质炎瘟疫作为背景，构设了典型的灾难情境。灾难让我们"在自我和他人之间，在公与私之间，在生与死之间，在幸福与痛苦之间……(面临)伦理选择的考验"(聂珍钊，2022：188)。小说也呈现了主人公巴基在瘟疫中的伦理选择困境。正值青年的巴基由于天生弱视无法参战，故在韦克瓦契地区的"议长街道小学"担任操场管理员，但随着疫情升级，女友玛西娅恳求其离开疫区去到安全的印第安山与之团聚。由此，巴基开始面临是否应在疫情中留守原岗的伦理选择。

小学操场和印第安山成为两种价值的象征，前者象征了"英雄主义"式责任感，后者象征了对女友的爱和承诺及健康平和的生活。疫情暴发之初，巴基在两种价值中坚定地选择前者，很少产生价值冲突。他将责任感奉为自己的伦理信条，正如他被祖父所教导的，"成为无畏的战士……(和)极富责任感的人，随时准备捍卫正义"(Roth，2010：173)。在沉着冷静地驱逐了来社区扬言要传播病毒的意大利混混们，并带学生用消毒氨水清洗了其吐口水的路面后，巴基"已经成为一个绝对的英雄，一个偶像般的、保护孩子们的英雄大哥"(2010：17－18)。小学暴发疫情后，他镇定地安抚焦虑的学生和家长，指导学生养成良好的生活习惯，带领他们运动以增强对病毒的抵抗力，同时亲自慰问病逝学生的家长。当女友告知他在印第安山为他找到一份工作时，他仍不为所动。他告诉玛西娅，"我不能放弃我的工作……我怎么能离开这些孩子……他们比任何时候都更需要我。这是我必须要做的事"(2010：85)。聂珍钊认为，"人是自然选择的结果，恐惧和求生出于人的本能。在面对生与死的选择时，自然意志往往引导人去求生"，而英雄群体的伦理选择则"让恐惧变成了崇高"(2022：186)，后者诠释的是"人性因子"和理性意志①。巴基在灾难冲击下忠于职守的态度表现出"崇高道德感和责任感"，体现了其

① 聂珍钊将"兽性因子"和"人性因子"分别对应自由/自然意志与理性意志。他认为自由意志是兽性因子的意志体现，表现为人的不同欲望，如性欲、食欲等人的基本生理要求和心理动态。理性意志是人性因子的意志体现，也是理性的意志体现。参见聂珍钊：《文学伦理学批评导论》，北京：北京大学出版社，2014。

理性意志和人性光辉(2022:186)。

然而,随着韦克瓦契地区疫情危机的升级,巴基所面临的价值冲突逐渐凸显。由于脊髓灰质炎病例持续攀升,社区歇斯底里暴发的环境以及他所遭受的无端指控让他充满压力——两个孩子都不幸染病的科韦尔曼斯太太毫不客气地责怪是巴基带孩子们在操场运动才导致他们感染,并骂他是“不计后果、不负责任的蠢材”(Roth,2010: 80),他开始渴望“暂时摆脱对患病孩子的过度关注”,逃离“越来越难以承受的一切”。同时,女友口中“一生中独一无二的机会”和她所描绘的关于未来幸福生活的图景吸引着他(2010:86)。由此,巴基的内心冲突浮出水面。努斯鲍姆认为,人在追求善或好生活的过程中价值冲突是不可避免的,甚至可能遭遇一种“悲剧冲突”,即一种不允许主人公同时履行两种同样正确或重要的伦理承诺和义务的情境,在这种情境下,主人公可能做出完全违背其品格信仰的行为(2010: 33-34)。

小说呈现了一个复杂的“悲剧冲突”的情境。在离开韦克瓦契小学之前,巴基经历的“伦理冲突”是作为操场管理员的职责与“英雄主义”理想和对女友的爱以及玛西娅所说的“另一份对自己的职责——幸福地生活”(2010:88)之间的冲突。在极端压力下他最终违背了自己坚守岗位的原则,做出了去往印第安山的决定。在做出这一决定时,他经历的内心冲突达到了顶点。在电话中和女友讨论去往印第安山后的订婚事宜时,他开始期盼“拥抱正常生活所具有的安全、可预测性和满足感”;而放下电话他又羞愧于自己背叛了原本的理想——“祖父在他身上培养的真理和力量的理想、他与两位上战场的好友杰克和戴夫所共享的勇气和牺牲的理想”(2010:135)。

这一“价值冲突”延续到了巴基在印第安山的生活中。仅仅在离开一天半后,他就开始在强烈的负罪感的驱使下渴望回到小学。他感到自己“犯了一个严重的错误。他向恐惧屈服了,在恐惧的魔咒下,他背叛了操场上的孩子们,也背叛了自己”(2010: 176);“他必须回去。明天它他就必须从斯特劳兹堡坐火车回去;一回到纽瓦克,就联系奥加拉,告诉他自己想要从周一开始回到操场工作”(2010:175)。同时,他又顾虑玛西娅会因为他回到纽瓦克而受到打击,害怕辜负未婚妻以及为自己在印第安山提供工作的布隆巴克先生。这时,在价值天平的一端是对巴基“守护正义”的责任和理想,另一端则不仅包括了爱和安全感,还包括了对女友和布隆巴克先生的承诺。他感到自己对两方都负有责任,如努斯鲍姆所描述的,在这种冲突情境中的悲剧英雄无论如何选择都难逃“负罪感”(努斯鲍姆,2018:47)。巴基在面临冲突情境时的“犹豫不决”和“迟疑”,以及做出选择后的“懊悔”体现了一个敏锐的“个人”对两难困境的复杂反应(2018:57),在这个意义上他成为努斯鲍姆意义上因为运气而做出“坏事”的好人,即承受“悲剧冲突”的英雄。

如果说小说前半段巴基在“实践冲突”中仍然表现出对自身承担的多种价值承诺的重视,从来到印第安山开始,巴基则逐渐走向了对自身的价值承诺结构的简化。小说并不旨在批判巴基未能坚守自己的职责这一伦理"过失"，而是意在表现主人公"简化"价值承诺、回避价值冲突的倾向如何促成了他的悲剧。努斯鲍姆在对索福克勒斯的悲剧作品《安提戈涅》的研究中指出，克瑞翁的悲剧源于一种逃避实践冲突的"简单化"(Simplification)倾向，即"通过只承认一个价值而排除价值间的冲突"，以寻求一种伦理确定性，她称之为"奇异之眼"(ommadeinon)[①]的视觉；而歌队代表的"自然之眼"看到的是复杂和满是冲突的景象。她认为，悲剧以一种深沉、凝缩和神秘的风格表达了对"简单化"的批判和对复杂性的回应和关注。

来到印第安山后，巴基逐渐和克瑞翁一样将多种价值承诺简化为对单一价值——英雄主义理想——的追求。在他的反思中，瘟疫肆虐的纽瓦克所面临的是一场"战争"，"操场是他的战场"，相反，印第安山是"他所能达到的最远离战争的地方，远离他的战争"(Roth，2010：173)。由于无法参与"二战"，他将遭受瘟疫袭击的小学视为可以让其捍卫正义的"替代性"战场及其"英雄主义"理想的象征物。因而，在小学操场投入"战斗"成为唯一的价值所在，而印第安山所代表的价值——重获新生的喜悦，"未来的幸福"的生动预兆，"未婚妻两个妹妹天真无邪的爱，以及未婚妻充满激情的爱"(2010：174)，乃至作为滨水区管理员的责任，由于不能满足其"英雄主义"理想，全都被他否认并扼杀了。来到印第安山后他喟叹"再也没有自己的良心了"，他将自己在印第安山的生活视作"无价值的"，甚至感到在那里获得的快乐让他屈辱(2010：194)。可见，他将"英雄主义"式责任感等同于道德和"良心"本身，任何与之冲突的其他价值都变得不再具有合法性。

巴基对复杂情境和多元价值的简化倾向让他成为崇尚"个人英雄主义"，追求"道德完美"，而忽视其他一切价值的"盲视"者，这种"简单化"的伦理视野最终让他在"错位的罪感"和"对情感的压抑"中一步步走向悲剧性结局。

3 对瘟疫的自我归罪：漠视"运气"与错位的"罪感"

在"失职"事件后，巴基将复杂的伦理冲突情境"简单化"，认定自己做了绝对错误的选择并不断放大这一选择的后果，乃至产生了一种"错位的罪感"。正是受到这种罪感驱动，他在印第安山瘟疫暴发后将自己视为一切灾难的肇始者。巴基对瘟疫的自我追责和归因则是其对"道德完美"追求的极致体现，他需要自己成为纽瓦克和印第安山的

① 古希腊文"奇异"(deinon)一词最常见的用法是形容奇迹和敬畏感，在不同的语境中可以用来指人类理性的光彩夺目、罪恶的极其恐怖，以及命运无常的巨大威力(75-76)。参见玛莎·努斯鲍姆：《善的脆弱性：古希腊悲剧与哲学中的运气与伦理》，徐向东、陆萌译，南京：译林出版社，2018。

瘟疫悲剧，成为所有受难者的完美负责人，在其中他漠视了“运气”的影响，即有些天灾不在人的控制之类，有些失序无法避免，小说借叙事者阿尼道出了巴基悲剧的题眼——对“运气”的漠视。

巴基“错位的罪感”是他追求伦理确定性、简化特殊情境下的“实践冲突”的结果——他不承认具体情境下可以稍微偏离自己的原则。在得知操场在他离职两天后就关闭时，巴基非但没有释然，反而更为自己没有坚持最后两天而追悔莫及。当玛西娅问他留在小学又能做些什么时，他答道，“这不是‘能做什么’的问题，而是‘在不在那里’的问题’”(Roth，2010：197)。可见，他最在意的并不是其实际行动带来的“善”，而是自己能否“在场”并捍卫其伦理信条，体现了他对一种理想化的道德价值的追求——他将“力量”和“勇气”的品质作为自己行动的实践准则，难以接受自己的行动对这一规则的任何偏离，从而将自己“失职”的过失无限放大，乃至被一种无限发酵的罪感湮灭。

主人公对伦理信条的执着根源于一种漠视“运气”、追求“理性自足”的伦理实践观念。努斯鲍姆在《善的脆弱性》(*The Fragility of Goodness*)中基于古希腊哲学家理解“理性”与“运气”关系的两种不同模型总结了两种关于人类实践合理性的规范观念，一种是柏拉图式的理性自足观念，主张通过科学“技艺”(techne)让为运气所左右的生活变得安全和可控，力图用稳定的实践规则体系看待任何新境况，其目标是通过不间断的主动性和理性控制，消除难以驾驭的运气的影响力；另一种则是亚里士多德式的实践理性，接受运气是好的生活的一部分，追求在有限风险均衡下的有限控制(努斯鲍姆，2018：26－28)。巴基具有古希腊悲剧主人公的原型特征，表现出努斯鲍姆所说的悲剧英雄“追求理性自主性的雄心和热望”，以及“坚定”“稳定”“深思熟虑”等与“技艺”相关的品质。

无论是面对战争还是瘟疫，他都表现出主动控制危险、消除“运气”影响的雄心。正是出于对理性控制的渴望，他为自己由于弱视无法上战场的局限性深感窘迫，哀叹“面对本世纪的磨难，一场世界性的善恶之间冲突，他无法发挥最微薄的作用”(Roth，2010：173)，并将遭受瘟疫袭击的小学视为可以让其捍卫正义的“替代性”战场。也正是由于这种追求绝对“自足”的实践观念，他在“失职”事件后过分谴责自己成为纽瓦克疫情中的“逃兵”，称自己将“一生为他不可原谅的行为而后悔”(2010：194)，乃至陷入一种不健康的自我折磨。正如斯坦伯格医生所劝告巴基的，“你有一个良心，良心是宝贵的品质，但当良心让你感到自己需要为远在自己职责以外的事受到谴责时，它就不是如此了……错位的责任感只会削弱人的力量”。巴基错位的罪责感成为其悲剧性堕落的开端。他把对“失职”的罪恶感发展为一种更深刻的自我归罪，这种自我归罪在他将自己视为瘟疫和一切灾祸的始作俑者中达到了顶点。

在一种漠视“运气”的“自足”伦理观的指导下，巴基“错位的罪感”最终驱动了他对瘟疫的自我归罪行动。小说中，斯坦伯格医生口中“仍然是神秘的疾病”的脊髓灰质炎在当时的医疗条件下尚未有疫苗可提供免疫，染疫很大程度是"运气"的问题。而巴基无法接受瘟疫的偶然和荒谬，执着于"为所发生之事找到必然性(necessity)"(Roth：2010：265)，甚至将自己认定为将病毒散播到操场和印第安山的"超级传染者"(Typhoid Mary)(248)。"议长小学操场和印第安山所遭遇的浩劫对他而言似乎不是自然恶意的荒谬所致，而是他自己犯下的严重罪行"(2010：273)。巴基所拥有的是努斯鲍姆所说的"追求黑格尔式的追求和谐统一的所见"的"奇异之眼"的视觉。正如《安提戈涅》中的克瑞翁追寻"有秩序的生活与和谐"，巴基也通过探究瘟疫发生的"必然性"追寻一种绝对秩序。他渴望看清这个世界，看清灾难发生的逻辑——"他不满足于病毒的繁殖这一客观事实本身，而是急切寻找深层原因，这位殉道者、不断追问原因的狂热者，令人不解地在上帝或他自己身上找原因，让他们的结合成为灾祸的唯一源头"。叙事者阿尼·梅斯尼科夫(Arnie Mesnikoff)一语道出了巴基悲剧的本质是无法认识和接纳"运气"之于人的影响。"你有时候会走运，有时候不会。任何个人传记都有关运气……我相信康托尔先生在谴责他口中的上帝时，实际所指的正是'运气'"(2010：242－243)。巴基最终为自己的"罪行"在无尽的自我惩罚中度过一生，表现了其漠视"运气"影响的伦理观的悲剧性后果。

巴基对瘟疫进行自我归罪的行动表现出他对自身局限性的否认。他的"视力"因而成为一种隐喻——"弱视"成为其局限性的深刻象征。"弱视"剥夺了他上"二战"战场的机会，也加剧了他对"视力"的渴望和对自身其他局限性的否认。"他被祖父教导'消除'和'弱视'一起从生父身上遗传下来的任何弱点"，这导致他"从不知道自己责任的限度，从不相信他的局限性"，他"不能允许自己放任任何人承受折磨，他从不会无罪地承认他有任何局限"(2010：273－274)。正因如此，巴基认为自己对纽瓦克同胞的受难责无旁贷，并将"看清"瘟疫的肇因，对瘟疫进行溯源和追责视为其使命的一部分。这种追求"透视"一切真相的"奇异之眼"表现为一种"简化和支配世界"的野心，象征着"自我中心"的傲慢和对自我局限性的否认。然而，他的"弱视"已经隐喻了相较于宇宙浩瀚和"运气"的不可捉摸，人类的"渺小"(infinitesimal)和认识力的局限(2010：198)。巴基"自我归罪"的荒谬说明了追求对真相绝对的、清晰的透视的徒劳和"尊重和保护外在世界的神秘性"的重要性(努斯鲍姆，2018：119)，他对自身局限性的否认和对"全能"的追求也为他的最终堕落埋下了伏笔。

4 "情感"压抑："克己主义"下的悲剧宿命

复仇女神的"命运之轮"在带来了韦克瓦契小学和印第安山夏令营的灾难后，也带来了巴基的个人灾难——他自己也不幸染疫瘫痪。瘫痪成为"弱视"后巴基的另一个重要身体残疾，两者一起成为巴基作为人的“缺陷”和“局限性”的重要象征。面对这一“偶然性”打击，巴基“简化”价值承诺的盲视再次发挥作用，他对“英雄主义”这一单一价值的执着最终导向了对本能欲望和情感的压抑。他试图通过严苛的“克己主义”保留自己最后的“尊严”，最终在对所爱之人的割舍与对自己“残缺”和“失败”的羞耻感中“彻底从完整的生活中撤退”(Roth, 2010: 246)，这一行动也将他的悲剧推向了高潮。

巴基走向堕落的关键节点是他瘫痪后的忍痛割爱和消沉。瘫痪的巴基不顾女友的挽留决意和她分手。他将身体残缺视为一种失败，称残疾让自己已经不再“足够”成为一个丈夫和父亲，希望玛西娅嫁给一个“没有残疾、强壮而健康、拥有成为一个未来父亲的素质的男人”(2010:258 - 259)，并将主动退出玛西娅的生活视作最后能展现自己“完整性”的机会。“他感到他最后成为一个完整的人(a man of integrity)的机会就是让这位美好的年轻女性免于接受一个瘸子作为终身伴侣，最后能让他保存一点荣誉的方式就是拒绝他所曾想要得到的一切”(2010:262)。为了保存自己最后的“荣誉”，他抗拒了自己对玛西娅的依恋和他所渴望的与玛西娅的未来。努斯鲍姆指出，对实践情形的正确认知需要智力活动和情感活动的共同作用，情感作为认知的形式在伦理生活中至关重要(Nussbuam,“Narrative Emotions” 1988:230)。而在这一伦理情境中，巴基将理性与情感对立起来，将力量、强健和责任感等“技艺”作为自己的追求，将顺从自己本能情感视作“懦弱”——他感到自己“如果懦弱到接受了玛西娅，将迎来最后的致命一击”(Roth, 2010:262)。这种对“情感”的压抑造成了巴基对与本能“欲望”和情感相关的价值的遮蔽和舍弃。

在这里，巴基自我中心的“奇异之眼”发挥了作用。正如克瑞翁将对城邦的义务视作唯一的道德准则，把自己所承担的不同价值和义务简化为单一的守护城邦的责任感，巴基也将英雄主义精神视为唯一的价值，刻意忽视与“欲望”和情感有关的其他重要价值，如他对女友的爱和求婚的承诺、未来幸福生活的前景等——他认为自己“最大的胜利就是免于让自己所爱之人拥有一个残疾的丈夫，他的英雄主义由通过放弃她来否认自己最深的欲望构成”(2010: 274)。然而，巴基的“奇异之眼”和对冲突的简化恰印证了他的“盲目”。玛西娅对他说，“(你)通过回避我来让你自己变得‘高尚’，巴基，你是如此盲目!”(2010:259)和克瑞翁一样，巴基的“看见”隐含着对现实的重建，他允许展现和承认的只是那些符合其简单价值观的因素——象征力量、勇气和责任的英雄主义，而作为对立面的价值观——基于人之脆弱和依赖性的“爱”的可能性——在他的想象中就全无所见，这是他的“盲目”之处。

面对接踵而至的灾难，巴基通过压抑灵魂中的本能和“情感”来让自己避免正视变化无常的世界中自己的“脆弱”。“‘灵魂的非理性部分，如欲望、感觉和情感……不仅把我们与多变和无常的世界联系起来，也把我们与失落的危机和冲突的危险联系起来”(努斯鲍姆, 2018: 10)。巴基通过排斥伦理实践中的情感因素来避免面对自身在灾难冲击下的脆弱性和对他人的依赖性,他的"克己主义"根源于一种对"强健"和"无坚不摧"的英雄式想象。而这种想象的最终破灭让他在"无法消除的挫败感"和"持续的羞耻感"中度过一生——他不仅放弃了结婚生子,也放弃了自己对"完整的"生活的一切期待(Roth, 2010:246)。这种不健康的"羞耻感"表现为努斯鲍姆所说的"原始羞耻"(primitive shame)①——一种源于婴儿时期人类对自己全能、独立的想象所产生的羞耻感,本质是一种自恋主义(Narcissism)。巴基悲剧性的羞耻感源于认识到自己并非全能而产生的痛苦情绪。小说以叙事者阿尼对青年巴基教男生们投掷标枪的回忆结束,在男孩子们对他柔软的肌肉、矫健的身姿和男性力量的崇拜中,"他似乎是坚不可摧(invincible)的"(2010:280),这种对"坚不可摧"和"全能"的信念正位于主人公悲剧的核心。

小说采用第三人称视角,叙事者阿尼以巴基曾经的学生和瘟疫受害者的身份在小说结尾处现身,并对巴基的悲剧进行回溯和评论。阿尼对灾难进行观察和评论的回顾性视角一定程度代表了罗斯的视角。正如《安提戈涅》中歌队拿克瑞翁与受鞭打的傲慢动物相比较,阿尼/罗斯也对巴基"愚蠢的傲慢"做出批判;正如歌队的结束语"命运的威力才是奇异的"点明了题旨(努斯鲍姆,2018:76),他在小说结尾给出振聋发聩的警示——"偶然性的暴政就是一切"(2010:243)。作为与巴基一样染疫瘫痪的灾难受害者,阿尼的实践行动也成为参照系映衬出巴基的缺陷。与巴基相对,阿尼和歌队一样代表了"自然之眼"的视觉,能够看见冲突与"外在偶然性可怕和无边的威力"。不同于巴基以自我为中心的"盲目",他拥有以"让步"和慎思为标识的全局视野。面对社区和自身的灾难,阿尼没有向巴基一样走向严苛的"自我归罪",而是能够开放地接受自身的局限性和瘟疫的"偶然性";他不执着于寻找答案,而是能够向自然"让步",意识到瘟疫带来的悲剧没有必要成为"个人的终身悲剧"(Roth,2010: 269)。因而,一系列偶然灾难的打击没有导致其丧失行动,而是让他"更深思熟虑和更灵活地行动"(努斯鲍姆,2018:118)——他不仅身残志坚,通过创业帮助与他一样的瘫痪患者,并且接受妻子温柔的陪伴,生儿育女,过上满足的生活。相较于巴基,他的成功源于能够"站在'运气之刃'上……在有序和无序之间,在控制和让步之间做出最微妙的平衡"(2018:119)。

---

① 努斯鲍姆基于《圣经》中关于"黄金时代"的神话和《会饮篇》中阿里斯多芬的神话指出,人类对完整和可控的渴望会形成一种"原始羞耻",这种羞耻与婴儿时期对自己全能、独立的想象联系起来,源于一种自恋主义,对个体内心是有害的。参见 Nussbaum, Martha C. *Hiding from Humanity: Disgust, Shame, and the Law.* Priceton: Princeton University Press, 2004。

5 结语

在《复仇女神》中，罗斯以简练、深沉而神秘的笔触书写了瘟疫带给人的宿命，呈现了一个古希腊式悲剧。小说通过刻画一个具有"英雄主义"情怀的好人的堕落，不仅还原了人在灾难情境中个人难以做出伦理抉择的"悲剧冲突"，而且对一种将人类价值结构"简单化"的伦理视野进行了批判，说明了在"理性控制"之外，"运气"与"情感"在伦理生活中的重要性，也表明了对人之"全能"的神话性想象的虚妄。罗斯以肃穆而同情的视野审视人类生存内在的价值冲突与"偶然性"威力，表达了人类接纳自身局限性、脆弱性和外在偶然性的伦理观，亦为人的尊严提供了一种与"理性自足"伦理观极为不同的理解。因而，《复仇女神》不失为一部伦理悲剧，不仅反思具有单一价值特征的"个人英雄主义"，而且还彰显罗斯作为严肃作家的人文主义思想特征。

参考文献

[1] Aarons, V. 2013. Expelled Once Again: The Failure of the Fantasized Self in Philip Roth's *Nemesis*. *Philip Roth Studies*, 9(1): 51 - 63.

[2] Giannopoulou, Z. 2016. Oedipus Meets Bucky in Philip Roth's *Nemesis*. *Philip Roth Studies*, 12(1): 15 - 31.

[3] Nussbaum, Martha C. 1988. Narrative Emotions: Beckett's Genealogy of Love. Ethics, 98(2): 225 - 254.

[4] Nussbaum, Martha C. 2004. *Hiding from Humanity: Disgust, Shame, and the Law*. Priceton: Princeton University Press.

[5] Roth, P. 2010. *Nemesis*. New York: Vintage Books.

[6] Royal, D. P & D Walden. 2004. Philip Roth's America: The Later Novels[Special Issue]. *Studies in American Jewish Literature*, 23.

[7] 黄淑芳，2015. 是非功过、谁与评说：评菲利普罗斯的《复仇女神》，名作欣赏，30：81 - 82.

[8] 玛莎·努斯鲍姆，2018. 善的脆弱性：古希腊悲剧与哲学中的运气与伦理，徐向东，陆萌，译. 南京：译林出版社.

[9] 聂珍钊，2022. 灾难冲击、伦理选择与文学叙事，浙江学刊，(1)：182 - 188.

书　评

中国文学对外翻译的有效路径探索
——评《改革开放以来中国当代小说英译研究》*

兰州交通大学　牟宜武　季泽端**

1　引言

中国文学作为世界文学与文化的重要构成，其对外翻译与传播近年来已成为备受各界关注的重要议题。这至少归结为两大原因：其一，中国文学凝结了中国的价值观念、社会生活、文化传承以及语言魅力，是传播中国文化、展现中国形象的重要载体；其二，中国文学兼具的世界性与民族性，使之成为世界文学的基本构成，影响着世界文学的生成与变化。中国文学的对外翻译是中国文学被世界其他国家与民族所阅读、理解，进而接受和认可的至关重要环节，而中外在文化、思维、历史等各个层面的差异使得这一环节的实现充满挑战与艰辛。

纵观长期以来的中国翻译研究，无论是在理论建构还是在翻译实践方面，翻译的“方向性”处于被遮蔽的状态（刘云虹，2015），翻译常被简单地认为就是从外语到母语的单向活动，也即“译入翻译”。在语言文化、社会环境、历史地理、意识形态等多重因素的作用下，“译入翻译”与“对外翻译”在享有共性的基础上，还必然“存在一定（甚至显著）

*　本文系国家社会科学基金青年项目“外宣翻译叙事化助建中国在东盟形象研究”（19CYY012）、兰州交通大学“百名青年优秀人才培养计划”基金项目（[2019]175）的阶段性成果。

**　**作者简介**：牟宜武，副教授。研究方向为外语教育和翻译学。联系方式：642648119@qq.com。季泽端，研究生，研究方向为翻译学。联系方式：2379295674@qq.com。

的差异性”(许多、许钧,2019)。在中国文学仍处在世界文学的边缘体系,且西方国家对中国文学的接受意愿远不如中国对西方文学的情势下,摆脱简单套用“译入翻译”的研究惯习,探索中国文学对外翻译的生产、传播、接受的方式和规律,对真正实现中国文学的“走出去”“走进去”显得既必要而又迫切。

吴赟教授所著《改革开放以来中国当代小说英译研究》(下称《当代小说英译研究》)一书,正是一部对中国文学对外翻译进行系统性、深入性的研究著作。该书由浙江大学出版社于2021年正式出版,全书共计353页,近40万字。该书立足作者、译者、出版社、读者等关涉译介的各主体,从作品择取、翻译策略、传播途径、接受效果等环节,勾勒中国当代小说——作为构建当前中国社会、生活、思想、情感的主要文学形式——在英语国家语境中的基本轨迹、整体图景和典型特质,重点剖析中国当代小说在英语世界译介的成功经验,以及失败个案的表现问题及形成根源。在中国文学如何被国际社会有效接受成为重点议题的当下,该书的出版对中国文学对外翻译的路径探析、有效地服务于中国文学“走出去”的国家战略具有重要的学术价值。

2 《当代小说英译研究》的框架与内容

全书共分九章,围绕译介对象、主动译出、译本形成、译介效果、经典建构、女性书写、范式更迭共七个主题展开。具体如下。

第一章以研究缘起为中心,阐述展开“中国当代小说英译研究”的背景与目的。该章分别对中国当代小说的撷取依据、对外译介的特定意义、研究框架和主体内容进行了简要介绍,为对改革开放以来文学作品外译这一宏大命题展开探索,勾勒、阐释中国当代文学外译的史实面貌,探寻中国当代小说英译的反拨启示提供了充分的研究理据。

第二章以单行本和选集这两种文学形态为中心,阐述中国当代小说“选译出版”标尺的变迁。该章分别对中国文学单行本和文学选集在40余年英译实践中的现实景观和演变轨迹进行了梳理、阐释和总结,认为中国当代小说选译出版由“政治性”解读逐步向“文学性”审美迈进,更为广阔、多样而复杂的中国社会风貌与文化思潮也借此向英语世界展现。

第三章以翻译规划为中心,阐述国家翻译规划在中国当代小说对外翻译中扮演的角色。该章分别对国家翻译规划的内涵、意义进行厘清,对中国当代小说由“施加型”(源语文化刻意施加的翻译)国家翻译规划向“需求型”(目标文化自身所需求的翻译)国家翻译规划的转变进行探析,对国家翻译规划主导实施的重大外译项目进行考察,从中探索国家规划下文学外译的完善机制。

第四章以译本形成为中心，阐述促成中国当代小说英译本形成的主要要素。译本的形成帮助西方读者了解中国文学作品中表露的中国国民特质、文化心理乃至社会的千姿百态，为文学作品走进世界文学版图迈出坚实的步伐。该章分别对以葛浩文为代表的海外汉学家在译本中"连译带改"的翻译策略及背后原因进行考察，对以高校为载体的学术性出版社、由市场驱动的商业性出版社、以中国文学翻译作品为主的专业出版社进行考察，对译本的副文本的作用及衍变进行考察，从中探寻在异域文化系统中具有传播效力的译本生成路径。

第五章以译介效果为中心，阐述中国当代小说在英语世界的译介效果。效果是文学译介的着力点和最终指向，对于完善文学译介体系不可或缺。该章从图书销量、馆藏量等译介效果的广度，以及专业书评、是否进入教材/选集等译介效果的深度，重点考察余华、贾平凹、麦家三位作家的作品在美国的译介效果，从中总结、借鉴亮点，改善、规避不足。

第六章以经典建构为中心，阐述中国当代小说成为翻译文学经典的建构经验。翻译文学经典是译介作品能够满足当下流行的文学规范，被译入语文化和文学系统接受、认同并确立了地位。该章分别考察莫言的《红高粱》、刘慈欣的《三体》、韩少功的《马桥词典》这三部当代小说成为翻译文学经典的建构历程，进而探寻中国文学走向世界、在世界文学体系内赢得话语权的经典化路径。

第七章以女性文学为中心，阐述中国当代女性小说在英语视域下的建构与认同。该章梳理并剖析中国当代女性小说在英语世界的译介路径、图景和内涵，分别考察王安忆的代表作《长恨歌》、残雪的九部单行本如《天堂里的对话》《山上的小屋》等、铁凝的代表作《大浴女》的译介传播情况，剖析中国女性文学如何在异域文化空间内实现交流与互动。

第八章以网络文学为中心，阐述中国当代小说走向世界文学进程中从经典文学到流行的通俗文学的范式更迭。"互联网＋"时代，网络文学成为对外译介的新兴力量。该章分别对网络文学的概念内涵、主题类型、价值探索进行阐释，对网络文学的译介平台、粉丝译者/职业译者、团队化协作、超文本形态进行探讨，对网络文学在英语世界的接受度进行分析，从中解析中国网络文学从边缘走向中心并进入海外读者阅读视野的译介方略。

第九章以总结展望为中心，阐述中国小说之于世界文学格局、小说译介之于中国文学"走出去"、对外翻译之于提升文化软实力等方面的关联。该章分别从文学创作方面讨论和总结中国文学在世界文学格局中处于边缘地位、在西方接受不力的深层原因及解决措施，从小说译介方面讨论和总结中国文学实现跨文化翻译传播而在译介生产链上的有效决策，从形象建构方面讨论和总结中国文学翻译活动中对于展现国家形象、塑造文化软实力的切实方略。

3 《当代小说英译研究》在对外翻译方面的研究创新

3.1 以时间为轴，剖析文学外译的历史进程，拓展译介史的叙写路径

中国当代小说是文学家记录、映照中国当代形象的有效载体，是能够触动、感染并影响包括英美读者在内的西方公众的重要渠道。但是，中国当代小说“译出去”，并不等于在西方就真正具备了传播力。译本要在西方的异质文化中形成传播力，是国家地位、意识形态、原作声誉、读者审美、译者选择、翻译策略、传播渠道等因素或交织或博弈的结果。

小说的观照视域与时俱进，成为国家发展的镜像与时代变迁的见证，因此，以反映时代发展的重要节点来研究中国文学对外翻译的内涵变迁就尤为必要。《当代小说英译研究》正是以40余年间的大事件为关键时间节点，对中国当代小说的外译历史进程展开全面剖析：1978—1991年是中国对外开放的开启；1992—2000年是邓小平南方谈话，中国的对外开放由点及面，步伐显著加快；2001—2012年是中国加入WTO，中国进入全方位对外开放的新时期；2013年至今是党的十八大召开、“一带一路”倡议提出后，中国步入新时代，新的国际格局引导对外翻译活动进入新模式。

《当代小说英译研究》以时间节点为“纬”，以译本构建过程为“经”，呈现了一幅中国当代小说对外译介的完整图景。需要指出的是，作者并没采用机械的线性叙写方式来呈现翻译史。文学翻译史是翻译史研究的核心，对于特定历史时期隐逸的翻译史料如何更好地挖掘、考据、钩沉、呈现，是翻译学界一直关注的命题。传统的翻译史叙写大多按照时间推移、以线性逻辑进行编排，如翻译通史、翻译断代史就是常见典型。《当代小说英译研究》则局部采用线性叙写，但整体采用非线性史料深描的方式，是对翻译史叙写的思路与模式的革新，这对多样化的翻译史叙述话语表达、推动翻译史特色叙述话语体系的构建具有重要的意义。

3.2 “传播”与“翻译”相融，“主体”与“受众”共生，延伸文学翻译的译介链

尽管翻译与传播具有天然的关联，但长期以来翻译活动却将翻译与传播相割裂。这尤其表现在翻译研究对象“局限在探讨‘怎么译’‘怎样才能译得更好、译得更准确’等问题上”（谢天振，2014：6），把翻译视作仅涉及原语与译语，而较少将译介链进一步延伸到传播效果这一端口来审视翻译活动。然而，要实现中国文学“传而致通、传而致效”，则需要将译介链的研究范畴延伸至传播效果，从而使中国文学在对外翻译中有的放矢，

实现对外传播的交际意义。

传播效果是整个译介过程的着力点，并反向辐射整个译介过程。现有研究较少关注传播效果还因为“累于受众群体的多样性、模糊性和动态性，又为场域时空所囿”(吴赟，2021：119)。《当代小说英译研究》将传播与翻译相融，不仅重视“翻译”，还同样重视“传播”，视传播主体与传播受众为“共生”关系，从以读者为中心的传播效果审视中国当代文学的对外译介，为从以读者为中心的传播效果审视文学翻译提供了理据与典范。

一方面，《当代小说英译研究》从读者反馈(如读者来信、书评、点评)、销售数量(如亚马逊网)、图书馆藏情况、获奖情况、媒体提及率、跨媒介(如小说改编为电影)等方面，系统考察了余华、贾平凹、麦家等中国当代作家的小说作品的对外译介效果。另一方面，《当代小说英译研究》从译介效果的反向辐射对中国文学的对外翻译进行考察，例如，对从立足自我视野的“施加型”翻译走向兼顾接受国需求的“需求型”翻译的探讨与思索，对基于不同目的的出版社(学术出版社、商业出版社、专业出版社)的考量与择取，对作品内容的“连译带改”的深层动机的讨论与分析等。《当代小说英译研究》将译介链研究延伸到传播效果，对建构传播主体与传播受众之间形成密切的“互构”(configuration)与“协商”(negotiation)机制，促进文学外译作品触动、感染西方受众，增强中国文学对外传播效力具有重要意义。

3.3 “严肃”与“通俗”并举，“经典”与“边缘”共重，拓展研究的广度与深度

中国文学译本是世界阅读中国的基本路径，也是想象中国、接受中国的实践路径。在中国文学的发展过程中，文学的书写疆域不断拓展，文学的类型形式也不断变迁，女性文学、网络文学等文学形式的崛起，使中国文学日益丰富而多元。随着中国经济崛起和影响力增大，海外读者期待借中国文学的多元图景，了解当下的社会现实及人民生活现状，因此不仅关注传统的主流文学作品，也对包括悬疑文学、科幻文学等在内的通俗文学类型产生兴趣。

《当代小说英译研究》将严肃文学与通俗文学并举，经典文学与边缘文学共重，拓展了中国文学对外译介研究的广度与深度。作者在书中浓笔重墨于《中国文学》、“熊猫丛书”，以及图书外译工程如“中国图书推广计划”“中国文化著作翻译出版工程”等关涉的经典文学作品。同时，作者也以较大篇幅阐述在中国繁荣发展的科幻文学、悬疑文学等，并重点探索网络文学译介这一蓬勃发展的新文学翻译形式，通过对其概念内涵、主题类型、译介接受等的讨论与分析，推动学界进一步关注这些中国当代文学对外传播的新亮点、新热点。

《当代小说英译研究》还对中国当代女性小说予以特别关注，通过重点研究王安忆、残雪、铁凝等女性作家的代表作品的译介与传播，带领读者反思中国女性书写在英语视

域下的建构历程，呈现中国女性随时代变迁的生命感受和价值实现，使之成为世界文学中的重要风景。

4 《当代小说英译研究》在对外翻译方面的研究启示

勾勒中国文学走向世界的传播景观，反思现行译介模式与效果，探索更具效力的译介路径，离不开对当代小说这一重要文学形式译介史实的整体审视，进而"准确定位中国文学外译，充分认识到其社会、语言、文化、创造和历史价值"(许钧，2021a：68)。《当代小说英译研究》正是一部对改革开放40余年来中国当代小说的对外翻译进行系统性、深入性研究的著作。

《当代小说英译研究》框架合理，逻辑严密，理据充分，史料翔实。在"主动走出去是一种常态"(许钧，2021b)，而学界又时常忧思如何让中国文化"走出去""走进去"的当下，《当代小说英译研究》勇于探索，作出了独特的学术贡献。《当代小说英译研究》对中国当代小说对外翻译实践的描述与梳理，对对外翻译规律的讨论与总结，对对外翻译研究的方法与理念，对未来中国文学实现跨国界流动、展现中国形象、塑造文化软实力提供了可资借鉴的经验与模式。主要如下。

其一，中国文学的对外翻译要加强对翻译"国家性"的认识和实践。改革开放以来的40余年是中国不断扩大开放的历程见证，也是中国文学被世界认知，不断提升中国形象的历程见证。在此之中，国家层面有着明确的翻译目标与规划，呈现出高度的主动性、组织性和行动力，在中国文学"走出去"的进程中发挥了主导而关键的作用。《当代小说英译研究》阐发了国家规划下的文学外译从政府主导转向政府引导和资助，从全盘操控到借帆出海的意义和内涵，解析了翻译政策从制定到落实的各个主体之间的能动作用与协调机制，对学界回应如何做好翻译，以加强和改进国际传播能力，带来了宝贵的启迪。

其二，中国文学的对外翻译要加强对传播效果的研究。如何在中国文学对外译介过程中处理语言与文化的异质性，再现原作的文学价值和审美趣味常成为学界观照的重心，因此在研究范式上多集中于对源语的语言、修辞、叙事等的策略探讨，而忽视对受众接受的细致考察。该书吸收了传播学的核心要义，从以读者为中心的传播效果审视中国当代小说的译介效果及其对译介过程的反向辐射。该研究范式避免了只重"翻译"不重"传播"、只重"传播主体"不重"传播受体"、只重"主动译出"不重"接受效果"的不足。换言之，对外翻译还要关注对读者产生的影响，以及接受效果对翻译策略选择的反向辐射。

其三，中国文学的对外翻译要加强对多元文学形态的译介研究。文学作品是社会发展和国家形象的折射，呈现一国的文学形象，实现中外文明的交流互鉴，需要关注并重现不同维度的内容、流派、写作形式。该书同时关注了主流文学和通俗文学的对外翻译，这对展示中国文学整体图景以及丰富内涵与价值开拓了视角。具有鲜明话语表达和叙事特色的科幻、侦探、武侠、言情等通俗文学，也同样呈现积极的中华先进文化、价值观念和社会现实。中国翻译研究对于多元文学形态的关注和实践将为文化走出去提供更多丰富的给养与思考。

5 结语

翻译，作为人类跨文化交流与传播的活动，不仅仅是一种孤立的、纯粹的语言转换活动，也不仅仅是译者的个人活动。关于对外翻译研究，“仍多以注重传递中国元素以及传统文化为主，对当代中国形象的展示相对不足……外译也需充分考虑当代战略需求”(吴赟，2020：63)，因此，审视、总结中国当代小说对外翻译的实践与规律，对在文学跨越国界的流动中更加有效地建构、展示当代中国形象具有战略意义。《当代小说英译研究》以时间为轴，剖析改革开放以来40余年中国当代小说英译的历史进程，拓展了译介史的叙写路径；把传播融于翻译，从以读者为中心的传播效果审视中国当代文学的对外译介，将译介研究从“翻译”向“传播”的译介链延伸；把“严肃”与“通俗”并举，“经典”与“流行”共重，拓展翻译研究的广度与深度。总之，该著作对未来中国文学的对外翻译研究具有十分重要的启迪与借鉴意义。

该著作除特色与创新之外，也存在一定的不足之处。从作者探讨的翻译转换形式来看，聚焦的是传统的、以文字转换为中心的语际翻译，而对多模态翻译的关注相对不足。在传统的语际翻译之外，还可以探索通过多模态翻译把原文本翻译改写为多模态文本，如绘本、漫画、戏剧、影视、网页等。这有助于在拓展中国文学对外传播渠道、构建多元的“互文”译本的同时，更为直观、形象、生动地阐释中国文化精髓，也有助于推动海外读者对中国文学的认知与接受。

参考文献

[1] 刘云虹，2015. 中国文学对外译介与翻译历史观. 外语教学理论与实践，(4)：1－8，92.

[2] 许多，许钧，2016. 中国典籍对外传播中的“译出行为”及批评探索：兼评《杨宪益翻译研究》. 中国翻译，40(5)：130－137.

[3] 许钧，2021a. 关于深化中国文学外译研究的几点意见. 外语与外语教学，(6)：68－72，148.

[4] 许钧，2021b. 坚守、应变与创新：关于“中华文化走出去”. 中国社会科学报，2021－12－17.

[5] 谢天振，2014. 中国文学走出去:问题与实质. 中国比较文学，(1)：1－10.
[6] 吴赟，2020. 图书外译传播的公共外交实践研究:美国富兰克林图书项目的解析与启示. 外语教学与研究，52(4)：594－606，641.
[7] 吴赟，2021. 改革开放以来中国当代小说英译研究. 杭州：浙江大学出版社.

《波兰移民家庭语言政策：聚焦澳大利亚》介评*

扬州大学　杨　美　季小民**

1　引言

作为应用语言学的重要分支，近三十年来语言政策与语言规划蓬勃发展。21世纪初，该领域肇始于对国家宏观层面做法的疑虑，继而关注微观层面的语言规划（方小兵，2022）。当前该领域正经历"实证转向"（Johnson，2018），研究者不仅关注语言政策"自上而下"的顶层设计，而且日益关注其"自下而上"的形成和实施过程（高雪松、康铭浩，2021）。家庭是典型的语言政策研究的微观领域，业已成为研究热点之一（杨荣华、陈钰莹，2020）。近来，家庭语言政策研究开始关注祖传语的保持、转用和复兴，族际通婚家庭的语言运用与适应，家庭语言规划者的语言意识、管理和实践，家庭与学校的祖传语教育合作等（Hickey，1999；Hornberger，2012）。2021年皮奥特・罗曼诺夫斯基（Piotr Romanowski）在Routledge出版的专著 *Family Language Policy in the Polish Diaspora：A Focus on Australia* 正是该领域的一项新成果。该书基于个案细致呈现了澳大利亚波兰移民家庭的祖传语所面临的挑战，旨在以最新实证性成果推动家庭语言政策研究，为祖传语的传承与保护提供参考。本文将对该书的主要内容进行介绍并做简评。

---

* 书籍信息：Piotr Romanowski. 2021. *Family Language Policy in the Polish Diaspora：A Focus on Australia*. New York：Routledge. 246pp. ISBN：978－0－367－70644－9.

** **作者简介**：杨美，硕士研究生，研究方向主要为语用学、语言政策与语言规划，联系方式：yangmei2050@163. com；季小民，博士，副教授，主研究兴趣包括语用学、语言政策与语言规划，联系方式：billjiteaching@163. com。

2 内容简介

全书共十章,各章主要内容如下:

作者在《绪论》中简述了家庭语言政策的研究背景。世界多元性变化深刻影响着语言及语言政策,多语主义业已成为当下语言与语言政策研究的热点议题之一。随着跨国交流和跨国婚姻的增多,孩子有了双(多)语环境,相关研究也随之增加。家庭作为语言保护与传承的重要领域,其内部冲突在所难免,个中缘由值得探究。该书以澳大利亚墨尔本地区的波兰移民家庭为研究对象,探究其祖传语传承、保持和转用情况。

第一章介绍了波兰人移民澳大利亚的历史与现状。动态移民史是澳大利亚社会的本质特征,造就了当地的多民族和多语言的现状。波兰人移民澳大利亚主要经历了两个高潮:"二战"后和 20 世纪 80 年代。这两波移民虽因自身教育和身份背景受到了不同的社会对待,但都能较好地融入澳大利亚社会。两波浪潮中的移民、一代和二三代移民之间在波兰语和波兰文化的保持与传承方面却存在较大差异。祖传语(波兰语)的传承遭遇一定的困难。

第二章梳理了孩子双语发展、语言社会化和祖传语发展领域内的关键问题。首先,人们对双语教育存在偏见,认为双语学习会影响孩子语言和学业发展。作者表示双语教育实际上对孩子个人、社会、认知、学业和职业发展大有裨益,双语学习者在诸多方面的表现也优于单语学习者。其次,语言社会化存在困难。语言逐渐成为一种社会范式,学界开始关注家庭、学校和社区中的多语现象和多元文化人口,但对少数族裔双(多)语家庭的后代关注不够。由于语言意识和文化价值的冲突,这些家庭往往面临独特的社会化困难,其在家庭语言政策上的协商和决策过程以及家庭成员间的语言使用模式也尤为复杂。最后,祖传语传承面临多重困难。移民家庭祖传语(即家庭中的非英语语言,包括移民语言、土著语言和殖民语言)的保持和传承面临祖传语丧失、能力不足、语言转用等挑战,祖传语不免沦为一种弱势语言。移民家庭后代在双语发展中的困境妨碍了其享受双语教育的红利,因此,社会应对少数族裔及其祖传语传承与保护给予更多的关注和帮助。

第三章回顾了家庭语言政策研究的历史与现状。语言政策和语言习得研究都关注语言学习和使用的环境。前者对较为隐私和封闭的家庭域关注较少;而后者的核心问题,即孩子的弱势语言习得水平为何存在差异,也有待解决。基于上述两个议题的家庭语言政策研究方兴未艾。基于文献回顾,作者总结了影响孩子弱势语言习得的两个因素:语言输入的数量和质量、语言环境。家庭是语言习得的重要环境,弱势语言的保持有赖于其在家庭中的传承。家庭语言政策研究主要涉及语言意识、语言实践和语言管理。近年来，研究范围扩展到了不同地缘政治语境（移民社区中的跨国家庭），一方面，在家庭、语言和语境种类等方面呈现出多样化趋势。另一方面，家庭语言政策研究开始关注来自学校和社区的影响，研究话题日益丰富。

第四章介绍该研究的方法论。该研究经历两个阶段。第一阶段，作者通过问卷探究了墨尔本地区的波兰移民家庭的语言意识、实践和管理模式；第二阶段，作者以观察、访谈和录音等方式，对三个受试家庭的语言使用状况进行深度描写和分析，以揭示家庭语言政策对家庭成员语言意识和祖传语保持的影响。研究不囿于移民家庭中子女的双语发展，转而关注跨国家庭及其成员间的双语经历，观察并记录受试家庭成员交流时的语言使用，还增加了对子女的访谈和语言描写（language portrait），以刻画家庭语言政策的全貌。

第五章为结果讨论。作者首先描述了问卷参与者的社会人口统计学特征，强调其在居住地、性别、年龄、教育经历及语言技能等方面的异质性。随后，作者对参与者的语言意识、管理和实践进行了深入剖析。研究发现父辈的语言管理和使用在一定程度上具有一致性，但语言意识和实践又呈现一定差异。他们对双语教育模式存在两种认知。其一，应实施严格的“一家长一语言”策略，使双语水平接近；其二，双语教育本质是一种动态建构，语言转用不可避免，但有助于交际和祖传语的发展。相较而言，后一模式所蕴含的语言管理策略更为宽松灵活，对语言转用的态度更为积极。

第六、七、八章为个案研究，分别展示了三个家庭不同的语言实践和管理模式，考察了他们在选择祖传语传承的方式背后所体现的隐性和显性动机。三个家庭的实践和管理模式分别为：灵活的语言转用实践、严格的“一家长一语言”实践以及随意的双语语言交互实践。第一个家庭的家长认为子女祖传语的传承是一份艰难而必要的责任，旨在让子女融入家庭和祖传语文化。第二个家庭的家长认为子女的双语须达到相近水平才算真正的双语者，祖传语是传承其文化遗产的媒介。第三个家庭的家长认为波兰语和波兰文化的传承是身份的象征，双语教育能丰富子女的知识，提高其学习能力。尽管三个家庭的家长都大力支持其家庭语言政策，但均表示弱势语言的输入主要由其配偶提供，自己对此作用甚微。值得一提的是，作者还描述了子女对其家庭语言政策的认知情感态度。研究发现，三个家庭的子女对双语教育都持积极态度，深知祖传语学习对自己和家庭的重要性，但三个家庭的子女间，甚至同一家庭的子女间在双语经历上均存在差异。

第九章对比了三个家庭在语言意识、管理和实践上的异同。尽管所有家庭成员对其家庭语言政策都持积极态度，父母在语言管理和实践中还是遇到了难题；其子女在学习和使用祖传语时也面临压力，更偏向于使用英语。此外，父母的语言意识和管理虽会影响其子女的语言发展，但子女是独立个体，其自身的经验决定了其对父母语言输入的接受和回应程度。作者亦指出学界应更多地关注家庭成员间的互动和子辈在家庭语言政策中所扮演的角色。

第十章对全书内容进行了总结。家庭语言政策不断受到家庭内部和外部因素的冲击，其实施是动态协商、接纳和塑造的过程。父母对子女双语教育的规划与实施出现了偏差，不同家庭在弱势语言和双语教育的发展上也存在差异。同时，子女的主观能动性及社会文化、语言环境等因素也给家庭语言政策和规划带来多重压力。因此，将家庭语言政策研究置于更大的社会文化、语言环境中考量，关注家庭成员的生活经历和子女的福祉，重构家庭语言政策研究显得尤为必要。

3 简要评介

本书主要有以下几个特点。

3.1 实现研究焦点转向

从聚焦语言能力转向语言经历。父母往往认为提升子女的弱势语言能力是其责任与义务，子女良好的双语教育是"好父母"的证明(King & Fogle, 2008)，因此，子女双语习得的速度与水平成为评判家庭语言政策成效的标准。然而，施瓦茨和韦尔希克(Schwartz & Verschik, 2013)认为人们更应关注父母和其子女的实际生活经历，即其在家庭内部和外部社会的语言文化环境中的语言实践和互动，这是对所谓的"成功的家庭语言政策"的一种质疑。该书在探索促进子女弱势语言发展途径的同时，侧重父母与其子女间独特的双语经历。家庭语言政策不仅关乎语言发展，还牵涉家庭内部关系、个人利益以及语言文化身份。因此，学界应重新审视家庭语言政策，不能将其再视为一种由父母主导并施行、子女作为单纯受益人的建构，而应将其视为一种诸多行动者参与的动态实施和共建过程(Fogle & King, 2013)。

3.2 拓宽家庭语言管理主体

将子女纳入家庭语言管理主体范畴。家庭语言管理指用以控制家庭成员(尤其是子女)语言实践的行为方式(Spolsky, 2007)。父母在家庭中的角色至关重要，决定了家庭中的语言使用。父母通常是家庭语言的管理者，一般会对子女的语言习得和日常语言使用提出口头要求(方小兵，2021)，而子女则是管理的对象(Spolsky, 2009)。不可忽视的是，子女自身也是管理者。尽管父母的语言管理和意识会对子女的双语教育产生影响，但每个子女的独特性决定了他们对家庭语言政策的实际接受和回应程度。该书将子女也纳入语言管理的主体范畴，这是理念革新。弱势语言能否在第三代家庭成员中保持下去，不仅事关父母的语言意识、管理和实践，更关乎子女对其家庭内部政策的认知、理解、感受和态度。子女的语言身份在互动中产生，会依据交际环境而协商、调整甚至改变以适应互动过程(季小民，2022)。因此，移民家庭应营造出有利于祖传语使用和传承的社会语言环境，容许子女自由选择其语言实践，建构其语言身份，并适时进行调整。

3.3 创新语料收集方法

综合定量和定性方法进行三角验证。“家庭是语言政策实施的重要领域，是日常生活中较为隐私和封闭的空间，其中的隐性语言政策不易被发觉。但民族志方法可深入家庭内部进行长期、细致、近距离的观察和研究，能够很好地解决这一问题”(李英姿，2018：61)。诚然，这一方法需避免“观察者悖论”，减轻或去除受试知情对数据的影响，在正式收集数据前进行先导性数据收集尝试并考虑是否有必要使用全部数据(季小民、何荷，2014)。作者通过线上(社交平台)和线下(周六学校)相结合的方式发布问卷。问卷用语为波兰语，且须由波兰语家长完成，因而可初步检测答卷人的波兰语水平及其对传承波兰语的兴趣，为后期遴选案例分析的对象做好准备，保证研究的可靠性和可持续性。问卷和访谈的方式不足以完全展示受试家庭的语言使用情况，因此作者采用了民族志方法，与受试家庭共同生活，观察记录家庭成员的言语互动和子女的语言使用情况。采取上述多种方法有助于增进双方的了解，降低由观察者本身带来的不利影响。此外，作者基于问卷调查数据和访谈结果仔细甄别父母在语言意识和实践上的“偏差”和“一致性”，在一定程度上减少了“观察者悖论”，保证了研究结论的客观性。

3.4 不足之处

该书主要有两点不足。第一，个案研究所得出的研究结论缺乏普遍性。由于家庭的特殊性，个案研究是家庭语言政策领域内常见的方法，但不免有局限。虽然该书涉及三个家庭，但这三个家庭语言管理模式不一，无法为读者展示澳大利亚波兰移民的家庭语言规划全貌。第二，该书未对其所属的社区语言环境进行全面调查。作者仅聚焦家庭语言规划实践，忽视了社区小环境和社会大环境等外部因素的渗透与互动(方小兵，2018；王晓梅，2019)。众所周知，家庭不是孤岛，其语言规划受诸多因素的影响。只聚焦个体，不放眼全社会，未免窥豹一斑。此外，三个受试家庭在社会、经济、文化和教育背景等方面趋同，也影响了研究结论的普遍性。

4 结语

就我国而言，多民族、多文化、多方言的丰富资源(季小民，2021)是理想的祖传语研究资源。一方面，当前我国方言和少数民族语言保护工作正遭遇挑战。随着国家通用语的大力推广，在不同语言社区的交流过程中，强势语言（如普通话）往往占据主导地位，弱势语言（如方言、少数民族语言）面临着边缘化甚至消亡的威胁，大大降低了我国语言的多样性。然而，现有研究对各地区方言和少数民族语言的关注明显不够，成果也相对较少。因此，语言保护与传承是我国亟待解决的艰巨任务。我们相信此类研究将成为未来本领域新的增长点。中国学者当继续围绕国家重大战略需求，研究主要问题，服务国家重大战略（季小民、何山华，2022），做出重大贡献。另一方面，全球化背景下跨国家庭日益增多，其面临的语言困难也不容忽视。跨国家庭如何在不同的语言和文化身份之间寻求平衡，其子女如何建立语言文化身份等都是我们面临的问题。《波兰移民家庭语言政策：聚焦澳大利亚》一书对少数族裔的家庭语言政策研究对我国语言政策与语言规划研究具有一定的参考价值。我们应重点关注家庭成员间的实际生活经历，从更广泛的家庭和语言类别中寻找更多的一手资料，为弱势语言的传承与保护寻找解决之道。此外，我们还可从移民家庭中孩子的双语教育入手，探讨其对祖传语的传承和发展、语言社会化和双语习得的影响，让更多家庭享受双语学习的红利。

总体而言，该书结构清晰，逻辑缜密。作者基于家庭语言政策研究的历史背景、理论基础和翔实的研究资料，通过定量和定性相结合的方法，向读者展示了波兰移民保持和传承其祖传语的努力、语言策略与挑战。该研究是家庭语言政策领域的最新成果，为今后研究祖传语的保护与传承提供了范式，开辟了新路径，引领学界更好地开展双（多）语、祖传语研究，产出更多的成果。

参考文献

[1] Fogle, L., & K. King. 2013. Family language policy and bilingual parenting. *Language Teaching*, 46(2): 172 - 194.

[2] Hickey, T. 1999. Parents and early immersion: Reciprocity between home and immersion pre-school. *International Journal of Bilingual Education and Bilingualism*, 2(2): 94 - 113.

[3] Hornberger, H. N. 2012. *Indigenous Literacies in the America: Language Planning from the Bottom up*. Berlin: Moutonde Gruyter.

[4] Johnson, D. C. 2018. Research methods in language policy and planning. In J. W. Tollefson & M. Pérez-Milans(eds.), *The Oxford Handbook of Language Policy and Planning*. New York, NY: Oxford University Press.

[5] King, K., & L. Fogle. 2006. Bilingual parenting as good parenting: Parents' perspectives on family language policy for additive bilingualism. *International Journal of Bilingual Education and Bilingualism*, 9(6): 695 - 712.

[6] Schwartz, M., & A. Verschik. 2013. Achieving success in family language policy: Parents,

children and educators in interaction. In M. Schwartz & A. Verschik(eds.). *Successful Family Language Policy*. Cham: Springer.

[7] Spolsky, B. 2007. Towards a theory of language policy. *Language Policy and Planning*, 22 (1): 1-14.

[8] Spolsky, B. 2009. *Language Management*. Cambridge: Cambridge University Press.

[9] 方小兵,2018. 从家庭语言规划到社区语言规划. 云南师范大学学报(哲学社会科学版),50(6):17-24.

[10] 方小兵,2021. 何为"隐性语言政策"? 语言战略研究,6(5):91-96.

[11] 方小兵,2022. 创新超国家层面的语言规划理论. 中国社会科学报, 2022-2-15.

[12] 高雪松,康铭浩,2021. 国外语言政策研究的问题和路径. 语言文字应用,(1):16-27.

[13] 季小民,2021.《语言史上的多语实践:英语及其他》介评. 中国语言战略,(1):107-111.

[14] 季小民,2022.《日语礼貌探究》述评. 外国语文研究(辑刊),(1):210-217.

[15] 季小民,何荷,2014. 国内外语用学实证研究比较:语料类型与收集方法. 外语教学理论与实践,(2):27-33,95.

[16] 季小民,何山华,2022. 第七届中国语言政策与语言规划学术研讨会举办. 语言战略研究,7(2):2.

[17] 李英姿,2018. 家庭语言政策研究的理论和方法. 语言战略研究,3(1):58-64.

[18] 王晓梅,2019. 家庭语言规划应该放在言语社区中研究. 语言战略研究,4(2):61.

[19] 杨荣华,陈钰莹,2020.《家庭语言政策:在家庭中保持一种濒危语言》评介. 中国语言战略,7(1):106-109.

构建有中国特色的语言安全学
——《语言安全与语言规划研究》评介*

南京大学外国语学院　河海大学外国语学院　周燕**

1 引言

在党的二十大报告中,习近平总书记专章论述了国家安全问题,对国家总体安全观进行了全面部署。语言与国家总体安全息息相通。正如刘海涛在序言中所言,“语言与国家安全有关系,但与领土等硬性因素相比,它是一种软性要素,往往容易被忽略;人是构成国家的最重要因素,人离不开语言,如果将国家视为机器,语言便是这台机器中最重要的软件之一,对国家意识的形成和国家机器的正常运行至关重要”(刘海涛,2022:6)。语言学的学科发展与国家安全息息相关。应用语言学从发起到兴盛,都与探究和解决国家安全问题紧密相关。在不同历史时期,国家安全视域下的语言观变迁折射出语言与国家安全的互动关系,凸显出语言在国家安全中的价值和作用。半个多世纪以来,语言安全问题一直是国外应用语言学研究的重要领域。然而相比之下,国内语言学研究一度未充分关注这一重要命题。近十年来,语言安全问题逐步受到国内学界关注,但现有研究仍然对语言安全的概念体系、知识体系、理论体系和研究范式问题涉及不深,导致语言安全研究的系统性不足,无法满足国家总体安全观对语言学研究的现实期盼。2022年8月,同济大学沈骑教授撰写的《语言安全与语言规划研究》一书出版,通

---

* 书籍信息:沈骑. 2022. 语言安全与语言规划研究. 上海:复旦大学出版社。

本文系2022年度江苏高校哲学社会科学研究一般项目“中法语言安全规划比较研究”(2022SJYB0038)阶段性成果。

** **作者简介**:周燕,南京大学外国语学院博士研究生,河海大学外国语学院讲师,主要研究方向为语言政策与规划、法语国家与地区研究。联系方式:paris_spring79@hotmail.com。

读全书，笔者认为该著作立足于国家总体安全观，旨在探究与语言文化相关的因素对国家安全的重要影响和客观规律，结合国情时事，更好地服务中国参与全球治理，具体而言，为国家语言安全战略的有效实施提供有益的思考方向。下文将对此著作的主要内容进行简要阐述，并随后探讨它在学科建设方面的贡献与特点。

2 内容介绍

全书由绪论、6个章节主体内容和结语构成。绪论回顾了语言安全研究学科发展史，指出非传统安全的范式转变，分析其基本特征，论述了语言安全规划研究的当代意义与价值。第一章探讨了国家安全视域下语言观的变迁问题；第二章为语言安全与语言规划的理论建构；第三章和第四章阐述了理论框架中的价值范式和语言安全规划基本内容；第五章通过五个国别比较案例，深入探讨语言安全规划的实践；第六章具体到中国语境，提出以话语共同体为目标，构建具有中国特色的语言安全规划的学科体系。

第一章"国家安全视域下语言观的嬗变"，作者类比传统安全观到国家总体安全观的转变历程，梳理了语言观在国家安全视域下产生形态和价值取向的重要转变。起初，语言被视为战争中的一种工具，但随着"二战"后现代民族国家的兴起，它又被看作社会建构和民族身份认同的政治工具。在全球化背景下，美国提出的"关键语言"概念引领了语言问题安全化，而欧洲语言学家也开始讨论语言生态危机（Hagège，2000；Gasquet-Cyrus，2010）这一趋势变得日益明显，成为非传统语言安全议题的主要关注点，形成了一种新的语言问题观。在生态语言学视角下，作者提出将语言资源视为战略资源的观点，这对从国家语言能力角度思考语言战略规划具有重要指导意义（李宇明，2011；赵世举，2015），体现了一种整体生态思维。从本质上，将语言视为战略资源扩展了语言的功能的内涵和外延，正如王辉（2009）指出，"当人们越来越意识到语言的其他功能，如思维功能、文化传承功能、身份认同功能的重要性时，语言多样性就被看作资源，整个语言生态系统的健康才会被重视"。然而在总体安全的风险和隐患下，语言规划该如何开展才能将语言和国家、社会与国民紧密联系，由此引出全书的主体部分第二到第四章核心概念和理论框架。

第二章为语言安全与语言规划理论。作者主要从三个角度阐述了我国学界对此领域的研究进路，一是中国学界对语言安全意识的逐步增强；二是中国学界从美国的"关键语言"战略和国家外语能力建设经验中获得了启发，促进国内相关研究逐步兴起；其三，语言安全从本体、本身安全的狭义概念慢慢延伸，学界开始涉足不同领域、不同区域的语言安全，包括言语安全和认同安全，以及虚拟空间和边疆的语言安全问题也逐渐受到越来越多的重视。因此，作者认为语言安全应该从文化下属子系统上升到与文化安全相并列的地位,不应忽视与语言相关的问题,即语言文化(语言意识形态、语言文化观念和价值观等)。对此,法国学者也在不断强调人的语言意识形态和语言价值观对语言安全发展的影响(Hagège,2012; Calvet,1996)。考虑到语言安全这个核心概念源于国外,作者将语言安全理论置于国际视野中,以探究其演变进程。这个演变从语言学家豪根(Haugen)首次提到语言不安全的概念开始,对标美国标准英语,大量移民因各自语言变体感到不适所导致的语言病症。随后美国语言学家拉伯夫(Labov)对社会分层进行研究时,关注到了语言不安全程度与社会阶层的关系,这属于英语变体的一种语内现象。接着比利时学者米歇尔·弗兰卡德(Michel Francard)对法语变体社会人群的语言不安全表现进行了研究,提出双语现象与语言不安全感之间的密切联系(Francard,1993),将语言不安全从语言本体引入以语言身份为主的社会文化层面。最后法国的社会语言学家让-路易·卡尔韦(Jean-Louis Calvet)总结为三类——本体、身份和地位的不安全(Calvet, 1999: 172),这将拉伯夫个人层面的语内研究扩展到集体、社会层面的语际研究。作者通过对语言不安全研究的进路提出了语言政策与规划当下的一个关键问题:如何维护和保证言说者或团体的跨语种安全?这表明语言安全已经步入语言社会学的研究范式。基于英国学者阿格(Ager)语言规划驱动力的理论,通过分析最具借鉴力的美国国家语言能力的特殊规划的优势,作者提出了核心概念"国家语言安全能力",即"国家掌控和应用各类语言资源,为在特定危及或是损害国家安全情况下处理和应对海内外各类事件或运用语言处理各种事务、服务于国家战略的能力"。国家语言安全能力建设突出了语言与安全之间的战略关系。作者强调学界亟需建构一个具有普遍适用性价值的语言安全框架,需从价值范式、问题领域、对象层次和内容类型四个维度进行构建。

第三章和第四章是该书的主体部分,即作者建构的语言安全理论体系。在第三章中,作者首先探寻公共政策学价值内涵思路以及鲁伊兹(Ruiz)语言政策与规划的两类价值定位。他详细阐释了鲁伊兹这两类经典价值维度——规范性价值和描述性价值,后者进一步划分为四个具体的价值目标:语言能力、文化危机、话语安全和国际话语权。作者指出在学术话语权和国际话语权方面的影响力和话题设置能力仍然非常欠缺。随后,从非传统领域语言安全视角,作者提出了一个融合多元价值观的研究范式,即语言资源安全观。在第四章中,作者构建了涵盖语言安全规划基本内容的三维立体框架,涉及对象层次、问题领域和内容类型,将前文阐述的鲁伊兹四个描述性价值取向也渗透其中。多样和全面的语言安全问题构成了语言安全规划框架"谱系"的横向坐标,而各种规划主体或客体对象则构成了谱系的纵向坐标。这种多样性和多层次的问题和对象展示了复杂的语言安全规划内容。因此作者系统地归为八个类型,并聚焦更为微观的论述分析:语言本体规划、地位规划、教育规划、声誉规划、使用规划、翻译规划、话语规划与技术规划。特别值得强调的是,作者考虑到我国的具体国情,在每个类型中都提出了相应的实践途径和方法，尤其在语言教育规划方面，这占据了语言安全规划核心的内容。

第五章为“语言安全规划的国际比较”，国别研究既是研究对象也是研究方法，作者将理论和实践进行了良性的互动。第一个案例聚焦美国语言冲突制度化考察，揭示了美国冲突的根源，同时利用斯科特(Scott)的制度化框架分析其冲突过程。第二个案例为阿联酋国家在全球化的浪潮下，面对语言竞争，不仅推进国际化战略进程，同时也出台复兴阿拉伯语和阿拉伯文化的相关政策以及部署发展中心，致力于提升阿拉伯语的国际地位。第三个案例中，作者转向难民问题严重的欧洲，探讨了难民所面临的沟通、就业、教育、身份认同和融合等问题。这一部分不仅敏锐地捕捉到上述问题对欧洲变革带来的治理危机，还提出了针对教育问题的具体建议。第四则借鉴苏格兰地区盖尔语在20世纪濒临灭绝的案例，通过2005年盖尔语建立复兴法案以及十年内在各公共部门的推进，评析了盖尔语保护和发展规划的背景、战略举措和实施效果，这无疑为我国国内濒危语言保护政策的制定提供了极好的借鉴。在第五个案例中，作者以多年深耕的高校语言安全规划问题为基础，深入研究了丹麦哥本哈根大学的“双语并行战略”，突出了该战略在语言地位和本体规划方面开展的实践，对推动大学国际化起到了重要的引领作用。这五项国际比较研究包括语言冲突、语言竞争、难民语言治理、语言濒危和高校语言规划。涵盖了这些当今世界最关注的语言规划难题，通过借鉴国外的经验并深入剖析，这些研究为我国全球治理面临的各种棘手问题提供了重要的理论依据和现实参考。

第六章为“人类命运共同视域下的语言安全战略”，强调了语言安全规划对于习近平总书记提出的构建人类命运共同体的特殊意义。作者提出三位一体的中国战略规划，即在理念层面需发挥话语共同体交流和沟通的作用，在战略层面引领全球语言治理，以及在实践层面作为“一带一路”建设的基础性工程。作者详细探讨了“一带一路”建设中的四类风险，包括内源性、外源性、双源性和多源性，并从语言安全战略角度提出了亟需规划的基本内容和具体建议。鉴于中国目前积极参与全球语言治理，需充分发挥语言的作用(李宇明，2018)。作者基于全球治理多领域和多行为体的特征，结合语言规划的理论，构建了全球治理视域下的中国语言安全规划基本框架，以此推动语言安全规划的建设，更好地为全球治理事业提供支持。

3 简要评价

3.1 学科体系和理论体系完善

纵览全书，沈骑教授层层剖析并阐释了语言与国家总体安全的必然联系，展现了语言安全规划对语言治理、提升国家语言能力以及参与全球治理的必要性，这成为语言规划的核心动力。对于整个理论体系的构建而言，核心学术概念的梳理和界定是最基本的前提，作者立足于国家总体安全观，厘清了相关核心概念，如“非传统安全”“国家安全语言能力”“语言战略”等重要术语与应用语言学的密切关联，还提出了“语言安全规划”“翻译安全”“话语安全”等新概念，首度构建了三个维度的语言安全理论框架并系统阐述，为整个语言政策与规划学科的理论建设和知识体系提供了基础，扩展了学科发展空间。在治理领域方面，作者将语言安全问题从传统的政治领域延伸到经济、社会、文化等其他领域，充分展现了语言的内在价值和外在价值。在治理对象层级方面，作者将李宇明语言生活三个层级的相关观点做了纵深的推进，既有微观视角也有宏观视角，强调了这些层级之间的相互关联作用，细致研究了每个层级需要聚焦的语言安全问题。在语言规划内容方面，从四个基本规划出发，作者首次引入了语言使用规划、话语规划、翻译规划以及技术规划，这对于当代推动我国对外话语体系和国际传播能力建设尤其重要。总体而言，作者敏锐而全面地将原本依附在文化系统下的与语言问题相关的各领域和类型内容剥离出来，进行独立观察，并系统建构，从而拓宽了语言规划的范围与对象层级。这体现了作者在语言安全规划方面的深入思考，进一步细化了学科的理论体系，推动了整个学科向纵深发展。

3.2 语言安全规划价值体系的构建

在国家总体安全视域下，语言安全价值取向在语言规划中的统领作用不言而喻，作为所有语言规划内容和实践的源头和核心，它界定了规划主体、内容、对象和方式。实际上，作者对此的探寻源于自身工作实践。自 2010 年开展“外语教育政策价值的国际比较研究”项目以来，通过国际比较研究方法，作者发现各国外语教育规划的基本价值取向与国家安全及发展的目标紧密相关，这点值得深度挖掘。在与国际关系方面的学者交流之后，于 2011 年开始正式开拓语言安全与语言规划这一新兴领域。作者一直以跨学科的视角作为研究基础，在实践中不断探寻理论的科学适用性，体现了理论与实践的良性互动。在理论探索方面，规划语言即规划社会和文化。作者首先将公共政策分析框架作为一个重要的价值范式，借鉴了珍妮·斯图亚(Jenny Stewart)的价值形式分类。由于语言规划跨学科特质明显，学界尚未建立统一的价值范式，因此作者不断探寻理论基础。为此，他深入探究了鲁伊兹经典的语言政策与规划的二种价值定位框架。一种是规范性价值观，与公共政策价值取向相结合，最终提出语言资源观作为国家安全视域下的价值取向。这一观点认为语言多样性具有文化、智力、经济等价值，同时有助于维护人权和公民权，从而指导国家制定和实施语言资源战略计划，为国家走向全球治理保驾护航。而另一种是描述性价值观，作者做了进一步挖掘，细化了语言作为工具、作为文化中介和表达方式的实践特质，明确了国家语言能力提升的四项具体途径和现实价值。基于这一价值体系的构建，作者总结出国家语言安全所面临的三种语言现实问题：单一性与多元性的价值困境、工具性与资源性的价值博弈、国际化与本土化的价值悖论。探寻一套完善的价值定位体系具有引领全局的作用，挖掘语言的实践特质，发挥其现实价值是语言安全规划工作的具体内容。

3.3 语言安全战略规划的提出

语言安全与语言规划是语言战略研究的重要组成部分，而语言战略又是国家发展战略的有机组成部分。作者在此领域十年的研究正是将语言学和战略学相结合。无论是国家安全战略演进中语言观的梳理，还是多国外语规划价值取向的对比，均体现了作者采用国家战略思维的方法。作者从国家顶层设计出发，提炼了国家治理者均应具备的语言意识与价值观，以面向全球治理的视角来进行研究。作者不仅关注国家治理者的维度，他们的语言意识要有国际视野且具广泛兼容性。此外，作者还从语言治理者的角度来探讨国家和社会对语言安全的需求。这种政策层面的思考，将语言作为公共产品，有助于更全面地引领语言安全规划体系的建构。此外，此领域属于应用语言学的新方向，融合跨学科理论，其中不仅是语言学、战略学，还有社会学、政治学、经济学、安全学知识，这促使语言安全研究从社会语言学研究向语言社会学范式的转换。在跨学科的背景下，探寻语言如何更好地服务于国家战略，语言安全如何更好地保障中国作为全球治理的参与者角色，从作者的研究进路中不难发现其指导思想具有高度的政治战略性。在构建具有中国特色的语言安全学方面，值得一提的是作者提出了话语规划(Ricento，2005)和话语安全的重要性，话语是一种社会建构，语言学家韩礼德(Halliday，2001)曾专门从语言规划角度谈到了话语对于人类社会的影响，语言使用能够影响人们的观念和意识，继而改变人们的行为。因此，话语安全规划是实现语言研究进入社会实践，回应国家安全战略最为直接的规划内容(沈骑，2019)。作者提出的建议是，不仅关注国际中文教育，还要站在国家战略的高度，采用多语种来提升国家话语传播和舆情监测。无论从构建国家安全战略视角的语言规划范式，到构建具有中国特色的语言安全学体系，再到展望国家语言安全大数据平台建设，语言数据管理和设立动态语言安全评价体系对语言安全现代化治理至关重要(王春辉，2022)。作者一直从更高的视野出发，从理念到战略再到实践的研究范式，将语言安全规划提升到一定的国际高度，展现了作者的国际视野与战略思维水平。

3.4 构建中国特色的语言安全学

语言安全是中国在参与全球治理进程中语言学研究面临的重大课题之一(沈骑，2022：304)。作者坚持国际视野与本土实践相结合的研究特色。具体到中国学术语境，中国的语言学应积极参与党中央倡导的人类命运共同体的构建。因此，深度探究语言规划学科的研究现状和趋势，作者提出了理念—战略—实践三位一体具有中国特色的语言安全规划，即话语共同体创建的理念，应对全球治理的中国战略和“一带一路”倡议的实践。从理念方面而言，李宇明(2018)曾指出中国语言学要不断开阔视野，从本体研究向话语研究、话语规划方向转变。话语共同体也是人类命运共同体的前提条件，也就是“在认同、共识与默契达成过程中形成一个融合不同语言文化、观念、意识形态等于一体的话语共同体”(沈骑，2022：275)。在战略保障方面，作者指出国家语言能力的建设和提升方面，中国现有模式无法适应的挑战。首先，从全球治理与国际关系的高度审视国际中文教育发展。其次，提升对外话语能力需构建话语体系知识库。在实践层面，作者建议综合运用翻译学、区域国别研究、心理语言学、话语分析和语言规划的成果和方法，结合互联网和多媒体技术，为顺应“人类命运共同体”的对外话语传播规划提供了方向。作者在三位一体的基础之上，从语言规划角度出发，构建了中国语言安全规划理论框架。此外，作者对语言教育规划，尤其是高校语言安全规划的分析尤其深入透彻。教育是语言学习、传承与传播的重要途径。母语在教学中的地位、外语语种规划以及相关人才培养对于国家安全具有重要意义。作者深刻认识到语言安全是世界各国与地区外语教育政策的基本价值诉求。做好母语保护，就需要从话语安全和话语规划入手，良好的话语规划能提高对外传播力，提升国家语言能力。当国家昌盛、话语权较高时，国民自然对母语的认同感更加强烈。

4 结语

本书作者沈骑教授是中国语言规划领域的专家，发表了大量与应用语言学(语言教育)相关的论文、报刊文章和著作。他的语言安全的研究不断深入，视野更加宏大开阔。最初，他探寻非传统语言安全的基本问题并建立了相关框架。随后，他结合中国“一带一路”倡议，探讨如何部署中国语言安全战略。此外，他还探讨了语言在全球治理中的价值，以及当下中国语言安全规划的核心任务。沈骑一直秉持着语言研究应服务于国家战略的初心，紧密结合国家政治经济发展方向。他将语言应发挥的作用和应避免的风险与时事紧密相连，指明了中国走向国际舞台所需担当的职责以及所应具有的国家语言能力。他从学科发展、理论发展、研究范式及方法等多个维度，阐释了语言安全理论体系，为语言安全规划在语言政策与规划这一学科中奠定了基础。相信此书将推动中国语言学者，共同为构建中国自主的语言安全学领域不遗余力。

参考文献

[1] Calvet, J. -L. 1999. *Pour une écologie des langues du monde*. Paris: Plon.

[2] Calvet, J.-L. 1996. *La sociolinguistique*. Presses Universitaires de France.

[3] Chen, S. &; A. Breivik. 2013. *Lost for Words: The Need for Languages in UK Diplomacy and Security*. London: The British Academy.

[4] Francard, M. 1993. *L'insécurité linguistique en Communauté française de Belgique*. Brussel: Service de la langue Française.

[5] Hagège, C. 2000. *Halte à la mort des langues*. Paris: Odile Jacob.

[6] Hagège, C. 2012. *Contre la pensée unique*. Paris: Odile Jacob.

[7] Halliday, M. A. K. 2001. New ways of meaning: The challenges to applied linguistics. In Fill, A & Muhlhausler, P(eds.). *The Ecolinguistics Reader: Language Ecology and Environment*. New York: Continuum, 2006.

[8] Gasquet-Cyrus, M. 2010. La 'mort' des langues: repèreshistoriques, critiques et réflexionséthiques. Médéric Gasquet-Cyrus, Alain Giacomi, Yvonne Touchard, Daniel Veronique(éd.). *Pour la (socio) linguistique*, Paris, L'Harmattan, 285 - 296.

[9] Ricento, T. 2005. Problems with the 'language-as-resource' discourse in the promotion of heritage languages in the U. S. A. *Journal of Sociolinguistics*, 9(3):348 - 368.

[10] 李宇明,2011.提升国家语言能力的若干思考.南开语言学刊,(1):1 - 8,180.

[11] 李宇明,2018.语言在全球治理中的重要作用.外语界,(5):2 - 10.

[12] 刘海涛,2022.国家安全视域下的语言问题(代序).沈骑,语言安全与语言规划研究.上海:复旦大学出版社:1 - 7.

[13] 沈骑,2019.中国话语规划:人类命运共同体建设中语言规划的新任务.语言文字应用,(4):35 - 43.

[14] 王春辉,2022.语言数据安全论.语言战略研究,7(4):15 - 25.

[15] 王辉,2009.西方语言规划观的演变及启示.宁夏大学学报(人文社会科学版),31(6):204 - 208.

[16] 赵世举,2015.全球竞争中的国家语言能力.中国社会科学,(3):105 - 118.

图书在版编目(CIP)数据

外国语文研究：媒体与互动 / 陈新仁主编. — 南京：南京大学出版社，2023.12
ISBN 978-7-305-27404-6

Ⅰ. ①外… Ⅱ. ①陈… Ⅲ. ①外语教学—教学研究 Ⅳ. ①H09

中国国家版本馆 CIP 数据核字(2023)第 225256 号

出版发行　南京大学出版社
社　　址　南京市汉口路 22 号　　　邮　编　210093

书　　名　外国语文研究——媒体与互动
WAIGUO YUWEN YANJIU: MEITI YU HUDONG
主　　编　陈新仁
责任编辑　董　颖　　　编辑热线　025-83596997

照　　排　南京南琳图文制作有限公司
印　　刷　南京人民印刷厂有限责任公司
开　　本　787 mm×1092 mm　1/16　印张 22.25　字数 447 千
版　　次　2023 年 12 月第 1 版　2023 年 12 月第 1 次印刷
ISBN 978-7-305-27404-6
定　　价　68.00 元

网址：http://www.njupco.com
官方微博：http://weibo.com/njupco
官方微信号：njupress
销售咨询热线：(025) 83594756